SWGL

现代商务管理系列教材



GUKE GUANXI GUANLI

# 顾客关系管理

（第四版）

江林　主编　|　杨静　副主编

首都经济贸易大学出版社
Capital University of Economics and Business Press
·北京·

**图书在版编目(CIP)数据**

顾客关系管理/江林主编. --4 版. --北京:首都经济贸易大学出版社,2017.9
(现代商务管理系列教材)
ISBN 978-7-5638-2703-9

Ⅰ.①顾… Ⅱ.①江… Ⅲ.①企业管理—销售管理 Ⅳ.①F274

中国版本图书馆 CIP 数据核字(2017)第 201126 号

顾客关系管理(第四版)
江 林 主编
杨 静 副主编

---

责任编辑 浩南
封面设计 风得信·阿东 FondesyDesign
出版发行 首都经济贸易大学出版社
地 址 北京市朝阳区红庙(邮编 100026)
电 话 (010)65976483 65065761 65071505(传真)
网 址 http://www.sjmcb.com
**E-mail** publish@cueb.edu.cn
经 销 全国新华书店
照 排 北京砚祥志远激光照排技术有限公司
印 刷 北京市泰锐印刷有限责任公司
开 本 710 毫米×1000 毫米 1/16
字 数 422 千字
印 张 22
版 次 2005 年 1 月第 1 版 2009 年 1 月第 2 版 2013 年 4 月第 3 版
**2017 年 9 月第 4 版** 2019 年 6 月总第 13 次印刷
书 号 ISBN 978-7-5638-2703-9/F·1496
定 价 39.00 元

---

# 第四版前言

《顾客关系管理》自2005年1月出版第一版以来，历经三次修订，得到了社会的广泛认可与支持。至2017年7月，本书已经第四次修订。

本书的多次再版表明，随着企业从"以产品为中心"的营销管理模式向"以顾客为中心"的营销管理模式的转变，顾客关系管理在我国企业营销管理中具有日益重要的作用。与此同时，在信息技术与网络高速发展的今天，顾客的消费心理与购买行为正在发生广泛而深刻的变化，而随着信息化程度的提高，企业也在采用大数据等许多不同以往的新方法、新技术来更有效地分析和管理顾客。鉴于此，本书第四版有必要及时补充顾客关系管理这一新兴领域中最新的发展趋势、理论前沿与案例研究，以期能够为企业实践提供更多的帮助。

《顾客关系管理》第四版修订在保留第三版全面系统阐述顾客关系管理理论的体系结构基础上，首先，更新了部分前沿透视，以期用最新的理论观点以及实际现象开拓读者的视野；其次，对各种顾客关系管理模型的应用和数据库的使用进行了更深入细致的阐释与分析，以便为企业实施顾客关系管理提供更具可操作性的分析方法和实施手段，同时进一步将理论与实践有机结合，增强顾客关系管理理论的实用性；再次，我们对课后案例及对每章内容的措辞都进行了逐一修正，以便增加教材的精确性和可读性。

本书从最初编写到修订一直得到首都经济贸易大学出版社的关怀与支持，在此由衷感谢。虽然几经再版，但书中难免还有不足之处，希望广大读者不吝提出意见与建议。

# 前 言

近年来，随着市场竞争的加剧，人们越来越深刻地认识到，顾客关系管理是现代企业成功的关键因素，是企业竞争优势的重要源泉。首先，要在现代市场竞争中取胜，仅靠企业重建是不够的，更主要的是争取顾客的认可。因为重建仅仅是企业内部组织机构的变革和运行的创新，其效果如何仍需要得到市场即顾客的认可，只有顾客才是企业能否获取最大赢利的最终决定者。其次，企业固然要努力争取新的顾客，但保留老顾客比争取新顾客更加重要。研究表明：企业争取一个新顾客的成本是保留一个老顾客成本的 5 倍；一个公司如果将其顾客流失率降低 5%，其利润就能增加 25%~85%；一个满意的顾客会带来 8 笔潜在的生意，一个不满意的顾客则可能影响 25 个人的购买意愿；如果忽略对老顾客的关注，大多数企业会在 5 年内流失一半的顾客。因此，保留老顾客比争取新顾客更重要。最后，不同的顾客对企业的贡献是不一样的。20%的顾客为企业创造了 80%的利润，因此，对不同价值顾客的投入和管理就成为企业营销管理的一个重要课题。

正是基于上述认识，自从顾客关系管理理论于 1997 年由美国的 Gartner Group 提出后，就受到实业界和理论界的广泛重视。顾客关系管理旨在通过管理企业与顾客之间的关系，减少销售环节，降低销售成本，挖掘新市场和新渠道，提高顾客价值、顾客满意度、顾客贡献度、顾客忠诚度等措施，实现企业与顾客的双赢。顾客关系管理的理念根源是关系营销，关系营销观念取代交易营销观念是顾客关系管理产生的理论基础；而随着信息网络技术的发展，使快速、准确地处理大量复杂的顾客信息成为可能，因此信息网络技术构成顾客关系管理产生的技术基础。由此可见，顾客关系管理是现代营销理念与信息技术相结合的产物，是现代企业营销管理发展的新阶段、新领域。

随着相关概念和理论的引入，我国企业对顾客关系管理的关注程度也在不断提高，一些企业进行了顾客关系管理的初步实践，但是在实践中遇到了许多问题。为此，加强顾客关系管理的理论传播与实践指导已成为当务之急。正是基于这一状况，我们在借鉴和汲取中外学者的研究成果以及成功企业实践经验的基础上，撰写了《顾客关系管理》一书。

本书区别于其他相关书籍的特点在于：首先，系统、深入、细致地介绍了顾客关系管理的理论体系以及相关领域的最新研究成果，是目前国内关于顾客关系管理理论阐述较为全面的著作之一。其次，在理论分析的基础上，提供了实施顾客关系管理的操作方法、技术手段和实施工具，以便于帮助读者加强理论与实践的有机结合，提高顾客关系管理的实施效果。最后，每一章后面都配有生动的案例，使读者能够通过成功企业的实践更好地理解和认识顾客关系管理的真谛，并且案例后的思考题更是有助于启发读者进行有益的思考。

由于顾客关系管理还是一个迅速发展的新兴管理领域，因此书中难免有疏漏和不足之处，希望读者提出宝贵意见和建议。

作 者
中国人民大学商学院

CONTENTS

# 目录

# 第一章

# 顾客与顾客关系管理

**本章学习要点**

本章重点阐述顾客的科学内涵,顾客的构成与分类,顾客关系管理的性质和功能,顾客关系管理的产生和发展过程,顾客关系管理对企业经营管理的影响,交易营销与关系营销的区别,以及顾客关系管理理论应用等问题。通过本章学习,应当对顾客关系管理的性质和功能形成完整理解;同时通过了解其历史演进过程,结合我国实际,加强对顾客关系管理理论应用的认识。

## 第一节　顾客的含义与分类

作为市场营销理论的一个重要概念,顾客一直是企业营销的核心与重点。因此,弄清顾客的含义,了解顾客的分类方法,对于企业采取有的放矢的营销策略,提高企业的竞争力有着重要的作用。

### 一、顾客的含义

国内外营销学者历来高度重视对顾客的研究,并对顾客的内涵进行了多方面探讨。例如,美国营销专家菲利普·科特勒认为,顾客是"具有特定的需要或欲望,而且愿意通过交换来满足这种需要或欲望的人"。中国学者屈云波从购买力的大小来界定顾客,强调"顾客是指那些会登门购买的人们"或者是"具有消费能力或消费潜力的人”。英国学者泰德·琼斯提出“顾客是使用并偿付我们产品或服务的人”,他将用户与顾客严格地区分开来。这些定义基本上均属于顾客的狭义定义,其中的“顾客”实际上是指最终顾客,即购买或使用企业产品或服务的人(包括最终消费者与用户)。

由于顾客的狭义定义把许多参与或影响营销活动的企业(组织)与个人排除在外,因此无法反映当前外部环境发展变化的要求,为此,有不少学者提出了自己的顾客定义,试图对原有的顾客定义进行修正。其中以四川联大工商系李尉副教授在其专著《CS 管理》中所给出的顾客的广泛定义最为接近现实。李尉认为:“顾客是指任何接受或可能接受商品或服务的对象,凡接受或可能接受任何单位、个人提供商品或服务的个人或单位都可称为顾客。”这样顾客的范围就从最终顾客扩大至包括内部顾客(员工)、消费顾客(最终顾客)、中间顾客(零售商、批发商与经销商)、资本顾客、公利顾客(政府)在内的大顾客群。尽管他将顾客定义扩展至“未与企业发生交换关系,但存在交换可能的一切对象”,但是这一定义依旧存在一定的缺陷,即将企业的重要商业伙伴——供应商列在顾客群外,另外仍强调顾客与企业之间的等价交换关系,忽视公众群体、竞争对手对企业营销活动的实质影响。

菲利普·科特勒认为,顾客与企业关系的实质在于交换,但在其著作《营销管理:分析、计划、执行和控制》(第九版)中也提出“营销概念的内涵,不仅包括研究交易行为,也包括研究转让行为”。他还认为从广义上讲,“营销者追求的是诱发另一方的某种反应”。

从这一角度出发,凡是影响企业营销活动的“利益攸关者”或者促进企业与最终顾客达成交易的企业或个人都应成为企业的顾客,所以,顾客是指与企业具有或可能具有交换关系的组织或个人。无论这种交换是等价交换还是非等价交换,凡是直接影响或间接影响一个企业或组织利益的组织或个人都是顾客。顾客总是相对于某个企业(组织)或个人而言的,这一企业(组织)或个人的运作也会反过来影响到顾客的利益,他们为顾客提供利益(产品或服务),可称为利益提供者,又被称为侍主。

理解顾客的概念,至少要注意如下几点:①顾客不等于消费者。顾客的外延远远大于消费者(消费者仅仅相对营销者而言)。②顾客与侍主共生,互为对称。没有侍主就无所谓顾客,没有顾客也就无所谓侍主;二者的关系始终是主客关系,从意识形态上难以实现主客互换。③顾客与侍主之间是一种交换关系,包括直接的交换关系和间接的交换关系。直接的交换关系是主客之间商品或服务与货币直接流动的交换关系;间接的交换关系则是表现为主客之间有直接的商品或服务流动而无直接的货币流动的交换关系。④顾客同时也是一种发散关系的概念。并非一定要与侍主发生交换关系的单位或个人才能称为顾客，接受商品、服务或其他待遇的对象有可能也是顾客（潜在顾客）。

随着竞争的不断激化，以及企业管理的不断完善，管理者已意识到"顾客"的含义应加以扩大，应将"顾客服务"的观念、态度及机制引入企业内部运作中。顾客不仅包括企业外部购买本企业产品或服务的顾客，而且还包括企业内部工作流程中的下一站，或需要本部门提供服务的员工或部门，也即内部顾客。由此也就产生了"内部顾客服务"的观念，即企业通过宣导、培养员工服务的观念与态度，为实现企业的共同目标，在工作中为下一工作站或其他部门提供服务，使各工作流程阶段、各部门之间达到无障碍沟通与合作，最终为企业创造更大的价值。内部顾客服务是"顾客服务"观念的延伸与发展，对企业创造附加价值、提高企业竞争力等方面有着重要的意义，是建构企业价值链的新发展。

总之，这里的顾客不再是通常意义上的消费者了，其范围包括内部顾客、供应商顾客、中间顾客（最终购买者或用户）、公众顾客与政府顾客。

## 二、顾客的分类

顾客基本分类并不是指对顾客市场的细分，而是指为便于进行顾客研究，对顾客采取的一般分类方法。因为市场细分总是相对于特定的企业进行的，而顾客基本分类则对所有的企业都有效。

从顾客的广义出发，顾客群体可以有以下几种基本分类。

### （一）按顾客是否与企业发生过交换关系来分类

按顾客是否与企业发生过交换关系来分类，企业的顾客（除政府顾客外）可分为老顾客和新顾客。这种分类方法过去一直是对最终顾客的分类方法之一，目前其内涵已发生变化。供应商顾客有新老之分；而竞争对手顾客对于企业来说也有新旧之分，除了老对手之外，不断会有新的对手出现；就最终顾客来说，企业不断会有老顾客背离自己，又会有新顾客出现，如果老顾客的背离速度超过争取新顾客的速度，企业的结局也就可想而知了。从保证供应的角度来看，是否选择新的供应商要根据市场发育状况、原料供求以及供应商的条件来决定，成功的企业总是希望与供应商顾客建立长久稳固的关系，也就是重视老顾客。然而，为更好地满足市场的需求，又不得不关注新的供应商的发展。从竞争的方面看，新的竞争对手会不断出现，企业努力与老对手携手，共同稳定市场，应是一种明智的选择。显然无论对于何种类型的顾客，保证顾客群体的稳定性，减少变动性，对于企业的可持续经营都是至关重要的。

(二)按交换的现实性分类

按交换的现实性分类,顾客可分为现实顾客与潜在顾客。我们知道,交换是营销的核心概念之一,然而这里的交换不仅指现实的交换,也指潜在的交换。所谓"潜在交换"是指企业提供的产品或服务或利益符合潜在顾客的需求和欲望。从这一角度出发,凡是可促进交换实现的一切活动都可看作是营销活动的组成部分。潜在的顾客经过努力就可变成现实的顾客;否则,就会影响企业的市场开拓力度,破坏企业价值让渡系统的有效性,降低企业为最终顾客提供的产品或服务的质量。因此企业应从长远目标出发,高瞻远瞩地策划顾客关系工作,不仅要重视对现实顾客的开发,还要重视对潜在顾客的拓展。这一拓展对不同类型的顾客有不同的含义,如对于供应商顾客,意味着企业一方面应提高对现有供应商的支持能力;另一方面应密切注意新产品与新供应商的出现,及时更新自己的供应链与产品组合,以增强对最终顾客的吸引力。就竞争对手顾客而言,意味着企业要根据竞争状况来确定针对不同对手的策略,力求使市场状况有利于自己,不要因打垮老对手,而引狼入室。当然,也应注意搜集竞争情报,了解可能出现的新竞争对手。而对最终顾客来说,意味着以创新开拓市场,将企业的发展建立在更加稳固的基础上。

(三)按顾客对企业赢利的影响分类

按顾客对企业赢利的影响分类,企业的顾客可分为营利性顾客与非营利性顾客。营利性顾客包括内部顾客、供应商顾客、中间商顾客、资金顾客、竞争对手顾客、最终顾客;而非营利性顾客包括公众顾客与政府顾客。

企业是以追求赢利为目标的,因此为直接影响企业赢利能力的顾客提供令其满意的服务是企业的天职,但并不意味着应忽视非营利顾客。非营利顾客虽说不能直接为企业带来利润或影响企业的赢利能力,但对其需要的满足显然可以间接带来利润。非营利顾客未必会购买企业的产品或服务,但对企业也有自己的期望与需求;满足他们的需求,使他们满意,就可建立良好的口碑与独特的形象,为企业创造宽松的经营环境。

(四)按与企业的业务关联程度分类

按与企业的业务关联程度分类,企业的顾客可分为关联性顾客与非关联性顾客。

企业的"关联"顾客有内部顾客、供应商顾客、中间商顾客、资金供应顾客、最终顾客等;"非关联"顾客有公众顾客、政府顾客、竞争对手顾客等。关联性顾客对企业的运作有着直接的影响,与企业的业务联系或利益关系非常密切,它们之间有产品、服务、信息与货币的直接交换,企业市场营销工作的效果依赖于企业与关联性顾客结成的价值传递系统有无竞争力。而非关联性顾客对企业的影响并不一定直接,它们之间的关联基本上属于潜在的利益影响关系。当然关联与不关联均是相对的，今天的公众顾客有可能成为未来的最终顾客或其他顾客，而且通过兼并，竞争对手也可成为企业的一部分。因此企业不仅要注重关联性顾客，还要注重非关联性顾客，这样才能为企业的核心顾客——最终顾客提供全面的顾客满意。

（五）按企业组织的界限分类

按企业组织的界限分类，企业的顾客可分为内部顾客与外部顾客。外部顾客是指企业组织以外的顾客，包括供应商顾客、中间商顾客、资金顾客、竞争对手顾客、最终顾客、公众顾客与政府顾客；而内部顾客则主要是指企业组织内部的顾客，也就是由内部员工及各部门组成的顾客。内部顾客与外部顾客均是企业重要的顾客群体，但各自的要求与对企业的影响不同。企业需要处理好内部顾客与外部顾客，尤其是与最终顾客的关系。从根本上讲，企业应以外部顾客的需求为自己工作的出发点，然而内部顾客是企业开展有效营销工作的基础，只有通过有效的激励机制、公平的报酬福利体系与人尽其才的用人制度，以人本主义来管理企业，才能调动员工的积极性，让内部顾客满意，使其能为外部顾客提供令人满意的产品或服务或利益，提高外部顾客的满意度与忠诚度。由此，满意的内部顾客才能为企业创造出满意乃至可靠的外部顾客与持续可观的利润回报。

企业追求的最终目标是使外部顾客满意，而外部顾客的满意与内部顾客的满意高度相关。内部顾客满意是外部顾客满意的基础，外部顾客满意反过来会促进内部顾客的满意。内部顾客满意与外部顾客满意的紧密关系及其对企业的重要性可从图 1－1 所示的“欧洲广义质量管理模型”看出来。在这个模型中，外部顾客满意的权重最高，达到 20%；内部顾客满意为 9%，如果再加上内部顾客导向（9%）和领导（10%），则总权重为 28%。这样，顾客满意对整个企业的总贡献率就达到了 48%。

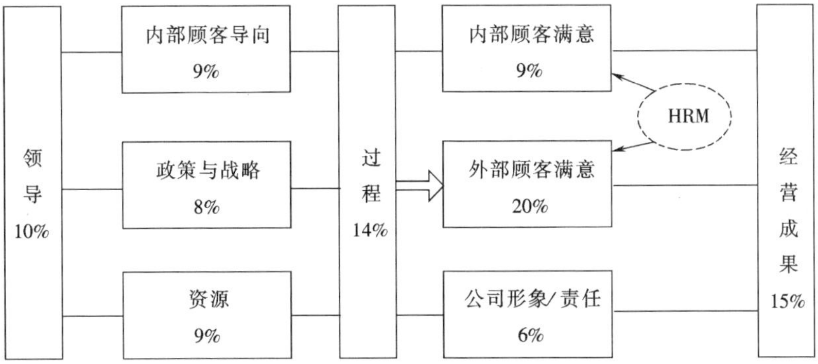


**图 1－1　欧洲广义质量管理模型**

前沿透视

## 顾客—企业认同研究现状与发展

在早期的心理学研究中，认同是指个体通过模仿他人而成为群体的一部分，进而对其自身个性进行相应调整（Sanford，1955；Kagan，1958）。在社群心理学研究中，认同感与归属感紧密相连，是个体群体意识的重要组成部分，具体表现为个体关于“这是我的群体”的表述（McMillan & Chavis，1986 ）。

管理学中的组织认同研究主要聚焦于员工—企业认同。组织认同是指定义员工与定义企业各属性特征之间的相似程度（Dutton 等，1994），它反映了员工感知到的其自身与企业之间的统一性（Ashforth & Mael，1989）。随着社会身份理论（social identity theory）的发展，认同概念在管理学研究中受到了广泛重视。社会身份理论认为个体可以通过构建其社会身份来表达自我意识（Tajfel & Turner，1986）。个体在各社会分类（如按性别、种族和职业进行的分类）中的成员关系以及与各种社会组织的关联是其构建社会身份的重要来源（Ashforth 等，2008）。当个体对某个组织形成认同时，他就会产生与该组织的关联感，并利用该组织的特征来定义自己的社会身份（Madel & Ashforth，1992）。

资料来源：康俊，江林，郭益．顾客—企业认同研究现状与展望[J]．外国经济与管理，2014(2).

# 第二节　顾客关系管理的性质与功能

顾客关系管理是一个整体的概念，它不仅是一种全新的现代管理理念，而且是完整的现代管理系统和运作方法体系，同时还是一套建立在信息网络技术基础上的管理软件。顾客关系管理的核心是在充分利用现代信息技术的基础上，由企业全体员工共同参与来提高顾客满意度。

## 一、顾客关系管理的性质

（一）顾客关系管理是一个整体

1.顾客关系管理是一种管理理念。顾客关系管理是一种以关系营销为理论基础的现代理念，其核心是将企业的顾客作为企业最重要的资源，通过完善的顾客服务和深入的顾客分析来满足顾客的需求，通过关系细分和关系发展来实现顾客对企业及产品的忠诚。在向顾客提供价值最大化的同时，企业充分实现自身的价值目标。

2. 顾客关系管理是一种新型管理系统和动作方法体系。一方面，顾客关系管理要求以“顾客为中心”来构架企业，实现信息共享，完善对顾客需求的快速响应机制，优化以顾客服务为核心的工作流程，找寻新型管理系统；另一方面，顾客关系管理实施于企业与顾客相关的所有业务领域，使企业与顾客保持一种卓有成效的“一对一”关系，建立顾客驱动的产品或服务设计，并向顾客提供快捷、周到的优质服务，从而形成一整套经营管理运行方法体系。也就是说，作为一种旨在改善企业与顾客关系的管理系统和动作体系，顾客关系管理是对其所奉行的顾客关系管理理念的贯彻与落实。

3. 顾客关系管理是一套基于信息技术的管理软件。顾客关系管理综合集成了数据库与数据仓库技术、数据挖掘技术、在线分析处理技术、Internet 技术、面向对象技术、顾客/服务器体系、销售自动化技术以及其他相关技术成果，能够为企业的销售、顾客服务和决策支持等领域提供一个面向顾客的前台。这一层面上的顾客关系管理，充分吸收了当代最新的科技成果，为全面发展顾客关系管理提供了有力的技术支持。

### （二）顾客关系管理深化了对顾客及顾客价值的认识

顾客关系管理以个性化的顾客分析和服务来达到顾客满意，它认为顾客是企业重要的资源，注重在保持老顾客的同时吸引新顾客，同时对老顾客进行升级。

目前顾客关系管理理论研究的重要成果之一就是提出了顾客价值的判别标准并且可以运用它进行顾客细分。在这些理论中，顾客价值被认为是顾客在全价值生涯中给企业带来的利益（即全生涯周期利润 CLP），而不是与顾客的交易额，从而纠正了实践中的一些错误偏向。同时基于对 CLP 的预测，选择顾客当前价值、顾客的增值潜力两个维度指标依次按两个指标的“大”和“小”进行排列组合，从而将顾客分为白金顾客（Ⅳ）、黄金顾客（Ⅲ）、铁质顾客（Ⅱ）及铅质顾客（Ⅰ）四种类型。基于顾客细分等相关原理，可以对顾客数量、顾客利润和企业的资源投放进行研究，从而建立了“顾客金字塔”理论。如图 1 - 2 所示。

### （三）顾客关系管理充分利用现代的信息技术

一套完整的顾客关系管理组件不仅包括使用软件技术，还包括利用电话、传真、Internet、无线接入等多种交流渠道进行调度集成，同时还有人工智能、专家系统和多媒体技术的使用。顾客关系管理系统包括各种形式的数据录入、数据仓

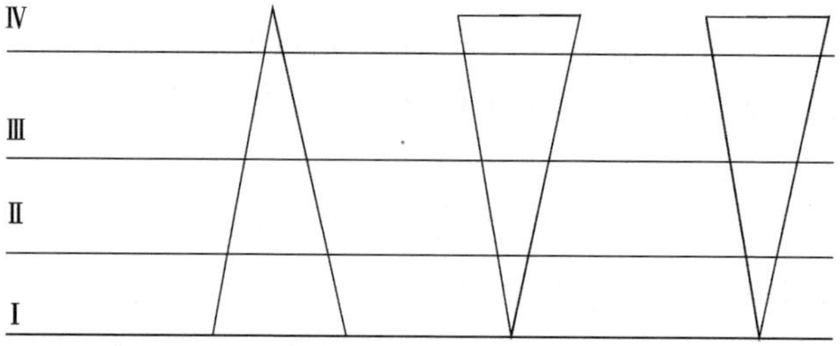


**图1-2 客户金字塔**

库、数据集合、数据挖掘和智能分析等功能，使各个部门不但能方便地输入信息，达到信息的整合，而且能够方便地输出信息。各个部门能够使用统一的而且是针对各个部门的信息。其统一性是指数据是共享的、一致的，各部门共用一个数据库，这样就不会造成信息的混乱，在更新数据库时，各部门得到的数据都是更新后的信息；针对各部门是指由于各个部门的职能不同，其对信息的需求也不同，对数据库的权限也不尽相同。

（四）顾客关系管理需要全体人员的共同参与

成功的顾客关系管理需要的不仅是企业营销人员的参与，还要有技术、生产、财务、服务等方面人员的共同参与。企业不是万能的，受资源、成本、时间等条件的限制，企业很难完全满足顾客的每一个性化需求；同时顾客也并不一定完全知道如何满足自己个性化的要求，因此需要企业为其提供更专业化的建议。由技术人员和市场人员组成的团队会更好地完成市场开拓任务和顾客服务工作。因此技术人员在顾客关系管理中也充当着重要的角色。

生产部门在准时化生产和交货以及成本控制中起到重要作用，生产人员更清楚地知道该如何改善工艺以提高产品质量，以及如何降低个性化定制带来的成本上升。

财务部门对顾客信用的追踪也是十分重要的，这些信息可以为公司制定顾客策略提供依据。同时财务部门对公司顾客关系管理方面的预算也起到很大的影响作用。

服务人员是与顾客接触频率最高的人员之一，服务部门的态度会影响到公司的形象。他们在与顾客接触的过程中可以发现顾客的需求，找出公司产品的问题，同时为公司的产品改进和制定顾客关系策略提供建议。

（五）顾客关系管理可实现"一对一"信息交流

关系营销是顾客关系管理的理论基础，而信息技术和网络技术则为顾客关系管理的实施提供了物质条件。信息技术使得纷繁复杂的顾客信息和公司信息能够迅速处理。顾客关系管理利用信息技术与顾客进行“一对一”的信息交流。可以为顾客量身定制产品和服务，充分满足顾客的个性化需求。

## 二、顾客关系管理的功能

顾客关系管理对企业的意义十分重大，我们先看以下一组数据。

- 获取一个新顾客的成本是保留一个老顾客成本的5倍。争取一个从当前供应商处的满意顾客需要大量的努力
- 公司平均每年流失10%的老顾客
- 一个公司如果将其顾客流失率降低5%，其利润就能增加25% ~85%
- 顾客利润率主要来自于老顾客的寿命期限
- 20%的顾客占据了公司80%的业务
- 一个满意的顾客会带来8笔潜在的生意，一个不满意的顾客会影响25个人的购买意愿
- 网上的顾客距竞争对手只有点一下鼠标那么近
- 哈佛大学研究表明，在5年之内，大多数企业会失去一半的顾客
- 70%的重复购买是不经意间完成的，而不是因为忠诚
- 在获得一个新客户后，需要三笔交易才能收回花在客户身上的成分

让我们再来看一个“成功挽留顾客对企业利润影响”的例子。

- 某信用卡公司每年流失10%的顾客，其中大部分本来都是可以避免的
- 这就意味着平均每个顾客的保留时间大约是10年
- 每个顾客平均每年给公司带来100美元的利润
- 吸收一个新顾客的成本是75美元(含广告费用、申请处理成本和礼品)
- 公司决定实施一项基于关系的顾客挽留项目，将顾客年流失率从10%降低到5%，该项目的成本是每个顾客20美元
- 项目实施后，平均每个顾客的保留时间延长为20年
- 对公司而言，平均每个顾客的终身价值为：

项目实施前：10年×100美元/年(利润) -75美元=925美元

项目实施后：20年×(100美元/年 -20美元/年) -75美元=1 525美元

通过实施顾客挽留项目，顾客的终身价值增加了600美元

资料来源：Arian Palmer. Principles of Service Marketing[M]. McGraw - Hill,1997:108.

这里，我们可以用货币的时间价值思想对顾客价值进行评估。假设年利率为10%，则项目实施前顾客价值为：

$V_0$ =100 美元/年 ×利率为 10% 、10 年的年金现值系数 −75 美元 =

100 美元/年 ×6.145 −75 美元 =

539.5 美元

项目实施后每个顾客的价值：

$V_1$ =（100 美元/年 −20 美元/年）×利率为 10% 、20 年的年金现值系数 −75 美元 =

80 美元/年 ×8.514 −75 美元 =

606.12 美元

上述数据以事实说明了顾客关系管理对企业的重要意义，其根本就在于它能为企业带来更多的顾客价值。顾客关系管理对企业的作用具体表现在以下几个方面。

### （一）通过挽留老顾客和顾客升级为企业带来更多的利润

1.挽留老顾客。挽留老顾客是顾客关系管理的核心思想，也是顾客关系管理的本质所在。关系营销的重要作用就是识别那些有高价值的顾客，并培养与他们之间的长期关系。竞争的不断加剧使企业更深刻地认识到老顾客的重要性。泰国东方饭店的例子也说明了保留一个老顾客的收益要比吸收一个新顾客的收益高，而且也避免了顾客被竞争对手抢去，导致企业竞争环境更加恶劣的局面。

2.顾客升级。克里斯托弗和佩恩等人提出了顾客忠诚梯模型。如图 1−3 所示。

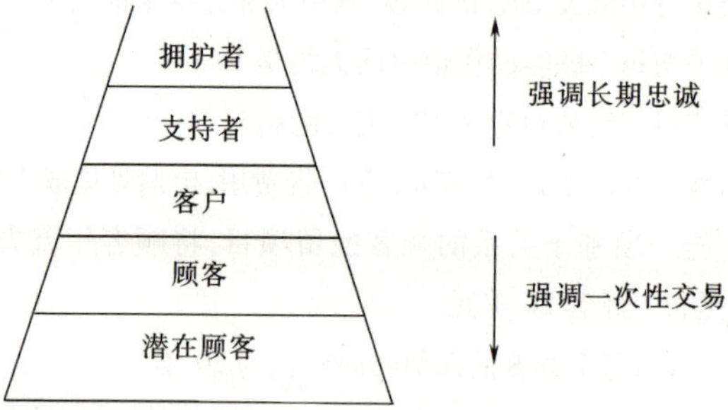


**图 1−3　顾客忠诚梯**

该模型将顾客忠诚分为不同的阶段。拥护者位于顾客忠诚梯的顶端，从潜在顾客到顾客一直到拥护者，各自的价值会越来越大。因此，企业可以通过对顾客进行升级来提高自己的利益。

### （二）推动管理变革，提高企业管理水平

1.提高企业的信息化水平。通过顾客关系管理，企业的信息录入、信息检索、

数据挖掘等信息化功能会越来越快捷方便。企业不但可以快速存储、输出顾客全面、准确的信息，而且可以通过数据挖掘、智能分析工具为企业策划量身定做营销方案。CRM 与 MRP，ERP，SCM 等系统可以实现对接，加强企业信息化管理水平，提高企业的经营效率。

2. 减少管理机构层次，削减中层管理者。CRM，MRP，ERP，SCM 等管理信息系统都可以给企业的管理效率带来数倍乃至于数十倍的提高。通过企业内部信息化、网络化，使得金字塔式的组织结构所带来的信息传递直线化的弊端可以大大减轻。通过内部信息的网络化，企业内部任何人员都可以在企业内部网上得到及时、准确、全面的信息，这样不但能给管理者和执行人员带来极大的方便，而且增大了企业的管理幅度，使管理层次大大减少，使组织结构逐渐趋向于扁平化。在扁平化组织中，中间管理层成为冗余，企业可以通过精减人员来减少人工成本。由于人员精简，办公设施、日常管理费用也可以相应缩减，从而增加了企业的财务利益。让我们以一个例子来说明该问题。

ABC 公司采用 CRM 系统后，减少了中层管理人员 100 名，而每位管理人员的年平均工资为 10 万元，同时减少 500 平方米的办公用地，每平方米费用为 6 000 元/年，同时每年减少管理费用 100 万元。年利息率为 10%。

每年管理人员工资的减少给企业带来的价值为：

$$S_1 = 100\text{ 人} \times 10\text{ 万元/人} = 1\ 000\text{ 万元}$$

每年办公场地的减少为企业带来的价值为：

$$S_2 = 500\text{ 平方米} \times 0.6\text{ 万元/平方米} = 300\text{ 万元}$$

每年其他管理费用的减少给企业带来的价值为：

$$S_3 = 100\text{ 万元}$$

总费用的减少额为：

$$S = S_1 + S_2 + S_3 = 1\ 400(\text{万元})$$

总费用的减少给企业带来的总现值为：

$$PV = S/I = 1\ 400\text{ 万元}/0.1 = 1\ 4000\text{ 万元}$$

可见，CRM 及其他管理信息系统的应用为企业带来的效益是非常显著的。但是，减少管理层次会使得大批中层管理人员失去工作，使他们的利益受到损害，因此会引起一部分人的极力反对，这也是在实施 CRM 时必须要考虑的问题。

### （三）顾客关系管理给顾客带来更多的价值

如前所述，顾客关系管理是通过给顾客创造价值达到挽留顾客的目的，它的实施能使顾客得到更多的实惠，获得更多的价值。

贝利（Berry）和帕勒苏拉门（Parasuraman）提出了三种区别顾客价值的方法。

1. 增加财务收益。信用卡的例子向我们说明了挽留住老顾客给我们带来的财务收益。我们可以通过两种方式来增加财务利益:频繁营销计划和俱乐部营销计划。

2. 增加社交利益。公司员工通过了解顾客个人的各种需求和爱好,将公司的服务个别化。从本质上说,明智的公司把他们的单个顾客变成了顾客。一些公司还采取各种方式把他们的顾客集中在一起,让他们相互认识、相互交流和享受乐趣。

3. 增加结构性关联利益。公司可以向顾客提供某种特定的设备或计算机联网,以帮助顾客管理他们的订单、工资和存货。如,微软公司、瑞星杀毒软件公司等通过顾客的网上智能升级系统,及时为使用其产品的顾客进行升级。并可通过网络下载一些免费应用工具。

(四)顾客关系管理可以优化资源配置,避免恶性竞争

以价格为主的企业竞争,容易使行业内各个企业两败俱伤,恶化行业环境,不利于行业的整体发展。以顾客关系管理为基础的竞争是一种以多赢为结果的竞争,不但顾客可以得到更多的价值,企业也可以获得更多的利润,而且整个行业也不会因为环境恶化而导致衰退。通过信息系统的应用,企业不但提高了管理效率,精简了管理人员,同时也节省了管理物资,为社会资源的优化配置起到了重要作用。

## 第三节　顾客关系管理的产生与发展

顾客关系管理是在现代市场营销观念的环境下产生,并随关系营销的出现而逐渐发展起来的。

### 一、营销观念的演进和发展

随着商品经济的发展和社会市场化程度的不断提高,企业经营中先后出现过五种营销观念:生产观念、产品观念、推销观念、营销观念和社会营销观念。现实中的企业经营活动无一不是受其中一种或几种观念的影响。

(一)生产观念

生产观念(production concept)是最古老的经营观念之一。它的一个假设是消费者喜爱那些可以随处得到的价格低廉的产品。

生产导向型组织的管理层总是致力于获得高生产效率和广泛的分销覆盖面,

他们认为消费者主要对产品可以买到和价格低廉感兴趣。

（二）产品观念

产品观念（product concept）认为，消费者更喜欢高质量、多功能的产品，并希望不断地改进产品，使之日臻完善。他们认为消费者欣赏精心制作的产品，并能够鉴别产品的质量和功能。海尔集团在20世纪80年代初是以生产观念为导向的企业。当时由于消费物资短缺，全国各地到青岛求购冰箱的商家的汽车在生产厂门口能排成几百米的长龙。海尔总裁张瑞敏具有超前的发展眼光，他看到全国各地纷纷上冰箱生产线，意识到未来将有一场激烈的竞争，于是狠抓质量，曾当着厂内全体员工亲手挥锤砸毁了76台不合格的电冰箱。该阶段的战略后来被他们称为“名牌战略”。

然而一味强调质量容易陷入一种误区，即“营销近视症”。企业只注重自己产品的质量，以至于并没有意识到他们的产品没有迎合市场需求。营销经理陷入了“更好的捕鼠器”的错误之中，幻想只要设计出一个更好的捕鼠器，人们就会踩平你店门前的路。

（三）推销观念

推销观念（selling concept）产生于1920—1945年，这一时期是由“卖方市场”向“买方市场”过渡的阶段。推销观念认为，如果让消费者自行选择，他们不会总是购买某一企业的产品。因此，企业必须主动推销和积极促销。这一观念认为，消费者通常表现出一种购买惰性或者抗衡心理，故需要用好话去劝说他们多买一些。公司可以利用一系列有效的促销工具去刺激他们大量购买。

除以上的假设，这种观念的产生还源于大量库存积压的压力。因此如果消费者使用了所推销的产品后觉得满意，那么不会出现问题；如果不满意，就会对产品形象产生很大的负面影响。所以，采用推销观念需要冒很大的风险。

（四）营销观念

营销观念（marketing concept）产生于第二次世界大战之后，尤其是20世纪50年代以后。

营销观念认为，实现企业目标的关键在于正确地确定目标市场的需求，并且比竞争对手更有效、更有利地传送目标市场所期望的东西。

哈佛大学教授西奥多·莱维特（Theodore Levitt）对推销观念和营销观念作了深刻的比较：推销观念注重卖方需要，营销观念则注重买方需要；推销观念以卖方需要为出发点，考虑如何把产品变成现金，而营销观念则考虑如何通过产品以及与创造、传送产品和最终消费品有关的所有事情，来满足顾客的需要。

美国西北大学教授、当代市场学权威菲利普·科特勒认为：营销观念基于四个主要支柱，即目标市场（target market）、顾客需要（customer needs）、整合营销（integrated marketing）和赢利能力（profitability）。并对营销观念和推销观念进行了对比，如表1-1所示。

**表1-1　顾客让渡价值的因素**

| | 出发点 | 重　点 | 方　法 | 目　的 |
|---|---|---|---|---|
| 推销观念 | 工厂 | 产品 | 推销和促销 | 通过销售获得利润 |
| 营销观念 | 目标市场 | 顾客需求 | 整合营销 | 通过顾客满意获得利润 |

资料来源：菲利普·科特勒．营销管理[M]．北京：中国人民大学出版社，2003.

营销观念的出发点是目标市场细分，比如我们要设立一个公司，在应用推销观念的时候可能认为只要是我生产的商品，就不怕卖不出去，投资者考虑的是他有没有生产该商品的经验、技术和资金。而在营销观念情况下，投资者不但要考虑自己生产该产品的能力，更要考虑消费者需要什么产品，我能不能满足他的需求，怎样才能满足他的需求，能不能比竞争对手更好地满足他的需求，在此基础上，才去考虑利润的问题。

营销观念的重点是顾客的需求，而推销观念的重点是产品。也就是说推销观念中的企业将产品生产出来以后，是让顾客接受他的想法，接受他的理念，要顾客跟着他走，即使顾客并不十分满意；而营销观念则强调顾客需要什么，就生产什么。推销与营销的区别如同黄金法则和白金法则。黄金法则是我希望别人怎样对我，我就怎样去对待别人；而白金法则是别人希望我怎样去对待他，我就怎样去对待他。

营销观念要求企业内的所有营销职能以及所有的部门都要以顾客为中心；而推销观念只是用推销和促销手段去对待顾客。

营销观念更多的是通过双赢来实现企业的利润，即顾客和企业都获得价值；而推销观念只是将企业的价值放在首位，宁愿牺牲顾客的利益，因此会失去很多顾客。

（五）社会营销观念

社会营销观念（societal marketing concept）认为，企业的任务是确定诸目标市场的需求和利益，并以保护消费者和提高其社会福利的方式，比竞争者更有效、更有利地满足目标市场的期待。

工业生产造成的水、空气、土壤的污染，能源、矿产资源、生物资源因大量开采趋向于枯竭，农药、化肥的应用对食品产生不良影响，诸如此种后果，大工业生产正在给人类带来两方面的负面影响：对人们周围生存环境的破坏和人们生活质量的降低；对后代生活环境和生活质量的影响。

正是出于对人类赖以生存的环境和资源的忧虑与强烈的责任感，许多企业或多或少地感受到来自这方面的压力。社会营销出现于 20 世纪 70 年代，它实际上是要求企业将企业利润、消费者需要、社会利益三个方面统一起来。

以上五种观念的演进和发展实际上是一个多方博弈的过程。初始时厂商和消费者是谈判的双方，消费者的砝码不断加多，而企业的砝码不断减少。社会资源是有限的，价值的分配随着各方力量的不断对比达到新的平衡。而随着社会营销的出现，博弈和谈判出现了第三方——社会公众。社会公众形成了一股新的力量，这三方根据各自力量的对比达到了一种新的平衡，社会营销随即出现。因此，生产观念向产品观念再向推销观念、营销观念、社会营销观念的递进，实质上是消费者价值不断提升的过程。如图 1－4 所示。

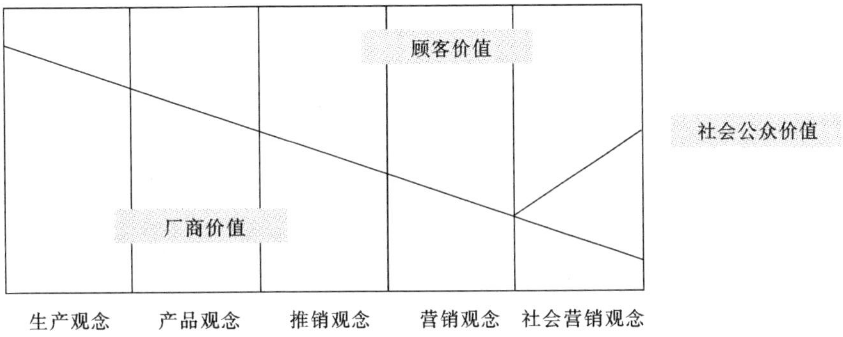


**图 1－4　价值转换**

## 二、从交易营销到关系营销

### （一）交易营销

依照营销观念，企业经营的出发点在于抓住和把握顾客需求所带来的市场机会。企业经营的实质是：企业利用内部可控因素（4P 或 4C 等），对外部不可控因素做出积极的动态反应，在满足顾客需求的条件下提高产品和服务的销售额，以创造利润。为此，企业市场营销活动的核心是制定并实施有效的市场营销组合策略，最大限度促成与顾客的交易活动。

在交易营销模式下，企业关注的是订单交易。为争取更多的订单，企业要不断地寻找有需求的新顾客，从一个市场转向另一个市场，从一个地区转向另一个地区，从一个国家转向另一个国家。如图 1－5 所示。

丹尼尔·查密考尔曾经用漏桶形象地比喻这种营销方式。一只水桶，桶上有许多洞，这些洞的名字是：粗鲁、没有存货、劣质服务、未经训练的员工、质量低劣、

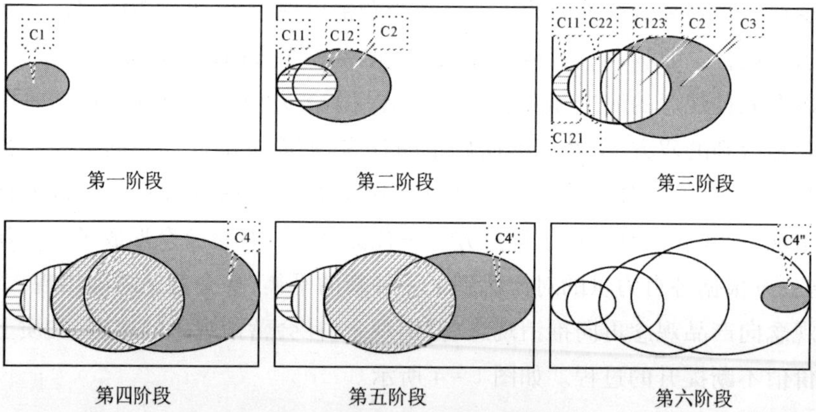


**图 1-5　交易营销下的顾客变化**

注:①方框表示行业的总体市场容量。

②方框中空白部分表示企业不能到达的市场,包括竞争对手的忠诚顾客,企业因自身能力而不能满足的顾客需求等。

选择少等。桶里边充满的水不断从洞中流出,这些流出的水就是企业的顾客,为了保住原有的营业额,企业必须从桶顶不断注入"新顾客"来补充流失的顾客。

如图 1-5 所示,在第一阶段,企业的顾客数量为 C1;随着企业的不断发展,到了第二阶段,企业获得了增长的顾客 C2,加上第一阶段顾客中所保留的那部分 C12,企业的总顾客量好像有了增加,但是第一阶段中的顾客却失去了 C11 那么多的顾客,仅保留下 C12 的部分,C11 那部分到哪儿去了? 从桶的洞中流出去了。

到了第三阶段,企业的顾客数量又有了更大的增加,而且第三阶段的顾客也比第二阶段的顾客总量上增加了不少,但是,C1 的顾客失去了更多,不但失去了 C11,而且失去了 C121,只剩下 C123,第二阶段增加的顾客 C2 中也失去了 C22。

到了第四阶段,C1 中的顾客完全消失,C2 的顾客又失去了一部分,C3 的顾客也开始失去。

到了第五个阶段,企业没有再发展新顾客,而原有的顾客还在不断流失,企业的总体顾客逐渐萎缩,即成为 C4′部分。

到第六阶段,企业的顾客只维持了很小的一部分 C4″。

公司的领导者们逐渐发现在激烈的竞争环境条件下,那些经过精心策划的市场营销组合策略,在实施的过程中困难重重,难以达到预期的目标。过去成功的经验往往成了现在失败的根源。

### (二)关系营销

科特勒在《营销管理》中对关系营销(relationship marketing)的定义是:关系营

销是指与关键成员(顾客、供应商、分销商)建立长期满意关系的实践,目的是保持营销者长期的业绩和业务。也有的学者将竞争者加入关系的行列,这在现实环境中是有其合理性的。另外的企业利益相关者还有政府、广告代理人、新闻媒体、科学家等。

从日本丰田公司与其供应商的关系就可以看出关系营销的意义。丰田公司实行的是准时化生产,竞争的压力迫使他们这样做以降低汽车的生产成本,保持对竞争对手的竞争力。准时化生产意味着零库存,也就是说生产线上的汽车都是有订单的汽车,汽车下线后就会卖给顾客,仓库中也没有原材料,生产时配件供应商直接将零件送到生产线上。例如,公司计划1月20日生产100辆小汽车,有关部门将所需物料提前通知供货商,要求于1月20日上午9:00将订单上的物料送到某个车间,如要求供应轮胎的厂家于1月20日上午9:00送400个轮胎到某生产车间。1月20日上午8:45,轮胎公司送轮胎的车来到某车间门口,被门卫拦住并告知:你的送货时间是9点钟,现在离9点还有15分钟,请你将车停到那边的停车场,9点钟再开过来,否则在门口会影响生产秩序。到了9点钟,门卫会向送轮胎的司机打招呼要求将轮胎送到装配工序,然后马上装配,一刻不差,而且只要400个轮胎,一个不多,一个不少,这就要求送来的轮胎必须全部为合格品,而且必须按时送到,这就对供应商提出很高的要求。准时的、零缺陷的送货是很难达到的,而丰田全部做到了。这是由于丰田与供应商建立了一种紧密的联系,丰田选择的供应商一般都是在其生产厂周围,而且要对他们提出严格要求,比如以上的零缺陷和准时化配送。实现这一要求有赖于丰田自派员工长年驻守在供应商企业,专门负责培训供应商企业的人员和指导生产,由此培育了一批高质量的供应商,而相应的供应商也得到了丰厚的回报。

以上例子说明,企业的成功需要各方相关者的共同协作。假如轮胎供应商到1月20日下午3点才将轮胎送到,而且还有3个是坏的,丰田公司显然就无法正常组织生产。除供应商外,分销商也是企业重要的合作伙伴,另外,政府政策和新闻媒体更会对企业构成强大的影响。当然,对企业而言,最重要的仍然是与顾客的关系。与交易营销注重吸引顾客的一次性交易不同,关系营销强调与顾客建立长期关系,促成其长期购买。

因此,用科特勒的话说:关系营销的最终结果是建立起公司的独特资产,即一个由公司的利益相关者建立的互利、多赢的业务关系营销网(marketing network)。这样竞争就不仅是在公司之间进行,而是在整个网络之间进行。一个建立了更好关系网的公司将获胜。该操作原则是简单的,即与关键的利益关系者建立良好的关系网后利润会滚滚而来。

用博弈论的理论解释，博弈的主体由社会营销的企业、消费者、社会公众，变为企业、消费者、社会公众、供应商、分销商、竞争者、新闻媒介、政府等利益相关者，价值是由这些相关利益群体共同创造和共同分配的。与前几个观念相比，博弈理论有所不同的是，相关利益群体不但是价值的分享者，而且是价值的创造者，这样就形成了多种竞合的关系。而且在关系营销的模式下，企业经营管理的对象不仅是内部可控因素，而且扩展到外部环境的相关群体。

## 三、由关系营销到顾客关系管理

顾客关系管理的理念来源于关系营销。关系营销将企业的利益相关者作为企业的竞合伙伴而共同创造和分享价值，而关系中最重要的一方就是顾客。在英语中顾客(customer)和客户(client)的含义是不同的，虽然二者都是消费企业产品的所有个体消费者或组织，但顾客只是“没有名字的一张脸”，而客户的资料却很详尽地存放在企业的信息库中。因此客户比顾客的概念更亲近一些。顾客关系时代，一个主要的理念就是将顾客视为“客户”，而不是“一张没有名字的脸”。

### (一)顾客关系管理的产生条件

1. 需求的拉动。20 世纪 80 年代中期开始的业务流程再造和 ERP 建设，实现了对制造、库存、财务、物流等环节的流程优化和自动化，但销售、营销、服务领域的问题却没有得到相应的重视。而随着竞争的不断加剧和消费者消费能力的不断成熟，挽留老顾客和获得新顾客对企业来说已经变得越来越重要。企业不但要往木桶中注入新水，同时要堵住水桶上的洞，让老顾客不再流失。企业的这一需要对理论界提出了新的要求。

当今社会，企业与顾客之间存在着许多接触点和交互点，如电话、传真、E-mail、网站等，这些信息点所汇集到的信息都保存在各自的数据库中，彼此独立，各自为战，没有形成数据的整合，因此使得企业中各个部门的人员如销售人员、服务人员、呼叫中心的工作人员之间的顾客信息无法实现共享。这一状况将在销售人员、营销人员、服务人员、研发人员、顾客以及经理等相关部门和人员中引起一系列问题。具体来说有：

(1)销售人员。以××冷柜公司为例，公司的销售人员余某是负责襄樊地区的大顾客经理。该地区有一个很大的 A 啤酒公司，该啤酒公司每年都向全国各大冷藏柜生产公司招标采购 BC 型号冷藏柜，××冷柜公司一直是该啤酒公司的主要供货商。可是由于原先在襄樊地区的大顾客经理前几天辞职了，余某刚来到办事处才两天，所有的事情还没来得及理清头绪，就收到 A 啤酒公司采购冷藏柜的招标通知。余某以前对该公司的详细情况一无所知，仅知道这是当地一家很有名的啤酒公司,而市场总部负责大顾客的总经理这几天病了,余某只好根据以前在济南地区做大顾客经理时的情况,连夜赶制了竞标书,并按 A 啤酒公司对产品的要求竞标了两个型号的产品:BC-260,2 300 元;BC-200,2 100 元,竞标结果出来后没有中标。市场部大顾客总经理病愈上班后,余某向其报告情况,总经理大发雷霆:去年竞标的价格是 BC-260,2 100 元,BC-200,2 000 元,今年价格这么高怎么会中标。而且该公司本身就以质量著称,每个型号的产品本来就比其他厂商的同类型号产品价格高上百元,这样就更不容易中标了。顾客信息不共享给销售人员带来的障碍由此可见一斑。

(2)营销人员。有 20% 的顾客给公司带来了 80% 的利润,而营销人员却没有这 20% 顾客的资料,即使有其中一部分顾客的资料,可能也无法辨别。因此,营销人员不知道该如何制定他们的营销策略。营销部门有一个计划是在圣诞节来临之前为重要顾客每人送上一份精美的圣诞礼物,可他们却找不出这 20% 的顾客是谁。他们还想在这些顾客生日的时候为他们送去一份精美的生日礼物,可却没有顾客相关的资料。营销部门想知道每个顾客对公司产品的要求是什么,哪一点达到了他们的要求,哪一点还没有,以找到做广告时候的诉求点,可是没有相关资料要做到这一点很难。他们想知道顾客与公司沟通的情况,以免重复发给顾客资料或对顾客的要求产生与公司其他部门相异的回答。有那么多人登录了公司的网站,营销部门却无法知道这些人是谁,来过几次了,有没有购买公司的产品,有没有购买意向,他们的要求是什么。

(3)服务人员和研发人员。比如,C 公司服务部门要对大顾客所使用的本公司产品进行一次维护,可是却没有这些顾客的详细地址、联系方式,从而无法为顾客提供增值服务。没有联系方式也不能对顾客进行回访,无法知道顾客的抱怨。当服务部门终于设法找到了一部分顾客资料并进行了回访后,却发现对产品不满的顾客多达 90%。但由于顾客的信息不能顺畅地到达研发人员那里,他们无法询问顾客在使用产品过程中发现的问题,无法知道他们的要求,因此无法对产品的设计有全面而且准确的把握。

(4)顾客。顾客有可能从不同的销售人员那里得到不同的价格。例如,顾客在使用产品时出现了问题,将电话打到公司服务热线,热线小姐说服务的问题请与 ×× 产品事业部的销售部联系;顾客将电话再打到 ×× 产品事业部的销售部,销售部的人说这不归他们管,他们只管销售,请顾客打电话到他们事业部的售后服务部;售后服务部接电话的小姐说,他们服务部的维修人员临时不在,并请顾客过半个小时后再打过来。如果半个小时后维修人员还不在,那么这个顾客多半就会疯掉了。在顾客的眼里,公司的每个部门都是公司的脸,都代表着公司。如果出现上面的情况,就很难保证能留住顾客。因此需要建立一套信息传递系统,使公司各个部门都能够迅速响应顾客。

又如,张先生将电话打到某公司的咨询台,A 小姐接的电话。张先生说,我需要一辆天蓝色的摩托车,我知道你们公司这个型号的车都是红色的,如果你们能生产的话我就定购一辆。A 小姐记下了张某的技术要求和联系方式。当天 A 小姐没来得及咨询生产部门就下班了,第二天 A 小姐休假,张先生等了一天没有收到回音,又打电话询问,B 小姐接的电话。“我昨天咨询你们的事你们帮我问了没有?”B 小姐问是什么事,张先生说不就是天蓝色的摩托车么,然后 B 小姐再记下张先生的技术要求和联系方式,并承诺会及时通知张先生。过了几天,张先生还没收到回电,再次询问,原来 B 小姐被解雇了。

(5)经理人员。已经有好几个大顾客打电话过来问订单完成得怎么样了,可负责这个订单的销售人员辞职了。经理对这些单子的详细情况并不清楚,于是他要付出很大的努力才能弄清楚订单执行的具体情况。

以上是在企业中常见的问题。这些问题可以分为两类:一是企业的销售、营销、科研、服务、制造、库存等部门的信息没有一个统一的记录方式;二是各部门的信息分散在各个部门内部,这些零散的信息使得每个部门都无法对顾客有全面的了解,各部门难以在统一的信息基础上面对顾客。

为解决上述问题,要求企业首先应建立一个信息管理平台,使得各部门将通过各种渠道获得的信息都能输入到统一的数据库中,可以是语音输入、键盘输入、扫描输入、手写输入等,而后对数据进行集成;其次使每个部门都可以通过各自的端口从数据库中获取需要的信息。

2. 技术的推动。技术的进步是顾客关系管理兴起并得到迅速发展的一个重要因素。以电子技术、通信技术、光缆技术、计算机技术、网络技术的发展为主要标志的信息化时代的到来,为顾客关系管理提供了坚实的技术基础。企业办公自动化、员工的计算机应用能力和企业信息化水平的提高,都为顾客关系管理的出现起到促进作用。

信息技术对顾客关系管理的推动作用具体包括以下几个方面。

(1)通信工具的不断发展和通讯方式的多样化使得企业收集顾客信息更加便利、迅速和廉价。互联网的普及不仅大大提高了信息传递速度,而且使通信费用不断降低。企业可以通过网站发布和收集更多、更全面、更准确的信息。顾客只需在网站上就能寻找到自己所需要的、感兴趣的信息。

(2)信息存储和数据挖掘技术使得企业有能力及时、全面地处理大量信息。大型数据库软件可以使企业存储数十亿个顾客的多种多样的信息,且能根据不同部门的需求输出不同的信息。

(3)智能软件的使用可以为使用者提供智能化的解决方案。针对某一类具体的顾客,智能软件可以提出多种解决方案以供参考,这样就可以为管理者节省大量的决策时间。

3. 营销理念的更新。企业营销理念以产品为中心向以顾客为中心的转变,由4P向4C的转变,使得人们越来越清楚地认识到顾客关系在企业经营中的重要地位。以前公司的资产仅指资金、土地、原材料、技术等无形资产,甚至包括企业员工,现在则越来越认识到顾客其实也是企业极其重要的资源。这种资源在竞争激烈的行业中尤其重要。

(二)顾客关系管理理论的产生

1. 关系营销的发展为顾客关系管理奠定了理论基础。1982年贝里(Berry)首次提出了关系营销的概念,正式揭开了理论界研究顾客关系问题的序幕。最初,贝里将关系营销定义为培养、维护和强化顾客关系。1995年,他重新将关系营销定义为通过满足顾客的想法和需求来实现顾客的偏爱和忠诚。

麦肯纳(Mckenna)把关系营销的宗旨归纳为将顾客、供应商和其他合作伙伴整合在营销活动中,即发展与供应商、顾客或价值链上的其他成员之间紧密的互动关系。

美国学者雷奇汉(Fredrick Reichheld)通过对美国信用卡业务的研究发现,顾客挽留每增加5%,可带来公司利润60%的增长。

克莱姆(Cram)在对银行业顾客关系进行研究后指出:通过建立顾客间的稳定关系而成功挽留顾客能为企业创造更多的利润,因为他们将不断购买该企业的服务,并可充当推荐角色,为企业争取更多的新顾客。同时,顾客关系所持续的时间越长,银行越容易为顾客提供定制化的服务,从而更能增强顾客从服务中获得的满意度。

佩恩(Payne)指出,20世纪80年代的交易型营销把重点放在每笔销售业务上,而20世纪90年代的关系营销却着眼于单个顾客,寻求建立顾客与企业之间的长期关系。他认为,关系营销是通过创建、培养和延续顾客关系来长期拥有顾客,通过增加销售量和实现“交叉销售”(cross-selling),从而使企业从顾客手中获得的价值最大化。他指出关系营销的几个特征:从交易驱动转向关系驱动;从单部门转向跨部门;从产品导向转向顾客中心导向。

克里斯托弗(Christopher)将关系营销视为传统营销在范围上的延展,突破了营销是营销部门责任的观念,主张关系营销是整个公司的职能。同时克里斯托弗提出了“六种市场框架”模型,给出了一个更广泛的“市场”定义,即企业面临着六个市场——内部市场、推荐者市场、影响者市场、员工市场、供应商市场和顾客市场。因此如果企业要想维持和延续顾客价值，仅仅重视顾客还不够，必须全面构筑与供应商、内部员工及其他可能为企业传播“口碑”的各方之间的良性关系。

杰拉德（Gerard）认为，关系营销的目的是为了获得顾客的信任感和忠诚度，而顾客的信任感和忠诚度取决于两个变数：信息分析（企业必须知道顾客的想法、需求和价值）和互动需求（个人接触以及顾客需求的沟通方式）。

随着服务业的迅速兴起，理论界开始将关系营销理论运用到服务业。其中有两个学派，以贝里等为代表的北美学派和以迦玛森（Gummesson）和格朗鲁斯（Gronroos）等为代表的北欧学派，对服务领域关系营销的研究主要倾向于从企业与顾客两方面对单个服务接触的研究和对买卖双方持续关系的研究。

从上述西方学者关于关系营销的理论研究可以看出，关系营销高度重视买卖双方之间的接触，主张通过维持营销、质量和服务之间的联系来赢得和挽留顾客，其基本思想是企业应该培养长期的顾客关系，实现对顾客的有效挽留。由此可见，关系营销与顾客关系管理的基本理念与宗旨一脉相承，可以将关系营销视为顾客关系管理的理论基础。

2. 数据库营销为顾客关系管理奠定了实践基础。从关系营销到顾客关系管理的发展过程中，数据库营销（database marketing）的出现意义十分重大，起到了桥梁作用。

数据库营销实际上是关系营销的一种高级形式，其共同点都是为了提高营销的针对性和有效性，在了解顾客需求的基础上，去满足顾客需求，以构建长期的顾客关系。数据库营销的发展为顾客关系管理奠定了重要的顾客资源管理基础。

数据库营销是建立在准确的顾客信息、竞争对手信息和公司内部信息基础之上的一种互动的营销沟通方式。由三种子系统组成：直接响应营销（direct response marketing）、计算机辅助销售（computer-aided sale support）和信息服务（customer information & service）。

（1）直接响应营销。这是数据库技术与目标营销的结合，用数据库辅助与现有顾客或潜在顾客沟通，通过直接邮寄、电话营销和直接响应广告等以激发顾客的迅速响应。

（2）计算机辅助销售。计算机辅助销售允许不同部门，如销售、服务部门通过电脑直接访问公司的数据库，获取顾客或潜在顾客信息、竞争对手信息和公司信息。也可录入信息，用于内部电子沟通，以辅助销售管理。

(3)顾客信息服务。允许顾客与企业之间的便捷沟通。为顾客提供尽可能多的信息支持,如账单查询、质量报怨、技术问题、产品服务等,使其加深对企业的了解,更好地使用本企业产品。

与数据库营销相比,顾客关系管理的技术手段更加先进,包括更先进的数据库技术、数据集市技术、联机数据处理技术、知识发现技术和数据挖掘技术等。这些技术的引入有效地促进了企业对各种数据的获取、分析和运用,使得企业对顾客关系的管理更加科学化和智能化。

图 1 -6 为关系营销、数据库营销和顾客关系管理的关系。

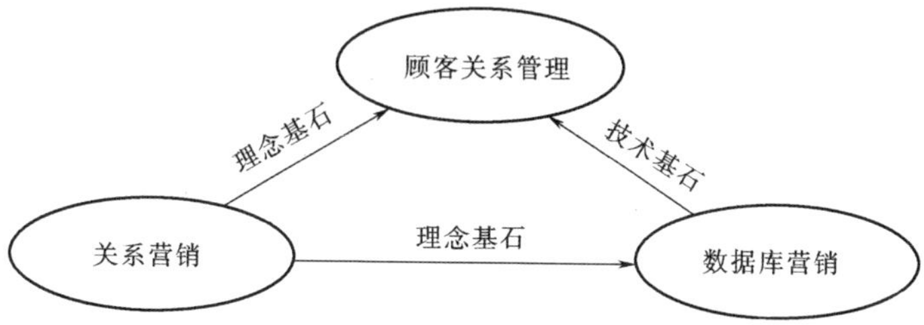


**图 1 -6　关系营销、数据库营销和顾客关系管理的关系**

3. 对大客户关系管理的研究。米尔曼(Millman)和威尔逊(Wilson)在 1994 年提出,大顾客管理的发展历程与交易营销向关系营销转变的发展过程相吻合,即大顾客关系发展模型(key account relational development model),从而使卖方在大顾客发展的不同阶段得以评估自身的地位,分析其管理行为,并使关系成熟化的技巧不断加以完善。如图 1 -7 所示。

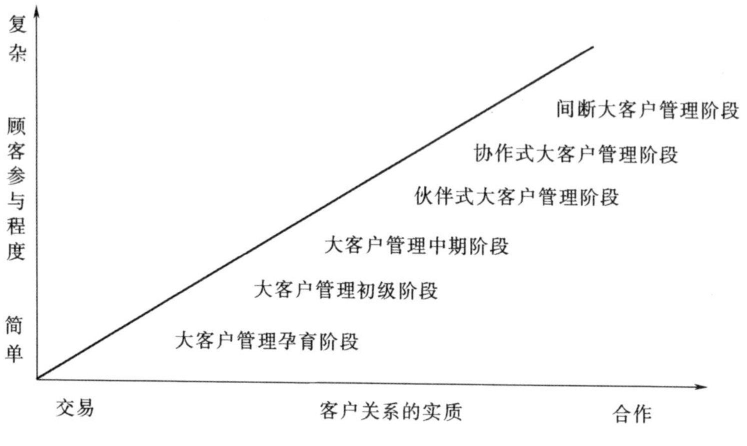


**图 1 -7　大客户发展模型**

在大客户管理孕育阶段,交易双方都在搜寻对方,并在合作之前进行信息的交换,大多数交易将在负责大客户的经理和买方主要联系人之间进行,此时有可能有多家卖方与买方进行接触。

在大客户管理的初级阶段,卖方根据买方的喜好说服购买决策者。这个时期是一个关键的时期,任何一方的不快或者双方之间的误解都将导致卖方花费很大的精力构建起来的关系毁于一旦。

在大客户管理的中期阶段,业务成交的可能性很大,两家公司内相互发生接触的员工也逐渐增多,双方建立起相互信任的关系,沟通扩大到各个层面。此时买方仍然感到有从多个供应商中进行筛选的必要,但顾客管理的重点已从出色的产品转移到了社会的、环境的协调上来。而且在这个阶段企业无须为迎合某一方面而改变已有的组织设置,当需要处理问题时,双方会通过人员沟通来化解。

在伙伴式大客户管理阶段,卖方成为买方公司外部的战略伙伴,双方关系进入了信息共享、有难共担的程度。价格也随之处于长期、稳定甚至是固定的状态,双方都能获利。

在协作式大客户管理阶段,买卖双方进入成本透明阶段。双方联合制订计划、联合制定战略、联合进行市场调查,组织间各层次的接触也会更加充分。

间断大客户管理阶段是交易与相互作用停止的阶段。

以上关系的发展阶段对顾客关系管理具有很强的借鉴意义,有关关系间断原因的分析对维护顾客关系、建立顾客忠诚具有重要启示。

### (三)顾客关系管理的现状

随着信息技术的发展和实践探索的不断深入,人们对信息的把握能力越来越强,对关系的研究逐渐突破营销的范围,开始考虑如何从企业整体的角度出发,通过有效地设计组织流程和信息系统实现对各种信息的有效识别、收集分析和共享,从而有效地支持关系营销和关系管理。顾客关系管理正是在这种条件下产生的,不过目前对顾客关系管理应用层面的研究多于理论层面的探讨。在应用方面,一些知名软件企业如 SIEBEL, ORACLE, SAP, SAS 等纷纷开发 CRM 软件产品,用于辅助企业的顾客关系管理。1999 年 CRM 产品及其服务的全球市场销售总额是 3 690 亿美元。而在理论方面,顾客关系管理所坚持的根本理念主要来源于传统的关系营销和关系管理,只是在实现技术和形式上大大迈进了一步。

## 第四节　顾客关系管理理论的应用

目前,顾客关系管理理论在企业实践中极为重要,其应用范围也非常广泛,涉及各行各业，也直接影响企业经营管理的各个方面和领域。本节将从顾客关系管理理论应用的基本流程和关键问题介绍其应用情况。

## 一、顾客关系管理的基本流程

顾客关系管理涉及三个基本的流程：营销自动化、销售过程自动化和顾客服务与支持。

### （一）营销自动化

顾客关系管理中的营销自动化（Marketing Automation，MA）也称作技术辅助式营销（Technology-enabled Marketing，TEM），是 CRM 领域中比较新的功能，其着眼点在于通过设计、执行和评估市场营销行动和相关活动的全面框架，对市场营销活动的有效性进行计划、执行、监视和分析，并可以应用工作流技术优化营销流程，使一些共同的任务和过程自动化。MA 的最终目标是：企业可以在活动、渠道和媒体间合理分配营销资源以达到收入最大化和顾客关系最优化的效果。

在顾客关系管理环境下，要求 MA 组件能够实现以下功能。

1. 增强市场营销部门执行和管理通过多种渠道进行的多个市场营销活动的能力。具体来讲，包括基于 WEB 的和传统的营销宣传、策划和执行。

2. 可对营销活动的有效性进行实时跟踪，并对活动效果做出分析和评估。

3. 帮助市场营销机构管理、调度其市场营销材料库存的宣传品及其他物资。

4. 实现对有需求顾客的跟踪、分配和管理。

5. 集成到销售和服务项目中，从而实现同具有特殊要求的顾客进行交互操作（个性化营销）。在 B to B 模式环境中，确保不同产品间关系的清晰；在 B to C 环境中，尽可能发现 B to C 和 B to B 之间的可能关系。

### （二）销售自动化

销售自动化（Sales Automation，SA）也称作技术辅助式销售（Technology-enabled Selling，TES）。它是指在所有的销售渠道，包括现场移动销售（field/mobile sales）、内部销售/电话销售（inside sales/tele sales）、销售伙伴（selling partner）、在线销售（web selling）中运用相应的销售技术来达到提升销售和实现过程自动化的目的，其目标是把技术和优化的流程整合起来，实现销售队伍效率的不断提高，同时平衡和最优化每一个销售渠道。

销售自动化的方案中，主要有如下两个方面的内容。

1. 销售团队自动化（Sales Force Automation，SFA）应用，也被称作销售力量/机构自动化。早期的 SFA 只是用于处理销售程序，但 CRM 系统中的 SFA 以面向顾客的需求为出发点，已成为一个高集成度的解决方案，包含了更为广泛的基本销售功能。

2. 销售配置管理(Sales Configuration Management，SCM)，它与SFA一起提供与相应的其他应用子系统的接口管理。

（三）顾客服务与支持

顾客服务与支持(Customer Service and Support，CS&S)子系统可以帮助企业以更快的速度和更高的效率来满足顾客的独特需求，以进一步保持和发展顾客关系。它可以向服务人员提供完备的工具和信息，并支持多种与顾客的交流方式；可以帮助顾客服务人员更有效率、更快捷、更准确地解决用户的服务咨询，同时能根据用户的背景资料和可能的需求向用户提供合适的产品和服务建议。

顾客服务与支持子系统包括以下两部分功能。

1. 现场服务与分派管理(Field Service and Dispatch Management，FS/DM)。这一功能是指用以配置、派遣、调度和管理服务部门、人员和相关资源，负责完成有效的服务与支持活动。

2. 呼叫管理(Call Management，CM)。呼叫管理是CS&S子系统应用功能的核心，它的作用是处理所有登录顾客的信息和交易信息。呼叫管理是基于企业联络中心(contact center)的功能。联络中心包括与顾客联系的所有渠道，如语音(电话、IVR、语速识别和声音识别)、E-mail、Web、传真和信函等，是一个基于输入/输出双向服务的环境。呼叫管理在此环境上处理所有有关销售、顾客服务、营销、电话营销、搜集以及其他功能等方面的信息。

## 二、顾客关系管理应用关键要处理的几个方面的问题

（一）以顾客数据为中心的综合数据库

顾客关系管理数据库与商务、销售、生产、财务等数据库的整合，形成一个以顾客数据为中心的综合数据库。顾客关系管理系统是公司内部管理信息系统的一部分，与MRP，SCM，ERP等管理信息系统一起为企业管理提供巨大的方便。但是各子系统如果只在企业各个部门内部，而未能达到整合，管理信息系统对企业的作用将会打很大的折扣。数据库包括顾客基本数据、顾客的行为数据(消费偏好、购买地点、时间、销售数据等)、顾客的财务数据(账户、付款记录、信用评级等)、顾客的反馈数据(顾客的报修时间、问题、解决情况、顾客投诉情况)等，并且其他数据应当以顾客数据为中心和首要索引。

（二）顾客关系管理系统的分类、关联功能

每个顾客对于企业来说并不是孤立或单独的。因为顾客具有各种各样的属性。

比如，一个顾客具有地区属性、年龄属性、文化程度属性、性格属性等。这些属性都将对顾客的购买行为构成影响，而且可以根据不同的属性进行市场细分。因此，顾客关系管理系统必须具备完善的顾客分类功能，而且，许多顾客之间具备一定的关联性，比如两个组织顾客是总公司与分公司的关系、竞争关系、合作关系等。

（三）顾客关系管理的智能判别系统

由于企业的顾客关系管理系统是一个非常庞大的数据库，不可能由人工每天对每个顾客进行查看。因此，必须建立顾客关系管理的自动智能判别系统。

## 三、顾客关系管理应用的关键问题

人的因素是顾客关系管理应用的关键。具体表现在以下三个方面。

（一）顾客关系管理的实施应获得高层领导的支持

任何改革都会受到一定的阻力，顾客关系管理系统的应用也是这样。从实践看，最大的阻力来自于中层管理者，因为顾客关系管理的应用会威胁到他们的地位，有可能使他们失去工作或失去目前的地位和利益，因此他们会阻止顾客关系管理的应用。如果没有一个强有力的高层领导来领导顾客关系管理系统的实施，那么顾客关系管理系统将很难顺利开展下去。

（二）在实施顾客关系管理的项目中，企业要组织一个或一批良好的团队

在实施顾客关系管理的项目中，企业要组织一个或一批良好的团队。这批实施顾客关系管理的队伍应该在四个方面有较强的能力：一是企业业务流程的重组，需要对其流程的关键部分自愿进行改造；二是要了解系统的顾客应用需求状况；三是对技术要有一定的掌握；四是具有改变管理方式的技能，这对于帮助用户适应和接受新的业务流程是很重要的。

（三）要在企业内提高认识水平，实现观念的一致

顾客关系管理涉及多个部门的协作，因此，如果一个部门认为没有实现顾客关系管理的必要或对顾客关系管理的实施没有动力，就会影响到其他部门的实施情况。即使在一个部门内，如果有一部分人没有认识到顾客关系管理的重要性，在实施的时候没有积极性或扯后腿，就会影响到顾客关系管理的实施进度。

（四）顾客关系管理的实施中还要加强员工培训

顾客关系管理最普遍的问题就是员工的抵触情绪和培训的缺乏。显然不能期望仅仅把系统建立起来，然后就由员工自己去运作。要培训自己的员工，使他们能成功、合理地运用该系统来以对待企业的顾客。企业可以请专业培训公司来培训员工。

## 四、顾客关系管理实施的现状

(一)顾客关系管理实施的情况

顾客关系管理作为一种管理理念,起源于西方的关系营销理论。1990 年前后,许多美国企业为了满足日益竞争的需要,开始推行销售自动化系统(SFA),随后又着力开展顾客服务系统(CS&S)。1996 年以后,一些公司开始把 SFA 和 CS&S 两个系统合并起来,再加上营销销售策划(marketing)和现场服务(field service),并集成 CTI(计算机电话集成技术),形成集销售和服务于一体的呼叫中心,这就是顾客关系管理的雏形。1997 年,Garner Group 正式提出顾客关系管理的概念,加速了顾客关系管理的产生和发展。1998 年以后,随着电子商务的兴起,顾客关系管理开始和电子商务结合,得到更大范围的推广和应用。

在应用上,近年来欧美国家的很多企业都已经使用了顾客关系管理系统或准顾客关系管理系统,如 CISCO,DELL,HP,EMC,ORACLE 等公司。国外统计数据表明,顾客关系管理正成为一个新兴的顾客服务市场,1999 年全球顾客关系管理市场收益为 76 亿美元,2001 年为 120 亿美元。

全球顾客关系管理市场在 1999—2001 年期间获得了高速的发展,于是人们纷纷预测 2002 年顾客关系管理同样也应该是丰收的一年。但是事与愿违,2002 年全球顾客关系管理发展进入了一个“低谷”。由于受到全球 IT 预算紧缩的影响,顾客关系管理市场步入低迷期。顾客关系管理软件供应商、软件集成商和顾客关系管理咨询公司都感受到全球 IT 预算的巨大压力。而且,一些企业实施失败的宣传又使那些想要实施顾客关系管理的企业深感忧虑,部分企业对顾客关系管理仍持观望态度。

(二)顾客关系管理实施中的问题

顾客关系管理的实施并不是一帆风顺的,2002 年的情况正说明了这一点。综观国内外顾客关系管理应用的现状,主要存在以下问题。

1. 几乎所有的企业在开发或引进顾客关系管理时,往往都希望顾客关系管理能迅速促进企业的销售业绩。但由于顾客关系管理的实施需要一个以顾客为中心的企业经营运作模式,往往需要企业内部各部门改变原有的运作方式,而现实的部门设置和庞杂业务难以实现再造,使得顾客关系管理优势的发挥显得艰难而漫长,这一点在我国表现得特别明显。

2. 虽然顾客关系管理作为一种新型经营理念已经被越来越广泛接受,但由于缺乏理论支持,使得顾客关系管理在应用方面大多只是停留在基于计算机网络技术上的软件开发上,常常是系统的功能设计貌似强大,实则难以实现,导致了顾客关系管理脱离了顾客价值挖掘的本质含义，甚至使顾客关系管理沦为普通意义上职能单一的顾客信息管理系统（MIS），造成顾客关系管理的虚假繁荣。

3. 顾客关系管理需要与前台的应用软件（如 SCM，ERP 等）集成组成一个无缝对接的完整系统，才能发挥其优势。

4. 顾客关系管理昂贵的投资及其软件系统的复杂程度较高，往往令中小企业望而却步。

## 练习题

1. 不同角度的顾客分类对企业加强顾客关系管理的意义是什么？
2. 顾客关系在现代企业生存发展中的作用是什么？
3. 顾客关系管理有哪几层含义？
4. 为什么说顾客关系管理需要全体人员的共同参与？
5. 顾客关系管理在企业管理中的作用是什么？
6. 关系营销与交易营销有何区别？

## 案例分析

### 华康中药采购公司应当提价吗？

**一、行业分析**

华康中药采购公司是××小镇上主营中药材采购的一家私有企业。该镇以中药材的种植而远近闻名。华康的业务是从药农那里采购中药，然后通过中间商将药材分销到全国各大药材市场及医药公司。作为该镇最有实力且最早从事中药采购的企业，其市场占有率为 60%，它的另外两个竞争对手分别是华兴和华隆中药采购公司，其市场占有率分别是 20% 和 15%，另外 5% 的市场分别由其他几家小公司占有。

华康公司经营着几十个品种的中药材，其下游的中间商会不定期地来要货，中间商们会在某种中药短缺或行情看好的时候自己派车来拉货，放到自有仓库中囤积，然后卖至各大中药市场或直接销售给中药公司。

YY 药材是该镇大量种植的一种中药，主要用于治疗血液循环系统疾病，用量非常大。2004 年该镇的种植数量在 2 000 吨左右，由于该地政府对中药产业的大力扶植，种植量预计明年会有 50% 的增长，在接下来的 3 年中会有 20% 的增长。而且由于该药大量出口，其市场波动性相对于其他中药来说较小。

该行业的核心竞争力一方面是拥有众多中间商顾客分销他们采购来的中药；另一方面，如果取得了药农的信任，药农会在相同价格或稍低价格下将他们种植的中药卖给公司。

**二、问题出现**

华康公司作为该镇最有实力的公司，中间商一般愿意与其打交道，因此华康公司有许多顾客。就 YY 药材而言，有 3 个中间商从华康手中采购该中药，而该镇其余的采购商则没有该种药材的顾客，他们也没有从事 YY 中药的采购，因此华康公司是该品种药材在该镇的垄断采购商。但由于 YY 药材市场巨大，其他采购商对 YY 药材市场也虎视眈眈。

华康公司从药农那里采购的价格是 3 元/千克，然后以 5 元/千克的价格转售给中间商。华康公司的 3 个 YY 中药分销商分别是 A、B 两个私有企业和药店 C。其中 A 是其最大的一个顾客，占其销售量的 80%，但是只分销 YY 中药的一个品种，而且该分销商与华康的生意往来仅有 5 个月的时间。B 对 YY 中药的需求约占 20%，但 B 是华康超过 5 年的生意伙伴，而且双方合作相当愉快，其不仅分销 YY 药材，同时分销着其他十多种中药材。C 是一家药店，其对 A 经营的所有药材都有需求，而且对其价格也不很敏感。

3 月份一开始，公司发现 A 来要货的频率越来越高了，以前是 5 天来一次，现在 2 天来一次。于是大家通过讨论认为必定是该药材供不应求，市场短缺或 A 有华康公司并未掌握的信息，而且 B、C 两家对该药材的需求也有所上升。根据供求关系原理，华康公司在 A 来拉货的时候提出了提高价格的要求，要求将价格涨到 5.5 元/千克，A 稍稍思索了一下二话没说就同意了，同时华康也将其采购价格提高了 0.2 元/千克。

第二天，A 又派车来拉货，以后几天 A 每天都会派车来拉货。到了第五天，华康想这样还是不行，是不是当初价格要低了，于是对 A 说："这样吧，我保证产品的质量和供给数量，你每公斤给我再涨 0.3 元。"A 说："我的利润就这么大，你也得给我口饭吃，实在是不能再涨了。"华康说："其实你知道还有另外几家也从我这里要这种药材，他们要得也很急，如果你再涨 0.3 元的话我会先保证你的供给。"A 说："那好，你只要只供给我不给他们，我就给你 5.8 元/千克。"于是华康说“要不就涨0.2元/千克。”A答应了华康的要求，并对其说：“我知道这个镇上还有很多采购商，如果我们合作不愉快的话，我只好从他们那里订货了。”于是他们就按5.7元/千克订立了新价格。可是过了一周后，B、C也给了华康5.7元/千克的价格，华康又想，这个价格是不是还很低，于是他再一次向A提出涨价0.2元/千克的要求，并说否则就停止给A供货，经过讨价还价，价格上涨到了5.8元/千克。

过了几天，华康发现华兴和华隆也大量收购YY中药，非常纳闷，是不是有哪个大顾客要货了。又过了几天，A打来电话说：“我决定以后不从你这边进货了，改进华兴和华隆的货，我知道他们对质量的保证不是很高，但他们同意给我5.0元/千克的价格，如果你觉得这个价格合适的话，我可以考虑一下能否从你那边进货。”华康没办法，只得同意了这个价格。

然而，市场中却又多了两家采购商，YY中药从药农那里采购的价格也一路攀升，逐渐涨到了5.0元/千克，而且还有可能上涨。

## 思考题

1. 开始时，中间商对YY中药的需求不断上升，如果你是华康的决策者，你会不会作同样的决策？如果不是，你会怎样做？

2. 在A最后一次打电话过来时，如果是你，你会如何挽回局势？

3. 在该案例中受损失的只是华康吗？还有谁？谁又从中得到了利益？行业市场是如何恶化的？

4. 华康在YY药材市场上的顾客是不是只有A，B，C三个中间商？药农是不是他的顾客？请帮助华康公司提供一些顾客关系管理的建议。

# 第二章

# 顾客心理与行为

**本章学习要点**

本章阐述了顾客的感觉、知觉、注意、记忆、联想、情感和意志七个心理活动过程，在此基础上重点讲述了个性、能力、气质、性格和自我概念五种顾客心理结构。重点阐述了态度、需要、购买动机等基本心理因素的概念和类型等相关内容。最后，分析了顾客的购买决策及行为。通过本章学习，应当全面理解个性、需要、购买动机、气质、性格和能力等相关概念的内涵，了解其特征等相关知识，掌握其对顾客购买决策及行为的影响。现实生活中，顾客的心理对购买行为产生重要影响，继而影响企业与顾客之间的关系，企业只有有效地把握顾客的购买心理与行为，才能很好地处理顾客关系。

## 第一节　顾客的心理过程

顾客心理过程是顾客在进行消费活动时，心理的发生、发展和完成的过程，它是顾客对客观现实的动态反映。根据心理过程的不同形态和作用，可以把顾客的心理过程分为认识过程、情感过程和意志过程。

## 一、顾客心理活动的认识过程

顾客购买商品的消费活动，首先是从其对商品的认识开始，它是顾客购买行为的前提，也是其他心理活动的基础。认识过程是顾客通过大脑对外部信息加以接受、整理、加工、理解、储存，从而形成对有关商品和服务的了解和认知的过程。顾客对商品认识过程可以分为感觉、知觉、注意、记忆、联想五个阶段。

（一）感觉

1. 感觉的内涵。感觉是人脑对直接作用于感觉器官的客观事物的个别属性（比如物体的颜色、形状、声响等）的反映，是客观世界在人脑中的主观反映。顾客的感觉是顾客借助感觉器官对各种商品或服务的主观反映。顾客通过感觉获得的只是商品属性的表面、个别、孤立的认识。感觉是顾客认识过程乃至全部心理活动的起点，是顾客一切认识和经验的基础。

根据客观刺激物的来源和反映特点，可以把顾客的感觉分为外部感觉和内部感觉。外部感觉来源于外部刺激，是顾客对商品或服务个别属性和特征的反映，包括顾客的视觉、听觉、嗅觉、味觉和触觉。心理学的研究表明，人脑中 83% 的信息是通过外部刺激中的视觉获得的，另外 17% 的信息是通过包括听觉在内的其他感觉获得的。内部感觉来源于人体内部刺激，反映身体位置、运动和内脏器官状态及其变化，包括动觉、静觉和机体觉。

2. 感觉性和感觉阈限。感觉性是指感觉器官对刺激物的主观感受能力，它是顾客对商品、广告、价格等有无感觉、感觉强弱的重要标志。刺激引起相应感觉，必须达到一定的量，人的不同器官并不是对任何刺激都会发生反映，刺激强度太弱或太强均不能引起感觉。感官只有在一定强度作用下，才能引起人的感觉。心理学中把感觉的强度对刺激的依赖关系称为感觉阈限。

感觉阈限指能引起某种感觉持续一定时间的刺激量，即恰好能引起感觉和恰好不能引起感觉的界限。刺激强度只有达到或超过这个界限，方能引起感觉，否则不发生任何反映。顾客感受性的大小主要取决于消费刺激的感觉阈限值高低。感觉阈限值与感受性呈反比关系，即：感受性 = 1/感觉阈限。

3. 感觉适应。由于人体感受器官受到外界刺激物的持续作用而发生机体感受性的一系列变化现象叫适应。例如，星光和太阳光的亮度之差达数百万倍，如没有人的感觉适应调节能力，即对光适应和对暗适应的调节，人类在复杂的环境条件下就很难进行精细的工作。随着刺激物持续作用时间的延长，顾客因接触过度而造成感受性逐渐下降，这种现象叫作感觉适应。顾客的听觉、视觉等器官具有选择性、疲劳性，在某种刺激物的长期刺激作用下，其感受性会明显下降，这就是为什么人们对某种现象“见怪不怪”，为什么顾客对经常使用的促销活动“无动于衷”。

（二）知觉

1. 知觉的内涵。知觉是人脑对直接作用于感觉器官的客观事物各个属性的整体反映。顾客知觉是指顾客对外界事物各个属性之间有机联系进行综合性、整体性反映和认识的心理过程。知觉的形成是在感觉的基础上，对感觉材料综合整理，从而形成对客观事物整体印象的认识。顾客购买商品时，通过知觉活动，对商品的认识又加深了一步，由对商品个别属性的认识，上升到了对商品的整体认识。当然，顾客知觉不是各种感觉的相加，它往往要受到过去经验的影响。人们正是依赖过去的经验，才能把感觉到的个别属性和特征综合成一个整体形象，从而把眼前的对象知觉为一个确定的事物。

2. 知觉的基本特征。

（1）整体统一性，这是知觉与感觉的重要区别。知觉对感觉而言并不是一种简单的复加关系，而是将外界输入的各种信息刺激通过人的感觉器官传导后，分别加以理解、分辨、选择、归纳的认识过程。比如，广柑和橘子口味相近，单凭这一属性，有人很难分辨二者，但要从各种属性上加以感觉，包括形状、肉质、颜色等，从整体上加以知觉，就容易分辨了。因此，感觉是知觉的基础，知觉是感觉的高度集中。

（2）主观选择性。由于外界刺激信号过多，感知时间过长，会造成心理疲劳，因此，面对各种各样的事物和信息，知觉具有主观选择的能力。知觉的选择性除了受主观经验、兴趣的限制外，还受刺激的大小、强度、色彩、位置等客观因素的影响。因此，企业要建立和保持与顾客的良好合作关系，必须在商品设计、商品陈列、橱窗布置、环境营造等方面考虑到知觉选择性这一特点，避免造成顾客购物时的心理障碍。

（3）综合理解性。人们总是根据过去的知识或经验去知觉客观事物，而不是孤立地去看待问题。不同经历和知识会产生不同的理解和反映，从而形成知觉上的差异。知觉的综合理解还受到不同的活动目的、情趣及其所采取态度等因素影响。如，夫妻二人逛商场，妻子的目的是买服装，而丈夫则对电器商品感兴趣，那么他们各自会在众多的商品中选择目标，并分别对知觉对象产品有较清晰和深刻的认识，而对其他商品的映像则较模糊。

（4）恒常性。当知觉的条件在一定范围内有所改变时，人们对知觉对象的理解仍然保留并可持续。它既可以保持物质的映像，也可保持精神的映像。物质映像的恒常性是指当知觉对象的颜色、高度、距离、比例、形状等在一定条件下改变时，人们仍会按照以前所感受的映像和经验去理解它们。精神映像的恒常性是指人们所保留的一种曾感知过的心理体验。有实验证明,让一些顾客去品尝一瓶被公认是名牌商品的饮料和一瓶无标志饮料,几乎90%以上的人认为名牌商品口感比另一瓶饮料好,实际上,这两瓶饮料配方是相同的。由此可看出名牌的心理效应。

(三)注意

1. 注意的内涵。注意是人的心理活动对一定对象的指向和集中。注意的中心,就是人心理活动集中指向的对象。注意并不是一种独立的心理过程,而是伴随着感觉、知觉、记忆、思维、想象等心理过程产生的共同特征。因为,人的感觉、知觉、记忆、思维和想象等心理过程的产生,首先是从注意开始的,只有注意着什么,才感知、记忆、思维着什么。

集中性和指向性是注意的两个基本特征。注意的集中性是指心理活动倾注于被选择对象的稳定和深入程度,它说明顾客排除外界干扰将心理活动集中于某一事物,说明了顾客的自身调节功能。注意的指向性是指心理活动的对象和范围,显示了认识过程的对象及所选择的目标。例如,顾客在购物时注意"听",注意"看",就是其在购物中处于积极心理状态的表现。

2. 注意的功能。

(1)选择功能。注意使人的心理活动选择有意义的、符合需要的消费对象加以注意,排除或避开无意义、不符合需要的外部影响或刺激。当心理活动指向一定事物时,注意就把有关的信息检索出来,并把它与各种无关的信息加以区分,使心理活动按照人的需要和愿望进行集中或者转移。

(2)维持功能。维持功能就是使注意对象的映像和内容在主体意识中保持、延续直到达到目的为止。注意的保持功能有两种作用:一是,当外界信息进入感官之后,经过注意把每个信息单元转换成一种持久的形式,而使之得到更好的保持;二是,注意能使人的心理活动一直坚持到完成行为动作,直到达到目的。

(3)加强功能。注意的加强功能就是排除干扰,不断促进和提高消费心理活动的强度和效果。

(四)记忆

1. 记忆的内涵。记忆是指过去的经验和认识在人头脑中的反应。过去认识过的事物、思考过的问题、体验过的情感、采取过的行为等,都会以经验的形式在人的头脑中保持下来,在一定条件下把它反映出来就是记忆。顾客在商店里看到了一个新产品,回到家里能把它的形状、颜色、款式、性能描述出来,这就是通过记忆来实现的。

2. 记忆的过程。记忆的过程包括识记、保持、回忆、再认四个环节。

(1)识记。识记是指识别和记住事物的过程,它是一种有意识的反复感知,从而使客观事物的印记在头脑中保持下来成为映像的过程。顾客对广告的记忆就是通过视觉、听觉反复接触广告,在大脑皮层上建立起了广告与商品的巩固联系,留下了对商品的印象,识记了广告商品。

(2)保持。保持是过去经历过的事物映像在头脑中得到巩固的过程,也是对识记的材料进一步加工储存的过程。人们所识记的东西并不是都能在头脑中保留下来。有的被遗忘了,有的印象模糊了,而只有少数印象最深刻的东西能清晰地在头脑中保持下来。

(3)回忆。回忆也称重视,是对不在眼前的、过去经历过的事物表象在头脑中重新显现出来的过程。例如,顾客在购买商品时,为了进行比较,往往会在头脑中重现出他曾经在别处买过或使用过的同类商品,这就是回忆。

(4)再认。当过去经历过的事物重新出现时能够识别出来,就是再认。如,顾客在商店里选购商品时,看到某种商品是广告中宣传过的商品,于是对它感到熟悉,立刻把它辨认出来,就是再认。

识记、保持、回忆和再认是相互联系和相互制约的过程。没有对事物的识记、保持,就没有对事物的回忆和再认;没有对事物的回忆和再认也不能体现对事物的识记、保持。因此,识记和保持是回忆和再认的基础,而回忆和再认又是识记、保持的体现。

(五)联想

1. 联想的内涵。联想是由一种事物想到另一种事物的心理活动过程。联想是回忆的另一种形式,由正在经历的事物或想起的某一事物所引起的,回想起与之相关联的另一事物,从而形成神经中的暂时联系,并将这种联系活跃起来。

2. 联想的类型。联想可以分为四种类型。

(1)接近联想。由于两种事物在属性、位置、空间距离或时间上比较接近,使人们在认识到第一种事物的时候,很容易联想到另一种事物。比如,想到李白就极易想到"飞流直下三千尺"的名句。

(2)类似联想。两种事物在大小、形状、功能、地理背景、时间背景等方面有类似之处,使人们在认知到一种事物时联想到另一种事物。例如,由宝石首饰想到雍容华贵,由牛仔裤想到英姿飒爽。

(3)对比联想。两种事物在性质、大小、外观等方面存在相反的特点,使人们在认知到一种事物的时候,会从反面联想到另一种事物。比如,化妆品的广告宣传会使顾客产生皮肤的黑与白、粗糙与细腻、年轻与衰老的对比联想。

(4)因果联想。两种事物之间存在一定因果关系,使人们由一种原因联想到另一种结果,或由事物的结果联想到它的原因。比如,有些副食品商店也经营小百货,不仅方便了顾客,也符合顾客由居家过日子所引发的关系联想。

## 二、顾客心理活动的情感过程

情感过程是心理过程的第二阶段。顾客在购买时的心理活动,既是认识由感性到理性的过程,又是情感不断变化的过程。顾客对商品和劳务能否满足他们的需要,会产生不同的情感体验。

### (一)情感的内涵

情感是人们对客观事物是否符合自己的需要、价值观念及行为习惯时所产生的一种主观体验。情感是人类所独有的,与人的社会需要、社会发展进程有直接联系,具有深刻性和稳定性的特征。比如,高尚的道德情操、崇高的民族自尊、完美的艺术享受等均属情感的范畴,它更加强调在情绪基础上产生的对客观事物的态度评价,是一种高级的心理体验。

### (二)顾客的情感表现

情感是顾客购买行为中心理活动的一种特殊反映形式,对购买行为的实现有重要影响。顾客发生情感变化时,主要表现在以下三个方面。

1. 面部表情。俗话说"眼能传神",人处于不同情感状态时眼睛有不同的表现。例如,喜悦或大笑时眼睛半闭或全闭,惊讶时两目张开。

2. 声音表情。语言的强度、速度、语调表达着人们不同的情感。同一句话,运用不同的声音,会对顾客情感产生不同的效果。比如,"您买什么?"若是声音强硬、快速,就会体现出不耐烦的情绪,给顾客冰冷的感觉;若是委婉动听,就会产生另一番感觉。

3. 体态表情。情感可以通过全身各部分的具体动作表现出来。比如:"人逢喜事精神爽",会表现为动作轻盈,抬头挺胸;垂头弓背表现悲哀;点头表示同意等。

### (三)影响顾客情感的因素

影响顾客情感产生和变化的因素很多,有顾客自身机体的生理因素、心理因素,也有客观外界事物变化的刺激,主要因素表现在以下四个方面。

1. 环境。环境是指对顾客情感的产生及发展产生作用的客观因素和外界力量的总和。具体包括购物环境、用餐环境、娱乐环境等,舒适、幽雅、和谐、人性化的环境会使顾客形成积极的情感状态。

2. 商品。顾客的各种需要大多都是借助商品而得到满足的。顾客的情感往往是因为商品"有感而发"。商品的外观与内在质量往往使顾客的情感处于积极、消极或矛盾之中。

3. 服务。服务质量水平高可以使顾客产生安全感、信任感、尊敬感，这比广告宣传更加直接有效。

4. 自身情趣。它指顾客在购买过程中由个人的情趣、爱好、目的出发所产生的不同评价和表现。由于自身情趣不同，对同一商品的注意和兴趣也不同，比如有的人爱好集邮，而有的人却毫无兴趣。

### 三、顾客心理活动的意志过程

顾客的购买活动中，除了对商品的认识过程和情感体验，还需要经过购买商品时的意志过程。意志是人们自觉地确定目标、支配行动克服困难以实现预定目标的心理过程，它具有目的性、持续性等特征，对顾客的购买行为具有发动和制止的调节作用。

## 第二节　顾客的个性心理结构

人的个性特征是通过其行为方式表现出来的。顾客的个性心理特征及其差异，也会通过特定的购买行为表现出来。因此，研究了解顾客的个性，不仅可以解释顾客目前的购买行为，而且在一定程度上可以预测其未来的消费趋向。

### 一、顾客的个性心理结构

（一）个性的内涵

个性是指个体带有倾向性的、比较稳定的、本质的心理特征的总和。个性是个体独有的并与其他个体区别开来的整体特性。在现实的消费活动中，由于个性的绝对差异性，决定了顾客心理特征和行为方式的千差万别，也正是由于这种差异性才显示出不同顾客独有的个人风格和特点。例如，在流行时尚面前，有的顾客随波逐流跟着潮流走，有的则坚守自己的风格，不被潮流所影响。在做出购买决策时，有的顾客审慎思考，独立决策；有的则缺乏主见，容易感情冲动。这种纷繁复杂的行为表现，正是顾客个性心理作用的结果。

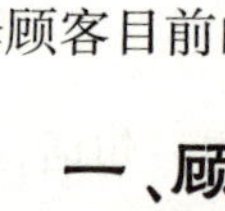

前沿透视

随着人们越来越多地将互联网用做娱乐或者与人交流的工具，网络聊天室的使用越来越普及和频繁。在网络聊天室里的人可以通过网络与世界上不同地方的人交流感兴趣的话题。目前,几乎所有的聊天室都用文字这种对话形式而不是有声图像形式,参与者看不见对方,也不用见面。这就给在线聊天者提供了在线尝试新身份或改变身份的机会。例如,可以将性别从女性改成男性(又称为性别转移),将年龄从老人改成青年,已婚改成未婚,白领知识分子改成蓝领工人,肥胖改成苗条等。说到个性,则可以从温和改成暴躁,内向改成外向。

虚拟个性(virtual personality)或虚拟自我(virtual self)给予人们尝试不同个性和身份的机会,就像在百货商场服装部试穿不同衣服一样。如果个性生活适合或者身份中意,人们可以选择保留新个性或新身份,改变旧个性或旧身份。从顾客行为的角度看,尝试新身份或新个性可能导致顾客行为方式的改变,暗示了营销应针对各种网上个性或形象营销的崭新市场机会。

资料来源:利昂·希夫曼,拉扎尔·卡纽克,约瑟夫·维森布利特.消费者行为学[M].北京:中国人民大学出版社,2011:137-138.

(二)个性的类型

关于个性类型的划分有两种方式:一种是基于纯心理学理论研究的成果,如内倾或外倾、男性气质或女性气质、内控型或外控型、自尊或自卑等;另一种是从应用角度划分的个性类型,在此主要介绍从应用角度划分的个性类型。

根据顾客在购买活动中的表现,可以把顾客划分为以下四种类型。

1. D型顾客,即要求型顾客(demanding customer)。要求型顾客就是那种畅所欲言、无所顾忌的顾客。当他们遇到自己想要的东西,便会马上买下来。但某种服务在他看来如果不到位的话,或者是如果遇到什么问题的话,他会马上同你争吵。这种顾客是比较好战、容易给企业带来麻烦的顾客。研究表明,18%的顾客属于这种类型。他们总是在驱使他人,注重事情的结果,而且希望别人也如此。而且D型顾客不注意细节,非常容易烦躁,他不愿意听取别人的长篇解释,也不在意事情的原委,而只注重事情的结果,并且他们要什么就要马上得到。

2. I型顾客,即影响型顾客(influential customer)。影响型顾客非常健谈。他们有一种与人交往并能得到肯定的强烈愿望。因此,影响型顾客非常乐观,说话有说服力,有鼓舞力,对人非常信任。他们的谈话充满激情,而且脸上总是带着笑容,并且希望别人也是这样。

3. S型顾客,即稳定型顾客(steady customer)。稳定型顾客很包容。即使商品有问题使他们感到很不方便,他们也不会用抱怨的方式来麻烦你。这种类型的顾客有耐心、随和、有逻辑性和条理性。但这种类型人讨厌变化,因为他不想让什么事情打断他的最初生活秩序。在为S型顾客服务时，一定要让他有稳定感。40%的顾客属于S型的顾客。这种类型的人总是能努力多做工作，甚至是别人的工作。事实上，即使S型顾客不真正购买商品，他也会为其他顾客考虑。

4. C型顾客，即恭顺型顾客(compliant customer)。C型顾客是完美主义者，他们希望一切都是精确的、有条理的、准确无误的。恭顺型顾客天性认真，做事讲究谋略。要想使这种类型的顾客满意，你必须掌握所有的事实、数据、数字。他们做事严格认真、一丝不苟，而且其严格遵守规定，如果你在政策或做法上稍有偏误，他们马上就会让你知道。调查显示14%的顾客属于C型。

(三)个性的特征

研究个性必须探讨它的特性及其表现，这样才能把个性心理与其他心理现象区别开来。个性作为反映个体基本精神面貌本质的心理特征，具有相对稳定性、整体性、独特性和可塑造性等基本特征。我们在此把个性的特征归纳为以下三个方面。

1. 自然性与社会性。人的个性是在先天的自然素质的基础上，通过后天的学习、教育与环境的作用逐渐形成的。因此，个性首先具有自然性，人们与生俱来的感知器官、运动器官、神经系统和大脑在结构上与机能上的一系列特点，是个性形成的物质基础与前提条件。但人的个性并非单纯自然的产物，也是深深地打上社会烙印的产物。

2. 稳定性与可塑性。个性的稳定性是指个体的人格特征具有跨时间和空间的一致性。在个体生活中暂时的偶然表现的心理特征，不能认为是一个人的个性特征。例如，一个人在某一场合偶然表现出对他人的冷淡，缺乏关心，不能以此断定这个人具有自私、冷酷的个性特征。只有那些一贯的、在绝大多数情况下都得以表现的心理现象才是个性的反映。

3. 独特性与共同性。个性的独特性是指人与人之间的心理和行为是各不相同的。这是因为构成个性的各个因素在每个人身上的侧重点和组合方式是不同的。如，在认识、情感、意志、气质、性格等方面反映出每个人独特的一面，有的人直觉事物细致、全面，善于分析；有的人直觉事物较粗略，善于概括；有的人情感较丰富、细腻，而有的人情感较冷淡、麻木等。就如同世界上很难找到两个完全相同的叶子一样，也很难找到两个个性完全相同的人。

强调个性的独特性，并不排除个性的共同性。个性的共同性是指某一群体、某个阶段或某个民族在一定的群体环境、生活环境、自然环境中形成的共同的典型的心理特点。正是个性具有的独特性和共同性才组成了一个人复杂的心理面貌。

## 二、顾客的能力、气质与性格

顾客能力因个体差异性而具有明显差别，关于对商品的辨别力、挑选能力、评价力、鉴赏力等多方面能力的研究显示，顾客能力与顾客购买行为之间有着重要的联系。

（一）能力

1. 能力的内涵。能力是指人顺利完成某种活动所必须具备的并直接影响活动效率的个性心理特征。能力总是和人完成一定的活动联系在一起的，能力水平的高低会影响个人掌握活动的快慢、难易和巩固程度，从而直接影响活动的效率与效果。

能力可以通过专门训练得到很大的提高，例如游泳、绘画等就是一种能力的专门训练，也是一种提高训练。对能力的研究，可以大大地提高人类个体在现实社会中的各种表现方式，从而达到表现价值的目的。

2. 顾客能力的构成与差异。顾客能力是由多种能力要素构成的有机结构体，根据其层次和作用性质的不同，可以分为以下三方面。

（1）从事各职能活动所需要的基本能力。现实生活中，顾客无论购买何种商品或从事何种消费活动，都必须具备某些基本能力。例如：对商品的感知、记忆、辨别能力；对信息的综合分析、比较评价能力；购买过程中的选择、决策能力；记忆能力、想象能力等。

• 感知能力。感知能力是顾客对商品的外部特征和外部联系加以直接反映的能力。通过感知，顾客可以了解到商品的外观、造型、色彩、气味、轻重及其所呈现的整体风格，从而形成对商品的初步印象，并为进一步做出分析判断提供依据。因此，感知能力是消费行为的先导。顾客感知能力的差异主要表现在速度、准确度和敏锐度三个方面。对同样的商品，有的顾客能从其外部和内部结构迅速、准确基于感知，形成对该商品的整体印象，反映出较强的洞察事物的能力。例如，同时进入商场的两位顾客，观察能力强的顾客能在众多的商品中准确而迅速地发现自己想要的或者感兴趣的产品；而观察能力较差的顾客则难以对某种商品形成较为准确的印象。

• 分析评价能力。分析评价能力是指顾客对接收到的各种商品信息进行整理加工、分析综合、比较评价，进而对商品的价值优劣做出准确判断的能力。分析评价能力的强弱主要取决于顾客的思维能力和思维方式。有的顾客思维的独立性、灵活性和抽象概括能力比较强，能够根据已有信息对传播源的可信度、他人行为及消费时尚、企业促销手段的性质、商品质量做出客观的分析，从而在此基础上形成对商品的全面认识，对不同商品之间差异做出比较，以及对现实环境与自身条件进行综合权衡。而有的顾客则缺乏综合分析能力，很难从众多信息中择取有用的信息，并迅速做出清晰、准确的评价判断。此外，顾客分析判断能力与个人的知识经验也有关。

• 选择决策能力。选择决策能力是指顾客在充分选择比较商品的基础上，及时果断地做出购买决策的能力。在购买过程中，决策是购买意图转化为购买行动的关键环节，也是顾客感知和分析评价商品信息结果的最终体现。顾客可能具有较强的观察能力和评价能力，但若在购买决策上顾虑重重、迟疑不决，则购买活动难以完成。顾客个人气质和性格对于决策能力有着直接的影响。例如：胆汁质的顾客大胆果断，决策迅速；而抑郁质的顾客则反复不定。决策能力还与顾客的商品知识和购买经验有关，商品知识和购买经验丰富的顾客，购买决策果断，决策过程迅速，决策能力强；反之则差一些。

除上述三种基本能力外，记忆力、想象力也是顾客必须具备和经常运用的基本能力。顾客在进行商品选购时，经常要参照和依据以往的购买、使用经验以及了解的商品知识，这就需要顾客具备良好的记忆能力，以便把过去消费实践中感知过的商品、体验过的情感、积累的经验等，准确地回忆和再现出来。丰富的想象力可以使顾客从商品本身想象到该商品在一定环境和条件下的使用效果，从而激发其美好的情感和购买欲望。

(2) 从事特殊消费活动所需要的特殊能力。特殊能力首先是指顾客购买和使用某些专业性商品所应具备的能力。它通常表现为以专业知识为基础的消费技能。例如，对高档照相器材、专用体育器材、钢琴等高档商品的购买和使用，就需要相应的专业知识以及分辨力、鉴赏力、检测力等特殊的消费技能。如果不具备特殊能力而购买某些专业性商品，则很难取得满意的效果，甚至无法发挥应有的使用效能。

特殊能力除适用于专业性商品外，还包括某些一般能力高度发展而形成的优势能力，如创造力、审美力等。现实生活中，有些顾客具有强烈的创造欲望和高度的创造力，他们不满足市场上已有的商品和既定的消费模式，而力求发挥自身的聪明才智，对商品素材进行再加工和再创造，通过创造性消费展示自己的个性，实现自身价值与追求。

在满足物质需要的基础上，通过商品消费美化生活环境及美化自身，是现代顾客的共同追求。有些具有较高品位和文化修养的顾客，在商品美学价值评价和选择方面显示出较高的情趣与能力。这种能力往往使他们在服装服饰搭配、居室装饰布置、美容美发、礼品选择等方面获得较大的成功。

(3)顾客对自身权益的保护能力。保护自身权益是现代顾客必须具备的又一重要能力。我国法律规定了公民的9项权利,即安全保障权、知悉真情权、自主选择权、公平交易权、获取赔偿权、结社权、获取相关知识权、受尊重权和监督批评权,这些法律规定充分地保护了顾客的消费权利。从个体的角度讲,顾客应该不断提高保护自身权益的意识和水平,唯有此,才能真正地实现自身的合法权利。顾客在维护自身权利的过程中往往会出现权利争议,可以通过下列途径解决:与经营者协商和解、请求消费者协会调节、向有关行政部门申诉、提请仲裁、向人民法院提起诉讼。

## 中国家电消费趋于理性

香港第三届亚洲零售业年会上,德勤在中国并购交易服务公司发布的《赢得中国消费者青睐》报告指出:中国消费者渐趋成熟,商品是否物有所值正在取代品牌和价格成为购物决策中的关键因素。在中国一线二线城市,物有所值一致成为首要的购物决策因素,并且正影响着三线城市消费者的购物模式。消费专家指出,物有所值消费理念的成熟,标志着中国消费市场正在步入理性消费时代。

1. 要求物有所值。记者在家电卖场走访看到,降价的招牌随处可见。消费者刘女士告诉记者,虽然特价空调价格低,但她不会买,因为“这类低价产品不仅能效比低,不节能,外观设计也大多比较落后,买回家后常觉得碍眼。性能、静音等效果也较差,满足不了提高生活品位的需要”。刘女士还告诉记者,单纯的低价并不能代表物有所值,按照她的观点,一台家电产品必须同时满足价格适中、性能良好、功能实用、外观设计人性化等多种要求,同时还要能满足节能环保需求。

中国电子商会副会长陆刃波指出,如今消费者最为敏感的已经不再是价格了。企业间的竞争也不再是简单的价格竞争,而是产品价值的竞争。以空调业为例,今年,价格因素在竞争中所占位置有了很大的后移,反映出价格对空调消费的决定力量越来越弱,消费者更看重质量、功能、品牌综合起来的价值,只有高性价比的产品才会得到消费者的认可。

2. 拒绝概念炒作。我国家电业经过30多年的发展,虽然在产品种类、市场规模和技术等方面都取得了很大成绩,但产品同质化也是不争的事实。为了在同质化中寻找不同,一些企业急功近利,挖空心思制造概念,利用与消费者之间的信息不对称进行概念炒作。对此,中国家电协会副秘书长陈钢指出,女性对新概念的接受度和关注度明显低于男性,在家电消费"她时代",概念已经不再是决定购买的重要因素,过度的概念炒作甚至会适得其反。

以目前家电市场热衷的低碳概念炒作为例,《赢得中国消费者青睐》报告就指出,尽管可持续性发展问题日渐重要,但中国消费者并不愿意在低碳这类抽象概念上支付溢价。大多数消费者认同低碳概念,但并不会特意购买以低碳作为卖点的产品。仅有10%消费者接受低碳作为一种商品价值主张,并愿意以高出非低碳产品10%~20%的价格购买标明是低碳的产品。

资料来源:王峰. 中国家电消费趋于理性 女性作主拒绝炒作[N]. 中国消费者报,2010-8-18.

(二)气质

气质是人的心理特征之一,它规定着人的心理活动的特色,是性格的动力基础,并且对行为起着动力作用。

1. 气质的内涵。气质源于拉丁语,原意是混合、掺和的意思,后被用于描述人们的兴奋、激动、喜怒无常等心理特性。它与人们常说的脾气、禀性相近。现代心理学把气质定义为:气质是表现在人们心理活动和行为方面的典型的、稳定的动力特征,这些动力特征主要表现在三个方面:第一,心理过程的强度,如情绪体验的强弱或意志力的高低;第二,心理过程的速度和稳定性,如知觉的快慢、思维的敏捷程度或注意力集中的程度;第三,心理活动的指向性,如内向或外向等。对此定义的理解应注意以下四点:

(1)气质是个体心理活动和行为的外部动力特点,主要表现在心理活动的速度、强度、稳定性、指向性方面的特征。一般把知觉的速度、情绪和动作反应的快慢归结为速度方面的特点;把情绪的强弱、意志的坚强程度归结为强度方面的特点;把注意持续时间的长短、情绪起伏变化等归结为稳定性方面的特点;而把心理活动倾向于外部事物还是倾向于自身内部归结为指向性方面的特点。

(2)气质作为人的心理活动的动力特征,它与人的心理活动的内容、动机无关,即气质特点一般不受个人活动的目的、动机和内容的影响,具有较强的稳定性。它能使人的心理活动染上特定的色彩,形成独特的风貌。例如,一个情绪稳定、内向的学生,在任何场合下,即使是很熟悉的环境、很热闹的场面、自己很感兴趣的活动,都会表现出不爱激动、较为稳重、不过分表现自己的特点。

(3)气质受先天生物学因素影响较大,即先天因素占主要地位。气质较多地受神经系统类型的影响。研究表明,在儿童生命最初几星期内,对刺激物的敏感度、对新事物的反应等就有明显的差异，这些气质上表现出的明显个性特征，显然不是由于后天生活条件所造成的，而是由于神经系统的先天特性造成的。有人曾研究了20对同卵双生子和异卵双生子，结果发现，同卵双生子在某些气质特征（如内向与外向）方面比异卵双生子表现出更大的相似性。

（4）气质具有一定的可塑性。气质虽然具有先天性，但并不意味着它完全不起变化，在生活环境和教育条件的影响下，在性格的掩盖下，气质可以得到相当程度的改造。例如，在集体生活的影响下，情绪容易激动的学生，可能变得较能控制自己；行为动作较为缓慢的学生，可能变得行动迅速。

2. 气质的类型。气质表现一个人生来就具有的自然特性。个体一出生，就具有由生理机制决定的某种气质，而后天在成熟和环境的影响下，个体在生长发育过程中气质也会发生改变。所以，一个人的气质具有极大的稳定性，但也有一定的可塑性。

气质的类型有多种划分，流行的分类方法是把人的气质分为多血质、胆汁质、黏液质、抑郁质。尽管在现代看来，这种以体液来解释人的气质类型的说法缺乏科学的依据，但这种分类方法却被沿用至今。

（1）多血质：情绪易表露，也易变化，敏感，思维灵活，反应迅速，善于交际，适应性强。但注意力容易转移，兴趣容易变换，做事往往缺乏持久性，常受情绪波动的影响。

（2）胆汁质：以精力旺盛、表里如一、刚强、易感情用事为特征。直率，热情，但情绪容易冲动，表情明显外露，脾气显得暴躁。

（3）黏液质：心情比较平稳，变化缓慢，经常心平气和，喜沉思，稳重，但灵活性不足；踏实，但有些死板；沉着冷静，但缺之生机。

（4）抑郁质：细心，谨慎，体验深刻，善于察觉别人察觉不到的事物，但孤僻，多忧多思，行动迟缓，顾虑重重，在面临危险情境时常感恐惧。

除此之外，英国心理学家艾森克以两个维度，即内倾与外倾和情绪的稳定与不稳定，把人分成四种类型：稳定内倾型、稳定外倾型、不稳定内倾型和不稳定外倾型。稳定内倾型表现为温和、镇定、安宁、善于克制自己，相当于黏液质；稳定外倾型表现为活泼、悠闲、开朗、富于反应，相当于多血质；不稳定内倾型表现为严峻、慈爱、文静、易焦虑，相当于抑郁质；不稳定外倾型表现为冲动、好斗、易激动等，相当于胆汁质。

（三）性格

性格是一个人最本质、最核心、最有代表性的生动体现，它一方面反映人的行为，另一方面也反映了人的态度。

1. 性格的内涵。性格是指个体对现实的稳定态度以及与之相应的习惯性行为方式，包括习惯、态度、情感及意志品质等方面。性格是在人们的生活实践中逐步形成和发展的，但形成之后则比较稳定并通过个体所习惯的行为方式表现出来。性格是个性最鲜明的表现，是个性心理特征中的核心特征。

顾客性格是指顾客在对待客观事物的态度和社会行为方式中所表现出来的较为稳定的心理特征。顾客性格属于心理因素的范围。具有不同性格的人，购买行为差异也很大。

2. 性格的特征。性格的特征主要表现在以下四个方面：第一，态度特征。它是指在处理各种社会关系方面的表现特点和态度；第二，理智特征。它是指人们在感知、记忆、想象、思维等认识过程中所表现的个体差异；第三，情绪特征。它是指人们在社会活动及其行为中经常表现出的情绪倾向及特点，包括情绪的强度、稳定性、持久性等；第四，意志特征。是指在意志作用下，人对自身行为的调节方式和控制程度所表现出的个人特点。

3. 性格的类型。性格类型是一类人身上所共有的性格特征的独特结合。按照不同的标准可以分为不同的类型。按人体机能可以分为理智型、情绪型和意志型。按照心理活动的倾向性可以分为外向型和内向型。按照个体行为的独立性可以分为独立型和顺从型。

## 三、顾客的自我概念

顾客的自我概念或自我形象与前面介绍的个性有紧密的联系。

### （一）顾客自我概念的内涵

自我概念是个体对自身一切的知觉、了解和感受的总和。每个人都会逐步形成关于自身的看法，如是丑是美、是胖是瘦、是能力一般还是能力出众等。自我概念回答的是“我是谁？”和“我是什么样的人？”一类问题，它是个体自身体验和外部环境综合作用的结果。一般认为，顾客将选择那些与其自我概念相一致的产品与服务，避免选择与其自我概念相抵触的产品和服务。正是在这个意义上，研究顾客的自我概念对企业特别重要。

### （二）顾客自我概念的类型

顾客不只有一种自我概念，而是拥有多种类型的自我概念。

1. 实际的自我概念。指顾客实际上如何看待自己。

2. 理想的自我概念。指顾客希望如何看自己。

3. 社会的自我概念。顾客感到别人是如何看待自己。

4. 理想的社会自我概念。指顾客希望别人如何看自己。

5. 期待的自我。顾客期待在将来如何看待自己，它是介于实际的自我与理想的自我之间的一种形式。由于期待的自我折射出个体改变“自我”的现实机会，对营销者来说它也许较理想的自我和现实的自我更有价值。

（三）自我概念与产品的象征性

在很多情况下，顾客购买产品不仅仅是为了获得产品所提供的功能效用，而是要获得产品所代表的象征价值。购买“劳斯莱斯”“宝马”对购买者来说，显然不是购买一种单纯的交通工具。某些产品对拥有者而言具有特别丰富的含义，它们能够向别人传递关于自我的很重要的信息。

一般来说，成为象征品的产品应具有三个方面的特征：首先，应具有使用可见性。也就是说，它们的购买、使用和处置能够很容易被人看到。其次，应具有变动性。换句话说，由于资源禀赋的差异，某些顾客有能力购买，而另一些顾客则无力购买。如果每人都可拥有一辆“奔驰”车，那么这一产品的象征价值就丧失殆尽了。最后，应具有拟人化性质，能在某种程度上体现一般使用者的典型形象。像汽车、珠宝等产品均具有上述特征，因此，它们很自然地被人们作为传递自我概念的象征品。

## 第三节 顾客的态度、需要和动机

### 一、顾客的态度

（一）态度的内涵

态度是人们在自身道德观和价值观基础上对人或事物的评价和行为倾向。基于这种倾向性心理反应，个人对某一事物（或观念）或一群事物会做出特定的意见和情绪反应。态度作为一种心理倾向，通常以语言形式的意见，或非语言形式的动作、行为等作为自身的表现形态。因此，通过对意见、行为的了解、观察，可以推断出人们对某一事物的态度。

（二）顾客态度的形成

由于态度不是先天生理因素的产物，而是社会化过程中逐步习得而成，因此态度的形成过程实际上就是一个学习过程。在社会化的学习中，各种因素都可能对态度的形成产生不同的影响。个人经历、模仿与观察、知识性学习、群体压力、需要的满足、文化背景这六个因素是态度形成的基础。例如，儿童时期第一次购物的体验对今后购买态度的形成有着至关重要的影响；影视明星的语言、动作、表情等被称为人们的模仿对象;顾客通过广告的反复传播后逐步形成对某种新产品的态度倾向;生活在不同“生活圈”中的人希望自己与所处“生活圈”保持同步;需要受挫的顾客的倾向性心理会改变,转而形成负面态度;文化程度高、背景较宽的人对各种不同信息的接受与理解上速度较快,其态度的形成和转换也明显较快。

### (三)顾客态度的测量

现实生活中,顾客的态度是对有关态度对象(包括产品和品牌)的信息和知识进行整合过程中形成的。在信息整合过程中,顾客对将有关某个产品或品牌各个属性的知识联系和组合起来,以形成对该产品或品牌的整体态度。因此,可以在测量顾客对某个产品的各个属性的评价和反应的基础上,判断顾客对该产品的总体态度。

所谓顾客态度测量就是指运用科学的测量方法和技术手段,广泛调查汇集有关顾客态度的信息资料,并加以定性、定量分析,以求得关于顾客态度的结论。基于这一思路所建立的测量顾客态度的模型,是多元属性模型,它集中考察的是顾客对产品的多个重要属性的信念。

### (四)顾客态度的改变

顾客态度的改变,一般是在某种信息或外部刺激的影响下发生的。态度改变可以看作是宣传、说服、劝导的过程。某种态度在形成之后并非一成不变,而是可以调整和改变的。顾客的态度改变是指已经形成的态度在接受某一信息或意见的影响后而引起的单一的或多方面的变化。

1. 态度改变的方式。一般情况下,顾客态度在一定条件下可以发生方向和强度的改变。方向改变即由原来的倾向性转变为相反的倾向性。例如,顾客对某名牌冰箱一直抱有好感,但购买后频繁发生质量或服务问题,从此对该冰箱失去信任,即由积极肯定的态度改变为消极否定的态度。在强度的改变中,态度不发生方向性变化,而是沿着原有倾向呈现增强或减弱趋势的量的变化。例如,通过实际使用,顾客对微波炉由一般感兴趣发展为大加赞赏,并极力向他的朋友推荐,即态度积极程度得到加强。

2. 态度改变的途径。顾客态度是在诸多影响因素的共同作用下形成的。当影响因素发生变化时,顾客态度也将随之改变。因此,凡是促成影响因素变化的措施都可以称为改变态度的途径,但它由顾客权利和行为的高度自主性决定,对其态度的改变不能采取强制、压服的方式,而只能通过说服诱导,促成顾客自动放弃原有的态度,接受新的意见或观念,否则,态度的改变就有可能停留于表面现象,而不能内化为稳定的心理倾向,并且稍遇挫折便会发生反复。由此可见,态度的改变过程同时也是说服与被说服的过程。

按照说服的方式不同，可以分为直接说服与间接说服。直接说服就是以语言、文字、画面等为载体，利用各种宣传媒介直接向顾客传递有关信息，以达到改变其固有态度的目的。间接说服又称为间接影响，它与直接说服的主要区别在于，可以使用各种非语言方式向顾客施加影响，通过潜移默化，诱导顾客自动改变态度。间接说服可以通过利用相关群体影响和亲身体验两种方式进行。

## 二、顾客的需要

顾客为什么购买某种产品，为什么对企业的营销刺激产生这样而不是那样的反映，在很大程度上是与顾客的需要密切联系在一起的。

### （一）需要的内涵

心理学意义上的需要，主要指个体由于缺乏某种生理或心理因素而产生的内心紧张，从而形成与周边环境之间的某种不平衡状态。需要描述的是一种活动，它是人的本能，是人的行为动机的基础和源泉。

而人是自然属性与社会属性的统一体，对其自身或外部生活条件有各种各样的要求。当某种生理或心理因素缺乏时，就会导致生理或心理的匮乏状态。当这种匮乏状态达到一定程度，必须进行调节，个体就感到需要的存在，进而产生回复平衡的要求。既包括生理平衡，如人体内必须不断补充一定的物质和能量（如食物、水、热量等）才能生存，也包括心理平衡，它主要取决于有机体的外部刺激，这种外部的刺激有物质的也有精神的。可见，需要是个体缺乏某种东西时的一种主观状态，它是客观需求的反映。

### （二）顾客需要的特征

顾客需要具有自身的特征，具体体现在以下四个方面。

1. 多样性和差异性。顾客需要最基本的特征就是多样性和差异性，它既表现在不同顾客之间多种需求的差异上，也体现在同一顾客多元化的需要内容上。

不同顾客在年龄、性别、生活方式、文化、个性特征、经济条件、宗教信仰、民族传统、所处地域等方面的主客观条件千差万别，由此形成了多种多样的消费需要，由此可见，消费需要作为顾客与所需消费对象之间的不均衡状态，其产生取决于顾客自身的主观状况和所处消费环境的客观状况两个方面的因素。每个顾客都按照自身的需要选择、购买和评价商品。例如，我国人多地广，消费习惯多种多样。以饮食为例，处于牧区的蒙古族、维吾尔族等习惯饮用奶制品；回族出于信仰的原因，只食用牛、羊、鸡、鹅等肉食，而不吃猪肉；东北地区的居民则习惯食用豆类、面类。再如，有的人以经济实用作为商品选择的标准，而有的人则要求商品外观美丽新颖，从而鲜明地突出不同顾客之间在消费需要方面的差异性和异质性。

企业面对顾客千差万别、多种多样的需要,应根据市场信息和自身能力,确定市场目标,并尽可能地向顾客提供多种多样的商品类型。

2. 层次性和发展性。顾客的需要是有层次之分的。按照不同的划分标准,可以把顾客需要划分为不同的层次。例如,马斯洛把人类的需要划分为五个层次,依次为生理需要、安全需要、社交需要、尊重需要和自我实现需要。有时各层次需要可能同时存在,其强烈程度也会存在差别。一般情况下,顾客首先满足低层次需要,然后再满足高层次需要。但在特殊情况下,需要层次的顺序也可以改变,即顾客跨越低层次需要首先满足高层次需要,也可能在高层次需要满足后又转向低层次需要。这就要求企业需要根据自身和市场的实际情况,来确定自己的经营范围,对商场而言,要做到高、中、抵挡合理搭配。另外,经营品种、服务项目要齐全和富有特色,接待服务方法要区别对待,不可千篇一律,不要以固有、僵死的模式接待所有的顾客,否则就不能很好地满足顾客的需要。

3. 伸缩性和周期性。每个顾客都有一些需要在获得满足后,在一定时间内不再产生。但随着时间的推移还会重新出现,显示出周而复始的特点。不过这种重复出现的需求,在形式上总是不断翻新的,也只有这样,需要的内容才会丰富、发展。例如,女性头巾,多少年来几乎总是在长形、方形、三角形的式样间变化;皮鞋总是在方头、圆头、尖头、平跟、中跟、高跟之间翻来覆去地变花样。这种周期性往往和生物有机体的功能及自然界环境变化的周期相适应,也同商品寿命、社会风尚、购买习惯、工作与闲暇时间、固定收入、获得时间等相关联。例如,许多商品的销售淡旺循环变化是由自然季节决定的;商店业务忙闲与顾客的工作日、发薪日相关并形成周期;服装流行周期与社会风尚变化相呼应等。因此,研究周期性对企业加强生产经营的计划性有着重要意义。工商企业可以根据需要周期的发展变化规律,安排好包括商品种类、销售时间、销售方式、销售对象及销售地点等在内的产、供、购、销、调、存。

伸缩性表现在顾客对心理需要追求的高低层次、多寡项目和强弱程度。在现实生活中,顾客的需要,尤其是以精神产品满足的心理需要,具有很大的伸缩性,可多可少,时强时弱。当客观条件限制了需要的满足时,需要可以抑制、转化、降级,可以滞留在某一水平上,也可以是以某种可能的方式同时或部分地兼顾满足几种不同性质的需要。在有些情况下,人还会只满足某一种需要而放弃其他需要。例如,成千上万的革命者,为了全人类的解放,放弃了个人及家庭的许多需要;高考复习阶段的学生,为了能学好知识迎接高考,放弃了旅游、看电影、打球甚至休息的需要。

4. 可变性和诱导性。顾客需要的产生、发展和变化,同现实的生活环境、当时的消费环境有着密切的联系。顾客观念的更新、社会时尚的变化、人际交往的启迪、工作环境的改变、社会交往的气势、广告宣传的诱导、生态环境的变化等,都可能改变顾客需要的指向、潜显或强弱,使此项需要转变为彼项需要、潜在的需要转变为显现的需要、微弱的需要转变为强烈的需要。这说明顾客需要不是一成不变的。总之,顾客的需要是可以通过各种媒介物,运用各种方法加以启发和引导的,并最终使顾客需求发生变化。

企业不仅应当满足顾客需要,而且应当启发和诱导其需要,即通过各种有效的途径,用科学的价值观、幸福观、消费观引导顾客需要发生变化,使其越来越合理化,改变落后的消费习惯,使物质需要和精神需要协调统一,逐步达到消费结构和需求结构的优化。

### (三)顾客需要的发展趋势

随着时代的变迁和社会环境的发展,顾客需要的内容、形式及其层次也在不断改变和提升,并呈现出一系列新的消费需要趋势。主要体现在以下四个方面。

1. 感性消费需要。被尊称为营销之父的世界著名营销大师菲利普·科特勒将顾客的消费行为划分为三个基本的阶段:第一阶段是量的消费阶段,即人们追逐买得到和买得起的商品;第二阶段是质的消费阶段,即寻求货真价实、有特色且质量好的商品;第三阶段是感性消费阶段,即注重购物时的情感体验和人际沟通,这种感性消费是基于顾客个人情绪情感体验而产生的消费行为,它是以个人的喜好作为购买决策标准,以个人心理满足、个性实现、精神愉悦为主要消费目标,对商品"情绪价值"的重视程度胜过对"机能价值"的重视。也就是说,感性消费就是指顾客购买商品的目的并非出于生存、安全等基本需要,而是希望买到一种能与其心理需求产生共鸣的感性商品,满足顾客内心深处的感性要求。在当今社会,经济活动的高度市场化和高科技浪潮的迅猛发展,平缓、稳定、闲散的工作方式和生活方式被快节奏、多变动、高竞争度的方式所取代。与这种全新的工作生活方式相对应,人的情感需要也日趋强烈。人们往往采用的是心理上的感性标准,就是"只要我喜欢就是最好的",其购买行为通常建立在感性逻辑上,以"喜欢就购买"作为行为导向。

2. 个性化消费需要。科技的迅猛发展和社会文化的日益多元化,给人们提供了前所未有的广阔的选择空间,各种新的生活方式和消费群体层出不穷。例如,当代最具有个性的"新新人类"的消费活动中,遵循自己独有的生活方式,标新立异、张扬个性、追求与众不同成为他们选择商品的首要标准。选择自助式旅游、建立自己个性化网页、微博传递信息等,都是现代年轻人喜爱的生活方式。

3. 休闲消费需要。工作效率的提高和劳动工时的普遍缩短使人们占有的闲暇时间越来越多。由于平时人们生活在快节奏和高压力的工作环境中,因此现代顾客对闲暇生活的重视程度也越来越高。近年来,旅游、健身、娱乐等活动日益受到顾客的青睐。现代顾客已经把创造更多的闲暇时间和提高闲暇生活质量作为消费行为的重要导向,这无疑给休闲娱乐产品创造了很好的市场空间。

4.绿色消费需要。近百年来,人类社会面临着自然资源日益匮乏、环境过度破坏、生态平衡恶化等方面的严重困扰。在这种环境的压力下,现代顾客的环保意识也越来越强,更多的顾客开始认识到,地球的资源是有限的,过度的消费将导致人类生存状况的不断恶化。所以,越来越多的顾客已经把保护自然资源和生态环境视为己任,把消费与生存环境和社会经济发展等因素联系起来,自觉地把个人消费需求和消费行为纳入环境保护的规范之中,环境保护已成为现代顾客的基本共识和全球性的消费发展趋势,"绿色消费"观念开始深入人心。一项网络调查显示,89.7%的网民都有绿色消费意识,他们认为,绿色消费是一种健康的生活方式,更是一种社会责任。绿色消费也称为可持续消费,是指一种适度节制消费,能够避免或减少对环境的破坏,崇尚自然和环保生态等为特征的新型消费行为和过程。绿色消费主要包括三个方面的内容:消费无污染的物品;消费过程中不污染环境;自觉抵制或不消费那些破坏环境或大量浪费资源的商品等。

随着时代的发展和社会环境的变化,现代顾客在需求结构、需求内容、需求性质等方面也不断发生变化。只有及时分析和了解顾客需要的变化动态和趋势,才能从整体上把握顾客消费心理与行为的发展趋势。

## 前沿透视

根据新生代市场监测机构的调查,用户使用微博的内驱力是新奇感,使用微博的主要目的是"关注自我"与"分享/求新"。另外,个人微博仍然是主流,朋友、同事、名人及人气王的个人微博是关注焦点,也获得了较高的信任度。品牌/媒体微博方兴未艾,目前的关注度虽然还不高,但具有继续发展的空间。结合这些关于微博和微博用户的调查报告及其他相关论文的阐释,用户使用微博的心理需求主要有:新奇感、名人效应、求同心理、窥私心理、追求时尚、自我展示、平等参与、获取信息、"共享"需求、情感交流、"个性化"的满足、缓解焦虑、娱乐放松等。社会中每个公民都拥有自我表达的欲望和权利,都需要展现自我的机会和舞台。但现实生活中却没有那么多机会让每个人崭露头角,当人们的表达诉求"受阻"或"受限"时,微博恰恰提供了这样一个良好的自我展示的平台。博主可以根据自己喜欢的风格装饰主页，记录随时可能发生的一些想法、思考或灵感，关注自己感兴趣的博友，转发一些精辟语录，评论时事及言论，还可以上传各种照片、视频等等，不管是关注、转发还是评论都是自己立场、观点和态度的表明，这无疑满足了人们充当生活主角的愿望。

资料来源：万丽萍. 微博的特性及其舆论监督功能[J]. 新闻爱好者月刊，2012(3).

## 三、顾客的购买动机

人们所从事的任何活动都是由一定的动机所引起的，顾客的任何购买行为也总是受一定的购买动机所支配。顾客动机是十分复杂和多样的，并按照不同的方式组合、交织在一起，相互作用，相互制约，构成各种各样的动机体系，指导、激励、制约着顾客沿着一定的方向行动。企业要探知顾客的心理，分析顾客的购买行为必须研究是什么动机促使其产生一系列的购买行为。购买动机是在顾客需要的基础上产生并引发顾客购买行为的直接原因和动力。相对顾客需要而言，动机更为清晰显现，与顾客行为的联系也更加直接、具体。

### （一）购买动机的内涵

“动机”一词来源于拉丁文 movere，即“推动”的意思。如果说需要作为某种活动最初的动力，需要的缺乏给行为指出方向的话，那么，动机则是在心理强化之下给需要方向定位，并推动有机体朝着预期的目标运动。在消费心理学中，把能够引导人们购买某一商品，选择某一商标、劳务或选择某一货币支出投向的动力，称之为购买动机。

动机是一种基于需要而由各种刺激引起的心理冲动。动机的产生来源于三个因素：一是需要趋势；二是足够的需要强度；三是刺激诱因。因此，动机的强度大小取决于三个变量：第一，需要的强度，即有机体内的生物与本能的空缺状况；第二，刺激物的激活效能，即外界环境所提供的条件对有机体的激活效能；第三，目标诱惑力的大小，即在众多刺激中能够构成行为目标对人的诱发力。

### （二）购买动机的功能

心理学认为，动机在激励人的行为活动方面具有以下三种功能。

1. 发动和终止行为的功能。动机会促使人产生某种行为。例如，大学生到学校来求学，是由学习知识的动机激发起来的，旅游者外出旅游是在其各种旅游动机的直接驱动下发生的。同样，动机也会促使人终止某种行为。例如，上网玩游戏的人是由消遣、刺激的动机激发起来的，从而终止了其学习或工作等行为。

2. 指引和选择行为方向的功能。动机不仅能引发行为,还能将行为导向特定的方向。这一功能在顾客行为中,首先表现为在多种消费需求中确认基本需求,如安全、社交、成就等。其次表现为促使基本需求具体化,成为对某种商品或服务的具体购买意愿。在指向特定商品或服务的同时,动机还势必影响顾客对选择标准或评价要素的确定。通过上述过程,动机使消费行为指向特定的目标和对象。同时,动机还可以促使顾客在多种需求的冲突中进行选择,使购买行为朝向需求最强烈、最迫切的方向进行,从而求得消费行为效用和顾客需求满足的最大化。

3. 维持和强化行为的功能。动机的作用表现为一个过程。在人们追求实现目标的过程中,动机将贯穿行为的始终,不断激励人们努力采取行动,直至目标的最终实现。此外,动机对行为还具有重要的强化功能,即由某种动机强化的行为结果对该行为的再生具有加强或减弱的作用。在惠顾动机的趋势下,顾客经常对某些信誉良好的商店或商品重复光顾和购买,就是这一功能的明显体现。

(三)购买动机的特征

与需要相比,顾客的动机较为具体直接,有着非常明显的目的性和指向性,但同时也具有更复杂的特性,具体表现在以下方面。

1. 动机的原发性。个体缺乏某种东西而产生对它的需求,这种需求推动个体去寻找满足需求的对象,动机就是在这种情况下产生的。也就是说,需求使个体产生动机,动机推动个体采取行动。从个体动机产生方面看,动机具有原发性特征。对顾客而言,其内在的需要,促使其产生各种消费动机。

2. 动机的主导性。事实上,每个顾客都同时具有多种动机。这种复杂多变的动机以一定的方式相互联系,构成完整的动机体系。在这个体系中,各种动机所处的地位及其所起的作用互不相同。有些动机表现得强烈、持久,在体系中处于支配地位,属于主导性动机。通常情况下,人的行为是由主导性动机决定,特别是在多种动机之间发生冲突的时候,主导性动机往往对行为起很强的支配作用。例如,多数顾客都有吃要营养、穿要漂亮、用要高档的购买动机,但由于受经济条件所限,这些购买动机无法同时实现时,讲究家庭陈设与个人服饰的顾客,宁可省吃俭用也要满足衣着漂亮、室内陈设优雅美观的需要;而注重知识层次的顾客,往往把主要收入用于子女培养教育方面;还有些讲究饮食营养、注重身体健康的家庭,也可能会压缩其他开支,而把大部分收入用于购买食品和营养保健品。所有这些都是由顾客的主导动机不同而导致的消费行为方面的差异。

3. 动机的可转移性。顾客的购买行为主要取决于主导性动机。但在动机体系中处于从属地位的非主导性动机也并非完全不起作用,而是处于潜在状态。可转移性指顾客在购买或决策过程中,由于新的消费刺激出现而发生的动机转移,原来的非主导性动机由潜在状态转入显现状态,上升为主导性动机的特性。现实中,许多顾客改变预定计划,临时决定购买某种商品的行为现象,就是动机发生转移的结果。

4. 动机的内隐性。个体的行为是外显的,但支配其行为的动机却是无法直接观察到的。顾客的消费动机是通过其消费行为推断出来的。例如,顾客住了高档饭店,可以作如下推断:首先他有休息的生理动机;其次,他可能有追求社会身份、地位,希望得到他人尊重的动机。顾客的动机不是我们观察到的,而是根据他们的行为和所掌握的知识经验推断出来的。所以动机具有内隐性。

5. 动机的动态性。动机是与生活经验相互作用而不断变化的高度动态的结构。动机的形成决定于内在的需要和外部的环境两大因素,当这两种因素发生变化时,个体的动机自然会相应发生变化。外部环境是不可控的因素,而且人的需要也是经常变化的。这是因为:第一,需要是不可能得到彻底满足的。例如,在固定的时间间隔内,人们就会体验到饥饿需要,这种需要必须得到满足。第二,当过去的需要得到满足时会产生新的需要。由于这种特点,企业就可以通过一些营销手段来影响顾客的消费动机,并继而影响顾客的消费行为。

6. 动机的组合性。当消费动机转变为消费行为的时候,有的动机直接促成一种消费行为,如在饥饿状态下,觅食动机会直接导致寻求和摄取食物的行为。而有些动机则可能促成多种消费行为的实现,如展示个性、显示自身价值等较为复杂的动机会推动顾客从事购买新潮服装、名牌化妆品、购置高档家具、收藏艺术品等多种行为。在某种情况下,还有可能由多种动机支配和促成一种消费行为,如城市居民购置房产,可能出于改善住房条件、投资增值、遗赠子女等多种动机。

7. 动机的实践性。动机是行为的内在原因,动机是为行为而存在的。通过个体的行为表现,可以窥见动机的踪影。从动机与行为的这种关系上表现出动机的实际特征。动机的这种特征,是研究它的一个重要原因,了解顾客的消费动机,可为预测和引导顾客的消费行为提供依据。

(四)购买动机的类型

消费需要的多层次性决定了消费动机的多样性。消费者购买商品的动机是复杂的、多层次的、交织的、多变的。在购买过程中,有时看来很简单的行动,可以包含丰富的心理活动,很难说是一个或几个动机所推动的。动机可以按照不同的标准把他们分门别类。顾客购买动机可以从不同的角度加以划分:根据顾客的需要层次,可将购买动机分为生存型动机、发展型动机和享乐型动机三种;根据顾客的个性特征,可将购买动机分为理智型动机、情感型动机和情绪型动机三种。就购买活动而言,顾客的购买动机往往十分具体,其表现形式也复杂多样,与购买行为的联系也更为直接。因此，对于企业经营者来讲，深入了解顾客的购买动机，具有更加现实的意义。依据顾客购买的目标追求，购买动机可以分为以下八种类型。

1. 求实购买动机。求实购买动机是指以注重商品或劳务的实际使用价值为主要目的的购买动机。此类顾客在购买商品或劳务时，特别重视商品的实际效用、功能质量，讲求经济实惠、经久耐用，而对商品的外观造型、色彩、商标、包装装潢等不大重视。在购买时大都比较认真仔细地挑选，也不太受广告宣传的影响。一般而言，顾客在购买基本生活资料、日用品的时候，求实动机比较突出，而在购买享受资料、较高档次的、价值大的消费品时，求实动机不太突出。持有求实购买动机的顾客并非一定收入水平不高或支付能力有限，而主要是受个人的消费支出能力和消费价值观念影响。

2. 求廉购买动机。求廉购买动机是指以注重商品价格低廉，希望付出较少的货币而获得较多的物质利益为主要特征的购买动机。价格敏感是这类顾客的最大特点。在购买时不大看重商品的外观造型等，而是受处理价、优惠价等的影响较大。一般而言，这类顾客收入较低或者经济负担较重，有时也受对商品的认识和价值观的影响。近年来还有一种趋势，就是在目标市场营销中，较低档次的顾客对于较高档次的消费品而言，往往是求廉购买。比如，在广州不少的时装专卖店，本来是面向高收入者的，他们讲究时装的质地、款式、服务、购物环境等，普通大众一般情况下是不会光顾的，但在换季大减价清仓处理的时候，普通的顾客此时出去抢购，就是求廉动机的激发。虽然收入水平与求廉动机密切相关，但不少收入水平较高的顾客同样持有求廉购买动机，希望以较小的成本获取较大的收益。

3. 求便购买动机。求便购买动机是一种以方便购买、便于使用维护为主的购买动机。在购买价值不高的日用品时，顾客常常具有这种购买动机。对于这类日用消费品，顾客经常购买、经常使用，购买时也不太认真挑选，讲求便利是其主要特征，他们对服务也有一定的要求。具有这种购买动机的顾客关注的是时间与效率，要求产品购买方便、携带方便、使用方便、维护方便和处理方便，厌倦过长的等待时间、迟缓的销售速度和低下的服务效率，这类顾客喜欢购买减少家务劳动强度和时间的产品或服务，选择购买过程方便和购买时间节约的购买方式。随着现代社会工作和生活节奏的加快，越来越多的顾客呈现出强烈的求便购买动机。

4. 求新购买动机。求新购买动机是以注重商品的新颖、奇特和时尚为主要目的的购买动机。顾客在购买商品时，特别重视商品的外观、造型、式样色彩和包装装潢等，追求新奇、时髦和与众不同，而对陈旧落后时代的东西不屑一顾，在购买时受广告宣传、社会环境和潮流导向影响很大。具有这种购买动机的顾客一般来说观念更新较快，容易接受新思想、新观念，生活也较为富裕，追求新的生产方式。求新购买动机在收入水平较高的消费群体或者青年群体中较为常见，他们渴望变革创新，乐于追逐潮流，具有强烈的好奇心和想象力，容易受到社会环境或广告促销的影响，表现出冲动购买的倾向，是时装和时尚产品的主要购买者。

5. 求美购买动机。求美购买动机是以注重商品的欣赏价值和艺术价值为主要目的的购买动机。顾客购买商品时特别重视商品对人体的美化作用、对环境的装饰作用、对其身体的表现作用和对人的精神生活的陶冶作用，追求商品的美感带来的心理享受。购买时受商品的造型、色彩、款式和艺术欣赏价值的影响较大。强调感受，而对商品本身的实用性要求不高。这样的顾客往往文化素质较高，生活品位较高。但从现在的情况看，也有这样两个趋势：其一是随着人们生活水平的提高、收入的增加和用于非食物方面开支比重的增大，求美动机越来越强烈了；其二是随着时间的推移、人们休闲时间的增加，越来越多的人注重求美的动机了。

6. 求名购买动机。求名购买动机是一种以追求名牌商品或仰慕某种传统的声望为主要特征的购买动机。顾客对商品的商标、商店的牌号等特别重视，喜欢购买名牌产品。在购买时受商品的知名度和广告宣传等影响较大。一般而言，青年人、收入水平较高的人常常具有这种购买动机，他们购买品牌产品是为了显示自己的身份、地位或者表现自我。但在品质差异较大的产品购买决策过程中，如服装、化妆品和家用电器的购买，求名购买动机有利于降低购物风险、节约选购时间和简化决策过程，因而，在许多中低收入水平的顾客中也较多见。

7. 好胜购买动机。好胜购买动机是一种以争强好胜或为了与他人攀比并胜过他人为目的的购买动机。顾客购买商品主要不是为了实用而是为了表现比别人强。持有好胜购买动机的人在购买时主要受广告宣传、他人的购买行为所影响，对于高档、新潮的商品特别感兴趣。在社会转型时期，由于贫富差距的进一步扩大，好胜购买动机在顾客中趋于普遍，而且日益表现得更为强烈。由于好胜购买动机的偶然性和情感性等特点，持有这种动机的顾客的购买行为往往带有明显的冲动性和盲目性。

8. 惠顾性购买动机。惠顾性购买动机也称为习惯性购买动机，是指顾客对特定商店或特定品牌产生特殊信任偏好，从而习惯性地重复光顾某一商店，或反复地、习惯性地购买同一品牌的商品。惠顾性购买动机有助于企业获得产品的忠实顾客群，保持稳定的市场占有率。

9. 嗜好购买动机。嗜好购买动机是指以满足个人特殊偏好为目标的购买动机。具有这种购买动机的顾客特别喜欢购买某种特定的产品，如邮票、书籍、古玩、字画或音响器材等。嗜好购买动机往往跟顾客的生活习惯和业余爱好密切相关，其特殊偏好通常反映出顾客的文化修养、职业特点和生活情趣。持有嗜好购买动机的顾客，购买指向较为集中、稳定，购买行为较为理智、挑剔，轻易不会表现出从众倾向。

除以上主要购买动机外，还有储备性、纪念性、补偿性、馈赠性等购买动机。这些动机大都有明确的指向性和目的性，也是消费活动中较为常见的购买动机。

前沿透视

**粉丝关注品牌的动机**

微博中的“关注”只是个动作，不能被理解为“关注你的人就是你的用户、客户或是喜爱你的人”。但往往很多品牌就会认为关注我品牌的人就是我的用户、客户，是喜欢我品牌的人。

因为消费者“关注”一个品牌的动机有很多：参与了某次抽奖、经由某个朋友的推荐、在参与某话题的过程中、被某个观点所吸引、参加了某个活动、甚至只是出于好玩儿、看八卦、看趣闻、求互粉、工作需要、获取专业知识等等，这些情景都有可能将一个消费者与一个品牌联系到一起。

但是“关注”所建立的“关系”并不意味着消费者就一定会与品牌进行“有效的互动”，就一定会每天去看你品牌在说什么！这就像一群消费者团购了一个餐厅的晚餐，产生消费的顾客不一定是这个餐厅的 Fans，大部分消费者只是冲着便宜，冲着利益去的，二次消费的人屈指可数。

资料来源：微博的黑洞：品牌粉丝、关注度、消费者、僵尸粉[EB/OL]. http://www.lanfeng.net/archives/18429.html.

# 第四节　顾客的购买决策与行为

## 一、顾客的购买决策

(一)购买决策的内涵

购买决策是指实现满足需求这一特定目标，顾客作为决策主体在购买过程中进行的认知、评价、选择、判断、决定等一系列活动。

购买决策是一个复杂的过程,具有以下五个方面的特点。

1. 顾客购买决策的目的性。顾客进行决策,就是要促进一个或若干个消费目标的实现,这本身就带有目的性。在决策过程中,要围绕目标进行筹划、选择、安排,就是实现活动的目的性。

2. 顾客购买决策的过程性。顾客购买决策的过程性是指顾客受到内、外部因素刺激,产生需求,形成购买动机,抉择和实施购买方案,购后经验又会反馈回去影响下一次的顾客购买决策,从而形成一个完整的循环过程。

3. 顾客购买决策主体的需求个性。由于购买商品行为是顾客主观需求、意愿的外在体现,受许多客观因素的影响。除集体消费之外,个体的购买决策一般都是由顾客个人单独进行的。随着顾客支付水平的提高,购买行为中独立决策特点将越来越明显。

4. 顾客购买决策的复杂性。心理活动和购买决策过程的复杂性。决策是人大脑复杂思维活动的产物。顾客在做决策时不仅要开展感觉、知觉、注意、记忆等一系列心理活动,还必须进行分析、推理、判断等一系列思维活动,并且要计算费用支出与可能带来的各种利益。因此,顾客的购买决策过程一般是比较复杂的。

5. 顾客购买决策的情景性。由于影响决策的各种因素不是一成不变的,而是随着时间、地点、环境的变化不断发生变化。因此,对于同一个顾客的消费决策具有明显的情景性,其具体决策方式因所处情景不同而不同。由于不同顾客的收入水平、购买传统、消费心理、家庭环境等影响因素存在着差异性,因此,不同的消费者对于同一种商品的购买决策也可能存在着差异。

### (二)购买决策的类型

不同顾客购买决策的复杂程度不同,究其原因,是受诸多因素影响,其中最主要的是参与程度和品牌差异大小。同类产品不同品牌之间的差异越大,产品价格越昂贵,顾客越是缺乏产品知识和购买经验,感受到的风险越大,购买过程就越复杂。比如,牙膏、火柴与计算机、轿车之间的购买复杂程度显然是不同的。根据购买者的参与程度和产品品牌差异程度可区分出四种购买类型。

1. 复杂购买决策。如果顾客属于高度参与,并且了解现有各品牌、品种和规格之间具有显著差异,则会产生复杂的购买决策行为。复杂的购买行为指顾客需要经历大量的信息收集、全面的产品评估、慎重的购买决策和认真的购后评价等各个阶段。比如,家用计算机价格昂贵,不同品牌之间差异大,某人想购买家用计算机,但又不知硬盘、内存、主板、中央处理器、分辨率、Windows 等为何物,对于不同品牌之间的性能、质量、价格等无法判断，贸然购买有极大的风险。因此他要广泛收集资料，弄清很多问题，逐步建立对此产品的信念，然后转变成态度，最后才会做出谨慎的购买决定。

2. 习惯性购买决策。对于价格低廉的、经常性购买的商品，顾客的购买决策是最简单的。这类商品中，各品牌的差别极小，顾客对此也十分熟悉，不需要花时间进行选择，一般随买随取就行了。例如，买油、盐之类的商品就是这样。这种简单的购买行为不经过搜集信息、评价产品特点、最后做出重大决定这种复杂的过程。

3. 多样化的购买决策。有些商品牌子之间有明显差别，但顾客并不愿在上面多花时间，而是不断变化他们所购买商品的牌子。如，在购买点心之类的商品时，顾客往往不花长时间来选择和估价，下次买时再换一种新花样。这样做往往不是因为对产品不满意，而是为了寻求多样化。这种品种的更换并非对上次购买的饼干不满意，而是想换换口味。

4. 品牌忠诚度的购买决策。有些选购品，牌子之间区别不大，而顾客又不经常购买，购买时有一定的风险性。对这类商品，顾客一般先转几家商店看看有什么货，进行一番比较，而后，不花多长时间就买回来，这是因为各种牌子之间没有什么明显的差别。一般如果价格合理，购买方便，机会合适，顾客就会决定购买。如，购买沙发，虽然也要看它的款式、颜色，但一般差别不太大，有合适的就会买回来。购买以后，顾客也许会感到有些不协调或不够满意，也许商品的某个地方不够称心，或者听到别人称赞其他种类的商品。在使用期间，顾客会了解更多情况，并寻求种种理由来减轻、化解这种不协调，以证明自己的购买决策是正确的。

（三）购买决策的过程

1. 认知需求。顾客认识到自己有某种需求时，是其决策过程的开始，这种需求可能是由内在的生理活动引起的，也可能是受到外界的某种刺激引起的。例如：看到别人穿新潮服装，自己也想购买；或者是内外两方面因素共同作用的结果。因此，营销者应注意不失时机地采取适当措施，唤起和强化顾客的需求。

2. 信息搜寻。在认知需求的基础上，顾客受满足需要的动机驱使，开始广泛搜集有关信息，通过搜集各种与需求有关的信息做出购买决策。信息来源主要有四个方面：第一，个人来源，如家庭、亲友、邻居、同事等；第二，商业来源，如广告、推销员、分销商等；第三，公共来源，如大众传播媒体、消费者组织等；第四，经验来源，如操作、实验和使用产品的经验等。

3. 评价选择。顾客得到的各种有关信息可能是重复的，甚至是互相矛盾的，因此还要进行分析、评估和选择，这是决策过程中的决定性环节。顾客会根据购买目标对商品内容进行评价，从各种可行方案中选择最适合自己的购买方案。在顾客的评估选择过程中，有以下几点值得营销者注意：第一，产品性能是购买者所考虑的首要问题;第二,不同顾客对产品的各种性能给予的重视程度不同或评估标准不同;第三,多数顾客的评选过程是将实际产品同自己理想中的产品相比较。

4. 制定决策。对商品信息进行比较和评选后,已形成购买意愿,然而从购买意图到决定购买之间,还要受到两个因素的影响:第一,他人的态度,反对态度越强烈,或持反对态度者与购买者关系越密切,修改购买意图的可能性就越大;第二,意外的情况,如果发生了意外的情况(如失业、意外急需、涨价等),则很可能改变购买意图。

5. 购后评价。在购后使用过程中,顾客通过比较商品效用与预先预期的差距,得出对商品满意程度的评价。

## 二、顾客购买行为

### (一)购买行为的内涵

购买行为是顾客在购买动机的支配下,为满足自身需要而进行的实施购买决策的具体活动。顾客购买行为是复杂的,其购买行为的产生是受到其内在因素和外在因素的相互促进交互影响的。顾客购买行为具有动态性、互动性、多样性、易变性、冲动性、交易性等特点。严格地说,顾客购买行为由一系列环节组成,即顾客购买行为来源于系统的购买决策过程,并受到内外多种因素的影响。顾客购买行为的复杂多变,对营销者提出了更多、更高的挑战。

### (二)购买行为的类型

顾客购买行为按照不同的分类标准可以分为不同的类型。

1. 按照顾客购买决策的风险程度分为试决策购买、重复性决策购买、习惯性决策购买,其风险程度依次减弱。

2. 按照顾客购买目标的选定程度分为全确定型、半确定型和不确定型。

(1)全确定型。全确定型指顾客在购买商品以前,已经有明确的购买目标,对商品的名称、型号、规格、颜色、式样、商标以至价格的幅度都有明确的要求。这类消费者进入商店以后,一般都是有目的地选择,主动地提出所要购买的商品,并对所要购买的商品提出具体要求,当商品能满足其需要时,则会毫不犹豫地买下商品。

(2)半确定型。半确定型指顾客在购买商品以前,已有大致的购买目标,但具体要求还不够明确,最后购买需经过选择比较才完成。如,购买空调是原先计划好的,但购买什么牌子、规格、型号、式样等心中无数。这类顾客进入商店以后,一般要经过较长时间的分析、比较才能完成其购买行为。

(3)不确定型。不确定型指顾客在购买商品以前,没有明确的或既定的购买目标。这类顾客进入商店主要是参观游览、休闲,漫无目标地观看商品或随便了解一些商品的销售情况，有时感到有兴趣或合适的商品偶尔购买，有时则观后离开。

3. 按照顾客的个性心理与购买态度可以分为以下七种类型。

(1) 习惯型。习惯型指顾客对某种商品或某家商店的信赖、偏爱而产生的经常、反复的购买。由于经常购买和使用，他们对这些商品十分熟悉，体验较深，再次购买时往往不再花费时间进行比较选择，注意力稳定、集中。

(2) 经济型。经济型指顾客特别重视价格，对于价格的反应特别灵敏。购买时无论是选择高档商品还是中低档商品，首先关注的是价格，他们对"大甩卖""清仓""血本销售"等低价促销最感兴趣。一般来说，这类消费者与自身的经济状况有关。

(3) 冲动型。冲动型指顾客受商品的外观、包装、商标或其他促销努力的刺激而产生的购买行为。购买一般都是以直观感觉为主，从个人的兴趣或情绪出发，喜欢新奇、新颖、时尚的产品，购买时不愿做反复的选择比较。

(4) 疑虑型。疑虑型指顾客内倾性的心理特征，购买时小心谨慎和疑虑重重。购买一般缓慢、费时多。常常是"三思而后行"，常常会犹豫不决而中断购买，购买后还会疑心是否上当受骗。

(5) 情感型。情感型是指顾客商品的象征意义特别重视，想象力及联想力较强，在购买决策上容易受感情的影响，也容易受销售宣传的诱导，往往以商品的品质是否符合其感情的需要来确定购买决策的一种购买行为模式。

(6) 理智型。理智型指顾客次购买前对所购买的商品，要进行较为仔细的研究比较。购买感情色彩较少，头脑冷静，行为慎重，主观性较强，不轻易相信广告、宣传、承诺、促销方式以及售货员的介绍，主要靠商品质量、款式进行选择。

(7) 不定型。不定型购买行为又称随意型购买行为，一般指顾客对商品没有固定的偏好，不讲究商品的商标和外观，往往是随机购买的一种购买行为模式。对这类顾客，销售人员应抓住时机，诱导宣传，促其产生购买欲望。

(三) 购买行为模式——刺激反应模式

行为心理学的创始人约翰·沃森(John B. Watson)建立的"刺激—反应"原理，指出人类的复杂行为可以被分解为两部分：刺激、反应。人的行为是受到刺激的反应。刺激来自两方面：身体内部的刺激和体外环境的刺激，而反应总是随着刺激而出现的。

按照这一原理分析，从营销者角度出发，各个企业的许多市场营销活动都可以被视做对购买者行为的刺激，如产品、价格、销售地点和场所、各种促销方式等，其模式如图 2-1 所示。所有这些，称之为"市场营销刺激"，是企业有意安排的、对购买者的外部环境刺激。除此之外，购买者还时时受到其他方面的外部刺激，如经济的、技术的、政治的和文化的刺激等。所有这些刺激，进入了购买者的“暗箱”后，经过了一系列的心理活动，产生了人们看得到的购买者反应：购买还是拒绝接受，或是表现出需要更多的信息。如，购买者一旦已决定购买，其反应便通过其购买决策过程表现在购买者的购买选择上，包括产品的选择、厂牌选择、购物商店选择、购买时间选择和购买数量选择。

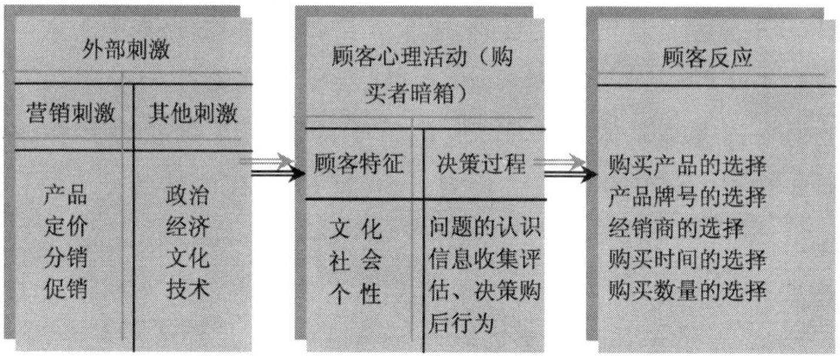


**图 2－1　顾客的“刺激—反应”模式**

## 新生代消费：青春无敌

在真人秀泛滥成灾的今天，以常人代替职业模特进行秀场表演并代言时装品牌，如此的营销创意能否引发公众兴趣？只要以“亚洲新生代”和“网络营销”为基础，答案必然是肯定的。

2010 年 8 月，世界老牌牛仔服装生产商李维斯首次将亚洲作为产品全球首发站，正式发布旗下全新牛仔品牌“单宁镇”。“dENiZEN”是“denim”，“citizen”与“netizen”的复合体，为 18～29 岁、寻求高性价比牛仔服饰的亚洲年轻人量身打造。

这被视为李维斯公司的颠覆之举。此前，Levi's 牛仔裤在中国的售价动辄上百美元，但现在，新品牌将价位拉低了近一半。“这是李维斯公司在亚洲的新生。”李维斯亚太区总裁梅铭恭说。

随之推出的还有“dENiZEN10 泛亚洲网络营销计划”：从中国内地、中国香港、新加坡、韩国、印度挑选 10 名消费者作为品牌大使，共同演绎“Asia Rising 亚洲新生代”。他们的职业身份多与“创意”和“自我”挂钩:摄影师、小说家、记者、乐手、插画师、平面设计师等。在品牌发布会上,10 个年轻人身着“单宁镇”服饰演绎了一出“真人秀”。此后,他们在 100 天时间内陆续在各色新媒体上分享其品牌体验和着装心得。

与时尚界素来的大手笔不同,这次代言人遴选不到半年,以李维斯在亚洲的办公室和公关公司“内部推荐”为主,经过书面申请和电话面试确定。“代言者的易寻从侧面证明了新品牌定位是准确的。”负责该项目的李维斯亚太地区公共事务部高级总监 Tod Gimbel 说,“对自由、个性、生活持有态度与梦想的年轻人在经济蓬勃发展的亚洲各地越来越多见,他们正是 dENiZEN 的主力目标消费群体。”根据李维斯的计划,至 2010 年底将会有近 50 家 dENiZEN 品牌专卖店陆续登陆亚洲市场。

李维斯并非第一家为迎合亚洲,尤其是中国消费者而量身打造新品牌的西方服装品牌。此前,法国奢侈品牌爱马仕为迎合中国新涌现的奢侈品消费群体,在中国成立子公司开创名为“上下”的新品牌,本土设计师蒋琼耳设计的产品颇具本土特色。

亚洲新生代消费者无疑已在一定程度上改变了全球品牌的营销、定价乃至审美标准。新品牌发布前,李维斯允许印度消费者以 3 个月内分期付款的方式购买价格超过 33 美元的牛仔裤,这使消费者的平均花费增加了 50%。而鉴于中国年轻一代网购习惯,美国服装零售商 Gap 的中国网络店铺将先于实体店在 10 月上线,“我简直不能相信还有人不这样做。”Gap 中国董事总经理莫瑞帝此前强烈表示。

麦肯锡针对“如何争夺亚洲消费者”的最新调查显示,在亚洲,影响消费者购买决定的工作更为复杂。公司必须擅长利用多种渠道帮助消费者形成鲜明的品牌观念。“对时尚行业来讲,产品和营销的精准对应尤其重要”。BBDO 天联广告公司大中华区首席执行官陶颂指出,去年销售量增长了 20% 的蒂凡尼便是一例,其“钥匙”系列得益于贯穿实体店面、网络竞赛和明星效应的整合营销,在三个月内卖到脱销了。在陶颂看来,钥匙这一元素激发了中国女人的梦想、希望和期待,互动拍片的网络活动又使其在中国消费者原有认知基础上脱颖而出。“要认知消费者应考虑到:一是如何让他接受产品;二是如何打动他的心;三是让更多的人看到消息”。BBDO 全球首席执行官安德鲁说。

资料来源:新生代消费:青春无敌[EB/OL].[2010 - 10 - 27]. http://www.docin.com/p-97877040.html.

## 思考题

1. 1980 年以后出生的中国新生代消费者的人口特征如何?

2. 试分析新生代青少年的个性。

3. 试分析新生代顾客走向成熟的过程中,营销管理者怎样影响和引导他们的消费行为?营销应该从何处入手满足新生代顾客的需要?

# 第三章

# 顾客关系调查与目标顾客选择

**本章学习要点**

本章重点阐述顾客关系调查的意义和基本原则，以及顾客关系调查的具体步骤和方法，通过对市场细分和目标市场选择等市场营销基本原理的阐述，讲授了在顾客关系管理中应首先解决的问题：如何寻找本企业的目标顾客和关键顾客，以及对潜在顾客的开发与转化。通过本章学习应达到应掌握市场细分的基础和方法；了解如何选择目标市场；描述识别目标顾客和关键顾客的过程；了解如何开发潜在顾客。

顾客关系调查是顾客关系管理的重要一步，一个企业只有在充分了解自己的顾客关系状况的前提下，才能制定行之有效的顾客关系管理策略。顾客关系调查在实施的过程中应遵循一定的原则，调查方法有多种，每一种都有自己的优势和适用范围。企业应根据自身实际情况选择合适的顾客关系调查方法，尽可能准确地了解本企业的顾客满意度和忠诚度。

## 第一节　顾客关系调查

"知己知彼，百战不殆"。顾客关系调查是了解顾客对企业态度的重要途径，同时也是提升企业资产的重要手段。通过顾客关系调查，可以直接影响企业的营销策略和经营决策。

## 一、顾客关系调查的意义

顾客关系管理源于“以顾客满意为核心”的新型管理模式，即通过向企业的销售、市场服务和生产技术等部门以及相关人员提供全面的、个性化的顾客资料，强化跟踪服务和信息分析能力，使各部门能够协同建立和维护一系列与顾客以及商业合作伙伴之间卓有成效的“一对一关系”，从而使得企业能够提供更快捷、更周到的优质服务，提高顾客的满意度与忠诚度，吸引和拥有更多的顾客。国内外许多成功企业，如海尔、微软、宝洁等均采用了顾客关系管理系统。

顾客关系调查是顾客关系管理系统的重要组成部分，也是该系统运行的前提和基础，在顾客关系管理中具有极为重要的地位。顾客关系管理只有建立在全面客观的顾客关系调查的基础上，才能发挥应有的功效。

### （一）顾客关系调查是提升企业无形及有形资产的重要手段

顾客关系是现代企业重要的无形资产。通过实行有效的顾客关系调查，企业可以了解到顾客与自身关系的实际状况，从而加强对无形资产的有效管理。表面上看，顾客关系管理只是企业的无形资产管理的问题，但它最终带动的却是企业的有形资产的增长，因为顾客是企业生产增长和利润增加的基础，企业只有在充分了解自己现有顾客和潜在顾客的基础上，才能及时准确地提供相应的产品和服务，顾客关系调查就是实现这一目标的重要手段。作为顾客关系管理的基础和前提，顾客关系调查可以成为有效提升企业无形资产与有形资产的重要手段。

### （二）顾客关系调查是了解顾客对企业态度的重要途径

顾客关系管理的一个重要方面就是调整顾客对企业的态度，即提高顾客的满意度和忠诚度。企业对于这两个方面的准确把握依赖于全面、有效、准确的顾客关系调查。一般来讲，顾客满意度及忠诚度高的企业对顾客关系调查非常重视，会大量投资于对顾客需要变化的了解，及时追踪顾客的需求和不满，并采取相应的改进措施。

### （三）顾客关系调查的结果直接影响企业的营销策略

顾客关系调查是企业发现自身在服务链方面存在问题的重要方式。通过有效的顾客关系调查，企业可以针对存在的问题从战略、组织结构、业务流程等各方面进行相应的改进，改善企业在顾客心目中的形象，从而提高企业的赢利水平。

实践中，许多企业在实施顾客关系管理的过程中并不十分明确自己的业务需求所在，而是盲目地采用 CRM 系统软件，实施效果并不理想。如果不了解企业服务链中真正存在的问题，盲目运用顾客关系管理软件很难解决实际问题，也并不能有效地改善企业与顾客的关系。因此，顾客关系调查是成功实施 CRM 系统的重要基础和前提。

## 二、顾客关系调查的原则

顾客关系调查应遵循一定的原则,在原则的指引下达到预期的目标。一般来讲,顾客关系调查应遵循以下几个原则。

(一)客观性原则

顾客关系调查必须遵循客观性的原则,也就是调查的途径、方式、结果分析应尽量客观地反映企业的顾客关系状况,为企业制定相应决策提供可靠的依据。客观性是企业在进行顾客关系调查的过程中应该首先遵循的原则,只有建立在客观基础上的顾客关系调查,其结果才具有参考价值。

(二)全面性原则

顾客关系调查在实际应用过程中,对顾客选择、调查的项目等方面应该力求具有代表性和全面性,防止以偏概全、误导企业决策层。企业在进行顾客关系调查的过程中,应尽所能进行较全面的调查,以防小范围的现象影响或掩盖整个顾客群体的真实情况,给企业的下一步工作带来隐患。

(三)及时性原则

企业在进行顾客关系调查时,应保证在一定的时间范围内完成,以便为企业管理层提供及时信息。在信息化时代,时效性是信息的一个重要评价标准。只有及时的信息才会为企业对市场的迅速反应提供可靠基础。而且及时的顾客关系调查有利于企业在最有效的时间内发现问题,及时改进工作中的缺陷和不足。

(四)定期性原则

顾客关系调查应定期反复进行。随着经济全球化的不断发展,企业面临的是多变的市场环境,顾客的需求也在不断变化。要想对顾客关系状况获得有效而准确的把握,就必须定期进行顾客关系调查活动,以及时关注变化的趋势。正如贝因咨询公司顾问在《哈佛商业评论》(Harvard Business Review)的文章中所言,顾客流失率为零的企业,其赢利性极高。如果顾客流失率降低5%,那么信用保险企业的利润将增长25%,银行企业的利润将增长85%。非常明显,顾客的终身价值是巨大的,而为了保证企业实现这一价值,就必须定期开展以顾客满意度及忠诚度为主要内容的顾客关系调查,这是一个非常重要的环节。

## 三、顾客关系调查的步骤

顾客关系调查是一项重要而复杂、细致的工作。为了确保调查的质量,提高调查工作的效率,整个调查阶段必须有计划、有步骤地进行。顾客关系调查一般可分为三个阶段来进行。

(一)准备阶段

为了保证顾客关系调查的顺利开展和调查质量,必须做好调查前的各项准备工作。一项成功的调查,在很大程度上取决于预备工作是否充分、周密。准备阶段主要解决调查的目的、对象、方法以及各项前期的组织准备工作。主要包括以下步骤。

1. 确定调查目标。进行顾客关系调查首先要明确调查的目的是什么,通过调查要解决什么问题。目标要具体,这样才能有的放矢。目标的确定需要结合公司目前在顾客服务方面存在的问题综合考虑。

2. 界定调查对象。这一步骤的主要任务就是确定向哪些公众作调查,以及调查的范围有多大。调查对象的确定是获取有效的顾客关系资料的重要因素,调查对象的确定应该具有一定的代表性,尽可能全面,这样可以保证顾客关系调查的客观性。例如,一家商业零售企业为调查对其售后服务的满意程度,确定调查对象为本市某区的500位顾客和100家用户。

3. 选择调查方法。在确定了顾客关系调查的目标和对象之后,就要选择合适的调查方法,即收集资料的具体方式、方法。例如,是通过实地调查收集第一手资料,还是收集第二手的间接资料,收集第一手资料是采用访问法,还是观察法、实验法,或者是问卷调查法。调查方法的选择应该结合企业自身的实际情况及调查的内容及对象综合权衡考虑。

4. 制定调查计划。调查计划是进行调查工作的行动纲领,也是调查工作的一项重要准备。完善合理的调查计划可以保证顾客关系调查工作顺利、及时地进行。调查计划一般应包括以下内容:调查目标、调查对象、调查方法、调查时间和进度、调查人员及分工、调查费用预算等。调查计划制定后,要送主管领导审批。

5. 前期组织准备。调查计划批准后,在实施顾客关系调查工作之前,还要做好前期的组织准备工作。良好的准备是工作成功的一半。这些工作主要有:对调查人员的必要培训,确定调查内容的细节或设计问卷,文具用品和其他物资准备等。如果是间接调查,还应通过收集、交换、借阅、索取、购买、摘抄、复印等方式,做好所需文献的准备工作。

(二)调查阶段

正式调查阶段即调查计划和方案的具体实施阶段,这是整个顾客关系调查的中心环节。调查阶段应完成的是资料的收集、整理和报告等项工作。主要包括以下步骤。

1. 开展实地调查。这一步即是调查人员按照计划规定的时间、方法和要求,进行具体的实地调查，收集所需的调查资料。实地调查是获取第一手资料的重要途径，可以尽量保证资料的客观性。

2. 整理分析资料。调查所得到的信息资料往往是分散的、零星的，有的资料也可能是片面的、不真实的，这就需要把调查收集的资料进行整理和统计分析。这是保证调查质量的一项十分重要的工作。

对调查所得的资料进行整理，首先要检查资料是否齐全、是否有重复、是否有差错、是否有矛盾等，然后根据不同情况予以补充、剔除、订正、核实。在此基础上，凡是能够用数字表示的资料，都应分门别类地列表说明。

对整理后的资料进行分析，一方面是统计分析，如计算平均值、百分比、增长率等，有些还要绘制统计图；另一方面，要去粗取精、去伪存真，从中得到合乎客观情况的调查结论。

3. 提出调查报告。凡是进行特定目的的调查，都必须在结果处理阶段写出调查报告。调查报告的主要任务是，用事实材料对所调查的问题做出系统的分类说明，以书面报告的形式提出结论性意见，供企业的管理者参考。

编写调查报告要遵循以下原则。

- 报告的内容要紧扣主题；
- 以客观态度列举事实；
- 文字简练；
- 尽量使用图表来说明问题。

调查报告一般应包括以下基本内容：

- 标题，说明调查的主旨或主要内容；
- 前言，应写出调查的目的、时间、地点、对象、范围，以及采用的调查方式；
- 正文，即报告的主体，应写明详细的调查情况、分析方法和结论，提出相应的建议；
- 结尾，即报告的结束部分，凡是写有前言的报告，结尾都要照应开头，以起归纳收束的作用，或者重申观点、加深认识；
- 附件，包括样本的分配、图表及附表等。

（三）收尾阶段

提出调查报告后，顾客关系调查并没有最终完结，还应注意以下两个方面。

1. 追踪调查结果。调查报告提出后，顾客关系管理人员必须追踪了解调查报告的意见是否已经被企业领导接受，建议是否已被接纳。如果已经被采用，则需进一步了解采用程度和实际效果。或者是，企业顾客关系管理部门本身作出努力，积极实施报告中提出的建议和方案。这一部分的工作实际上是顾客关系调查的评价和反馈步骤。

2. 做好资料归档工作。整个顾客关系调查结束后，必须做好全部资料的整理、归档工作，并建立检索系统。企业顾客管理资料档案的建设，是企业顾客关系管理工作的一项基本建设，同时也是企业顾客关系管理工作质量的一个标志。

应加强顾客数据库的建设。顾客数据库最初的含义是指企业为了实施直接营销而收集的现有顾客和潜在顾客的姓名与地址，后来发展成为市场研究的工具。例如，收集市场资料、人口统计资料、销售趋势资料以及竞争资料等。目前，顾客数据库仅配合适当的软件，就可以对顾客数据做出相应的分析，它已成为企业整个管理信息系统的重要一部分。顾客的重要性对企业而言，应该远远超过产品。所以，企业应该做到关心顾客重于关心产品，重视顾客的变化要胜过重视库存的变化。

企业建立数据库的过程，也是寻找目标消费群体的过程。根据数据库中的顾客特性，可以确定产品和服务的范围；依据数据库中顾客的行为记录，可以设计产品营销方案；观察数据库中的顾客动态，可以提示企业及时调整经营活动。因此，加强顾客数据库建设不仅意义重大，而且利用顾客数据库，可以经常与顾客保持沟通与联系，给老顾客提供特别服务和优惠，使老顾客不断提高满意度，提高他们的忠诚度。当某位老顾客的购买周期或购买量出现显著延长或减少时，借助顾客数据库能够及时发现顾客有流失的可能，提醒企业迅速采取"亡羊补牢"的措施。

## 四、顾客关系调查的方法

### （一）人员走访

所谓"人员走访"，即派出顾客调查人员实地与顾客进行当面接洽，从中了解情况和搜集所需要的调查资料。无论是进行有关工业品方面的顾客调查还是消费品方面的顾客调查，人员走访通常被认为是获取调查资料最为可靠的方法，也是顾客调查赖以获取详细、准确调查资料的重要途径。

在人员访问过程中，可以根据访问对象的不同，选用问卷方法或自由交谈的方式。访问调查具有较大的灵活性，在访问者与被访问者进行交谈时，一般采用的方法有以下几种。

1. 引导的方法。为了消除被访问者的某些顾虑或"拒访"的情况发生，访问者要开诚布公，对所谈的问题通过开门见山、引水归渠、投石问路等方法，可以得到被访问者的配合。

2. 发问的方法。当对方进入话题后，要立即按照预定的内容和设计的谈话次序进行谈话。谈话要在融洽、轻松的气氛中进行，避免暗示对方做出某种回答，或浪费了大量时间,尚未涉及问题的要点。

3. 追询的方法。有时被访问者对某些问题一时想不起来,或故意搪塞时,调查人员可采用"正面追问"、"侧面追问"、"补充追问"和"激将法"等方式影响对方,以便达到访问的目的。

4. 记录。访问结束后,访问者要整理出完整真实的访问记录。记录的内容包括:对方回答的意见、特性资料(依据调查表上所列的项目作详细记录)及意见的程度。

由于访问法一般是进行面对面的交谈,往往会渗入双方的主观因素。所以,访问时要注意可能出现的偏差,要增加访问调查的可信度。此外,对访问调查人员的选择,可根据被访问对象及访问的问题来安排。选择访问者的条件要着重放在学识、品德、仪表、年龄等方面。

(二)电话调查

电话调查最大的优点是简便快捷。只要具备良好的电信服务设施和一间安静的、不受外界干扰的办公室或电话室,就可以在任何时候进行电话访问,但其可靠性较之人员走访要差些。

电话调查主要在下列情况下使用。

1. 预审调查问卷。

2. 了解顾客业务经营范围,以便适当确定调查的内容。

3. 查询某些简单数据,如经营某种产品的顾客有哪几家,现有多少家零售商店顾客等。

4. 核对人员走访时对方所提供的情况,或确认对方根据邮件调查所赠寄的材料。

5. 直接了解有关现场情况,如产品展销会的参观人数,当地顾客对电台和电视广告的反应等。

6. 与顾客进行初步联系接洽。

(三)邮件调查

邮件调查是最省费用但却是可靠性最小的方法。邮件调查主要是为了减少实地走访的人次,从而减少整个调查项目的费用开支,通常与其他方法配合使用,很少单独使用。

邮件调查的主要优点是费用低廉,无须太多开支就可在大范围内进行调查。邮件调查有自身的缺点:难以选择具有代表性的邮件调查对象;邮件调查的问题必须简单明了,这对调查问题的深度有较大的局限性;回音率甚低,一般不会超过5%~10%;难以得到较为全面的资料。

为了提高邮件调查的回音率，顾客关系调查人员应努力从多方面做工作，为收件人能够及时给予回音提供尽可能方便的条件。例如，邮件调查的问题要精心设计；邮寄尽可能以收件人的名称和地址寄发，并附上“邮资付讫”的空白信封，以便对方及时回信。

### （四）依靠信息技术和网络技术实现全面互动

从以顾客为导向的顾客关系管理来说，收集、处理和传递信息的高效性至关重要。信息技术和网络技术的发展为此提供了良好的技术支持。目前可用于顾客关系管理的技术支持系统有很多，如传真、电脑电话集成系统及呼叫中心等。目前，国内企业中，联想、海尔等企业都投资安装了呼叫中心。

互联网不仅是信息技术的革命，更带来了无限的商机，网络营销已成为21世纪营销的重要领域。1999年12月28日，上海梅林“正广和网上购物销售企业”成立，成为国内企业进行网络营销的先导。通过互联网，企业可以触及更加广泛的顾客，无论何时何地都可以和顾客取得联系，可以以一对一的方式来关怀顾客；并且，顾客可以在网上发表自己的见解，通过这种方式与企业进行双向交流，以便企业随时随地了解并满足顾客需求。国内更多的企业应能够尽快认识到互联网的重要性，尽快吸纳网络人才，申请域名登记，进行网上宣传，建立网上形象，真正利用网上平台进行交易。

### （五）现场观察

现场观察要求顾客关系调查人员亲自到顾客或企业经营场所进行直接观察，从中了解有关情况和搜集所需要的资料。此种方法即使在调查预算费用十分有限的情况下也可以使用，而且经常可以获取大量有用的资料。

在采用现场观察的方式时，顾客关系调查人员无须与任何个人接洽，唯一要做的工作就是细心观察现场销售情况，并根据调查表格的项目做好详细记录。通过现场观察可以搜集到的资料包括：

- 顾客消费水平；
- 顾客购买竞争产品的情况；
- 竞争产品的销售情况；
- 产品销售包装的方法；
- 有助于促进顾客购买的广告和促销形式。

### （六）焦点人群

焦点人群是找6~12名顾客，将他们集中起来，讨论与服务和产品质量相关的问题。利用焦点人群来评论不同的产品和服务，评估不同的行销手段，或者讨论产品的价格和功能。运用焦点人群法需要进行周密的计划，需要明确想要接收的反馈意见的类型及其接收方式。要吸引尽可能多层次的顾客参与进来,在邀请函中要营造这样一种氛围,即收到该函的顾客之所以被选中,是因为他们符合某一标准,比如承认他们是优先级顾客。向顾客解释焦点人群的目的,解释将会要求参与者做哪一类事情,以及他们可能会为此花费多少时间(最好控制在60~90分钟之内)。

进行调查时,首先向小组成员提问,然后给他们一定的时间完成书面回答。随后,会议主持人要求每个人发表意见。当所有人发言完毕,就可以针对大家的发言进行讨论,并在最重要的问题上达到一致。

(七)实验

此法起源于自然科学的实验求证法。这里所谓的"实验"乃是先进行一种推销方法的小规模实验,然后再用顾客调查方法分析:这种实验性的推销方法是否值得推行;在全国市场推销要多少时间;达到的市场占有率有多高。此实验被称为"市场实验"。

实验调查法的应用范围很广。凡是某一种商品在改变品种、包装、设计、价格、商标、广告时,都可用此法先进行小规模实验性推销,以了解顾客与市场的反应。此法可同时使正常生产、销售与顾客调查结合进行,达到一举多得的效果。

## 第二节　顾客细分与目标市场选择

自从美国市场营销学教授温德尔·史密斯于1956年首先提出市场细分理论以来,这一理论已被广泛用来指导企业的市场营销活动,在企业寻找目标市场、对产品进行精确定位、加强市场竞争地位方面起到了重要作用,在为企业带来良好经济效益的同时,也更好地满足了消费者的需求。

现实中,由于市场上的购买者人数众多,他们的购买需求又各不相同,因而一般来说,一家公司很难做到为它所在市场的全体顾客服务。为了在行业中形成强大的竞争力,公司需要确定它能为之有效服务的细分市场。市场细分是根据消费者对同类产品的需求所表现出的差异性,将一个市场分成若干个不同的购买者群体,并对这些群体加以描述和定义。市场细分是关系营销的第一个步骤,是有效选择目标市场的前提条件。

### 一、市场细分的基础

从理论上讲,所有市场都可以被细分,从而找到企业的目标顾客,提高获利性和经营效率,增强市场地位。有些市场研究人员根据消费者特征细分市场,使用地理、人口统计和心理特征变量作为细分依据，据此划分不同的细分市场，并针对细分市场的特征制定相应的营销战略。另一些市场研究人员则是通过顾客对产品的反应来进行市场细分。例如，按照顾客所追求的利益、使用时机和品牌忠诚程度等行为变量细分市场。应该指出的是这些细分变量可以单独使用，也可以结合使用，这样一来便组成了为数众多的变量组合。换言之，一个营销人员可以用多少方法来描绘顾客，他就可以用多少方法来细分市场。

尽管市场细分的变量繁多，但归纳起来主要可以分为四大类，即地理区域细分、人口统计细分、心理细分和行为细分。

### （一）地理细分

地理细分要求把市场划分为不同的地理区域单位，如国家、地区、省市、城镇、农村等。企业可以选择一个或几个地理区域作为目标市场，或者面向全部地区开展业务。地理细分的主要理论依据是：由于地理环境、气候条件、社会风俗和文化传统等方面的影响，同一地区市场内顾客的购买需求在一定程度上具有相似性，而处在不同地理区域的购买者在需要和偏好上有明显的差别。许多中小企业在无力覆盖全国市场的情况下，可以将其经营活动限制在某一区域性市场，按照不同区域消费者的需求特点，专门为某一区域的顾客提供专业化服务。

### （二）人口统计细分

人口统计细分是区分购买者群体最常用的一种方法。它按照人口统计变量来细分市场，如年龄、性别、收入、职业、教育程度、宗教、种族、国籍、家庭规模、家庭类型、家庭生命周期等。一方面，人口统计变量经常与购买者的欲望、偏好和使用频率密切关联；另一方面，人口统计变量比其他类型的变量更容易衡量和获取，因而在实践中被广泛采用。

### （三）心理细分

属于同一人口统计群体的购买者仍可能表现出极大的心理差异，因而有必要进行心理细分。心理细分是根据购买者的社会阶层、生活方式和个性特点将其划分成不同的细分群体。生活方式或个性特点通常作为心理细分的主要依据。化妆品、啤酒和家具的生产厂商都在心理细分方面寻找商机，然而心理细分并非总是奏效。例如，雀巢公司向“熬夜的人”推销一种特制的除去咖啡因的咖啡品牌，但遭到失败。

### （四）行为细分

行为细分是根据购买者对一件产品的了解程度、态度、使用情况或反应，将他们划分为不同的群体。许多营销人员坚信，行为变量如时机、利益、使用者地位、使用率、忠诚状况、购买者准备阶段和态度等，是建立细分市场至关重要的出发点。

利益细分是根据顾客所寻求的利益进行细分的方法。一些研究表明,利益细分是建立细分市场最为行之有效的变量,因为它是建立在能对消费者价值体系进行具体衡量的基础之上的。从另一个角度来看,消费者对其所感兴趣的不同品牌产品持何种看法、追求何种效用无一不是以其自身利益为基础的。

利益细分研究过程所发现的细分市场类型,往往因产品类别不同而错综复杂,难以对其进行准确概括。但一些针对消费者所寻求的利益不同的细分类型已被研究人员总结出来,这些利益细分对企业的营销活动颇具指导意义。具体有:

- 地位寻求者:非常关注品牌声望的消费者群体,专门购买名牌产品以显示地位,如梅塞德斯—奔驰轿车的购买者;
- 时髦者:在各方面都寻求时髦与现代感觉,品牌选择以时代潮流为导向;
- 保守者:愿意固守在成功大公司或大众化品牌上的群体;
- 理性者:寻求经济、价值或耐久性的群体;
- 内向者:特别注重自我观念,认为自己有幽默感、独立而诚实的群体;
- 享乐主义者:凭感觉行事,寻求享乐的群体。

上述利益细分类型中的某些群体出现在几乎所有产品和服务的消费者中。

美国营销学者拉塞尔·哈雷(Rusell Haley)曾经在对购买牙膏的消费者所寻求的利益进行研究之后,成功地将牙膏市场进行了细分。哈雷的调研揭示了四种主要类型的利益细分市场:一种所寻求的利益是防蛀;一种注重洁齿;一种注重牙膏的口味和外观;最后一种注重经济实惠的价格。每种利益追求的群体都有其特定的人口统计和心理特征。

借鉴哈雷的研究,根据利益细分原理,可以按照消费者所追求的利益将中国牙膏市场分为五种基本类型。

第一种为经济型,购买者主要寻求利益为低价,多为低收入成年人。这类购买者强调自主,注重价值。他们认为所有的牙膏都大同小异,因而对品牌无特殊偏好,只购买促销降价品牌或低价品牌。

第二种为防蛀型,其主要寻求利益为预防龋齿,购买者多为有孩子的家庭(因龋齿在少年儿童中多发),所偏好的主要品牌为佳洁士、洁诺、高露洁、两面针含氟牙膏等。

第三种为防治牙周病和牙齿过敏,这类购买者的主要寻求利益为治疗效果,多为中老年中的口腔和牙病患者。他们性格独立,多倾向保守,为牙膏的大量使用者,所偏好的品牌主要有两面针中药牙膏、冷酸灵、洁龈、蓝天六必治等。

第四种类型购买者主要注重牙齿洁白和美容化妆效果,此类购买者寻求的主要利益为洁白美观的牙齿，多为吸烟者，善于交际、性格外向的人，偏好的主要品牌有中华超洁、小两口、黑妹加倍洁白等。

最后一种类型为味觉和外观爱好者，气味和外观是其主要寻求利益，这类品牌决策者通常是儿童，他们喜爱清凉薄荷及各种果味牙膏，这类牙膏在儿童中的使用量远远超过其他种类的平均使用量，所偏好的品牌主要有小白兔彩条牙膏、两面针儿童牙膏、喜乐儿童牙膏等。

## 二、市场细分的原则

市场细分通常应遵循以下基本原则。

### （一）可衡量性

所谓可衡量性，是指市场细分的标准和细分以后的市场是可以衡量的。可衡量性包括三方面的内容。

1. 消费者需求具有明显的差异性，只有存在需求差异时才有可能对市场进行细分；相反如果消费者对商品的需求差异不大，则无法确定明确的细分标准，无法进行细分。

2. 对消费者需求的特征信息易于获取，能衡量细分标准的重要程度并进行定量分析；否则，也没有必要加以细分。

3. 经过细分后的市场范围、容量、潜力等也必须是可以衡量的，这样才有利于确定目标市场。

### （二）可占领性

所谓可占领性，是指经过细分的市场是企业可以利用现有的人力、物力和财力去占领的。可占领性也包括两方面的内容。

1. 细分后的市场值得企业去占领，即市场细分要有适当的规模和发展潜力，同时有一定的购买力，企业进入这个市场后有足够的销售额。如果细分市场规模过小，市场容量有限，就没有开发的价值。

2. 细分后的市场，企业是能够去占领的。市场细分的目的是使企业能够正确选择目标市场。因此，细分市场必须考虑到企业的经营条件和经营能力，使目标市场的选择与企业资源相一致；反之，如果通过市场细分所确定的目标市场是企业人力、物力和财力所无力进入并占领的，那么，细分市场就失去了相应的意义。

### （三）可接近性

所谓可接近性，是指企业容易进入细分市场。可接近性包括两方面的内容。

1. 市场细分后所确定的目标市场上的消费者，能够了解企业所经营的商品，并已对商品产生购买兴趣和购买行为，企业能通过各种渠道推广所经营的商品。

2. 企业采取的各种营销措施和营销策略，诸如人员推销、营业推广、广告宣传、公共关系等促销手段，可以到达被选定的细分市场，其营销努力能够引起细分市场上消费者的注意和反应。

（四）稳定性

市场细分要有一定程度的稳定性，即占领市场后相当长时期内不需要改变自己的目标市场。因为目标市场的改变必然带来企业经营设施和营销策略的改变，而这种变动过于频繁，给企业带来的风险和损失也会随之增加。因此，一般说来，目标市场越稳定，越有利于企业制定长期的营销战略和策略，从而获得相对稳定的利润。

这里需要指出的是，市场细分程度要合理，不能一味强调越细越好。近年来，西方市场营销学家反对“超细分策略”，而主张将许多过于狭小的市场组合起来，以便利用较低的价格去满足这一市场较广泛的需求。尤其我国市场当前正处于以中低消费能力为主的情况下，一般不宜将市场划分得过细，应因时因地制宜，宜粗则粗，宜细则细，以讲求实效为主。

## 三、市场细分的方法

市场细分的方法多种多样，常用的方法主要有以下四种。

（一）单一标准法

单一标准法是指根据市场主体的某一因素进行细分，如按品种细分粮食市场；按性别细分服装市场；按卷烟制品类型细分卷烟商品市场（烤烟型、混合型、雪茄型等）；按用途细分钢材市场等。当然按单一标准细分市场，并不排斥环境因素的影响作用，考虑到环境作用更符合细分市场的科学性要求。

（二）主导因素排列法

主导因素排列法是指一个细分市场的变量因素存在多种选择时，可以从消费者的特征中寻找和确定主导因素，然后与其他因素有机结合，确定细分依据。例如，收入与职业一般是影响女青年服装选择的主导因素，文化、婚姻、气候则居于从属地位，因此，应以收入与职业作为细分女青年服装市场的主要依据。

（三）综合因素法

综合因素法是指根据影响消费者需求的两种或两种以上的因素综合进行细分。综合因素法的核心是并列多种因素进行细分，所涉及的各项因素并无重要程度和先后顺序的区别。

（四）系列因素法

系列因素法是指细分市场所涉及的因素是多项的，但各项因素之间先后有序，由粗到细，由浅入深，由简到繁，由少到多。如，按照地理、性别、年龄、收入、文化程度、价格承受能力六个因素逐一进行市场细分，可以分出许多子市场。

市场营销人员往往同时选择几种尺度来进行市场细分，在这一过程中，要综合考虑企业的经营目标、产品特性、自身优势与劣势、竞争者战略等多种因素。

## 四、目标市场选择及营销策略

所谓目标市场选择，是指企业在市场细分的基础上，从满足显在或潜在目标顾客的需求出发，并依据自身经营条件选定一个或几个特定细分市场，作为市场营销活动的对象。简言之，目标市场就是指企业产品和服务的消费对象。

为什么要选择目标市场呢？因为任何企业都没有足够的人力资源和资金满足整个市场需求或追求过分大的目标，而且并不是所有的细分市场对企业都有足够的吸引力。只有找到有利于发挥本企业现有的人、财、物优势的目标市场，才能扬长避短，在激烈的市场竞争中立于不败之地。例如，太原橡胶厂是一个有 1 800 多名职工，以生产汽车、拖拉机轮胎为主的中型企业。前几年，因产品难于销售而处于困境，该厂进行市场细分后，根据企业优势，选择了省内十大运输公司作为自己的目标市场，生产适合晋煤外运的高吨位汽车载重轮胎，打开了销路。随着企业实力的增强，他们又选择了耕运两用拖拉机制造厂为目标市场。1992 年与香港中策投资有限公司合资经营，成立了“双喜轮胎股份有限公司”。1993 年，在全国轮胎普遍滞销的情况下，该公司敲开了一汽的大门，为之提供高吨位配套轮胎。可以说，正确选择目标市场帮助太原橡胶厂摆脱了困境，成功地跨入了全国 500 强企业的行列。

在选择目标市场的过程中，有三种策略可供采用，即无差别性市场策略、差别性市场策略和集中性市场策略。

### （一）无差别性市场策略

无差别性市场策略是指企业把整个市场作为自己的目标市场，只考虑市场需求的共性，而不考虑其差异，运用一种产品、一种价格和一种推销方法，吸引尽可能多的消费者。美国可口可乐公司从 1886 年问世以来，一直采用无差别市场策略，生产一种口味、一种配方、一种包装的产品，来满足世界 156 个国家和地区的需要，被称作“世界性的清凉饮料”，资产达 74 亿美元。由于百事可乐等饮料的竞争，1985 年 4 月，可口可乐公司宣布要改变配方的决定，在美国市场掀起轩然大波，许多老顾客打电话对改变可口可乐的传统配方表示不满和反对，公司不得不继续大批量生产传统配方的可口可乐。可见，如果采用无差别市场策略，产品在内在质量和外在形体上必须有独特风格,才能得到多数消费者的认可,从而保持相对的稳定性。

采用无差别策略的优点是产品单一,容易保证质量,能够通过大批量生产降低生产和销售成本。但采用无差别战略覆盖不同的市场也可能引起适应性的问题,并因此而面对激烈的竞争。闻名世界的肯德基炸鸡,在全世界有800多个分公司,都采用同样的烹饪方法、同样的制作程序、同样的质量标准和同样的服务水平,通过实行无差别策略取得成功。1992年,肯德基公司在上海开业不久,上海荣华鸡快餐店开业,且把分店开到肯德基对面,形成“斗鸡”场面。因荣华鸡快餐把西式炸鸡以面包为主食改作以蛋炒饭为主食,西式沙拉土豆改成酸辣菜、西葫芦条等,更取悦于中国消费者,所以一时间构成对肯德基的威胁。可见,面对竞争强手时,无差别策略也有其局限性。

(二)差别性市场策略

差别性市场策略是企业把整个市场细分为若干子市场,针对不同的子市场,设计不同的产品,制定不同的营销策略,满足不同的消费需求。例如,美国服装企业按生活方式把妇女分成三种类型:时髦型、男子气型和朴素型。时髦型妇女喜欢把自己打扮得华贵艳丽、引人注目;男子气型妇女喜欢打扮得超凡脱俗、卓尔不群;朴素型妇女购买服装时讲求经济实惠、价格适中。公司根据不同类妇女的特殊偏好,有针对性地设计出不同风格的服装,使产品对各类消费者更具有吸引力。又如,某自行车企业,根据地理位置、年龄、性别等将消费者细分为几个子市场:农村市场,因常运输货物,要求牢固耐用,载重量大;城市男青年,要求快速、样式好;城市女青年,要求轻便、漂亮、闸灵。针对每个子市场的特点,企业制定了不同的市场营销组合策略。

差别性策略的优点是能满足不同消费者的不同要求,有利于扩大销售、占领市场、提高企业声誉。其缺点是由于产品差异化、促销方式差异化,增加了管理难度,提高了生产和销售费用。目前只有力量雄厚的大公司采用这种策略。如,青岛双星集团公司,生产多品种、多款式、多型号的鞋,满足国内外市场的多种需求。

(三)集中性市场策略

集中性市场策略是在细分后的子市场中,选择两个或少数几个细分市场作为目标市场,实行专业化生产和销售,在个别或少数市场上发挥优势,提高市场占有率。采用这种策略的企业通常对目标市场有较深的了解,是大部分中小型企业应当采用的策略。日本尼西奇公司起初是一个生产雨衣、尿布、游泳帽等多种橡胶制品的小厂,由于订货不足,面临破产。总经理多川博在一个偶然的机会,从一份人口普查表中发现,日本每年约出生250万个婴儿,如果每个婴儿用两条尿布,一年需要500万条。于是，他们决定放弃尿布以外的产品，实行尿布专业化生产。一炮打响后，又不断研制新材料、开发新品种，不仅垄断了日本尿布市场，还远销世界70多个国家和地区，成为闻名于世的“尿布大王”。

采用集中性市场策略，能集中优势力量，有利于产品适销对路，降低成本，提高企业和产品的知名度；同时，亦有较大的经营风险，因为它的目标市场范围小，品种单一。如果目标市场的消费者需求和爱好发生变化，企业就可能因应变不及时而陷入困境。同时，当强有力的竞争者打入目标市场时，企业也会受到严重影响。因此，许多中小企业为了分散风险，仍应选择一定数量的细分市场作为自己的目标市场。

从上述分析中可以看出，三种目标市场策略各有利弊。选择目标市场时，必须考虑企业面临的各种环境因素和自身条件，如企业规模和原料供应、产品类似性、市场类似性、产品寿命周期、竞争者的目标市场等。

选择适合本企业的目标市场策略是一个复杂的工作。企业内部条件和外部环境在不断发展变化，经营者要不断通过市场调查和预测，掌握和分析市场变化趋势与竞争对手策略，扬长避短，把握时机，采取灵活的营销策略，以求最大限度地占领和开发目标市场。

## 第三节　目标顾客的寻找和选择

在市场高度分化的今天，任何一家企业和任何一种产品的目标顾客都不可能是所有的消费者群体。每个企业都因为行业特点、市场状况以及自身实力的制约而只能选择有限的目标顾客。为此，寻找和选择目标顾客就成为企业开发目标市场的首要任务。

### 一、寻找顾客

寻找顾客往往是销售活动的开端。营销者需要具备一种发现和识别潜在顾客的能力，并通过自己的工作来提高寻找顾客的成效。寻找顾客的方法多种多样且具有灵活性和创造性。

#### （一）普遍寻找法

普遍寻找法也称逐户寻找法或者地毯式寻找法。其方法的要点是：在特定的市场区域范围内，针对特定的群体，用上门、邮件或者电话、电子邮件等方式对该范围内的组织、家庭或者个人无遗漏地进行寻找与确认。比如，将某市某个居民新村的所有家庭作为普遍寻找对象；将上海地区所有的宾馆、饭店作为地毯式寻找对象等。

普遍寻找法有以下优势：①地毯式的铺开不会遗漏任何有价值的顾客；②寻找过程中接触面广、信息量大，各种意见、需求及顾客反应都可能收集到，可以有效地分析市场；③可以让更多的人了解到自己的企业。

但其缺点也是很明显的：①成本高、费时费力；②容易导致顾客的抵触情绪，因此，如果活动可能会对顾客的工作、生活造成不良干扰，一定要谨慎进行。

普遍寻找法可以采用业务员亲自上门、邮件发送、电话或与其他促销活动相结合等方式展开。

(二)广告寻找法

广告寻找法的基本步骤是:①向目标顾客群发送广告。②吸引顾客上门展开业务活动，或者接受反馈展开活动。例如，通过媒体发送某种减肥器具的广告，介绍其功能、购买方式、地点、代理和经销办法等，然后在目标区域展开活动。

广告寻找法的优点是:①传播信息速度快，覆盖面广，重复性好；②相对于普遍寻找法更加省时省力。

其缺点是需要支付广告费用，针对性和及时反馈性较差。

(三)介绍寻找法

广告寻找法是业务员通过他人直接介绍或者提供的信息进行顾客寻找，可以通过业务员的熟人、朋友等社会关系，也可以通过企业的合作伙伴、顾客等进行介绍，主要方式有电话介绍、口头介绍、信函介绍、名片介绍和口碑效应等。

利用这种方法的关键是业务员必须注意培养和积累各种关系，为现有顾客提供满意的服务和可能的帮助。口碑好，业务能力强，乐于助人，与顾客关系好，被人信任的业务员一般都能利用介绍寻找法取得有效的突破。

介绍寻找顾客法由于有他人的介绍或者成功案例和依据，成功的可能性非常大，同时也可以降低销售费用，减小成交障碍，因此业务员要加以重视和珍惜。

(四)资料查阅寻找法

通过资料查阅寻找顾客既能保证一定的可靠性，也可减小工作量，提高工作效率，同时还可以最大限度地减少业务工作的盲目性和顾客的抵触情绪，更重要的是，可以展开先期的顾客研究，了解顾客的特点、状况，提出适当的顾客活动针对性策略等。

需要注意的是资料的时效性和可靠性。此外，注意对资料(行业的或者顾客的)日积月累往往更能有效地展开工作。

可供利用的资料有：有关政府部门提供的资料，有关行业和协会的资料，国家和地区的统计资料，企业黄页，工商企业目录和产品目录，电视、报纸、杂志、互联网等大众媒体，顾客发布的消息，产品介绍，企业内刊等。

一些有经验的业务员，在和顾客接触之前，往往会通过研究大量资料对顾客做出非常充分的了解和判断。

### （五）委托助手寻找法

委托助手寻找法在国外用得比较广泛，一种方式是，业务员在自己的业务地区或者顾客群中，通过有偿方式委托特定的人员为自己收集信息，了解有关顾客、市场和地区的情报资料等。例如，业务员在企业的中间商中委托相关人员定期或者不定期提供一些关于产品、销售的信息。另一种方式是，老业务员有时可以委托新业务员从事这方面的工作，既可搜集有用信息，也可培养新业务员的工作能力。

### （六）顾客资料整理法

顾客资料整理法本质上属于"资料查阅寻找法"，但是也有其自身的特殊性。我们强调顾客资料管理，是因为其重要性十分突出，现有的顾客、与企业联系过的单位、企业举办活动（如公关、市场调查）的参与者等，他们的信息资料都应该得到良好的处理和保存。

举例来说，某家庭第一代购买的洗衣机是"小天鹅双桶洗衣机"；第二代购买的是"小天鹅全自动洗衣机"；第三代购买的是"小天鹅滚筒式洗衣机"。如果要做到让顾客三代所购洗衣机都是"小天鹅"，顾客资料和针对性的精细服务就是必不可少的。

### （七）交易会寻找法

国际国内每年都有不少交易会，如广交会、高交会、中小企业博览会等，这是一个绝好的商机，要充分利用，交易会不仅可以实现交易，更重要的是可以集中寻找顾客，联络感情，加强沟通了解。

### （八）咨询寻找法

一些社会组织，特别是行业组织、技术服务组织、咨询机构等，手中往往集中了大量的顾客资料和资源以及相关行业和市场信息。通过咨询的方式寻找顾客不仅是一个有效的途径，有时还能够获得这些组织的服务、帮助和支持，比如在顾客联系、介绍、市场进入方案建议等方面。

### （九）企业各类活动寻找法

企业通过公共关系活动、市场调研活动、促销活动、技术支持和售后服务活动等，一般都会直接接触顾客，在这一过程中可以加强对顾客的观察、了解和深入地沟通，因而也是一种寻找顾客的好方法。

有效的顾客寻找是一个随时随地收集信息和处理信息的过程。对顾客信息处理的一般过程是:所有目标对象—接触和信息处理—初选—精选—重点潜在顾客—顾客活动计划。

## 二、选择目标顾客

### (一)明确市场定位

许多企业在开展商务活动时,往往只注重如何以最快的速度获取尽可能多的顾客,而忽略了一个基本的事实:仔细地挑选并服务于特定的顾客是企业成功的基础,不加选择地吸引各种顾客只会损害企业的利益。因此企业必须慎重选择自己的目标顾客,提供满足他们特定需求的产品或服务,并尽力减少顾客流失率。例如,美国近十年来增长最快的共同基金公司先锋基金(Vanguard),多年来专注于自己的目标顾客——那些喜欢成本低、波动小的指数基金投资的投资者,从而赢得了一大批忠实的稳定顾客。

确定目标顾客时,首先要研究目标顾客的需求特征,认真分析他们的价值取向,寻找形成其需求偏好、影响其需求偏好以及购买行为的主要因素。此外,还要研究竞争者的市场定位,特别是主要竞争者的服务项目及经营特色。在分析目标顾客、竞争者及本企业三者之间的战略关系的基础之上,寻求自己在目标顾客心目中的理想位置,进而确定自己的品牌、服务项目及经营的主要特色,从而具体准确地确定自己的市场定位。

所有的营销活动(包括顾客关系管理)都源自于准确的市场定位。随着竞争日益加剧,市场被划分得越来越细。幸运的是,以互联网为主要特征的数字经济有助于企业将顾客进一步细分为各个“微观细分市场”,戴尔电脑和《体育书刊》是两个善于营造“微观细分市场”的典型案例。

戴尔电脑公司以在不同国家建立不同门户网站的方式来对顾客群进行进一步的细分。不仅如此,它还为各种顾客类型提供量身定做的“商店”。这些顾客包括:家庭用户、小企业、一般企业、医疗业、高等教育机构、K-12 教育机构(此为美国的教育体系,泛指从小学一年级到十二年级的课程,约相当于我国的高中毕业),以及联邦政府、州政府和地方政府。戴尔电脑可以通过顾客所购买的产品(笔记本电脑、桌上型电脑、服务器和储存设备、工作站、软件以及相关配备)对顾客进行记录追踪。此外,戴尔电脑还通过拍卖网站——“戴尔工厂直营中心”(Dell Factory Outlet)来吸引那些想买卖、整修二手戴尔电脑的顾客,从而形成了更多的“微观细分市场”。对于那些会员顾客,戴尔电脑则为他们提供量身定做的界面和额外的服务。

美国《体育书刊》(Sport Illustrated)杂志把读者分为四个读者群:纯粹想打发时间的读者;希望了解体育运动的读者;喜欢收集各式收藏品的读者;需要运动指南的读者。之后,《体育书刊》又会以专业书籍、录像带、光盘、儿童杂志及旅游等为细分标准对上述每一类读者群再进一步细分。

“酷儿”也是通过准确市场定位获得成功的一例。素有“饮料教父”之称的可口可乐公司将“酷儿”在新加坡、台湾地区、韩国等地热销的背景下登陆中国内地,“酷儿”的成功在于它对目标顾客定位的准确上。5～12 岁喜欢酷文化的儿童,透过线条简单的蓝色虚拟人物——个性快乐、喜好助人、爱模仿大人却又经常犯一些小错误——发现自己的影子,从而深深喜欢上这一品牌。产品亲和力来自于对这个年龄段儿童心理层次的判断与选择上,因为得到一种人与商品的融合而使得顾客变得十分忠诚。

透过“喝汇源果汁,走健康之路”“统一鲜橙多,多喝多漂亮”“娃哈哈果汁,我喜欢”之类的广告语,人们看到的是一种没有区隔、缺乏细分和粗放笼统的营销诉求。而“酷儿”却以准确的定位,迅速撕开众多厂家竞争的迷雾,在确定了自己独特的顾客群之后,形成了同质化产品的差异化定位,从而获得了丰厚的回报——我的顾客,是我的,就是我的,总是我的。

(二)选择目标顾客

企业必须在各目标市场中找到合适的目标顾客。为了达到上述目的,营销人员需要定期反省一个问题——我的顾客是谁?很多企业常常在这个问题上迷路。比如,多年来,柯达一直把 X 光底片卖给医院实验室的技术人员,但它后来发现购买决策已逐渐转移到专业行政人员的手中;路透社(Reuters)也将营运的重心放在向信息经理人推销其新闻服务和标准化的系统,但彭博(Bloomberg)却反其道而行推出了为交易商和分析师所设计的系统——这种系统与信息经理人所采购的标准化系统相去甚远。

在找到目标市场后,企业必须回答两个问题:目标顾客是否有意与本企业保持密切的关系?本企业需要与所有顾客都保持密切的关系吗?这就需要分析顾客的获利能力。顾客的价值实际上是各不相同的,营销人员必须以获利能力为标准来为顾客打分——如同衡量顾客终生价值一样——并且将较多的注意力放在较具价值的顾客身上。图 3－1 反映了用来分析顾客获利能力的两种方式:一种是立足于目前;一种是面向未来。

衡量顾客的可获利能力有很多方法,其中有一种是以销售收益为判断标准的分类方法,即企业根据潜在顾客和顾客对本企业的价值将顾客分为四类。

• 白金顾客(“顶尖”顾客),即与本企业目前有业务往来的前 1% 的顾客;

A. 目前的状况

| | 目前的获利能力高 | 目前的获利能力低 |
|---|---|---|
| 服务的成本低 | 最具获利性的顾客 | 具获利性的顾客 |
| 服务的成本高 | 具获利性的顾客 | 最不具获利性的顾客 |

B. 未来的状况

| | 目前的获利能力高 | 目前的获利能力低 |
|---|---|---|
| 未来的获利能力高 | 最佳顾客 | 必须在顾客身上投资 |
| 未来的获利能力低 | 保留顾客 | 最糟糕的顾客 |

**图 3-1　分析顾客的获利能力**

- 黄金顾客（“大”顾客），即与本企业目前有业务往来的随后 4% 的顾客；
- 铁顾客（“中等”顾客），即与本企业有业务往来的接下来 15% 的顾客；
- 铅顾客（“小”顾客），即所剩下来的 80% 的顾客。

营销人员应该花费更多的时间和精力来接触、服务那些价值较高的潜在顾客。举例来说，企业决定在每个价值较高的潜在顾客身上花费 3 美元（如果潜在顾客的总数为 20 人，那么为他们所花费的资金总额为 60 美元），为每个价值较低的潜在顾客花费 1 美元（如果这样的顾客总数为 500 人，那么在这些顾客身上的总体花费为 500 美元），这种目标明确的营销方式会比花同样的费用来邮寄广告册子给所有的潜在顾客的效果更佳。

以下是美国学者杰伊·克利和亚当·克利通过研究分析得到的一些有趣的发现。

一是前 20% 的顾客带来了 80% 的收益，但所带来的利润可能超过百分之百。

二是目前的顾客带来了高达 90% 的收益。

三是营销预算中有相当大的比例花费在了现有顾客以外的那些人的身上。

四是在所有的顾客中，有 5% ~30% 的顾客具有在顾客金字塔中升级的潜力。

五是要想使顾客在顾客金字塔中向上发展，顾客满意度指标就显得十分重要。

六是在顾客金字塔中上升 2 个百分点，可能意味着收益增加 10% 以上，利润增加 50% 以上。

顾客的价值并非仅仅根据单次购买来判断，而需要预测该顾客一生中可能购买的总和。“顾客终生价值”描述了企业预计该顾客在其终生购买行为中会给本企业带来的利润总和，企业必须以预测期间的收益减去在预测期间中为吸引、推销和服务该顾客所产生的成本来进行计算。不同产品和服务有不同的“顾客终生价值”估计值，《乐在服务》（Customers for Life）一书中，卡尔·史威尔估计某位汽车经销商的顾客的潜在终生价值可能超过 30 万美元。假如该顾客感到满意而且又向该汽车经销商购买了一辆汽车的话，该数字便会翻一番；假如该顾客又介绍其他人来进行购买的话，该顾客的终生价值就会更高。

## 基于改进 GMDH 的目标客户选择模型研究

近年来，许多企业开始利用数据库营销来提高它们营销活动的有效性和针对性。而在数据库营销中，目标客户选择建模是最重要的问题之一。数据库营销是利用客户数据库，通过更有效的获得、保持和发展客户，以提高营销效率的技术。它利用客户的数据，包括身份信息、消费偏好、历史购买等来建立目标客户选择模型，再预测潜在客户对企业营销行为做出响应的可能性。

资料来源：肖进，唐静. 基于改进 GMDH 的目标客户选择模型研究[J]. 中国管理科学，2015（10）.

# 第四节　关键顾客的识别与选择

在市场分化的今天，任何一家公司和任何一种产品的目标顾客都不可能是所有的人，因为顾客是由形形色色的人组成的群体，一家公司或一种产品不能使他们都满意。同时也不是每位顾客都能给该企业带来正价值，优秀顾客带来大价值，一般顾客带来小价值，劣质顾客带来负价值。事实上，诸多企业的营销成本并没有花在带来价值的顾客身上，而花在了不产生价值或产生负价值的顾客身上，以致浪费了大量的资金和人力。

80/20 法则是意大利经济学家帕累托在 1897 年发现的。100 年之后,理查德·考奇推出了《80/20 法则》一书,详尽地解释了这条实用的法则。80/20 法则指出:在因和果、投入和产出、努力和收获之间,本来就存在着不平衡的关系。典型的情况是:80% 的收获来自 20% 的努力;80% 的销售额来自 20% 的顾客;80% 的利润来自 20% 的顾客。80/20 不是精确的关系,而是方便的比喻、典型的模式。

对企业来说,从针对相似的、一般的顾客的营销转换到针对最有价值的顾客和期望顾客的差异化行为的营销已变得越来越重要。同样地,将公司资源和优先权与特定顾客的需求满足结合起来也是非常重要的,这些顾客往往是顶端的约 20% ~30% 的顾客,他们提供了公司大部分(70% ~90%)的收入和利润。所以,如果公司能够发现其最有价值的顾客并妥善地挽留他们,就能保证其源源不断的财务收入。对于这个顶层以外的顾客和期望顾客来说,所有的传播投资都应根据他们的短期和长期经济潜力进行仔细的校准。这是营销传播将组织的传播努力集中于谁身上的一个根本性的转变。

## 一、顾客价值评估的作用

评估顾客价值就是使用顾客档案,对公司的现有顾客和潜在顾客进行判断,以找出谁是最有价值的顾客。你可以检查顾客的历史购买数据,然后将这些数据与已有的档案进行对比,预测出可能的顾客或增长型顾客。

大公司的营销人员通常使用统计工具来选择和分析样本,这样他们就不用对每个单一的现有顾客、潜在顾客和每笔交易进行一一检查。统计学是一门基于预测、样本和概率的技术性学科。我们通常使用它对数据进行分析,并赋予不同的置信度,从而得出相应结论。以下是这一方法的运作例子:你正在销售建筑项目管理软件,你很想知道你最有价值的顾客是谁,因为凭借此信息你就能很有针对性地实施销售。你可以调用公司数据库中的销售交易信息,对每一顾客的订单进行排序,然后找出过去一年采购量最大的 10% 的顾客。按照不同的属性对顾客进行排列,你发现高速公路建筑公司是你最有价值的顾客。基于这个认识,你会将运输工程师作为一个类似团体,他们很有可能成为一群最有潜力的顾客。

你应当使用不同的标签,对现有和潜在顾客进行"更佳"、"好"以及"较差"的评价,然后找出这些顾客群体之间的相似性。评估的最终目标,是对你所要实施营销活动的目标群体进行优先排序。

当与小规模的顾客或潜在顾客打交道时,也许简单浏览一下就能把握市场。对公司数据库的某一子集进行浏览——比如几百个或上千个顾客——将使你很快对这些顾客的相关信息有所了解。并且你将发现,了解市场信息之后,凭直觉理解的信息将得到确认。

但是,公司现有数据库中最有价值的顾客不一定就是市场中最有价值的。人们可以通过数据挖掘(data mining)技术从公司巨大的数据库里发现其最有价值的顾客,通过将资料转换为可利用的知识,以协助企业构想问题、分析资料、评估结果。资料勘查技术可以帮助公司找出最有价值的顾客,然后使用先进的统计技术来刻画和描述其最有价值的顾客。于是,这个公司能在一名新顾客成为最有价值顾客之前就预测出他是否具有成为最有价值的顾客的潜力。

但是,研究结果清楚地表明,我们从公司数据库中发现的最有价值的客户并不是市场上最有价值的客户。如果这个公司仅仅加强与其目前数据库中最有价值的客户的关系,那它将很快丧失竞争优势。

在今天市场营销实践中,这一案例并不是一个孤立的现象。人们往往太关注他们的现有顾客而忽视其潜在的尚未在公司数据库中存在的顾客。公司数据库中最有价值的顾客从长远看并不是市场上最有价值的顾客。

IBM 关于个人计算机市场的营销决策是一个很好的例子。它显示了“最有价值的顾客”的概念非常容易让公司误入歧途。在 20 世纪 80 年代初期,个人计算机市场还是一个很小的市场。那时,IBM 最有价值的顾客是主机用户。因此,IBM 放弃积极地追求个人计算机这个小市场,虽然它在这个市场上有绝对的优势(今天,我们有时仍然称个人计算机为 IBM 兼容机)。

我们都知道这个市场营销决策的后果:个人计算机市场是在前 20 年增长最快的市场之一,并且主宰了整个计算机市场。微软因生产个人计算机软件而成为世界上最大的公司之一,戴尔、康柏和许多其他公司则因生产个人计算机而享誉全球。相反,IBM 则错失良机,在个人计算机市场上落后于竞争对手。

## 二、识别最有价值顾客的方法

识别最有价值潜在顾客的一个最直接的方法是:对最大赢利产品的资料和这种产品的市场细分加以比较。

若能明白顾客购买的原因,并能找到具有类似特征的顾客群体,且达到足够的数量规模,那么这些新的顾客群体就会成为可能性最大的潜在顾客;再经过一番努力,他们就可能成为最具价值的最佳顾客。

### (一)目标顾客分类

我们一般把顾客分为五类:现实顾客、潜在顾客、流失的顾客、新顾客和新的潜在顾客。

利用这一分类方法是要找到最有价值的顾客(能够为公司带来销售利润的顾

客），为品牌消费群定位。而对不同行业的消费品牌而言，最有价值的顾客又有所不同。比如，大件一次性购买物品如汽车、楼房，最有价值的顾客一般是新顾客和潜在顾客；而快速消费品如饮料、化妆品，最有价值的顾客是现有顾客，还包括因市场变化而产生的新顾客和转移顾客。只有根据最有价值顾客的特性进行品牌定位和传播，才能有效利用资源，避免风险。

（二）最有价值顾客的描述

在完成分类之后，我们就会针对最有价值的顾客进行消费者描述，主要涉及三大部分内容：一是目标顾客的自然特性描述；二是目标顾客的行为特性描述；三是目标顾客的心理特性描述。在描述的过程中应尽量具体详尽，包括收入、学历、职业、每日工作、居住、私人时间、支出、愿望等。在这里，详尽的描述是非常重要的。比如，如果只描述"我们的顾客是30岁的女性"是不准确的，现实中30岁女性的生活形态千差万别。

对最有价值的顾客进行消费者描述并建立顾客数据库只是一种手段，而不是目的，企业的目的是将顾客资料转变为有效的营销决策支持信息（如有助于识别高价值顾客群的信息）和顾客知识，进而转化为竞争优势。数据库信息要不断地更新，这样企业才会随时掌握随时间变化而变化的顾客期望、态度和行为。

## 三、区别对待不同类型的顾客

大多数企业发现，他们的利润大半来自于一小部分高度忠诚、频繁光顾的顾客。美国运通公司负责信息管理的副总裁詹姆斯·范德·普顿指出，最好的顾客与其余顾客消费额的比例，在零售业来说约为16:1，在餐饮业是13:1，在航空业是12:1，在旅店业是5:1。

而帕累托定律的反向操作就是：要为20%的顾客花去80%的精力，把资源投在不会带来利润的顾客身上绝对划不来。专栏作家迈克尔·施瑞吉甚至说，找出最差顾客并将其抛弃，乃是提升高品质服务的关键。

要对顾客加以区别对待。许多公司某些最佳顾客提供的价值，比其他顾客高10倍甚至100倍，却没有得到更好的服务。航空业通过设计不同水平的常飞计划、专用订票电话、优先提高舱位等级等，避免了这个陷阱。航空公司的里程累计优惠，就是为了将较好的顾客与其他顾客区分开来。它们最想拉拢的无非是经常光顾机场的旅客，里程累计活动的设计，旨在找出经常搭乘飞机的人，即最有价值的顾客。例如，美国航空公司（American Airlines）向它的机组人员提供一份"铂金"或"黄金"顾客及其座位号的清单，以明确提示需要提供优惠服务的顾客。

在信用卡行业，可以通过细分迟迟不肯付款的顾客来降低成本，以及提高收款率和顾客回头率，这样，风险不高的迟付款顾客可能会收到一封礼貌的催款单，经常迟交但信用可靠的顾客可能会晚些收到催款单，而风险高的迟付款顾客可能会在付款期限后几天收到措辞严厉的催款信。

迪士尼的俱乐部是把创造和维护良好的顾客关系作为重要的战略武器来使用的典型例子。通过识别现有顾客，研究他们的购买习惯和爱好，同他们维持积极的关系，对附近公司的员工提供迪士尼乐园的特别折扣，现在该俱乐部的活动已遍及全球。有27 000家组织获得了参与资格；同时，600万迪士尼乐园优惠卡的持有者能够得到一份特别杂志，在购买门票和商品时可以打折，与迪士尼的合作伙伴如德尔塔航空公司和全国汽车租赁公司发生交易时，也可以享受特定优惠。迪士尼与俱乐部会员经常交流，鼓励他们及其家人更多地到迪士尼乐园游玩，在其中逗留时间更长，并且在需要吃住的时候选择迪士尼的设施。该俱乐部还让迪士尼公司获得了宝贵的消费统计数字和消费行为信息。

## 第五节　潜在顾客的开发与转化

市场是某种货物或服务的所有现实购买者和潜在购买者（菲利普·科特勒）。因此，市场竞争的实质是对潜在顾客与现实顾客的争夺。市场营销的工作重点是潜在顾客，目的是促使潜在顾客向现实顾客转化，从潜在顾客向现实顾客转化的过程就是收益实现的过程。一个企业的现实顾客是其他企业的潜在顾客，而其他企业的现实顾客也可以是这家企业的潜存顾客；一个顾客既可以是一个企业的现实顾客，也可以是另一个企业的潜在顾客或现实顾客；他可以是一个企业一种品牌的现实顾客，也可以是另一种品牌的潜在顾客或现实顾客；当然，他也可以是一个企业多种品牌的现实顾客，也可以是多种品牌的潜在顾客。

### 一、潜在顾客的意义

所谓潜在顾客是针对现实顾客而言的，是指可能成为现实顾客的个人或组织。这类顾客或有购买兴趣、购买需求，或有购买欲望、购买能力，但尚未与企业或组织发生交易关系。所谓现实顾客是已经实现了购买需求的顾客，或需求已经得到满足的顾客。这类顾客既有购买需求，又有购买能力，且与企业或组织已发生交易关系。

潜在顾客包含一般潜在顾客和竞争者顾客两大部分。所谓一般潜在顾客是指已有购买意向却尚未成为任何同类产品或组织的顾客，以及虽然曾经是某组织的顾客但其在做出购买决策时,对品牌(也即组织)的认可较为随意的顾客;所谓竞争者顾客是相对于本企业顾客而言的,也就是竞争者所拥有的顾客群体。这类顾客既可以是中间顾客(如代理商、批发商、零售商),也可以是最终的消费者,即我们一般意义上所说的顾客。如前所述,现实顾客包含与企业或组织发生一次交易关系的新顾客和与企业或组织发生多次交易关系的老顾客。由于顾客购买心理、购买行为的复杂多变性,市场竞争的日趋白热化,所以潜在顾客与现实顾客之间的界限是比较模糊的,况且两者本身就是处在不断的动态转化之中。

就消费者市场而言,由于消费者需求的永无止境性、复杂多变性,加之市场竞争的日益激烈化和企业资源的绝对有限性,决定了任何一个企业或组织都不可能拥有市场上的所有顾客,也就是说任何一个企业或组织的顾客即现实顾客相对于整个市场中的所有顾客而言总是有限的。换句话说,在一个有限的市场中,企业或组织的潜在顾客要远远多于其所拥有的现实顾客。

在现代社会,除了极个别的自然垄断性行业(如提供公共服务的政府、邮政、电力、电信等)之外,其他任何产品或服务的提供者,都不可能是一家。在竞争状态下,一家企业或组织失去的潜在顾客,就成为另一家企业或组织的现实顾客。由于各个企业或组织都十分重视自身的现实顾客的投资与建设,因此,企业或组织争夺的主要对象,就是潜在顾客。

潜在顾客是现代企业发展的重要动力,也是现代企业在激烈的市场竞争中寻求发展的主要目标。企业经营犹如逆水行舟,不进则退。面对着优胜劣汰的市场竞争,企业要想长期扎根市场,除了巩固现实顾客之外,必须在市场盲点——大量存在的潜在顾客上寻求突破,以求发展。事实上,在企业经营活动中,仅仅把眼光盯住现实顾客不放,而忽视对潜在顾客的开发的企业是难以获得长期成功的。因此,不论是潜在顾客还是现实顾客,都事关企业的生存与发展,决定企业的兴衰与成败。

据美国市场营销协会(AMA)调查数据显示:企业或组织争取一个新顾客即潜在顾客的成本是维持一个老顾客即现实顾客的5~6倍;争取一个新顾客比维持一个老顾客要多付出6~10倍的工作量。此外,由于潜在顾客较之现实顾客具有更大的不确定性,包括消费需求的模糊性、购买行为的复杂多变性,因此,潜在顾客往往不易感知、不易把握,风险更大。

## 二、如何实现由潜在顾客向现实顾客的转化

由于潜在顾客对于现代企业具有十分重要的作用,所以实现由潜在顾客向现实顾客的转化就显得尤为必要。要实现这一转化,就要分析导致大量潜在顾客产

生、存在的原因，并采取相应的转化策略和把握关键环节。

（一）导致潜在顾客产生、存在的原因

1. 潜在顾客自身因素。潜在需求是潜在顾客存在的根本原因。离开了潜在需求，潜在顾客就无法产生。有了潜在需求，人们就有可能产生购买动机或购买欲望，如果购买能力具备，购买时机成熟，且市场上具有所需的产品或服务，那么潜在顾客就极有可能转化为现实顾客。因此，潜在需求是导致潜在顾客产生、存在的首要因素。此外，购买动机如何，购买欲望如何，购买能力如何，购买时机如何，这些都是重要的影响因素。缺少了上述任何一个因素，潜在顾客就只能永远处于潜在状态。

2. 企业或组织自身因素。这些因素包括产品质量低劣或不稳定，品牌包装平淡无奇，产品价格明降暗升，服务手续烦琐，服务效率低下，服务人员素质差，企业分销渠道不畅，信息传递失灵，广告促销乏力，产品宣传失实，企业形象不佳等。只要有一个方面出了问题，都将影响潜在顾客的购买心理，制约其购买行为。近年来，因企业自身的产品或服务问题而造成顾客大量流失的事件与日俱增。这无疑又降低了潜在顾客的购买意向值，更增强了其持币待购的心态。

3. 其他因素。诸如竞争者的举动言行、媒体宣传、公众态度、专家意见、政府倾向及国家宏观政策等，都将对潜在顾客产生重要而深远的影响。

（二）转化策略

鉴于潜在顾客的形成原因和存在状态的多样性，要将潜在顾客变为现实顾客，必须针对不同情况采用不同的转化方法。实践中，往往需要同时采用多种方法，形成合力，否则难以奏效。

1. 开辟新的市场。开辟新的市场，实质上就是将区域性的潜在顾客变为现实顾客。要开辟新的市场，必须具备两个条件：一是本企业的实力；二是该市场有接受本企业产品或服务的条件。一般而言，开辟新市场，需要更多的谋划与费用，不可草率行事。一旦进入新市场，更要慎重，万万不可为一些小问题而影响自己的声誉。小小“神童”为海尔开辟了新的市场，赢得了新的顾客；而巨人大厦不仅没有开辟出新的市场，反而使这条“东方巨龙”就此夭折。当然，开辟新的市场也包括开辟层次性的新市场，例如将高收入阶层或低收入阶层的潜在顾客变为现实顾客；将产品或服务打入高档消费人群或推向农村等。

2. 争夺一般潜在顾客。一般来说，忠诚的顾客对生产消费品及一般服务型组织而言，总是少数。而一般潜在顾客是潜在顾客中数量最大的，因而也是组织之间争夺最激烈的。谁的“道法”高，谁就可能更多地赢得这些潜在顾客的青睐，从而扩大自己的顾客群，提高市场占有率。所谓“道法”，最主要的还是产品质量，包括以质量为基础的品牌效应以及促销手段等。

3. 争夺竞争对手的顾客。在相当多的情况下，特别是在中间顾客（例如，批发商、零售商）这一层次中，顾客往往已被“争夺完毕”。这里所说的“完毕”包括两种情况：一是例如某地若有10个零售商，这10个零售商已经有了自己固定的进货渠道，不愿再增加进货渠道；二是某一种产品已经占据了市场，新的品牌要打进去，很可能遭到“封锁”和“抵制”。在这两种情况下，你要“挤”进去，要将竞争者的顾客争夺过来，变为自己的顾客，都必须耗费相当大的力气，没有一定的“道法”，显然是不可能的。在竞争对手出现重大失误、经营出现困难等情况下，当然更要主动去争夺，但必须采取合法手段。其中最重要的手段显然还是质量，其次是价格。只有质量高、价格低、服务好，才能使顾客更多地获得质量效益，潜在顾客才会自觉自愿地变为现实顾客。

（三）关键环节

1. 树品牌、创名牌，以质量信誉“打天下”。经济学家预言，在产品日趋同质化、消费日益个性化的新经济条件下，21世纪的市场竞争最终将是品牌的竞争。品牌是一个企业占领市场、开辟财源、压倒对手、出奇制胜的重要法宝；品牌运作的好坏，不仅决定一个企业的生存与发展，而且在很大程度上影响着一个行业、一个地区、一个国家的兴旺与发达；品牌是一个企业竞争力的主要体现，也是一个国家产品竞争力和经济实力的重要体现。时下，追求名牌消费已成为广大顾客新的消费热点。这无疑为企业今后的发展指明了方向。企业若能抓住消费者的消费心理，有的放矢地实施名牌战略，就一定能把潜在顾客转化为现实顾客。近年来，一方面，我国的名牌战略已经取得了一定的成绩，几乎每一种产品都有了自己的名牌，如海尔、长虹等家电名牌，其品牌的无形资产价值都是上百亿元。但是，与国外的名牌比，尚有较大的差距。另一方面，我国绝大多数企业和绝大多数产品或服务，都没有自己的品牌效应，真正靠质量信誉“打天下”的企业并不多。在2008年的全国产品质量监督工作会议上，国家质检总局在累计抽查11万家企业的1 846类产品后，表示目前实物质量合格率为83.2%，比2001年提高4.8个百分点。产品质量问题仍然存在。名牌战略的核心问题是质量，顾客不认可，自我吹嘘，或者用钱在某某协会处“买”一块“金匾”，甚至由主管部门“授”一个“名号”，都是没有用的。只有在质量上创出一流，包括推出顾客满意的、具有创新性的产品或服务，才能真正创出名牌。

2. 抓服务、塑形象，以真诚守信取悦于顾客。服务是现代企业生命的保护神。如今，没有服务就没有营销，已经成为无可争辩的事实。当前，我国越来越多的企业尤其是大公司都积极行动，开展服务营销。例如，长虹集团的“阳光网络”服务工程宣言，海尔公司的“三全服务”和“零距离服务”，小天鹅公司的“一、二、三、

四、五”独特服务规范，格兰仕服务的“三大纪律，八项注意”等，都在服务创新方面开了先河。不仅如此，企业形象塑造也是吸引潜在顾客的重要举措。良好的企业和产品形象，一方面可以创造出消费信心，增强产品的市场销量，另一方面也可以使企业获得社会大众的支持，有利于增加企业的筹资能力。当然，要真正赢得顾客的信赖，最根本的还是要以诚为本，恪守信用，真诚对待每一位顾客。

3. 加强沟通、扩大宣传，把企业信息及时有效地传给每一个顾客。企业通过传递各种信息对顾客的心理和行为施加影响，不仅有助于保持与现实顾客的关系，还有助于吸引大量的潜在顾客。例如，经常向顾客询问他们对产品或服务的看法、使用情况和新的需求，向顾客表达对其利益的关切之心；根据不同类型的顾客特点进行分门别类的、甚至是个别式的广告宣传，这样最容易打动顾客的心；开展消费者教育，加强对潜在顾客的引导，不仅能提高顾客素质以适应企业产品或服务，还可通过免费培训和试用来增进双方感情；通过显示新产品的用途乃至新的生活方式，可以激发顾客的潜在需求或改变某种观念，从而使新老顾客成为或持续成为企业新产品的长久用户。

## 练习题

1. 选择调查方法时，需要考虑哪些因素，除了成本、效率、效果，还有哪些？在不同的情况下，其权重是不是一样大？

2. 比较市场细分对成熟行业与新兴行业以及市场领导者与市场跟随者的不同意义。

3. 区别几种寻找顾客的方法的优缺点。

4. 试用 80/20 法则解释不同类型顾客对企业的意义。

5. 如何开发和转化潜在顾客？

## 案例分析

### 欧洲冰淇淋市场上进行市场细分和产品定位的两种方法

**方法 1：购买意图**

欧洲市场上冰淇淋的购买可以分为冲动性购买和家庭性购买——带回家消费,前者是为了直接消费,而后者通常是指大批购买为了以后消费。冲动性购买典型地发生在小商店或报刊销售商店,而为了带回家消费的购买通常是在百货商店或超级市场。然而如果严格区分这两个细分市场就错了:零售购买散装大批量的冰淇淋也可以满足冲动性需要;而冲动性购买的商品,如盒包装的巧克力棒,也可能是为了拿回家以便以后在家中消费。

实际上对于某些国家的市场可以找到细分市场的详细数据,但整个欧洲并没有发表有关研究。表一针对欧洲一些主要市场从资源的不同方面做出了最佳估计。

**表 3－1　通过购买意图细分冰淇淋消费者**

| 情景＼国家 | 法国 | 意大利 | 英国 | 德国 |
|---|---|---|---|---|
| 冲动型 | 30% | 40% | 30% | 50% |
| 带回家消费型 | 70% | 60% | 70% | 50% |

解释表 3－1 中的数据是很复杂的,因为这里有不同的因素在起作用。在法国有时吃冰淇淋被看作是奢侈的行为,因此需要认真地考虑消费冰淇淋的场合,而不仅仅考虑冲动性因素。在意大利,由于含有高档原料以及独特成分的冰淇淋也被当作昂贵的商品,这种冰淇淋更多的是从咖啡店里购买。在英国,传统上冰淇淋是利用较低质量的原料制作而成,例如植物油代替了真正的奶油。在 20 世纪 80 年代,欧洲市场上便于携带到家的经济性散包装冰淇淋需求大量增长。最近,那些更贵、质量更高的散装冰淇淋的需求也呈现增长趋势。在德国,传统上冰淇淋都是通过冲动购买,直到最近带回家消费才有了很大程度的增加。在每个细分市场上,顾客对冰淇淋所用的原料和口味还是保持着很高的期望。

对于每种购买行为,进而根据个体或群体需求的产品种类来确定竞争地位是可能的。例如,带回家消费的产品类别可以定位于那些廉价的家庭类包装的冰淇淋,如超级市场自己的品牌;也可以定位于那些较贵的产品,如联合利华的 Cartedor。利用同样的方法,冲动性购买的产品类别可能需定位于孩子或成年人。

**方法 2:价格和质量**

在 20 世纪 90 年代,较贵的原料以及奇异的口味,使得欧洲冰淇淋市场出现了惊人的增长。一些顾客(不是所有)在口味上变得更加挑剔,在质量方面要求更高。通过价格和质量重新定义顾客成为一种新的尝试。表二显示了这种方法的主要内容。

**表3-2 通过价格和质量进行顾客细分**

| 细分市场 | 产品和商标 | 定价 | 20世纪90年代中期市场增长 |
|---|---|---|---|
| 超溢价 | 高质量,独特风味,如哈根达斯的薄荷巧克力球 | 很高的价格,很高的附加值 | 从很小的市场开始,年增长超过15% |
| 溢价 | 较高的质量原料,非常有名的商标,如火星和Magnum | 比普通和经济类高但不如超溢价,附加值高 | 以比超溢价市场更大的规模开始,年增长10% |
| 普通 | 标准的质量原料商标,依赖于制造商名称,如Walls,Schoeller | 标准价格,足够的附加值,但有一个大众化的市场 | 从更大的起点开始,年增长超过5% |
| 经济型 | 小制造商用标准原料生产,可能用零售商自己的品牌 | 低价格,高竞争力,低附加值,但有一个大市场 | 尤其在英国和爱尔兰这些国家年增长超过5% |

分析表3-2的细分市场时需要格外小心:这里没有给出有关这四个细分市场更详细的信息。从各个细分市场上购买商品的顾客类别可能存在太多的重复之处,这依赖于商品的情况。尽管不知这样是否准确,但上面提到的市场细分问题足以说明需采取不同的营销和分销措施。通过合适的媒体可以准确定位许多目标市场。例如,利用新潮的、在青年彩色杂志上的性感画面如哈根达斯,以及利用电视广告把火星品牌的冰淇淋新产品介绍给更多的电视观众。因此,尽管一些细分市场在精确定义时存在困难,但它们的确有市场潜力。

市场细分之后需要在这些细分市场上进行市场定位。例如,哈根达斯的超级溢价冰淇淋定位于时髦的年轻人,而本·杰瑞的自然口味的冰淇淋(至少在欧洲)定位于中年消费者。

资料来源:深圳至登企业管理顾问公司案例分析[EB/OL]. http://www.zhideng.com/an.asp.

## 思考题

1. 还有其他细分冰淇淋市场的方法吗?

2. 对市场细分进行检验,你对上述提到的两种方法的价值会得出什么结论?

3. 作为一个小的、新的进入者,如果你在开发一种新的冰淇淋产品,你将会把哪种细分市场和定位作为最具吸引力的市场?为什么?

# 第四章

# 顾客价值的构成与最大化

**本章学习要点**

本章重点阐述顾客价值的研究与内涵，顾客价值理论的缘由及发展，科特勒的顾客让渡价值的含义，顾客让渡价值的构成以及如何实现顾客让渡价值，如何实现顾客价值最大化等内容。通过学习本章内容，应能理解顾客价值的完整内涵和意义，明确顾客让渡价值在管理实践中有何现实意义，以及如何把顾客价值理论应用于实践中，同时应能灵活应用实现顾客价值最大化的途径。

在当今复杂多变、信息丰富的成熟市场环境下，顾客变得越来越理性、越来越成熟。当顾客面对纷繁复杂的商品时，他们会在自身价值观和所掌握信息的基础上对各种产品进行比较判断，然后选出他们认为价值最高的产品。顾客是企业的生命，企业若想生存下去就必须向顾客提供比竞争者更具价值的产品和服务。那么，顾客价值是什么？如何分析顾客价值？如何给顾客提供优质价值的产品和服务？这是现代企业需要首先解决的问题。

## 第一节　顾客价值理论与理论演进

### 一、顾客价值研究在西方兴起的缘由

对价值的研究是许多学科都关注的领域。早在实物交换时代，交易双方便会

仔细衡量交换物品的得失，只有在感觉公平或更佳的价值基础上买卖才会成交。但真正的顾客价值（Customer Value，CV）理论研究是随着市场竞争的不断加剧和在对相关理论发展的总结与借鉴基础上出现并发展完善起来的。总的来说，顾客价值理论的创新之处就在于企业真正站在顾客的角度来看待产品和服务的价值，这种价值不是由企业决定的，而是由顾客决定的。随着技术发展的日新月异和新产品的不断涌现，顾客对于产品和服务的期望越来越高。同时顾客群体也在发生着巨大的变化，由此对企业营销战略的选择产生了深刻的影响。当今的顾客已不再是产品与服务的被动接受者，他们比以往掌握了更多的知识、信息与技能，更热衷于学习与实践，在日趋宽泛的产品选择中享有主动权。因此，企业只有在设计、生产和提供产品时以顾客为导向，为顾客提供超过竞争对手的价值，才能够争取到顾客、维系好顾客，才能够获取持久的竞争优势，在激烈的市场竞争中立于不败之地。所以顾客价值被视为竞争优势的新来源。

从相关理论的发展看，自从哈佛大学迈克尔·波特（1985）教授提出的竞争优势思想得到学术界和企业界的广泛响应后，为不断寻求新的以及可持续的竞争优势，人们做出了积极的理论与实践探索。近20年来，具有重大影响和主导地位的理论与实践包括了价值链管理、质量管理、组织与过程再造、企业文化、基于资源与能力的管理以及顾客满意等。虽然这些理论的提出和运用对今天企业竞争来说是必不可少的，但却很难说它们能真正为企业竞争优势提供清晰的来源。因为这些努力与认识如果不能遵循市场导向，体现出能够持续创造优异顾客价值的作用，很难想象可以取得什么成效。所以这些有益的管理思想和方法要想在建立企业竞争优势上见效，必须建立在一个共同的前提之上，那就是能够为顾客提供超越竞争对手的优异价值。

就营销理论本身的发展来看，市场营销对价值的关注始终与顾客相联系，已经有几十年的历史。例如，科特勒就认为："营销就是个人和集体通过创造，提供出售，并同别人交换产品和价值，以获得所需所欲之物的一种社会过程。"（科勒，2001）因此，从营销意义上说价值就是"顾客所得到的与所付出之比"（科勒，2001）。所以，顾客决定选择哪家公司的哪种型号的产品的依据，是看其是否能给他们带来最大的价值。自20世纪70年代以来，营销学者不断地探索顺应形势变化的新的市场营销理论和方法，从最初以产品为中心单纯注重产品质量，到"以顾客为导向"争取顾客的满意与忠诚，直到90年代顾客价值概念的提出，将市场营销理论推向了一个全新的高度。单纯注重产品质量的观念严格来说不属于市场营销观念；而注重顾客满意的企业关注的是如何使购买自己产品和服务的顾客感到满意，却较少关注竞争对手与其顾客的情况，这类企业与顾客之间的关系往往是静态的，是单方的“取悦”，并以此来获得顾客对自己产品的忠诚；而顾客价值理论则强调企业应基于自身竞争优势，向目标顾客提供超越竞争对手的价值，顾客与企业之间维持一种互动的关系。所以，顾客价值理论的出现并兴起是营销理论研究领域的进一步扩展和深化。

综上所述，正是西方企业寻求优势的实践和相关理论的发展要求人们从顾客角度出发，深入钻研顾客价值的含义和构成、来源，研究顾客对企业提供的价值是如何认识、评价和取舍的，顾客价值如何变化等。

## 二、顾客价值分析

顾客价值是顾客购买决策行为的重要依据，目前较有影响的有两种：一种是基于价值链效价差的让渡顾客价值；另一种是基于价值工程效价比的顾客价值。两者的核心都是基于产品使用价值（效用）与产品购买成本两个基本概念，体现的是产品中心论，即将消费者购买决策归因于产品本身，而对买卖另一方顾客（群）个体的需求状况与个性特征基本没有考虑，这对处于卖方市场的顾客购买决策一般是适用的。但随着市场结构由卖方市场向买方市场的转变，基于产品中心论的顾客价值评价模型已不能与市场转型相适应。因此，在当前由以产品为中心的4Ps向以顾客为中心的4Cs市场营销理论转变过程中，如何抓住顾客认知的本质特征构建以产品效用、顾客需求、顾客成本以及顾客个性特征为基础的顾客价值评价模型，成为进一步完善顾客价值理论的关键。

### （一）顾客价值认知

顾客认知根据认知心理学家与行为学派关于认知形成机理的研究成果，顾客价值理论认为顾客对产品价值的认知受顾客自身的生理、心理等个人因素以及所处社会、政治、经济及文化等环境因素的影响，尤其与个人的成长经历和学习经历密切相关。产品是否有价值以及产品所含价值的多少，是顾客根据自身的个人状况对厂商所提供产品各方面价值的综合认知评价，是社会系统的产物（见图4－1）。

### （二）顾客价值评价的基本要素

根据目标市场理论、科特勒整体产品概念和马斯洛层次需求理论，并结合顾客价值认知的基本原理，顾客价值评价涉及产品一般使用价值（效用）、顾客一般成本、顾客需求、顾客个性特征四个基本要素或变量。

1. 产品一般使用价值（效用）。产品一般使用价值是指产品中所包含的被社会系统所认可的、能满足顾客某种或某些种需求的能力（或效用）。例如，产品中包含的各种基本功效、给顾客提供的荣耀感以及售后服务等。

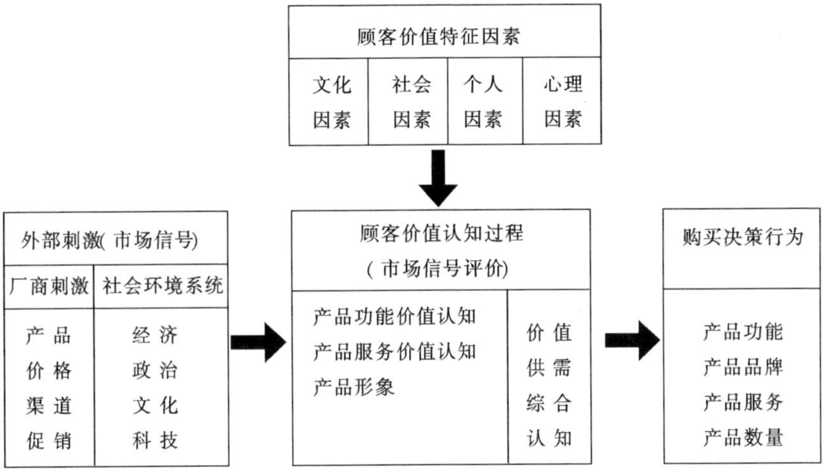


**图4-1 顾客价值认知模式**

2. 顾客一般购买成本。顾客一般购买成本是指顾客为获得产品使用价值而让渡的、为社会系统所认可的各种属性成本。一般包括货币、时间、精力、体力等的耗费。

3. 顾客需求。顾客需求是指顾客对产品中所包含的能满足其自身某种或某些种有支付能力的需要。包括对产品基本功效、外在形象与售后服务等的需求。

4. 顾客个性特征。顾客个性特征是反映顾客对产品价值基本评价结果的生理、心理等个人因素以及所处社会、政治、经济及文化等环境因素的总和。个人因素包括种族、民族、年龄、性别、职业、收入、个性、生活方式、受教育程度和自我观念等;环境因素指所处家庭与社会的人际关系、风俗习惯、价值观念、行为规范、态度体系、伦理道德观念、宗教信仰、地域等。顾客个性特征包括顾客价值个性特征和顾客成本个性特征,前者是对产品价值(效用)结构和个人价值需求结构的评价,后者是对产品购买成本结构的评价。

## 三、顾客价值理论的演进

上述的一些管理和营销思想虽然为发展有效的市场战略、建立竞争优势提供了理论支持,但这些思想大都是从产品或服务本身或者提供企业的视角认识价值的,顾客只是被动的接受者。从顾客角度认识和研究价值,是20世纪90年代以后才开始的。但对于顾客价值究竟是什么,不同的学者有着不同的阐述。从这些阐述上的变化,我们可以看出对顾客价值认识的不断深化。

### (一)劳特朋在4C理论中的阐述

美国市场营销专家劳特朋(Lauteborn)是较早地认识到顾客价值的学者之一。

他对顾客价值的阐述主要体现在其 1990 年提出的 4C 理论中。传统的营销组合 4P’s(产品、价格、分销、促销)理论只是从企业角度出发来制定营销决策,忽视顾客真正的价值需求这一问题。而劳特朋认为,企业在市场营销活动中应该首先注意的是 4C,这才是顾客价值的真正体现。

1. 顾客问题(customer problem)。4C 理论认为,消费者是企业一切经营活动的核心,企业重视顾客要甚于重视产品。企业首先要了解、研究、分析顾客的需求与欲望,而不是先考虑企业能生产什么产品。

2. 成本(cost)。4C 理论将营销价格因素扩展为企业生产经营全过程,这包括两个因素:一是企业生产成本,即企业生产适合消费者需要的产品成本,价格是企业营销中值得重视的,但价格归根到底是由生产成本决定的;二是顾客的购物支出,这不仅是指购物的货币支出,还包括购物的时间耗费,精力和体力耗费以及风险承担(因信息不对称导致的顾客所购与所需产生差异而带来的损失)。4C 理论认为,消费者可接受的价格是企业制定生产成本的决定因素,企业应首先了解消费者为满足需求愿意付出多少成本,而不是先给产品定价,即向消费者要多少钱。企业要想追求更高的利润,就必须设法降低成本,推动生产技术、营销手段进入一个新的水平。

3. 便利(convenience)。4C 理论强调企业提供给消费者的便利比营销渠道更重要。便利,就是方便顾客,维护顾客利益,为顾客提供全方位的服务。便利原则应贯彻于营销全过程。在产品销售前,企业应及时向消费者提供充分的关于产品性能、质量、使用方法以及使用效果的准确信息;顾客前来购买产品时,企业应给顾客以最大的购物方便;产品售出后企业应重视信息反馈,及时答复和处理顾客意见,对有问题的产品要主动包退包换,对产品的使用故障要积极提供维修方便等。4C 理论更重视服务环节,强调企业既出售产品,也出售服务;消费者不仅购买到产品,也购买到便利。

4. 沟通(communication)。4C 理论用沟通取代促销,强调企业应重视与顾客的双向沟通,以积极的方式适应顾客的情感,建立基于共同利益上的新型企业/顾客关系。双向沟通有利于协调矛盾、融洽感情、培养忠诚的顾客。

总起来看,4C 理论注重以顾客需求为导向,注重顾客的价值需求,与站在生产者角度上的 4P’s 相比,4C 有了很大的进步和发展。但从企业的营销实践和市场发展的趋势看,4C 依然存在以下不足:一是 4C 是顾客导向,而市场经济要求的是竞争导向,这就要求企业不仅要看到顾客需求,还要更多地注意竞争对手,冷静分析自身在竞争中的优、劣势并采取相应的策略,企业的市场营销就是要比竞争者以更低的成本、更多价值的差异化产品来满足目标市场中顾客的需求。营销中不考虑竞争者的存在是相当错误和危险的。二是4C总体上虽是4P's的转化和发展,但被动适应顾客需求的色彩较浓。根据市场的发展,需要从更高层次以更有效的方式在企业与顾客之间建立起有别于传统的新型的主动性关系,如互动关系、双赢关系、关联关系等。三是4C注重以企业内部力量的整合来满足顾客的价值需求,忽视了合作的生产力源泉。在竞争越来越激烈的市场环境中,企业的利润基础逐渐被竞争压力所侵蚀,传统的价值链中可挖掘的潜力(比如削减费用、减少管理层级、重新设计流程、改善信息系统及办公自动化等)越来越少,向组织内部寻找生产力提高的有效来源越来越困难,所以组织之间的潜在生产力源泉应该得到重视。组织之间通过团结合作、合力创造价值,可以协助企业获得前所未有的获利能力和竞争优势。

### (二)载瑟摩尔的可感知价值理论

载瑟摩尔(Zaithaml)认为,在企业为顾客设计、创造、提供价值时应该从顾客导向出发,把顾客对价值的感知作为决定因素。顾客价值是由顾客而不是供应企业决定的,顾客价值实际上是顾客感知价值(Customer Perceived Value,CPV)。载瑟摩尔(1988)在一项探索研究中根据顾客调查总结出感知价值的四个含义:①价值就是低廉的价格。一些顾客将价值等同于低廉的价格,表明在其价值感受中所要付出的货币是最重要的。②价值就是顾客想从产品中所获取的东西。与关注付出的金钱不同,一些顾客将把从服务或产品所得到的利益看作最重要的价值因素。它和经济学中对效用的定义一样,是对从消费产品中获得满意程度的主观衡量。③价值就是付钱买回的质量。有的顾客将价值概念化为"付出的金钱"与获得的"质量"之间的权衡。④价值就是全部付出所能得到的全部收益。一些顾客描述价值时考虑的既有其付出的因素(时间、金钱、努力),还有其得到的利益。

载瑟摩尔将顾客对这四种价值的表达概括为一个全面的定义:顾客感知价值就是顾客将所能感知到的利益与其在获取产品或服务时所付出的成本进行权衡后对产品或服务效用的总体评价。这一概念包含着两层含义:首先,价值是个性化的,因人而异,不同的顾客对同一产品或服务所感知到的价值并不相同;其次,价值代表着一种效用(收益)与成本(代价)间的权衡,顾客会根据自己感受到的价值做出购买决定,而绝不是仅仅取决于某单一因素。

载瑟摩尔通过大量的实证研究得出这样几个结论。

1. 价值中收益成分包括显著的内部特性、外部特性、感知质量和其他相关的高层次的抽象概念。虽然许多顾客将产品质量(内部特性)作为价值收益中的主要部分,但总体上衡量价值收益仍包括诸如包装、颜色等外部特性和产品或企业的信誉、便利、形象等更高层次的抽象的利益。而且,产品的内部属性本身可能并不直接与顾客所感知到的价值相关,相反,它们往往要透过产品的外部特性甚至顾客个人所感知的抽象的利益才能得到体现。

2. 感知价值中所付出的成本包括货币成本和非货币成本。顾客付出货币和其他资源(例如时间、精力、努力)以获得产品或服务。对于一些价格感知程度高的顾客而言,货币方面的付出是关键性的因素,减少货币上的支出即是增加了感知价值;对于那些价格感知程度低的顾客而言,减少时间、精力方面支出更能增加感知价值。

3. 外部特性是"价值信号",能够在一定程度上取代顾客在收益与成本之间进行的费时的权衡。在评定产品价值时,顾客对组成产品的各种要素的认知能力是有限的,大多数顾客并不认真考虑价格与收益,而是依赖于暗示——经常是外来的暗示——"不经意"地形成自己对价值的印象,他们只对已获取的信息进行少量加工便实施购买行为。他们重复购买一个信任的品牌,利用外部价值暗示来简化其挑选过程。

4. 价值感性认识依赖于顾客进行估价的参照系统,即依赖于进行估价的背景。例如,在不同的购买地点、购买时间、消费时间与地点,顾客对价值的感知就不一样。这意味着顾客感知价值是动态的。

总之,顾客感知价值的核心是感知利益(perceived benefits)与感知付出(perceived sacrifices)之间的权衡,这一点得到了众多学者的认同。因此,提升顾客价值可以通过增加顾客感知利益或减少顾客感知付出来实现。

### (三)科特勒的让渡价值理论

科特勒是从顾客让渡价值和顾客满意的角度来阐述顾客价值的。今天的顾客面对如此众多的产品和品牌、价格和供应商,他们将如何进行选择呢?科特勒指出,顾客能够判断哪些商品将提供最高价值。在一定的搜寻成本、有限的知识、灵活性和收入等因素的限定下,顾客是价值最大化的追求者。他们形成一种价值期望,并根据它行动。他们会了解商品是否符合他们的期望价值,这将影响他们的满意度和再购买的可能性。科特勒认为,我们对顾客研究的前提是,顾客将从那些他们认为能提供最高顾客让渡价值的公司购买商品。让渡价值理论将在本章第二节进行详细讲述,此处不再赘述。

### (四)格隆罗斯的顾客价值过程理论

格隆罗斯是从关系营销的角度阐述顾客价值的。他认为,价值过程是关系营销的起点和结果。关系营销应该为顾客和其他各方创造出比单纯交易营销更大的价值。顾客必须感知和欣赏持续关系中所创造的价值。由于关系是一个长期的过程,因此顾客价值在一个较长的时间内出现。格隆罗斯将此称之为价值过程。他认为,将顾客感知价值定义为顾客根据付出的和得到的感知而对产品的效用做出总的评价,这种看法没有考虑到与提供物的关系方面,实际上关系本身对总的感知价值可能有重要影响。在紧密的关系中,顾客可能会将重点从独立的提供物转向以评价作为整体的关系。如果关系被认为有足够价值的话,即使产品或服务不是最好的,参与交换的各方可能仍然会达成协议。所以价值是关系营销中的一个重要概念,企业提供给顾客超级价值的能力被认为是 20 世纪 90 年代最成功的战略之一。这种能力已经成为差别化的工具和建立持久竞争优势的关键。

格隆罗斯认为,在关系范畴中,提供物同时包含核心产品和各种类型的附加服务。代价包括价格和某方处于关系中而发生的额外成本,这称之为关系成本。因此,考察顾客价值的方法是区分提供物的核心价值与关系中额外要素的附加价值。关系范畴中的顾客感知价值可以表述为下面两个公式:

$$\text{顾客感知价值(CPV)}=\frac{\text{核心产品}+\text{附加服务}}{\text{价格}+\text{关系成本}} \tag{1}$$

$$\text{顾客感知价值(CPV)}=\text{核心价值}\pm\text{附加价值} \tag{2}$$

在关系营销中,顾客感知价值是随着时间发展和感知的。在公式(1)中,价格是个短期概念,原则上在核心产品送货时交付。但关系成本则是随着关系的发展而发生的,而且边际成本呈递减趋势。核心产品和附加服务的效用也是在关系的发展过程中体现出来的。公式(2)中包含了一个长期概念。附加价值也是随着关系的发展而显现出来的。

与此同时,格隆罗斯谈到了作为关系营销核心的交互过程和支持关系建立和发展的对话过程对顾客价值实现所发挥的不可或缺的作用。所以他总结到:成功的关系营销战略要求在关系营销计划过程中同时考虑这三个过程。交互过程是关系营销的核心,对话过程是关系营销的沟通侧面,价值过程则是关系营销的结果。如果顾客的价值过程没有得到仔细分析,在交互过程中就很容易出现错误和不正当的行动。如果对话过程与交互过程冲突,价值过程很容易产生消极的后果,因为顾客可能得到冲突的信号和不能兑现的承诺。所以,交互、对话和价值构成关系营销的三极,其中任何一方如果不加以仔细分析和计划,关系营销的实施就会受到影响。

从上述西方营销学者的阐述中,我们可以看出顾客价值理论的发展与深化过程,他们在顾客价值理论的核心认识上是一致的,即企业应该真正站在顾客的角度上来看待产品和服务的价值,这种价值不是由企业决定的,而是由顾客决定的。四位学者从不同的角度、不同层面研究顾客价值,每个理论都有自己的特点和可取之处。目前,顾客价值的概念还没有一个统一的定论,现在影响比较大的是科特勒的顾客让渡价值理论和载瑟摩尔的顾客感知理论。本文认为顾客价值就是顾客感知的顾客总价值与顾客总成本之差。

## 第二节　顾客让渡价值的构成与分析

### 一、顾客让渡价值的构成

顾客让渡价值(customer delivered value)是菲力普·科特勒在1994年提出的。他认为顾客将从那些他们认为提供最高顾客让渡价值的公司购买商品或服务。顾客让渡价值是指在顾客获得的总价值与顾客为之付出的总成本之间的差距。顾客满意度是由其所获得的让渡价值大小决定的。顾客总价值(total customer value)是指顾客购买某一特定产品或服务所获得的全部利益,它包括产品价值、服务价值、人员价值和形象价值等。顾客总成本(total customer cost)是指顾客为购买某一特定产品或服务所耗费的时间、精神、体力以及所支付的货币资金等,它包括货币成本、时间成本、精神成本和体力成本等。(参见图4-2)

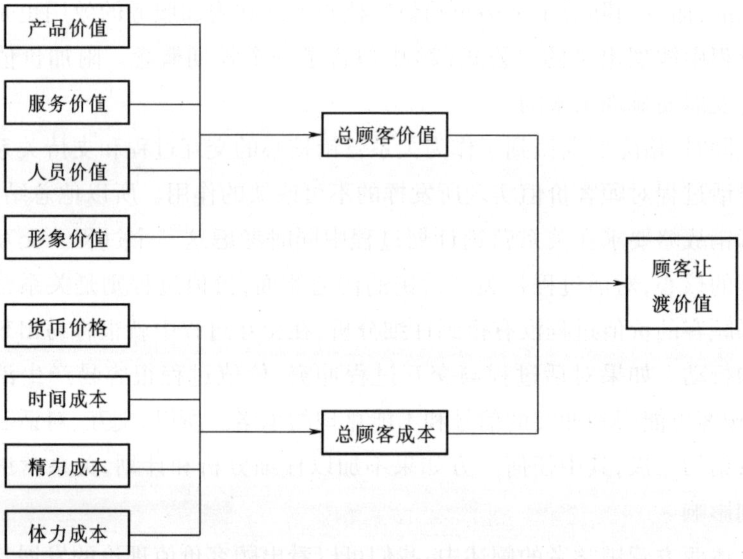


图4-2　顾客让渡价值的决定因素

### 二、顾客让渡价值的决定因素分析

由于顾客在购买产品或服务时,总希望把货币、时间、精神和体力等有关的成本降到最低限度，而同时又希望从中获得更多的实际利益，以使自己的需要得到最大限度的满足。因此，顾客在选购产品或服务时，往往从价值与成本两个方面进行比较分析，从中选出价值最高、成本最低，即“顾客让渡价值”最大的产品或服务作为优先选购的对象。顾客所获得的让渡价值越大，其满意度就越高。

企业为了在竞争中战胜对手，吸引更多的潜在顾客，就必须向顾客提供比竞争对手具有更多“顾客让渡价值”的产品或服务。这样，才能使自己的产品或服务为顾客所注意，促使顾客购买本企业的产品或服务。为此，企业可以从两个方面改进自己的工作：一是通过改进产品、服务、人员与形象，提高产品的总价值；二是通过降低生产与销售成本，减少顾客购买产品的时间、精神与体力的耗费，从而降低货币成本和非货币成本。

### （一）顾客获得的总价值

使顾客获得更大“顾客让渡价值”的途径之一，是增加顾客购买的总价值。顾客总价值由产品价值、服务价值、人员价值和形象价值构成，其中每一项价值因素的变化均会对总价值产生影响。

1. 产品价值。产品价值是由产品的功能、特性、品质、品种与式样等所产生的价值。它是顾客需要的中心内容，也是顾客选购商品的首要因素，因而一般情况下，它是决定顾客购买总价值大小的关键的和主要的因素。产品价值是由顾客需要来决定的，在分析产品价值时应注意以下两点。

(1)在经济发展的不同阶段，顾客对产品的需要有不同的要求，构成产品价值的要素以及各种要素的相对重要程度也会有所不同。例如，在我国计划经济体制阶段，由于产品长期短缺，因而顾客购买产品时更看中产品的耐用性、可靠性等性能方面的质量，而对产品的花色、式样、特色等却考虑很少。而在物质生活丰富的今天，顾客往往更重视产品的特色质量。

(2)在经济发展的同一时期，不同类型的顾客对产品价值也会有不同的要求，在购买行为上显示出极强的个性特点和明显的需求差异性。因此，这就要求企业必须认真分析不同经济发展时期顾客需求的共同特点以及同一发展时期不同类型顾客需求的个性特征，并据此进行产品的开发与设计，从而为顾客创造更大的价值。

2. 服务价值。服务价值是指伴随产品实体的出售，企业向顾客提供的各种附加服务，包括产品介绍、送货、安装、调试、维修、技术培训、产品保证等所产生的价值。服务价值是构成顾客总价值的重要因素之一。在现代的消费市场上，消费者在选购产品时，不仅注意产品本身价值的高低，而且更注意产品附加价值的大小。特别是在同类产品质量与性质大体相同或类似的情况下，企业向顾客提供的附加服务越完备，产品的附加价值越大，顾客从中获得的实际利益就越大，从而购买的总价值就越大；反之，则越小。因此，在提供优质产品的同时，向消费者提供完善的服务，已成为现代企业市场竞争的新焦点。

3. 人员价值。人员价值是指企业员工的经营思想、知识水平、业务能力、工作效益和质量、经营作风、应变能力所产生的价值。企业员工直接决定着企业为顾客提供的产品与服务的质量，决定着顾客购买总价值的大小。一个综合素质较高又具有顾客导向经营思想的工作人员，可比知识水平低、业务能力差、经营思想不端正的工作人员为顾客创造更高的价值，从而创造更多的满意顾客，进而为企业创造更大的市场。人员价值对企业、对顾客的影响作用是巨大的，并且这种作用是潜移默化的。因此，高度重视对企业人员综合素质的提高和能力的培养，加强对员工日常工作的激励、监督和管理，使其始终保持较高的工作质量与工作水平就显得非常重要。

4. 形象价值。形象价值是指企业及其产品在社会公众中形成的总体形象所产生的价值。包括：企业的产品、技术、包装、商标、工作场所等所构成的有形形象所产生的价值；公司及其员工的职业道德行为、经营行为、服务态度、作风等行为形象所产生的价值；企业的价值观念、管理哲学等理念形象所产生的价值等。形象价值与产品价值、服务价值、人员价值密切相关，在很大程度上是上述三个方面价值综合作用的反映和结果。形象对企业来说是宝贵的无形资产，良好的形象会对企业的产品产生巨大的支持作用，赋予产品较高的价值，使顾客的需要得到更高层次和更大限度的满足，从而增加顾客购买的总价值。因此，企业应高度重视自身形象塑造，为顾客进而为企业带来更大的价值。

（二）顾客购买的总成本

使顾客获得更大"顾客让渡价值"的途径之二，就是降低顾客购买的总成本。顾客总成本不仅包括货币成本，而且还包括时间成本、精神成本、体力成本等非货币成本。一般情况下，顾客购买产品时首先要考虑货币成本的大小。因此，货币成本是构成顾客总成本大小的主要的基本因素。在货币成本相同的情况下，顾客在购买时还要考虑所花费的时间、精神和体力等，因此，这些支出也是构成顾客成本的重要因素。

1. 时间成本。在顾客总价值与其他成本一定的情况下，时间成本越低，顾客购买的总成本就越小，从而"顾客让渡价值"越大。比较明显的例子是，顾客到餐厅就餐，常常需要等待一段时间才能进入到正式服务或消费阶段，特别是在营业高峰时更是如此。在服务质量相同的情况下，顾客等候的时间越长，所花费的成本就越高，购买的总成本就会越大。同时，等候时间过长，还会引起顾客对企业的不满，从而放弃消费的念头。因此，努力提高工作效率，在保证产品和服务质量的前提下，尽可能减少顾客的时间支出，降低顾客的购买成本，是为顾客创造更大的"顾客让渡价值"，增强企业产品市场竞争能力的重要途径。

2. 精力成本。精力成本（精神与体力成本）是指顾客购买产品时，在精神、体力方面的耗费与支出。在顾客总价值与其他成本一定的情况下，精神与体力成本越小，顾客为购买产品所支出的总成本就越低，从而"顾客让渡价值"越大。因为消费者购买产品的过程是一个从产生需求、寻找信息、判断选择、决定购买到实施购买，以及购买后感受的全过程。在购买过程的各个阶段，均需付出一定的精力。如当消费者对某种产品产生了购买需求后，就需要搜集该种产品的有关信息。消费者为搜集信息而付出的精神与体力的多少会因购买情况的复杂程度不同而有所不同。就复杂购买行为而言，消费者一般需要广泛全面地搜集产品信息，因此需要付出较多的精力。对于这类产品，如果企业能够通过多种渠道向潜在顾客提供全面详尽的信息，就可以减少顾客为获得产品信息而花费的精力，从而降低顾客购买的总成本。因此，企业采取有效措施，对增加顾客购买的实际利益，降低购买的总成本，获得更大的"顾客让渡价值"具有重要意义。

## 三、顾客让渡价值的分析与实现

在现代市场经济条件下，企业树立"顾客让渡价值"观念，对于提高顾客满意度，增强企业竞争力具有十分重要的意义。因此，在实际工作中，企业应该重视分析和运用顾客让渡价值理论。

首先，顾客让渡价值的多少受顾客总价值与顾客总成本两方面因素的影响。顾客总价值是产品价值 $P_d$（product value）、服务价值 $S$（services value）、人员价值 $Ps$（person value）和形象价值 $I$（image value）等因素的函数，其中任何一项价值因素的变化都会影响顾客总价值。用数学公式表示就是：

$$\mathrm{TCV}=f(P_d,S,Ps,I)$$

顾客总成本就是包括货币成本 $M$（monetary price）、时间成本 $T$（time cost）、精力成本 $E$（energy cost）等因素的函数，其中任何一项成本因素的变化均会影响顾客总成本，也可以用数学表达式表示为：

$$\mathrm{TCC}=f(M,T,E)$$

顾客让渡价值的多少受顾客总价值与顾客总成本两方面因素的影响。同时，顾客总价值与总成本的各个构成因素的变化及其影响作用不是各自独立的，而是相互影响的。某一价值因素的变化，不仅影响其他相关价值因素的增减，从而影响顾客总成本的大小，而且还影响"顾客让渡价值"的大小；成本因素也是如此。

因此,企业在制定服务市场营销决策时,应综合考虑构成顾客总价值与总成本的各项因素之间的这种相互关系,从而用较低的生产与市场营销费用为顾客提供具有更多的“顾客让渡价值”的产品。

其次,不同的顾客群对产品价值的期望与对各项成本的重视程度不同。企业应根据不同顾客群的需求特点,有针对性地设计和增加顾客总价值,降低顾客总成本,以提高顾客的满意度和产品的实用价值。例如,对工作繁忙的消费者来说,时间成本是最为重要的因素,企业应尽量缩短消费者从产生需求到具体实施购买,以及产品投入使用和产品维修的时间,最大限度地满足和适应其求速的心理要求。总之,企业根据不同细分市场顾客的不同需求,努力提供实用价值强的产品,这样才能增加其购买的实际利益,减少其购买成本,使顾客的需要获得最大限度的满足。

最后,采取“顾客让渡价值”最大化策略应掌握一个合理的度的界限。企业为了争取顾客,战胜竞争对手,巩固或提高企业产品的市场占有率,往往采取“顾客让渡价值”最大化策略。这对于提高顾客满意度,增强企业竞争力具有十分重要的意义。但是,如果片面追求“顾客让渡价值”最大化,其结果却往往会导致成本增加、利润减少。因此,在服务市场营销实践中,企业应掌握好一个合理的度的界限,而不应片面追求“顾客让渡价值”最大化,以确保实行“顾客让渡价值”所带来的利益超过因此而增加的成本费用。总之,企业“顾客让渡价值”的大小应以能够达到实现企业经营目标的经济效益为原则。

## 四、顾客让渡价值系统的建立

建立顾客让渡价值系统的实质就是设计出一套满足顾客让渡价值最大化的营销机制。一个企业要提高竞争能力并获得成功,就必须建立一套完整的顾客让渡价值系统,使提高顾客让渡价值成为企业的自觉行为,而不是被动地接受它。

### (一)利用价值链实现网络竞争优势

企业竞争者价值链之间的差异是企业竞争优势的一个关键来源。由于社会分工越来越细,产业之间的协调与联系也越来越重要。企业的价值链不仅在其内部是相互联系的,而且还和其供应商和销售渠道的价值链密切相关,因为供应商和销售渠道的活动不仅影响着企业的成本和效益,也影响着企业顾客让渡价值的实现。所以,企业必须与其供应商及销售渠道建立密切的价值链关系,即发展价值链营销,从而实现网络竞争优势。价值链营销是指企业提供对顾客有价值的产品或服务的一连串“价值创造活动”,从而使顾客从最终产品消费中所得到的价值是价值链中各项活动所创造的价值的有机和。价值链营销，对企业来说，是一种“可持续发展”战略，对顾客来说，可以降低顾客购买成本，实现让渡价值最大化。

（二）实行核心业务流程管理

根据价值链的原理，为了追求公司整体利益最大化，要求企业内部各部门应当协调一致，但在现实生活中，企业内部的具体业务部门往往把部门利益放在第一位，而不是优先考虑公司和顾客利益的最大化。这就需要实行“核心业务流程”管理。

企业的“核心业务流程”管理主要有以下几种形式。

1. 新产品的实现流程，即发明、改进以及成功制造新产品的所有活动。

2. 存货管理流程，包括开发和管理合理储运地点等活动。

3. 订货—汇兑流程，包括接受订货、核准销售、按时送货以及收取货款等活动。

4. 服务顾客流程，包括为顾客提供迅捷、满意的服务，回答及解决有关问题的活动。

产品或服务品质的增进、新产品创意等可提高企业商品价值；存货管理流程可最大限度地降低企业的生产成本和储运成本，从而降低顾客购买时的货币成本；订货—汇兑流程和顾客服务流程可以及时、准确地发送货物和收取货款，从而提高企业的服务价值，降低顾客采购成本，实现顾客让渡价值最大化。

（三）实行全面质量营销

质量是一种产品或服务的性能和特征的集合体，它具有满足现实或潜在需求的能力。因此，实行全面质量营销是建立企业顾客让渡价值系统的一个重要内容，其全面的展开应以顾客为中心。

1. 企业必须将顾客的意见贯穿到整个设计、工程、配送过程中，因为只有这样才能将质量的改进建立在顾客理解的基础之上。质量工作开始于顾客的需求，结束于顾客的理解。

2. 质量不仅仅反映在产品上，还要体现在工作上，质量的保证工作要求企业全体职工共同参与。

3. 质量营销要同价值链营销联系起来，即选择高质量的供应商和经销商。

4. 质量是要不断改进的，且要有改进计划。

（四）加强企业内部服务管理，重视员工满意的培养

现代企业在重视外部市场工作的同时，也应同时对内部的服务质量管理加以

重视,因为与产品和服务紧密相关的企业内在服务质量已经越来越受到顾客的重视,并对顾客的忠诚度具有极大影响。忠诚顾客的塑造依赖于企业为顾客创造让渡价值的大小,而企业员工是让渡价值的实现者,他们的工作效率和工作质量无疑直接决定了他们创造顾客让渡价值的高低。同时,企业员工的工作水平又是由企业内部服务管理的质量决定的。如果企业能够加强内部管理,更好地为自己的员工服务,就可以使员工满意,员工满意就可以创造出更大的顾客让渡价值,从而实现顾客满意和顾客忠诚,最终使企业获得利润。

## 第三节 顾客相对价值分析

由于上节所述的顾客生命周期价值模型计算较复杂,企业有时会采用一些简单却行之有效的替代变量来对顾客的价值进行计算。其中,在直销领域广泛使用的 RFM 模型就十分有效,能够较为准确地预测顾客未来的消费行为。

### 一、RFM 模型的含义

#### (一)顾客相对价值的定义

这里的顾客相对价值是指某一顾客相对于其他顾客的价值。与顾客生命周期价值将顾客对于企业的总价值进行精确度量不同,顾客相对价值并非顾客对于企业真正的总价值,而可视为总价值的一种替代变量,即企业可运用顾客价值来对不同顾客的相对价值进行比较、排序,从而确定哪些顾客更为重要。

#### (二)RFM 模型的三个指标

RFM 为以"R(recency)""F(frequency)""M(monetary)"为变量的衡量顾客价值的模型,主要是通过顾客过去的习惯性或重复性交易行为以及购买行为偏好来预测顾客今后的消费行为。RFM 模型是构建于先验推理和经验证据的假设之上,这些假设包括:①近期内有交易记录的顾客更有可能再次购买;②多次购买的顾客较不经常购买的顾客更有可能对企业新的直销活动做出反应;③消费金额多的顾客较消费金额少的顾客更加关注企业新的促销活动。

RFM 模型的三个变量的含义解释如下。

1. R(recency)为最近一次消费,是指顾客最近一次消费时间距现在的时间长短。研究发现,顾客最后一次消费的时间越近,越有可能与企业达成新的交易。也就是说,最近购买过企业产品的顾客对其产品有较深的印象,最有可能进行重复购买,因此他们对于企业的价值也较高。企业可向近期消费的顾客进行有针对性的促销宣传活动,从而提高促销效果。此外,通过定期对最近一次消费进行分析,营销人员还可以掌握产品销售的趋势。

2. F(frequency)为消费频率,是指顾客在一定时间内购买特定产品的次数。一般而言,交易次数越多、消费频率越高的顾客对企业的忠诚度也越强,因而具有较高的价值。通过消费频率的分析,企业可有目的地促进频率低的顾客群向频率高的顾客群转移。

3. M(monetary)为消费金额,是指顾客在一定期间内购买企业产品的总金额。消费金额越多,顾客对企业的价值就越大,同时也越有可能再次购买企业的产品。通常,新顾客与老顾客相比,其消费金额较少,但新顾客的增长潜力可能较大,对企业的价值不一定小于老顾客。因此,为了避免因新顾客购买次数少、消费金额不多而被企业忽视,在计算消费金额时,通常以平均购买金额来取代消费金额,即以总的消费金额除以总的消费次数所得的平均消费金额作为衡量顾客价值的指标之一。

以上三个指标都可单独用于顾客消费行为的预测,但各自的预测准确性不尽相同。其中,用最近一次消费进行预测的准确性最高,用消费频率进行预测的准确性次之,而用消费金额预测的准确性最低。

### (三)RFM 模型的优缺点

经过多年发展,RFM 模型已成为企业一项重要的数据挖掘工具而得到广泛的应用。一些企业通过 RFM 模型能够有效地预测消费者行为,并对顾客进行分类管理。其优点如下。

1. 模型较易运用。RFM 模型所需数据较少,计算简单。三个变量与销售直接相关,数据较易获得。因此,企业较容易运用模型来预测顾客的行为,且模型的准确性较高。

2. 适用范围较广。虽然 RFM 模型最早是针对直销行业的特点进行设计的,较适合于直销行业,但经过发展,模型在其他行业也有应用。模型不但可运用于有形产品,也可运用于无形的服务;不但适用于生产单个商品的企业,也适用于生产多种商品的企业。例如,RFM 模型对于加油站、旅行保险、运输、快递、快餐店、KTV、证券公司等都很适合。

3. 优化营销方案。RFM 模型由于其良好的预测功能,本身就可为营销方案的设计提供依据,使营销活动更有效。另外,通过 RFM 计算营销活动前后顾客的相对价值,企业可以很清楚地看出每个客户对于该活动的响应情况。因此,企业可根据活动的效果对营销方案进行有效的评估,为企业下次开展更加有效的活动提供可靠的依据，从而优化营销方案。

当然，RFM 模型也有一定的局限性，主要包括：①RFM 模型主要是用来预测顾客未来交易的可能性，计算的是顾客的相对价值，并不等同于顾客价值，因此不能完全替代计算顾客价值的模型。②模型的三个变量之间存在多重共线性问题，即一个顾客一定时期内每增加一次购买（消费频率增加），他的最近一次消费和消费金额也相应增加。

## 二、RFM 模型的计算

目前，RFM 模型的计算主要包括亚瑟·修斯（Arthur Hughes）的五等分法和鲍勃·斯通（Bob Stone）提出的计算方法。

### （一）五等分法

依据亚瑟·修斯（Arthur Hughes）(1994)的研究，RFM 三个变量的计分表示如下。

1. 根据最近一次消费，将顾客分为五个等分。将最近一次消费时间从小到大进行排序，前 20% 的顾客编为 5 分，20% ~40% 编为 4 分，40% ~60% 编为 3 分，60% ~80% 编为 2 分，最后 20% 编为 1 分。分数越高，代表最后一次消费时间越近。

2. 根据消费频率这一指标，将顾客划分成"忠诚度阶梯"的五个等分。通过统计一段期间内顾客的购买次数，将顾客的消费频率进行排序，按次数的大小分为五个等分。将消费频率从大到小进行排序，前 20% 的顾客编为 5 分，20% ~40% 编为 4 分，40% ~60% 编为 3 分，60% ~80% 编为 2 分，最后 20% 编为 1 分。分数越高的顾客，其对企业的忠诚度也越高。

3. 根据消费金额，将顾客分为五个等分。将一定期间内的平均消费金额从大到小进行排序，前 20% 的顾客编为 5 分，20% ~40% 编为 4 分，40% ~60% 编为 3 分，60% ~80% 编为 2 分，最后 20% 编为 1 分。分数越高，代表消费金额越大。

结合这三个指标，每个指标都将顾客均等地分为五类并打分。模型中的三个指标的重要性是相同的，不需要给予不同的权重。故顾客对于企业总的相对价值可由三个指标分数相加得出，即为 RFM 值。

进一步地，按照排列组合，可以把顾客区分成 125 群（5 ×5 ×5），从 3 分（1,1,1）至 15 分（5,5,5）划分。

### （二）鲍勃·斯通（Bob Stone）计算法

鲍勃·斯通（Bob Stone）(1995)在研究持有信用卡的顾客资料的基础上，提出了一种新的 RFM 计算方法。与五等分法不同，为了符合信用卡产品的特性，这种计算方法为三个变量设定了不同的权重。消费频率最重要，权重最高；其次是最近一次消费；消费金额的权重最低。鲍勃·斯通(Bob Stone)的给分架构具体如表4-1所示。

**表4-1 Bob Stone 给分架构表**

| 变量 | 权重 | 指标分数 |
|---|---|---|
| 消费频率 | 高 | 购买频率×4分 |
| 最近一次消费 | 中 | 最近3个月为24分<br>最近3~6个月为12分<br>最近6~9个月为6分<br>最近9~12个月为3分<br>最近12个月以上为0分 |
| 消费金额 | 低 | 消费金额×10%（最高为9分） |

将 $R$，$F$，$M$ 三个变量的分数相加即为每一顾客的RFM值。分数越高，代表顾客越重要，相对价值越高。

## 三、运用RFM管理顾客关系

### （一）顾客分类

运用以上亚瑟·修斯(Arthur Hughes)的五等分法可直接将顾客划分为125类，但这一过程较为复杂，且细分后得到的顾客群过多，难以形成对每个客户群的准确理解，其针对每个细分顾客群制定的营销策略的有效性也值得商榷。因此，从实际情况考虑，一般并不采用五等分法的顾客分类法，而是将这种方法简化为每一变量只等分为3类或2类顾客。这样划分的顾客群便减少为27类（3×3×3）或8类（2×2×2），从而大大提高了模型的可操作性。

另外，随着统计技术在管理领域应用范围的不断扩大，RFM模型也可运用聚类方法进行顾客分类。

### （二）管理顾客群

在运用RFM模型对顾客进行预测和分类的基础上，企业可针对不同的顾客群开展最有效的营销活动。

对于RFM计算值高的顾客群体，企业预测其最有可能再次购买企业的产品。因此，针对这部分顾客，企业需要做的是尽可能地维持与这些顾客的关系。企业可与顾客经常沟通，如运用电子邮件或信件等沟通工具定期向他们发送新产品信息等。但需要注意沟通方式和信息数量要适当，不能引起顾客的反感。

对于RFM计算值中等的顾客群体，企业预测其再次购买产品的可能性较低。企业需要加强与这类顾客的关系，刺激他们的购买欲望，努力使其成为RFM值高的顾客。因此，企业可设计一些具有吸引力的促销活动，并通过适当的方式将促销信息传递给顾客，从而吸引他们再次消费。

对于 RFM 计算值低的顾客群体，企业预测其再次购买产品的可能性很低。对于这类顾客，企业如果要增大他们的 RFM 值，需要投入较多的资源。因此，一些资源十分紧缺的企业可暂不关注这类顾客；部分资源较丰富的企业可考虑提升这类顾客的 RFM 值。

此外，RFM 模型还有预警的作用。通过定期计算顾客的 RFM 值，比较其变化情况，企业可有效地发现顾客的流失现象。针对一些 RFM 值下降的顾客，企业可即时采取有效的补救措施，以挽回顾客流失的损失。

# 第四节　顾客生命周期价值模型

顾客作为企业利润的来源，具有十分重要的价值。顾客生命周期价值理论是随着顾客资产日益受到关注而逐渐发展起来的。结合顾客生命周期理论与顾客价值理论，顾客生命周期价值进一步衡量了顾客能为企业带来的全部贡献。由于这一理论为企业进行有效的顾客分析及管理提供了重要的参考依据，因此 CLV 得到了广泛的应用和发展，成为顾客关系管理的重要工具之一。

## 一、顾客生命周期价值的含义

### （一）顾客生命周期

顾客生命周期是顾客关系生命周期的简称，是指在企业与顾客建立交易关系到完全终止关系的全过程中，顾客关系水平随时间变化的发展轨迹。它动态地描述了顾客与企业的关系从一种状态（阶段）向另一种状态（阶段）发展变化的趋势。

到目前为止，不同学者对顾客生命周期的划分不尽相同。其中杜瓦尔等人（Dwyer 等，1987）提出的五阶段模型的研究成果最具代表性。从买卖关系发展的角度，顾客生命周期可划分为认知（awareness）、考察（exploration）、扩展（expansion）、承诺（commitment）和解体（dissolution）这五个阶段（如图 4－3 所示）。不同阶段具有以下各自明显的特征。

1. 认知阶段。在这一初始阶段，企业与顾客的关系主要是通过广告联系并得到加强的，但双方并未建立关系，是发展关系的前奏。

2. 考察阶段。经历了广告认知阶段，顾客开始搜索企业信息，并进行尝试性购买。这一阶段又可划分为吸引注意、讨价还价、尝试发展、规范发展和预期发展五个子阶段。这一时期是关系的探索和试验阶段期，初步形成了十分脆弱的关系。

3. 扩展阶段。企业与顾客的关系在这一阶段日益增强，逐渐建立起长期的关系，明确双方潜在的职责、权利和义务，是顾客关系的快速发展阶段。

4. 承诺阶段。经历了扩展阶段后，双方满意度提高，进而相互承诺维持现有关系。这一时期是顾客关系的成熟期和理想阶段，关系较为稳定。

5. 解体阶段。顾客关系水平一旦发生逆转便进入到了解体阶段。这一阶段从关系发生退化开始，持续到至少一方退出关系为止。值得注意的是，解体阶段并非一定出现在承诺阶段之后，考察与扩展阶段也有可能发生关系的退化。

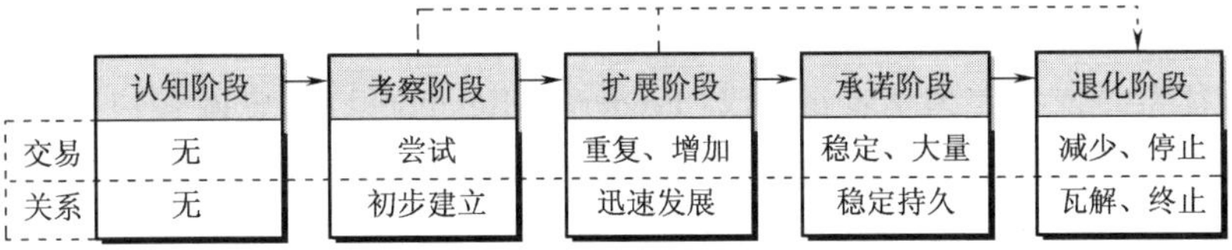


**图 4－3　顾客生命周期各阶段的变化趋势**

（二）顾客生命周期价值

顾客生命周期价值（Customer Lifetime Value，CLV）又称顾客终身价值，先后有很多学者对这一概念做出过定义。芭芭拉·杰克逊（Barbara Bond Jackson，1985）较早将 CLV 定义为客户当前以及将来所产生的货币收益的净现值。沃霍夫和唐科（Verhoef & Donke，2001）则提出客户价值应分为当前价值（current value）和潜在价值（potential value），两者相加便构成客户终生价值。其中，当前价值指顾客目前已为企业创造的利润，而潜在价值表现为顾客在剩余的生命周期中所产生的货币价值。基于已有定义，这里将 CLV 定义为顾客在整个生命周期内为企业创造的所有利润的净现值。

根据 CLV 的定义，从时间上来看，顾客的生命周期价值不仅包括其过去、现在为企业创造的利润，还包括其未来创造的利润（见图 4－4）。

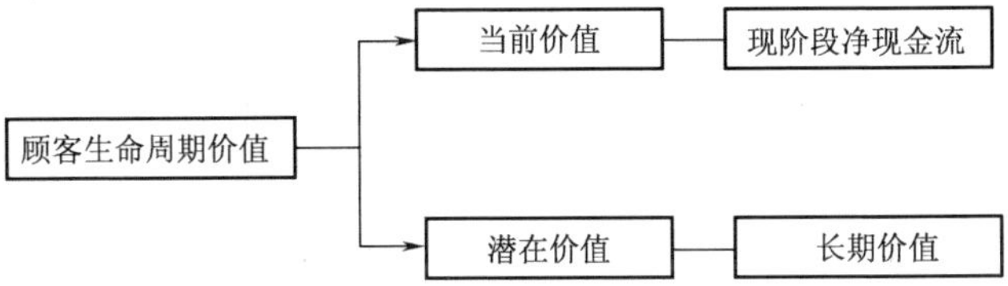


**图 4－4　顾客生命周期价值构成**

从利润的产生来看，顾客生命周期价值包括了顾客为企业创造的一切价值，不仅是由交易产生的直接经济价值，还包括了由顾客口碑效应产生的间接经济价值，即带来新顾客所产生的价值。如图 4 －5 所示的顾客净现值评价指标体现了 CLV 的利润来源。

**图 4 －5　顾客净现值评价体系**

资料来源：齐佳音，舒华英．客户价值——评价及决策．北京：北京邮电大学出版社，2005.

该体系是依据美国学者霍奇汉（Frederick Reichheld）的忠诚客户对企业收益增长因素分析的生命周期模型建立的。其中，顾客保有期是指与顾客关系持续的时间；顾客利润是顾客生命周期内产生的现金流；新顾客获取率为企业未来对新顾客的获取速率。由此可见，顾客生命周期价值包含了顾客直接带来的收益和间接带来的获取新顾客的收益。

另外，顾客生命周期价值与第八章所涉及的顾客（让渡）价值概念不同。顾客（让渡）价值从顾客角度出发，其意义在于使企业真正站在顾客的角度思考顾客的需求，以让渡价值发展忠诚顾客并最终形成竞争优势，而顾客生命周期价值则是从企业自身角度出发，将顾客作为一种核心资产进行衡量，从而有利于企业对顾客进行分析和管理。两者虽然角度不同，但本质都是以顾客为中心，均强调了发展、保留长期顾客，即凸显了忠诚顾客的重要性。

### （三）CLV 对顾客关系管理的意义

顾客生命周期价值为企业提供了新的视角，对其顾客关系管理的重要意义主要体现为以下几点。

1. 重视维系顾客关系。依据 CLV 的定义，顾客之于企业的价值不仅仅是一次或几次交易所带来的利润，更重要的是在与顾客保持长期关系过程中所获取的顾客生命周期价值。因此，与顾客维系关系、获取忠诚顾客对于企业来说变得尤为重要。企业应当具备长远性、全局性的战略眼光，将顾客关系作为一项资产来长期经营。

2. 注重顾客的间接价值。顾客生命周期价值除由本人直接为企业创造的利润外，还包括由顾客口碑效应带来的新顾客所产生的利润。企业应当注重这一新的利润来源，在维系好与老顾客关系的同时开发新的顾客资源。

3. 对顾客进行动态管理。顾客生命周期价值理论显示了顾客关系水平是不断发展变化的。因此,企业不能以一成不变的方式对待不同阶段的顾客,要注意根据顾客生命周期的变化情况制定相关的战略与策略,对顾客关系进行动态管理。

## 二、顾客生命周期价值的计算

顾客生命周期价值的计算是研究该模型的关键所在。目前,CLV 的计算方法较多,较具代表性的方法包括一般顾客价值模型、转移矩阵模型和分段函数模型。

### (一)CLV 的一般模型

根据 CLV 的定义,顾客生命周期价值是所有利润的净现值,即为财务中的 NPV(net present value)。从这一定义的基本思想出发,安古斯·詹基森(Angus Jenkison,1995)构建了 CLV 的一般计算模型。其计算公式可表示为:

$$\text{CLV} = \sum_{t=1}^{n} C_t (1+d)^{-t}$$

其中,$C_t$ 指顾客在第 $t$ 年为企业创造的利润,是从顾客身上获取的收益与企业为之付出成本之差;$n$ 为顾客生命周期的长度;$d$ 为贴现率。因此,CLV 的大小由 $C_t$,$n$ 及 $d$ 这三个变量决定。

该计算公式包含了两个基本假设:

第一,假设顾客与企业建立的关系会一直保持下去,不考虑顾客关系水平的变化情况,即购买的随机性。

第二,假设顾客一旦与企业终止交易,便视为生命周期的终止。故仅适用于与企业当前存在交易关系的顾客,而不考虑由口碑效应带来的潜在顾客的价值。

该计算公式准确地反映了 CLV 的定义,为顾客生命周期价值的量化提供了一个最基本的框架。但从实际操作上来看,这一模型过于简单,上述两个基本假设也很难满足,因此,不能准确、有效地计算出顾客实际的终身价值。此后,虽然不少学者都在此基础上对模型进行了不断的修正和完善,但总的来说在企业中的实际应用比较有限。

### (二)转移矩阵模型

针对一般计算模型没有考虑顾客购买的随机性这一缺陷,法尔福和盖勒维(Pfeifer & Carraway,2000)将马尔可夫链应用到顾客生命周期价值的计算模型中,形成了 CLV 的转移矩阵模型。

马尔可夫链是一经典的数学理论,用于表示在顾客的随机购买过程中,其将来的购买情况与过去的购买情况是无关的。经过一系列的公式推导,转移矩阵模型可表示为:

$$CLV=\{I-(1+d)^{-1}P\}^{-1}R$$

其中，$I$ 为单位矩阵；$P$ 为转移矩阵，即为由顾客在不同时间从一种状态到另一状态的可能性所构成的矩阵；$R$ 为由顾客在不同阶段的现金流组成的矢量；$d$ 为贴现率。

这一计算模型的优点在于考虑了顾客购买的随机性，具有较大的灵活性。但由于计算的关键在于对转移概率即 $P$ 的估计，而这一概率往往是较难估计的，因此，该模型的使用也具有一定的局限性。

（三）分段函数模型

随着对顾客生命周期价值研究的深入，一些学者开始尝试将顾客价值的计算与生命周期的各个阶段相联系，并研究其在不同阶段的发展变化。陈明亮（2001）在伯杰和纳尔（Berger & Nasr）等人初步探索的基础上完善了顾客生命周期价值的分段拟合函数。公式表示为：

$$\begin{cases}\pi(t)=\pi_1(t)=h_1t^2+v_1,0\leqslant t\leqslant 1\\ \pi(t)=\pi_2(t)=\pi_1(t_1)+[N_1(1-e^{-t+t_1})],t_1\leqslant t\leqslant t_2\\ \pi(t)=\pi_3(t)=\pi_2(t_2)-k_1(t-t_2)^2,t_2\leqslant t\leqslant T\end{cases}$$

其中，$h_1$、$v_1$、$N_1$ 和 $k_1$ 为待定常数；$\pi$ 代表了顾客在不同阶段带来的利润。用图形表示拟合函数见图 4－6。

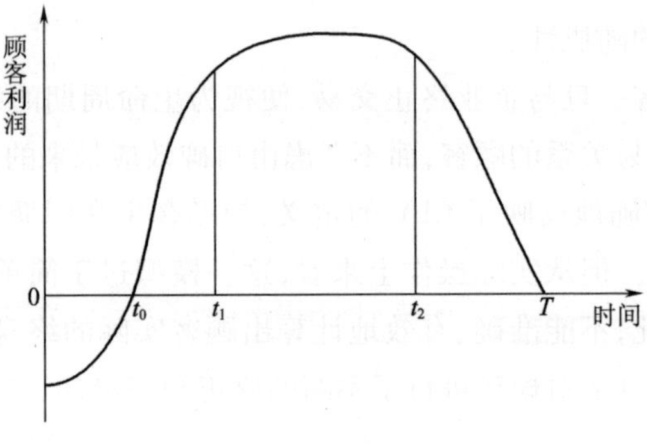


**图 4－6　顾客生命周期各阶段的顾客利润曲线**

如图 4－6 所示，不考虑识别阶段（因为此阶段顾客并未与企业建立实质关系，即从未产生交易活动），顾客在其余的四个阶段的价值均可由函数表达。

$0\sim t_1$ 为顾客生命周期中的考察阶段与扩展阶段，即关系得到建立进而发展的阶段。其中，$t_0$ 为企业的盈亏平衡点，$t_1$ 为进入下一阶段的转折点。

$t_1\sim t_2$ 为顾客生命周期中的承诺阶段，即关系稳定期。其中，$t_2$ 为进入退化阶段的转折点。

$t_2 \sim T$ 为顾客生命周期中的退化阶段。至时间 $T$，双方关系终止，完成了整个生命周期。

分段函数模型为 CLV 的计算开辟了另一条道路。该方法的优点在于将生命周期价值的计算与各个阶段相结合，有利于企业根据顾客所处的不同阶段进行预测与决策。但参数的估计较难，模型的拟合度不一定理想。

## 三、顾客生命周期价值管理

基于顾客生命周期价值理论的顾客关系管理为顾客生命周期价值管理，主要是对顾客生命周期价值进行衡量、分类和评价，进而制定相应的顾客策略。

### （一）计算顾客生命周期价值

对顾客生命周期价值进行管理首先要计算出顾客的生命周期价值。顾客生命周期价值是顾客分类的依据之一。

在全面收集和整理顾客数据（包括内部数据与外部数据）的基础上，不同企业根据实际情况选择最适合的计算顾客生命周期价值的方法，对顾客价值进行衡量。

### （二）对顾客进行分类和评价

顾客分类是将企业的消费群体按不同特征划分成不同群体的过程。对企业而言，不同顾客群体对顾客营销策略具有不同的意义，因此，如何进行顾客群体分类十分重要。其中，基于顾客生命周期价值对顾客分类的方式主要有不同阶段分类法。

不同阶段分类法是根据顾客处于生命周期的不同阶段将顾客进行分类。企业可通过计算顾客的当前价值和潜在价值将顾客划分为认知阶段、考察阶段、扩展阶段、承诺阶段和退化阶段这五个顾客群体，其中，认知阶段即为潜在顾客群体。

在对顾客进行分类的基础上进行顾客评价，即对不同类别的顾客进行动态的价值分析。通过对顾客进行分类和评论，能够发现不同价值的顾客的特征，包括消费行为特征与人口统计学特征，从而指导企业制定相应的营销策略。

### （三）制定有效的顾客策略

从顾客关系管理角度来看，可将顾客策略视为与企业开发和维系顾客相关的系列市场策略。根据不同阶段顾客群体的特征，各阶段策略的重点包括以下方面。

1. 认知阶段策略。认知阶段的顾客为潜在顾客，针对这一阶段顾客的营销策略主要为开发策略。因为此时潜在顾客对公司的品牌、产品、服务等尚不熟悉，还未与企业建立实际交易关系。对这个阶段的顾客,关键是要通过广告等沟通方式向其传递和明确企业的产品、服务及价值定位,引导其进入下一阶段。

2. 考察阶段策略。这一阶段的顾客群体开始尝试购买。在这个阶段,要注重促销手段的运用,吸引顾客购买并增强顾客体验,使之与企业建立起交易关系。

3. 扩展阶段策略。进入这一阶段,客户已经购买了产品或服务,但与公司的关系并不十分牢固。因此,营销策略的关键是提高客户的满意度。可通过为顾客提供品质稳定、标准化的产品和服务来增强顾客对企业的信任,从而为顾客持续购买和使用产品与服务打下基础。

4. 承诺阶段策略。承诺阶段的顾客持续、稳定地购买、使用企业的产品和服务,是企业的忠诚顾客。在这一阶段,关键是采取可行的顾客保持策略来稳定和巩固已经形成的良好关系。企业可提供差异化的产品和服务或开展交叉销售,以便尽可能地使顾客停留在这一阶段。

5. 退化阶段策略。由于竞争等原因,这类顾客与企业的交易减少、忠诚度下降,并随时有可能结束关系。因此,退化阶段的关键是分析是否继续对顾客进行投入。对于部分有可能挽留的顾客,企业可以继续增加投入以期使其回到承诺阶段;对于挽留可能性较小的顾客,企业可以选择放弃。

以上分析为企业根据不同类别顾客所处生命周期阶段的特征所制定的相应市场策略。需要注意的是,由于实际情况较为复杂,企业往往并不是根据生命周期这一唯一的划分标准对顾客进行分类和管理。一些企业会根据情况在各个阶段依据顾客当前价值的不同进行更为细化的分类与管理,其所制定的市场策略也更为细化。总的来说,相比于无差异的大众营销策略,针对不同顾客群体的差异化营销策略能够更加有效地分配营销预算,获得的回报往往也较高。对于营销策略的效果则可以通过实际的顾客保留率和消费率来检验营销策略的有效性。企业可以根据检验结果对营销策略进行相应的调整,从而逐渐优化营销策略。

## 第五节　顾客价值最大化

顾客价值理论从理性的角度研究了企业如何为顾客创造更多的价值。传统时代的企业目标是企业价值最大化,而在当今信息时代,在以顾客需求为中心的营销导向下的企业目标应该转变为顾客价值最大化。顾客价值最大化并不是指为顾客创造最大的顾客价值,而是在保证利润的前提下,与竞争者比较而言,企业应向顾客提供更多的价值。也就是说,企业只要在整个行业内能够保证向顾客提供最大的价值就实现了顾客价值最大化。企业应避免盲目追逐顾客价值最大化，一定要根据自己的实力和在考虑成本的情况下实现顾客价值最大化，否则就会出现让顾客价值实现最大化，赢得顾客的满意和忠诚，但企业却面临亏损甚至倒闭的局面。关于这一点，企业一定要有清醒的认识，切忌随波逐流、盲目行动。

### 东风商用车视市场的挑战为发展良机

对于国内中重卡制造商而言，经济形势和行业格局发生深刻变化的市场环境，既是挑战也是机遇，抓住了机遇，则能获得更大的生存空间，能使品牌变得更加强大。“东风商用车公司坚持年初目标不动摇，中重卡份额不低于2011年。”黄刚在安排2012年下半年工作时表示，“东风商用车公司将理性看待当前市场变化，全价值链协同应对挑战，在下行的市场中创造新的竞争优势。”

2012年下半年，宏观经济环境与市场需求不容乐观，法规政策趋严，竞争更趋国际化，运输行业提出了更高的行业要求等，诸多变化给企业发展带来挑战，也带来了更深层次的思考。为应对当前的形势变化，东风商用车在生产上以市场需求为导向，产销衔接，实现经济排产、精益生产；在经营管理上，视市场下降为常态，视市场的挑战为发展良机，视“市场的冬天”为“营销的春天”，致力于内涵式发展；在营销上，进一步推进以市场、客户为中心的东风商用车营销方式（DCSW），加强弱势区域市场开发，全面提升服务质量和竞争力，提升客户价值，不断加强运输行业解决方案的推广，实现市场份额的增长。

资料来源：东风商用车：视市场“冬天”为提升客户价值的春天[EB/OL]. [2012-08-07]. http://www.cvworld.cn/news/truck/tknews/120730/55449.html.

## 一、实现顾客价值最大化的战略途径

科特勒的顾客让渡价值模型给我们提供了对顾客价值的总体认识，若想实现顾客价值最大化，可以从两个方面出发：一是提高顾客总价值；二是降低顾客总成本。实现这两个目标，可以通过以下四个战略途径。

（一）质量优异

提高质量被认为是创造顾客价值的最安全途径。欧洲和日本的企业在质量方面的领先地位应归结于这种认识。日本人特别崇尚设计的经济性与使用的舒适性,他们创造性地把顾客所重视的形式与功能结合起来,本田的发动机、索尼的电子产品等无不如此。质量首先应满足适用性。适用性就是产品或服务符合顾客的需要。对于适用性质量指标的改进和提高,要以对顾客质量属性的评价为基础,着力改进关键的质量属性。对影响顾客价值的质量难点,予以重点攻关,以使顾客感知价值有质的飞跃。质量改进和提高应该是持续不断的过程,因为顾客的价值需求是动态的,而这正是创新行为的驱动力,如此才能有新产品或新服务的推出。服务质量也是一个符合战略逻辑的顾客价值的驱动因素。

随着经济的发展和人们收入水平的增加,顾客对服务的要求也越来越高,更加看重快捷、方便的服务价值。这意味着在与顾客的沟通、订货、付款以及提高其他延伸服务的环节当中蕴藏着巨大的价值能量,有待开发和释放。先进的信息技术为企业与顾客之间的沟通建立了技术平台,实时咨询、产品定制、网上购物、电子付款,不仅为顾客节省了时间和精力,而且为企业更多地利用顾客资源、实施顾客管理提供了可靠的支持。专业服务行业,如保险、银行和咨询等,提供给顾客的是纯服务,不存在有形的产品,产品质量与服务质量交叠在一起,服务质量则完全决定了顾客价值。而对有形产品来说,企业提供的服务与顾客对产品的消费和使用过程是相互交叠的,出色的售前、售中及售后服务可以增加顾客获得的收益和减少非货币成本,如时间、努力和心理压力等方面的付出。优异的服务是提升顾客价值的基本要素和提高产品层次不可缺少的部分。国外的一项调查显示,顾客叛离企业多数是由于人的原因。企业仅仅依靠优质的产品和合理的定价不足以在市场上维持持久的竞争优势。无论何种行业,出色的服务始终是在持久基础上发挥优异市场表现的关键性因素。因为服务质量比产品质量和价格更加难以被竞争对手复制。

### (二)成本领先

成本领先要求企业在保证适用质量或优异质量的前提下,以市场最低的成本去满足顾客。产品或服务的低成本可为企业对顾客让利创造更大的空间,并有可能使顾客价值增加。无论产品或服务的质量多么优异,一旦其价格超过一定的界限,必然会抑制顾客对它的需求,美国著名的铱星公司的破产就是最好的例证。对于价格比较敏感的顾客,成本领先定位无疑是将他们拴在企业这根绳索上的最好战略。同时,最低成本必将使企业获得优厚利润,形成对追求低成本努力的最好回报。企业的成本是在从事价值链中的各项活动过程中产生的,企业把每种分散活动中的成本累计起来就确立了企业的相对成本地位。成本优势的形成源于企业能够比竞争对手更有效率地从事各种特定的活动。成本领先并非仅由企业价值链中某一两个环节的成本控制来实现,而是注重于价值链中每项活动之间的联系,即总体上成本控制的卓越性。实施成本领先,需要企业对产品或服务的功能属性进行审查,减少不必要的功能,同时对产品或服务形成的辅助环节进行合理安排和科学管理,与供应商发展良好的合作关系以及分销系统的整合等。

(三)快速反应

当今的时代是速度经济时代。激烈的市场竞争使人们更清醒地认识到时间的宝贵和速度的重要。对顾客价值来说,时间可能与质量同样重要,有些行业对顾客要求反应时间的快慢成为其成功的关键因素,如快餐、快递和报业。中国南方报业之所以次于羊城报业,就因为其印刷速度比羊城慢半小时。在以时尚为特征的市场中,一些顾客愿以高价购买最流行的商品。反应迅速在其他大多数市场只是一种隐性的顾客价值,可能由于成本过高而无法实现。率先推出新产品的企业因为满足了对时尚品位追求和对特殊技术的渴望,赢得了市场优势,待到收获了丰厚的利润之后,才会有其他同行跟风,而此时的利润已大幅下降。2007 年,在 MP3 深陷侵犯知识产权漩涡、MP4 市场无比混乱的情况之下,数码领域的知名品牌"爱国者"首先推出了便携式多媒体播放器——MP5。产品一经问世,虽然价格较高,但仍然受到不少消费者的关注。随后,不少企业也争相进入这一领域,导致 MP5 销售价格逐渐下降。快速反应的企业除获得丰厚利润之外,还可以获得以下优势:①率先树立企业的信誉,以低成本获得优异的顾客并赢得他们的忠诚。②获得先入为主的市场地位。如,优先形成与供应商、顾客的关系、建立分销渠道,获取较高的市场份额等。③影响产业标准的制定。一旦顾客对某种产品标准形成印象并适应其使用后,竞争者就很难改变,只能参照这类标准执行,从而成为竞争对手进入市场的壁垒。

由于顾客需求不断变化,并追求个性化的产品和服务,加之现代化的通信设施使顾客拥有更多的信息,从而使他们有更多的选择、产生更多的要求,但也更容易改变自己的想法。这种条件之下的快速反应是企业唯一的选择。快速反应的企业须具备对于顾客需求变化的灵敏感应系统和快速响应系统。灵敏的感应系统可以帮助企业准确、及时掌握顾客价值需求的变化。借助于现代化的网络和信息技术,企业可以收集到顾客的资料及产品和服务的有关资料。如,顾客的消费需求、个人偏好,对原有产品和服务的反应和意见,包括性能、特色、可靠性、耐用性、服务能力、外观及认知质量等诸方面,并对这些信息进行整理以提取出有用的内容,在企业相关部门共享,提供决策支持。亚马逊网上书店(Amazon. com)的销售收入每年都保持很高的增长率,其原因是应用了基于信息技术和网络技术的顾客关系管理系统。当某顾客在亚马逊购买图书后,它的销售系统就会记录该顾客曾浏览和购买的书目，生成有关顾客爱好的信息，当顾客再次进入书店时，销售系统便会识别顾客的身份，并依据其偏好推荐书目。顾客去的次数越多，系统对顾客的了解就越多，服务就越好。快速响应系统是根据感应系统提取出来的，由顾客需求的每一变化转化而成的即时生产指令进行快速反应的企业价值链（见图4－7）。

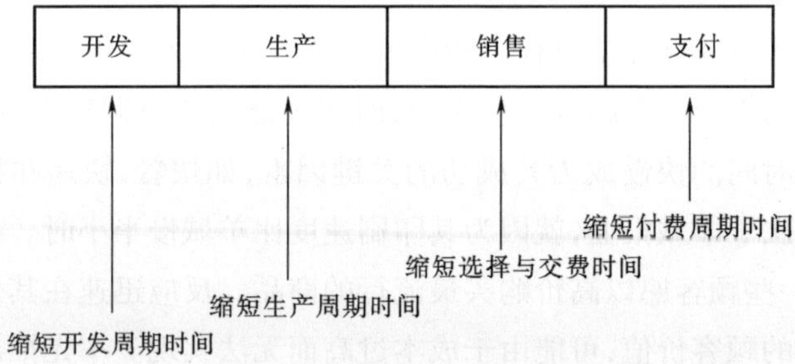


图4－7　快速响应价值链

丰田汽车和戴尔电脑公司可谓是大规模定制和快速响应的典范。丰田公司从接受顾客订单到向顾客交货，前后仅需一星期时期。戴尔公司开发出一种软件，当某个顾客向其订货时，不仅能使戴尔内部及其供应商做出反应，同时还会启动相应的经营系统，如审批、预算、库存等，从而使各环节相互协调，做出及时反应。缩短企业价值链的时间既要着眼于每个环节，又要考虑各环节的相互影响，最好的结果是某一环节时间的缩短会得到其他环节的支持和模仿。解剖价值环节过程可消除多余的、没有增值的时间，将精力集中于耗时多的关键环节。在一定的技术条件下，并在保证适用性质量的前提下，缩短企业价值链时间必然会受到多种因素的制约，在企业内外建立合作伙伴，将企业价值链截取一部分，转移到合作伙伴，缩短自身价值链，以赢得速度上的优势，已成为速度经济时代的一种重要战略，这就是外包战略。

（四）改善顾客的亲和度

通过发展和维持良好的顾客关系来培养顾客忠诚已成为许多公司深谙的重要战略，备受企业关注。这主要源于两个方面的原因：①良好的顾客关系大大缓解了变数极大的市场环境下企业的经营风险，并极大地提高了企业的赢利能力；②良好的顾客关系大大增强了企业的竞争力，是企业独特的优势。

致力于发展与顾客的良好关系的企业，可以从以下几个方面着手。

1. 个性化定制（customization）。个性化定制是现代社会经济环境下，企业参与市场竞争、满足顾客日益挑剔和不断变化的需求的必然选择。顾客崇尚符合其个性化需求的产品或服务,个性化需求是顾客的利得所在。个性化是对顾客价值的直接提升,企业在个性化定制和服务的过程中加深了双方的了解,建立了更加紧密的关系,并增加了顾客对企业的信赖和忠诚。个性化定制需要企业创造能够形成双方交互的良好条件,与顾客进行频繁的信息交流,从订货、产品设计、测试到交货、安装维修等广泛地征求顾客的建议,创造让顾客广泛参与的机会。顾客参与程度越高,提高顾客价值的机会就愈多,就越容易改善与企业的关系,从而提高顾客对企业的亲和度。

2. 体验品牌化(experience brand)。体验品牌化是品牌化途径的最高级形式。体验品牌化的目的是企业为顾客创造和传递高度差别化的、连贯一致的、积极的品牌体验。当实现品牌体验化时,品牌不但建立在顾客购买和累积体验的基础上,而且品牌对于每位顾客具有唯一性。市场上同类产品品牌如此之多,令顾客目不暇接,许多顾客因面临时间缺乏、精力有限的共同问题,从而使他们产生了渴望忠诚品牌和亲和关系的需求,形成与少数品牌的情感约束。品牌的作用不仅在于它可以帮助顾客解释、加工、整理和储存有关产品或服务的识别信息,简化决策,而且它还充当着与顾客联系情感的纽带角色。

3. 个性化互动。企业与顾客进行积极主动的接触与互动,不仅协调企业生产经营活动使之更好地满足顾客需求,而且可以提高关系价值。通过与顾客的反复接触,企业可以全面了解顾客,深度洞悉顾客对于产品或服务的价值感知,促进双向学习,最大化顾客价值。与顾客个性化互动要注意以下几点。

(1)主动请求顾客反馈,倾听顾客意见。主动倾听是企业诚心和耐心的表示,也是得到顾客配合,取得良好反馈和互动效果的前提。

(2)积极推动企业与顾客之间的双向学习。顾客向企业学习可最大限度地降低产品或服务的使用成本,并揭示和实现产品或服务的内在价值,增加对产品和服务的满意程度;企业向顾客学习,可了解顾客的态度和行为,掌握其需求变化,为其决策服务。

(3)及时有效地解决顾客问题和满足顾客要求,可以消除顾客不满、消除抱怨,增加顾客对企业的信任。

(4)情感投资。企业对与顾客间建立的现有关系予以密切关注和投资,以使这种关系更加牢固,形成顾客和企业休戚相关的格局。海尔通过创立顾客俱乐部(海尔俱乐部)这种特殊的情感渠道对顾客直接投资,如每年给顾客过生日,并对不同顾客进行投资组合和运营帮助。海尔利用这一模式增进了与顾客的感情交流,将企业文化与品牌形象深入人心,提高了顾客忠诚度。

## 二、顾客价值最大化战略实施支持体系

为了实施好这些战略，企业还必须构建与之相适应的战略实施支持体系。

### （一）加强核心能力的培养与管理

顾客价值的战略定位是以企业的资源和核心能力为基础的。认知和把握企业的技术、市场的核心能力，可为企业的扩张提供支持。核心能力的培养与管理是确保战略目标得以实现的首要前提，企业应强化对核心能力的动态管理。

### （二）建立基于顾客价值的企业文化

企业创造和让渡顾客价值的所有活动归根结底是依靠它的员工来完成的。员工的满意程度与顾客所感知的服务质量之间有很强的正相关关系。满意的员工会和顾客建立起积极的关系，而不满的员工会直接或间接地将负面的情绪传递给顾客。同时，满意的员工乐于提出革新和改进组织的建议，而不满的员工通常会抵制变化和学习。因此，企业为实现其战略目标，就必须开发基于顾客价值的企业管理文化，将顾客价值的理念植入每一个员工心中，激励其创新行为。将员工视为企业的"内部顾客"，建立有利于实现员工个人价值和发挥其潜能的机制；建立切实有效的激励机制，将员工的利益与企业的利益、顾客的利益紧密地结合起来。

### （三）建立高度整合的价值系统

价值系统的高度整合是指将企业的各项活动链合成一个自我加强的系统，因为任何一个企图模仿的竞争者将不得不复制整个价值系统，因此这个系统在让渡顾客价值的同时，也有效地抵御了来自竞争对手的模仿。

### （四）建立和完善有效的绩效衡量系统

在战略实施过程中，企业不断地将行为绩效与既定目标进行衡量，在出现偏差时，需要认真地分析原因，根据客观的内外环境变化，修正行为或调整目标。一个有效的绩效衡量系统应包括目标的确立和细分、目标的量化、绩效的测度指标、信息反馈的途径和方式、分析评价方法以及纠偏措施等。

### （五）建立网络营销系统

值得关注的是，随着以电子商务为核心的网络经济的日益壮大和发展，网络营销观念应运而生。电子商务消除了时间和空间的壁垒，以其独特的优势增强了企业与顾客的沟通，更好地了解顾客的需求，增加反应的灵敏度，减少顾客交易成本，为顾客带来了更大的便利；同时，顾客的选择余地大为增加，对不满意企业的舍弃更为简单。

网络时代创造顾客忠诚的方式与传统营销基本相同，但由于网络的特殊性，对利用电子商务开展业务的企业而言，还应该注意这样几点：一是瞄准目标顾客。

网络开辟了一个极为广阔的市场,但企业不能因此而忽视了对目标顾客的选择,不加选择地吸引各种顾客只会损害企业的利益。二是使顾客产生信任感。这主要包括保护顾客的网上安全,及时准确地履行契约,以及防止交易中的欺诈行为等。顾客价值战略的核心是确定与企业核心竞争力相匹配的价值定位,从而向顾客提供独特的、竞争对手难以模仿的价值。在生产经营实践中,企业应首先对顾客进行认真分析,基于企业自身的资源与能力正确地选择价值定位,并以此为中心构建有效的支持系统。企业应不断地审时度势,不断地整合、协调内外部资源,提升核心竞争力,以获得持久的竞争和成长优势。

## 练习题

1. 试述顾客满意与顾客让渡价值的关系。

2. RFM 值有几种计算方法?如何计算?

3. CLV 的计算对于企业的重要意义是什么?

4. 顾客价值最大化分析框架有何意义?是否只要顾客让渡价值高于竞争对手,公司就能赢得顾客?为什么?

## 案例分析

### 万科的顾客关系管理

在房地产业流传这样一个现象,每逢万科楼盘开盘,老业主都会前来捧场,并且老业主的推荐成交率一直居高不下,部分楼盘甚至能达到50%。据悉,万科在京、沪、津、深、沈阳等地的销售,有30%~50%的客户是已经入住的业主介绍的。而据万客会调查显示,万科地产现有业主中,万科会员重复购买率达65.3%,56.9%业主会员表示将再次购买,48.5%业主会员将向亲朋推荐万科。这在业主重复购买率一直较低的房产业,不能不说是一个奇迹。

**万科独特的客户价值管理**

(一)第五专业

在设计、工程、营销、物管的基础上,万科提出了"房地产第五专业"理念,即从原来的项目导向转为客户价值导向。为更好实现客户诉求，万科主动引进信息技术，建立客户中心网站和CRM等信息系统，从多个视角、工作环节和渠道，系统收集客户意见和建议，及时做出研究和响应。

（二）关注客户体验

万科注重现场包装和展示，以产品为道具，以服务为舞台努力为客户营造审美愉悦的空间和人文环境，使客户在现场观看楼盘时总能被那里浓郁、具有艺术品位的、温馨的居家氛围和某些细节打动。

（三）独有的“6+2”服务法

万科从客户角度出发将其服务分为六步：第一步，温馨牵手，强调信息透明、阳光购楼，要求所有项目在销售过程中既要宣传有利于客户部分，也要宣传不利部分。第二步，喜结连理，强调在合同条款中尽量多地告诉业主签约注意事项，并告知与万科沟通的渠道和方法，降低其无助感。第三步，亲密接触，从签约结束到拿到住房，定时与业主联系，告知相关情况。第四步，乔迁，在业主入住时举行入住仪式。第五步，嘘寒问暖，业主入住后建立客户经理制，跟踪到底，通过沟通及时发现、研究和解决问题。第六步，承担责任，问题发生时，特别是伤害客户利益时，万科不会推卸责任。随后通过一路同行，四年之约两项措施更好为客户服务。

（四）多渠道关注客户问题

设立万科客户关系中心，主要职责除处理投诉外还包括客户、员工满意度调查，风险评估、客户回访、投诉信息手机处理等工作。信息收集渠道还包括监控管理论坛，第三方调查机构等。

（五）精心打造企业和客户互动形式

创立“万客会”，通过积分奖励、购房优惠等措施，为购房者提供系统性的细致服务。并且，“万客会”从单向施予的服务，到双向的沟通与互动，再到更高层次的共同分享，使万科与顾客的关系越来越亲密。

资料来源：百度文库万科客户价值管理案例分析[EB/OL]. http://wenku.baidu.com/link? url.

## 思考题

1. 万科采取了哪些措施维护顾客？
2. 依据本案例，试分析房地产业的顾客价值是什么？
3. 万科是如何提升顾客价值的？

# 第五章

# 顾客满意与满意度

## 本章学习要点

本章主要就顾客关系管理中的顾客满意度方面展开分析，分别从顾客满意度的定义、顾客满意度的理论发展、顾客满意度的影响因素、顾客满意度的效应以及国际国内顾客满意度模型研究的发展和成果进行了探讨。通过本章学习，应能够正确理解顾客满意度的含义和它对于企业经营的重要意义；理解顾客满意与顾客忠诚以及企业竞争力、企业财务绩效之间的适度性关系，理解合理的顾客满意度战略的权变性和有效度；学习和理解国际上成熟的顾客满意度模型，并能结合我国实际状况，合理运用这些模型进行相关的分析和研究。

随着市场营销理论和实务的不断发展完善，基于市场导向和以顾客为核心的顾客关系管理也取得了许多突破性的成果，其中一项就是关于顾客满意的研究。这些研究试图找出顾客满意度对于顾客忠诚、企业运行成本和企业利润以及企业竞争力、企业价值之间极其重要的直接关系，从而将顾客满意提升到企业战略的重要地位上来。当前，企业对于顾客的关注越来越集中到顾客满意度的研究上来，企业只有不断从产品、服务等各个环节上以顾客满意为导向，才能够更加体现市场导向和以顾客为中心的经营理念，才能够更好地提升企业的竞争力和企业价值。

# 第一节　顾客满意的意义及影响因素

## 一、顾客满意的定义

在理论界，不同学者对于顾客满意概念的界定基本是一致的。菲利普·科特勒认为，顾客满意是指一个人通过对一个产品的可感知效果（或结果）与他的期望值相比较后，所形成的愉悦或失望的感觉状态。亨利·阿塞尔也认为，当商品的实际消费效果达到消费者的预期时，就导致了满意；否则，就会导致顾客不满意。因而顾客满意度可以简要地定义为：顾客接受产品和服务的实际感受与其期望值比较的程度。这个定义既体现了顾客满意的程度，也反映出企业提供的产品或服务满足顾客需求的成效。从上述定义中可以看出，顾客满意是一种期望（或者说预期）与可感知效果比较的结果，它是一种顾客心理反应，而不是一种行为。

## 二、顾客满意的重要性

世界著名公司顾客满意研究表明：顾客满意度高能导致顾客忠诚度提高；顾客忠诚度提高5%，利润的上升幅度将达到25%～85%；一个非常满意的顾客的购买意愿将是一个满意顾客的6倍；2/3的顾客离开其供应商是因为顾客关怀不够；93%的CEO认为顾客管理是企业成功和更富竞争力的最重要的因素。

统计分析，获得一个新顾客的成本是保持一个满意顾客成本的5～10倍。服务的竞争较之技术的竞争越来越显出了其重要地位。实时倾听顾客的抱怨，了解顾客的不满，积极采取行动，使失望的顾客获得满意，正是顾客满意度研究的宗旨所在。

衡量顾客满意度对企业来说至少有以下几方面的好处。

第一，有利于测定企业过去与目前经营质量水平，并有利于分析竞争对手与本企业之间的差距。

第二，了解顾客的想法，发现顾客的潜在要求，明确顾客的需要、需求和期望。

第三，检查企业的期望，以达到顾客满意和提高顾客满意度，有利于制定新的质量改进和经营发展战略、目标。

第四，增强企业的长期赢利能力，并始企业在竞争中得到更好的保护。

第五，明确为达到顾客满意，企业在今后应该做什么，是否应该转变经营战略或经营方向。

第六，通过顾客满意度衡量把握商业机会，明白未来的需求或期望是最大的商业机会。

## 三、顾客满意与顾客忠诚的关系研究

### （一）顾客满意和顾客忠诚

当今企业市场竞争的性质已经发生了革命性的变化。对于许多企业来说，重要的问题并不是统计意义上的市场占有率，而是拥有多少忠诚的顾客，即企业竞争的目标由追求市场份额的数量（市场占有率）转向市场份额的质量（忠诚顾客的数量）。

与顾客满意相比，不同的学者对于顾客忠诚概念的界定存在着较大的分歧。例如，图克（Tucker）将顾客忠诚定义为连续三次购买；而劳伦斯（Lawrence）则是连续四次购买；柏拉特伯格（Blattberg）和森（Sen）把购买比例（而不是结果）作为对忠诚的行为性测算，并且把顾客忠诚分为对制造商品牌和销售商品牌的忠诚。也有人认为顾客忠诚是由于受价格、产品、服务特性或其他要素引力的影响，使顾客长久地购买某一品牌产品或服务的行为。

由于主观性的影响，作为顾客心理反应的顾客满意是非常难以衡量的，尽管学者和企业利用大规模的市场调查和顾客询问可以得出大致的结论，但对这种结论的准确性，任何一个学者都无法做出完全肯定的承诺。相反，顾客忠诚是顾客的一种行为，衡量忠诚的唯一尺度就是看顾客是否重复地购买企业的产品或者服务。

顾客忠诚包含一个态度成分和一个行为成分。前者指顾客对企业的员工、产品和服务的喜欢和留恋的情感，又称顾客忠诚感。行为成分受态度成分的影响，而顾客忠诚感又会以顾客的多种行为方式表现出来，这些行为方式包括再次购买、大量购买、经常购买、长期购买，以及为企业的产品和服务作有利的宣传等。琼斯和萨塞主要采用顾客再次购买意向来衡量顾客忠诚感。在市场竞争激烈、顾客容易改购的情况下，这种衡量方法可以较准确地反映顾客忠诚感；但在低度竞争情况下，它很难提示顾客内心的真正态度。这时顾客的再次购买意向主要是由外界因素决定的，一旦外界因素的影响减弱，顾客不忠诚的态度就会通过顾客大量改购表现出来，在图 5－1 中表现为曲线 2 很快向曲线 1 变化。这表明，无论竞争情况如何，顾客忠诚感与顾客满意程度的关系都十分密切（如曲线 1 描述的那样）。只有顾客完全满意，他们的忠诚感才会比较强烈。

顾客忠诚对于企业生存和发展的经济学意义是非常重要的：获得新顾客需要付出成本，特别在供过于求的市场态势下，这种成本将会越来越昂贵。但新顾客对于企业的贡献却是非常微薄的，在有些行业，新顾客在短期内甚至是无法向企业提供利润的。相比之下，老顾客（忠诚顾客）对于企业的贡献却是令人瞠目的：柏拉特伯格和森曾经对许多服务行业进行了长时间的观察分析。他们发现顾客忠诚度在决定利润方面比市场份额更加重要。在他们所分析的服务行业中，当顾客忠诚度上升5个百分点时，利润上升的幅度将达到25%～85%。同时，企业为老顾客提供服务的成本是逐年下降的。更为重要的是，忠诚的顾客成为"传道者"，努力向其他人推荐企业的服务，并愿意为其所接受的服务支付较高的价格。忠诚顾客已经成为企业竞争力重要的决定因素和企业长期利润最重要的源泉。

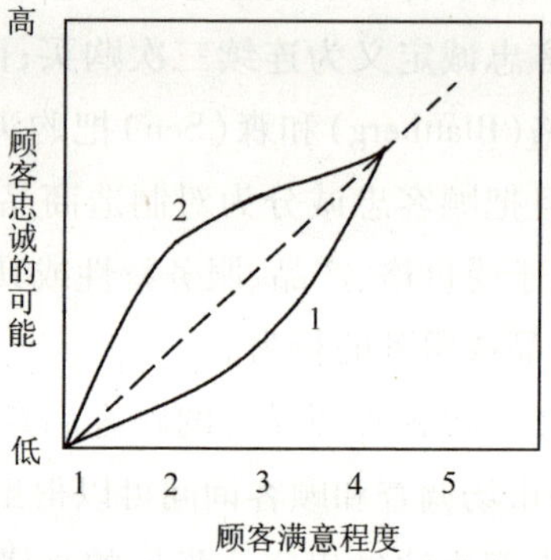


**图5-1　顾客忠诚—顾客满意度曲线**

许多企业运用顾客满意程度调查来了解顾客对本企业产品和服务的评价，这些企业的管理人员想通过提高顾客的满意程度来培育顾客忠诚感。然而许多管理人员发现，企业进行大量投资，提高了顾客的满意程度，却仍有不少顾客改购。例如，美国汽车制造业首先开展顾客满意程度调查，并且一直努力提高顾客满意程度。现在，美国汽车制造厂的顾客满意率都超过90%，但实际再次购买相同品牌汽车的顾客只有30%～40%。这使很多企业管理人员产生了疑惑，如果提高顾客满意程度，无助于培育顾客忠诚感，追求顾客满意又有何用？

美国学者琼斯和赛塞的研究结果表明，二者的关系受行业竞争状况的影响。影响竞争状况的因素主要有以下四类：①限制竞争的法律；② 高昂的改购代价；③ 专有技术。企业采用专有技术提供某些独特的利益，顾客要获得这些利益，就必须购买该企业的产品和服务；④有效的常客奖励计划。如图5-2所示，左上方表示低度竞争区，右下方表示高度竞争区，曲线分别表示高度竞争的行业和低度竞争的行业中顾客满意程度与顾客忠诚可能性的关系。

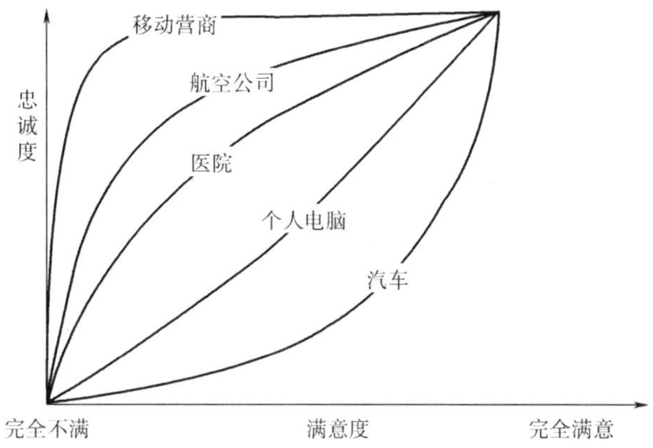


**图5-2 琼斯和赛塞运用数据反映顾客满意与重购产品或服务意愿的关系**

如曲线汽车所示，在高度竞争的行业中，完全满意的顾客远比满意的顾客忠诚。在曲线右端（顾客满意程度越来越高），只要顾客满意程度稍稍下降一点，顾客忠诚的可能性就会急剧下降。这表明，要培育顾客忠诚感，企业必须尽力使顾客完全满意。如果顾客未遇到产品和服务问题，接受调查时他们会感到很难做出不好的评价，而会表示满意。但是，如果企业的产品和服务过于一般，并未让顾客感到获得了较高的消费价值，就不易吸引顾客再次购买。

在低度竞争的行业中，曲线移动运营商即本地电话服务描述的情况似乎与人们传统的认识十分吻合，即顾客满意程度对顾客忠诚感的影响较小。但这是一种假象，限制竞争的障碍消除之后，曲线移动运营商即本地电话服务很快就会变得和曲线汽车一样。因为在低度竞争情况下，不满的顾客很难改购，他们不得不继续购买企业的产品和服务。但顾客心里并不喜欢这家企业的产品和服务，他们在等待机会，一旦能有更好的选择，他们将很快转向其他企业及其产品。这种表面上的忠诚是虚假的忠诚，有一定的欺骗性。因此，处于低度竞争情况下的企业应居安思危，努力提高顾客满意程度，否则一旦竞争加剧，顾客大量改购，企业就会陷入困境。

从上面的分析我们可以看出，服务质量决定了顾客满意，但顾客满意却不一定必然导致顾客忠诚。种类繁多的随机因素的存在，无疑加大了服务提供者培养顾客忠诚的难度。但对于服务企业来说，没有顾客忠诚，就不会有企业长久的竞争力，这是不容置疑的事实。

前沿透视

营销界有一个著名的等式:100 - 1 = 0。意思是,即使有100个顾客对一个企业满意,但只要有1个顾客对其持否定态度,那么企业的美誉就会彻底损失。这种说法虽然有些夸张,但说明了顾客满意度的重要性。"顾客满意口碑相关曲线"表明:服务处于一般水平时,顾客的反应不大;一旦服务质量提高或降低到一定程度,顾客的赞誉或抱怨将呈几何级数增加。对管理者和决策者来说,顾客满意度是企业未来成败与收益的晴雨表,在顾客选择企业的时代,顾客对企业的态度在极大程度上决定着企业的兴衰成败。

资料来源:维系顾客的途径[EB/OL]. http://www.marketing110.com/show-48-2192-1.html.

(二)顾客满意与顾客忠诚关系的静态分析

从服务业的角度来说,顾客满意或不满意心理形成的根源在于顾客感知服务质量,即服务质量决定顾客满意,顾客满意则部分地决定顾客忠诚。

从理论上说,顾客感知服务质量水平会导致顾客三种心理状态,即不满意、满意和愉悦。我们现在以一个图形来表示这种关系。假设顾客期望的服务质量为 $q_0$,实际接受的服务为 $q_1$,则顾客期望与感知服务效果(实际接受的服务)比较的结果为不满意、满意或者愉悦。如图5-3所示。

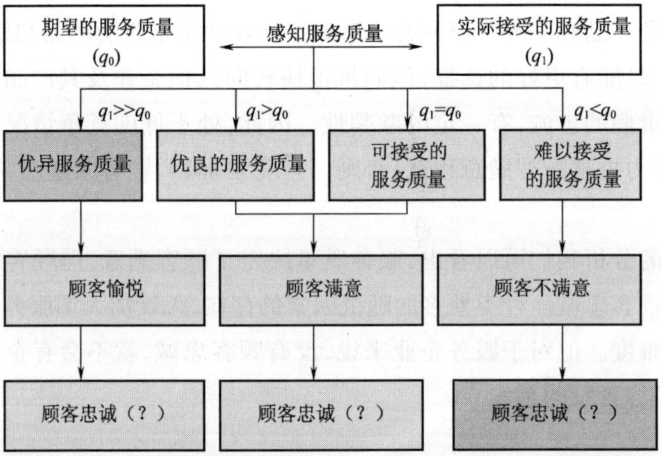


图5-3 顾客感知服务质量与顾客满意、顾客忠诚关系示意图

从图5－3中我们还可以看出顾客满意与顾客忠诚的关系。有两种情况都可以导致顾客满意的心理($q_1 > q_0$ 和 $q_1 = q_0$)。但究竟哪一种心理状态可以影响顾客，使其建立起顾客忠诚，仅仅根据这个图形，我们是得不出具有说服力的结论的。我们在三种情况下，对顾客满意或不满意都无法做出结论性的判断。例如，顾客不满意是否一定不忠诚？顾客满意能否导致忠诚？顾客愉悦是不是就一定忠诚？对这些问题的解释，我们必须采用动态的方法，通过对顾客满意与顾客忠诚动态的互动关系分析得出科学的结论。

（三）顾客满意与顾客忠诚的互动关系的动态分析

我们设顾客忠诚为L(loyalty)，顾客满意为S(satisfaction)，约束条件为O(occasional factors)，则 $L = O \cdot f(S)$。当 $O = 1$ 时，$L = f(S)$。由此而可以将顾客满意与顾客忠诚的关系分成以下两种情况来加以讨论。

1. 无随机因素情况下的顾客满意与忠诚关系。在无随机因素的情况下，$L = f(S)$，即顾客忠诚是顾客满意的函数。需要注意的是，我们这里所说的满意指的是超越顾客期望的满意，即愉悦。其水平应当处于容忍区域渴望的服务水平之上。只有在顾客感知服务质量优异、顾客非常满意的情况下，顾客才能再次消费，并保持忠诚。原因非常简单，在顾客感知服务质量与顾客满意之间存在着所谓的“质量不敏感区域”。

顾客满意水平与顾客保持率及向其他顾客推荐所接受过的服务的程度之间并不总是强相关关系。在质量不敏感区域，顾客满意水平尽管较高，但顾客并不一定再次接受企业的服务，也没有向家人、朋友或他人推荐所接受服务的愿望。只有当顾客满意水平非常高时，顾客忠诚现象才会出现，良好的口碑效应也才得以产生。在质量敏感区域下部，即顾客对企业的产品和服务非常不满意，此类顾客为顾客中的破坏者，而上部，即顾客对企业的产品和服务非常满意，此类顾客则是所谓的传道者。所以，为了提高顾客的忠诚度，使顾客成为传道者，企业必须让顾客非常满意，而不是满意或比较满意。正如所说的那样：顾客满意不等于顾客忠诚。90%的背离顾客对他们以前获得的服务表示满意。所以，满意分值提供了问题的有效预警，但是，满意顾客并不总是比不满意的顾客更多地购买，也不一定比不满意的顾客更加忠诚。根据一项调查，在声称对公司产品满意甚至十分满意的顾客中，有65%～85%的顾客会转向其他公司产品。其中，在汽车业85%～90%满意的顾客中，再次购买的比例只有30%～40%，而餐饮业中，品牌转换者的比例则是高达60%～65%。在研究顾客满意与顾客忠诚问题上，我们必须利用一种系统和动态的观点来看待问题。不能仅仅将眼光局限在服务质量这一决定要素上，而要综合地加以考虑。

2. 存在随机因素情况下的顾客满意与忠诚的关系。前面所说的例子从另外一个侧面佐证了我们上述的观点：满意不一定忠诚，而不满意也不一定不忠诚。因为在随机因素情况存在的情况下，顾客忠诚不但取决于服务质量水平，还取决于随机因素的影响，即 $L=O\cdot f(S)$。

我们所说的随机因素主要是指企业无法控制的影响顾客感知服务质量和顾客忠诚的因素。主要包括约束问题、服务补救问题、竞争对手价格或其他诱惑。

（1）约束对顾客忠诚的影响。约束与顾客忠诚是一种正相关的关系，即服务提供者与顾客之间约束条件越多，则顾客对服务提供者的忠诚度就越高，这种忠诚与顾客感知服务质量没有任何联系。

所谓的约束（bonds）是指在顾客与企业关系链条上，存在着许多法律或其他强制性的要素，使得顾客尽管并不愿意与企业建立关系，但却无法离开企业。但是如果这些约束被解除了，那么，顾客流失的概率是相当高的。这里所说的“约束”包括法律约束、技术约束、地理约束、知识约束及其他约束。约束与行业的垄断程度关联度很高，即行业垄断可以形成顾客与服务提供者之间的约束，约束反过来会更加强化服务提供者的垄断地位。技术约束对强化服务提供者与顾客的关系也起着非常重要的作用。技术约束可以起到增加顾客退出服务的成本，从而形成退出障碍的作用。

（2）服务补救对顾客忠诚的影响。我们在静态分析中所说的顾客高度满意（愉悦）指的是顾客总的感知服务质量，而不是每项活动、每一个情节的顾客感知服务质量。在很多情况下，顾客总的感知服务质量可能是良好的，但某些服务接触或“关键时刻”的感知服务质量却不一定是良好的，甚至有可能存在服务失误。但是，由于采取了服务补救措施，从而使得顾客总的感知服务质量达到了良好的状态。

一般来说，服务补救的效果取决于顾客投入的程度。顾客投入可以分成三类：①顾客本身的投入；②顾客所有物的投入；③顾客信息的投入。顾客投入的程度越高，投入的“价值”越大，服务补救的效果就会越差，从而服务补救对顾客心理和以后购买行为（忠诚）的影响也就越大。对于服务提供者来说，最重要的是为顾客提供准确、及时和周到的服务，而不能将希望寄托在服务补救上，因为服务补救是一柄“双刃剑”，有可能会对企业形象造成伤害。

（3）竞争对手价格或其他方面诱惑的影响。竞争对手价格或其他方面的诱惑也会对顾客忠诚形成强烈的冲击。由于服务的无形性特征，顾客必须亲身体验后才能对服务提供者的服务质量做出评价，所以，服务产品的价格诱惑作用比有形产品要大得多。

## 四、顾客满意的影响因素

现实中，顾客是否对企业产品及服务感到满意会受多种因素的影响，具体有以下五个方面。

（一）产品价值方面

包括：货品质量评价；货品款式评价；价格接受程度；货品的安全情况；货品种类是否齐全；其他需研究的内容。

（二）环境价值方面

包括：购物环境舒适情况；场地清洁状况；陈列货品整齐状况；浏览货品是否方便；休息场所的要求；其他需研究的内容。

（三）服务价值方面

包括：营业人员服务态度；营业人员业务水平及专业知识；收银、取货是否快捷；送货、安装、维修制度；其他需研究的内容。

（四）形象价值方面

包括：企业信誉评价；员工仪容仪表；员工精神面容；品牌形象评价；其他需研究内容。

（五）附加价值方面

包括：投诉处理情况；退、换货情况；意见、建议管理；交通是否方便；是否会继续购买；是否会推荐他人光顾；其他需要研究的内容。

# 第二节　顾客满意度研究

## 一、顾客满意度和顾客满意度研究

顾客满意度是企业用以评价和增强企业业绩，以顾客为导向的一整套指标，它代表了企业在其所服务的市场中的所有购买和消费经验的实际和预期的总体评价，它是企业经营“质量”的衡量方式，同时顾客满意度也是顾客对某项产品或服务的消费经验的情感反映状态。

顾客满意度研究主要通过满意度测评能够对企业当前服务的质量进行量化的评估，并通过因素重要性推导判断服务中亟待改进的因素，以此作为企业改善服务质量、维护并扩大现有顾客群的基础。顾客满意度测评是针对服务性企业的顾客满意度调查系统的简称。该项调查旨在通过连续性的定性和定量研究，获得消费者对特定服务的满意度、消费缺憾、再次购买率与推荐率等指标的评价。

(一)顾客满意度研究的目的

顾客满意度研究的目的具体有:确定影响满意度的关键决定因素;测定当前的顾客满意水平;发现提升产品或服务的机会;从顾客的意见和建议中寻找解决顾客不满的办法,为管理者提供建议。

从以上目的出发,对顾客满意度的研究应遵循循环递进的系统论方法,按照如下思路进行:首先诊断企业的顾客满意度;然后根据研究结果规范产品或服务并加以改进;进而跟踪测试改进后的执行情况;最后诊断顾客的满意度。

根据以上研究思路,顾客满意研究就具有极其重要的价值:一是了解顾客满意度、顾客忠诚度和企业利润率之间的关系;二是建立以顾客为中心的经营理念和价值观;三是确定影响顾客满意和顾客忠诚的关键驱动因素;四是分析顾客保留、忠诚以及流失的原因;五是从顾客评价的视角比较企业与其竞争者的绩效差异,并明确自身的优劣势;六是以顾客的观点定义产品或服务的标准;七是从整体流程的角度探寻顾客满意或流失的真正原因,制定产品或服务的整体改进方案。

(二)顾客满意度研究的步骤

第一步:问题定义。这一步具体包括以下内容:①顾客满意度测评的需求分析;②目标顾客确认;③公司如何向目标顾客提供服务;④竞争对手确认;⑤公司强项和弱项确认。

第二步:定性研究。通过对消费者和内部员工进行访谈,来了解如下问题:对某项服务而言,什么因素对顾客来说是重要的?顾客和员工认为公司在这些方面的表现怎样?认为竞争对手在这些方面做得怎样?什么因素阻碍了公司在这些方面的表现等。

第三步:数据收集和顾客满意度调查。这一步具体包括:首先,需要界定调查对象范围,以及在何处可以获得有效的样本总体,用什么抽样方法能够使选中的样本更具代表性。其次,确定用何种访问方法。一般而言,在拥有调查对象数据库的情况下,电话访问能够快速得出结果;邮寄问卷调查在问卷较长、对调查时间要求不高的情况下适用;而入户和定点访问在难以获得有效样本总体的情况下,能使抽样更具控制性。其三,问卷的设计和试调查。其四,调查实地执行。最后,调查问卷的回收和复核。

第四步:顾客满意度测评和分析。

第五步:顾客满意度研究结果的应用。

通过对定性和定量调查结果的分析,撰写调查顾客满意度测评报告。公司可以在此基础上评估调查的发现,确定要有所行动的方面,制定出改进计划或给出策略性的指导。

## 二、顾客满意度调查

### （一）顾客满意度调查方法

1. 观察法。观察法是由调查者深入现场进行直接观察了解的一种方法。观察法一般采取单向性，即在被调查者毫无准备的情况下进行。观察可以是由观察人员亲自察看、倾听，也可以用现代化观察工具，如摄像机、录音机、照相机等代为观察。观察法主要分为三种。

（1）直接观察法，即观察人员到现场直接察看。

（2）实际测定法，这是通过直接对顾客正在进行的购买活动进行测定，以了解顾客对服务是否满意的一种方法。

（3）行为记录法，是由观察人员用现代设备或特定方法把被调查者在某一时间的行为进行记录，然后从中进行整理，找出所需信息的方法。

2. 实验法。实验法是把调查对象置于有意创设的条件和环境之下，以引起其相应的心理反应，然后从中分析某种趋势和规模的方法。此方法可分为实验室实验法和自然实验法。实验室实验法就是在实验室内借助有关仪器、设备对调查对象进行研究的方法；自然实验法是指通过创设一定条件引起被调查者某些行为的变化，然后对其行为进行研究的方法。

3. 谈话法。这是通过与调查对象进行直接谈话来了解其满意状态、需求趋向的方法，其方式主要有两种：个别谈话法和小组谈话法。个别谈话法是同某些有代表性或有深刻见解的个人进行交谈，从中了解所需信息；小组谈话法一般以6～12人为宜，在进行小组谈话时，要由有丰富交谈经验的人主持，并先制定好交谈计划，引导交谈有目的地进行。

4. 问卷法。这是一种以书面形式对顾客进行调查的方法，它不受时间与地点的限制，能在极大范围内进行，可搜集到其他方法难以获得的信息，也是最为经济的一种方法。

### （二）顾客满意信息的获取

为了准确地获取所需信息，提高信息的价值，企业应当注意以下几个问题。

1. 防止本企业的员工干扰调查。

2. 提高调查的针对性。企业没有必要留住所有的顾客，而应特别重视重要顾客的满意程度。许多企业采用抽样调查的方法了解所有顾客的满意程度，这种做法会对企业的决策工作产生误导：企业花费大量资金去提高次要顾客的满意程度，反而会增加成本费用，降低利润；企业不能集中资源，提高给予核心顾客的消费价值,还可能给竞争对手可乘之机,使其挖走本企业的核心顾客。因此,企业必须重点调查核心顾客的满意程度,以不断提高他们的满意程度。

3. 重视单个顾客的满意程度。对于核心顾客,企业调查之后应单独记录他们的满意程度,这样企业就可根据每个核心顾客的具体情况,有区别地对他们进行一对一的营销活动,以便更有效地提高他们的满意程度。先进的数据库技术为人们实现这一目标提供了便利。

4. 保持调查内容的一致性。只有保持调查内容的一致性,企业才可能进行长期跟踪,检查改进措施的效果,明确下一步的策略和措施。

## 三、顾客满意度测评和分析

### (一)衡量顾客满意度的指标

美国在用户满意度的研究方面具有一定的权威性,美国用户满意度指数(ACSI)模型为较多的学者所引用,并为其他国家所借鉴。美国对用户满意理论的研究也较为深入和持久,用户满意理论的目的是发现和确定对用户满意度指数的影响因素,以及用户满意度指数和这些因素之间的作用机制。用户满意理论既是构建用户满意度指数模型的基础,同时又是对用户满意度指数测定结果进行分析评价的基础。用户满意理论认为,用户满意度与有关产品或服务的售前预期及售后表现有关。并且,用户的满意程度将会导致两个基本结果:用户抱怨和用户忠诚。用函数关系表示即为:

$$用户满意度 = f(售前预期,售后表现)$$

目前国内最常用的方法是形成顾客满意度指数(CSI)。在设计了一个顾客满意度指数后,测量顾客满意度的工作就会容易些。这个指数通常是把所有的得分汇编成一个数字或百分比。例如,可以让顾客对有关满意方面的50个条目或因素打分,然后把所有这些积分加总平均,把这个平均数作为指数;或者对这些答案按照重要性分配权数,然后将加权平均数作为指数。

顾客满意是指向顾客提供的服务超过顾客期望。通过连续性或非连续性的顾客满意度调查,可以获取顾客对特定服务的满意度、未满足需求、再次购买率与推荐率等指标的评价。顾客满意度调查能够对企业当前服务的质量进行量化评估,并通过因素重要性推导模型判断服务中亟待改进的因素,以此作为企业改善服务质量、维护并扩大现有顾客群的基础。

衡量顾客满意的指标可分为以下几类。

1. 价值均衡指标。价值均衡指标是指顾客对于所取得的某件商品所产生的"付出的代价"与"感受的代价"之间的一种比率。其公式是:

$$价值均衡指标 = \frac{感受的代价}{付出的代价}$$

价值均衡指标的意义在于：如果其结果是1，其价值便处于均衡状态，顾客处于基本满意状态；如果其结果大于1，说明顾客感觉物超所值，此时顾客会处于比较满意或很满意状态；如果其结果小于1，顾客就会处于不满意状态。因此对企业来说，提升顾客对商品的感受代价相当重要，而此时服务又起到了重要的作用。

2. 使用后的顾客满意指标。使用后的顾客满意指标是指将顾客在“使用后的实际评价”除以“使用前的期待”所得的结果。其公式为：

$$使用后的顾客满意指标 = \frac{使用后的实际评价}{使用前的期待}$$

这一指标评价意义与“价值均衡指标”的评价意义完全相同，用时可以参考“价值均衡指标”意义。

3. 再次购买率指标。其公式为：

$$再次购买率 = \frac{再次购买的顾客人数}{购买顾客总数}$$

$$N次购买率 = \frac{N次购买的顾客人数}{购买顾客总数}$$

4. 顾客缺憾指标。该类指标一般包括一些定性的指标，如对于服务时间、服务态度、产品使用效果、消费愉悦程度等不满意的程度和感觉到缺憾的程度和比率等。

5. 顾客使用产品推荐率指标。该类指标主要用于测评由于忠诚顾客的口碑效应而引发的新的购买行为的比率。

6. 顾客满意比例。顾客满意比例就是持“比较满意”态度以上的人数占全体顾客人数的比例。其公式为：

$$顾客满意比例 = \frac{非常满意 + 比较满意}{总回答人数}$$

### （二）衡量顾客满意度的工具

数据收集后要进行整理分析，常用的衡量顾客满意度的工具有以下几种。

1. 检查表。检查表是一种简单易用的方法，用来调查和了解特定劣质事件出现的频率，或顾客不满和顾客满意情况的发生次数。可在表中一栏列出调查对象，其他栏列出调查所需时间。然后，收集每一调查区域的数据资料，并在时间阶段栏中做记号。整栏表格表示完整的衡量过程。

2. 帕累托图。帕累托图通过若干直方形表示问题发生的频率，可以帮助找到质量和顾客满意方面的问题。这些直方形也可以帮助确定要解决哪些问题以及解决的先后顺序。帕累托图建立在数据收集方法的基础上，比如检查图、频率分析和现场观察。

3. 直方图。与帕累托图相似，直方图也是一种垂直的直方形图。但是二者有一个基本的区别：直方图列举出连续数据的分布状态；而帕累托图描述的是一个产品、程序或服务的特征。

4. 流程运行图。流程运行图是一种线形图。它将收集到的数据（衡量单位）按照特定的流程顺序标记在图上，也可以在运行图上加一条直线，表示所有衡量数据的平均水平。

5. 标杆差异图。标杆可以是该企业最主要的竞争者，也可以是该企业所处产业的平均水准，或者是该企业所处产业的世界级优秀企业。将标杆企业的数据和本企业数据在同一张图上进行对比分析，可以很好地得出企业目前的顾客满意度水平。

6. 四维矩阵法。该方法将顾客满意度调查数据和影响企业的满意度重要性分设在四维矩阵中。如图 5－4 所示。

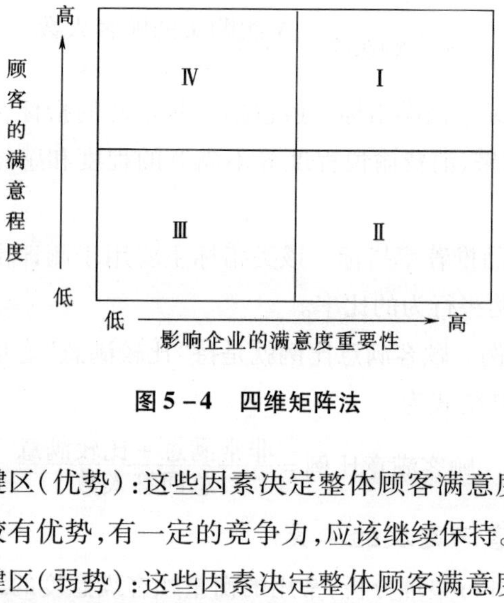


**图 5－4　四维矩阵法**

Ⅰ表示竞争关键区（优势）：这些因素决定整体顾客满意度非常重要，企业在这些方面的表现比较有优势，有一定的竞争力，应该继续保持。

Ⅱ表示竞争关键区（弱势）：这些因素决定整体顾客满意度非常重要，但企业在这些方面的表现比较差，需要重点修补、改进。

Ⅲ表示竞争非关键区（机会）：这些因素决定整体顾客满意度重要性低，企业在这些方面的表现也比较差，消费者和企业都被忽略，但可以挖掘出提升满意度的机会点。

Ⅳ表示竞争非关键区（维持）：这些因素决定整体顾客满意度重要性低，企业在这些方面的表现也比较好，对企业的实际意义不大，不需要花太大的功夫。

### （三）顾客满意度的报告

顾客满意度测评研究报告包括如下内容。

1. 技术报告。抽样是保证顾客满意度测评的结果具有代表性的关键。此部分将详述如何定义调查对象、其代表性如何、样本框如何构成、采用何种抽样方法、具体的抽样步骤以及抽样中可能存在的偏差等。

2. 实地访问报告。实地访问是保证结果真实性的关键。此部分将详述访问人员的挑选、培训、督导中遇到的问题、实施进程，并向顾客说明如何对调查进行复核。

3. 数据说明。通过频数和百分比列表、图形、简单的陈述文字说明本次调查的主要结果。

4. 分析结果。通过相关分析、回归分析、聚类分析等数学方法对调查结果中的内在关系进行分析，用文字和图形说明分析结果。由于任何数学分析都是建立在概率的基础上，因此必须说明分析结果在多大程度上成立，并明确区分建立在研究者的个人经验和数学分析上的结论，以免形成对报告使用者的误导。

5. 结论与建议。研究人员根据数据报告、分析报告、案例研究、个人经验给出本次顾客满意度测评结论与建议，这些可能会对决策者有直接的意义。

6. 附录。包括项目计划书、问卷、开放题统计结果及其他对调查报告中的观点有说明意义的材料。

## 四、有效运用顾客满意度调查和分析结果

### （一）正确解释顾客满意程度调查结果

为了免受虚假忠诚的迷惑，每个企业都应把本企业的市场设想为竞争激烈的市场，在这个前提下，理解顾客满意程度评分的含义。表 5－1 是一个简单的顾客满意度评分理解的例子。

**表 5－1　顾客满意程度理解表**

| 程度评分 | 顾客满意描述 | 顾客忠诚感 |
|---|---|---|
| 5 | 非常满意 | 很忠诚 |
| 3～4 | 满意 | 容易转向竞争对手 |
| 1～2 | 不满 | 很不忠诚 |
| ≤0 | 强烈不满/完全不在乎/不熟悉 | — |

### （二）采用适当的策略提高顾客满意程度

顾客的满意程度不同，企业采取的策略也应不同。影响顾客满意程度的产品

和服务成分有以下几种。

1. 基本成分。即指顾客期望所有的企业都提供的成分。

2. 辅助服务成分。企业提供辅助服务的目的是方便顾客使用基本成分，增加基本成分的效用。

3. 补救性服务成分。即指企业为解决产品问题和纠正服务差错而提供的服务。

4. 特殊服务成分。即指企业根据顾客的特殊需要、偏好而提供的定制化服务。因顾客的满意程度不同，企业应着重改进和提高不同的产品和服务成分。一般情况下，针对满意程度不同的顾客，企业应采取不同的策略。表5－2是一个简单的策略举例。

**表5－2　顾客满意度测评对策例表**

| 评分 | 顾客满意程度 | 采用的策略 |
| --- | --- | --- |
| 2～3 | 不满 | 提高产品和服务基本成分的可靠性 |
| 3～4 | 一般 | 提供适当的辅助服务和及时的补救性服务 |
| 4～5 | 满意 | 深入理解顾客期望，提供优质的定制化服务 |

（三）规范系统

规范系统是诊断系统的延续，是对诊断结果进行规范的系统。规范的重点是对弱点进行改进，寻找机会点，结合优劣势，对有关满意度的影响因素重新评价。通常，我们通过三角模型，从消费者期望、企业具有、企业不具有这三个方向进行整合，确定较为合理的满意度操作规范。

规范系统模型的内容包括：

1. 消费者期望。即消费者最为关注的，认为影响他们对企业满意度的最为重要的一些因素。

2. 企业具有。即企业具有的优势指标，在这些因素上操作到位，使消费者满意度高。

3. 企业不具有。即企业的弱点，在这些因素上工作不足，或是没有意识到这些因素对满意度的影响。

4. 规范点。整合这三个方面的因素，是企业改进的方向。

（四）改进系统

改进系统是对企业满意度工作进行改进提升，确定新的满意度操作规范。主要工作由企业自身来完成，可从以下两方面的最佳结合点来改进。

1. 对调查规范后的结果取长补短。

2. 企业自身的实际情况。

## 第三节　顾客满意的实现途径

顾客满意度来源于市场营销理论的基本概念。“满意度”是顾客满足情况的反馈。导入顾客满意经营(Customer Satisfaction，CS)，不单单是经营理念上的转变，还需要将 CS 纳入整个经营体系之中，要求所有员工密切合作，切实将顾客的需要作为日常经营活动的轴心，积极提供顾客满意的服务，CS 战略才能得到贯彻和落实。以下几个方面是企业顾客满意经营中所应该重点注意的。

### 一、顾客信息系统是基础

顾客满意经营最重要的基础是建立一套完整的顾客信息系统，以随时了解顾客的状态和动态。只有清楚地掌握顾客的动态和特征，企业才可以避开以下常见的经营误区。

首先，幻想留住所有顾客。企业应首先区分哪些是目标顾客，再将有限的资金和精力用在刀刃上，到处撒网只能浪费资源。

其次，以真正的高价值顾客为中心。重要的不是大顾客，而是能让企业赢利的顾客。不要一味将资源用在所谓大顾客身上，多关注能让企业赢利的顾客。必要时应剔除一些服务成本太高的顾客。

最后，盲目开发新顾客。企业应当“以最忠诚的顾客为标准去寻找新顾客”，分析企业现有的忠诚顾客，找出这些顾客的共同特点，并据此寻找最合适的顾客。

### 二、零顾客成本即竞争力

建立顾客导向的企业必须理解顾客成本，即顾客在交易中付出的费用和其他支出，它表现为金钱、时间、精力和其他方面的损耗。要提高顾客满意度，首先要评估顾客的关键需求，然后开始改变企业的作业流程，设法消除交易过程中影响最大的顾客成本，尽量避免如交货不及时、手续烦琐等问题的出现。

### 三、重视内部顾客

顾客的购买行为是一个在消费中寻求尊重的过程，而员工在经营中的参与程度和积极性，很大程度上影响着顾客的满意度。联邦快递(Federal Express)发现，当其内部顾客的满意率提高到 85% 时，企业的外部顾客满意率高达 95%。

一些跨国企业在他们对顾客服务的研究中,清楚地发现员工满意度与企业利润之间是一个"价值链"关系:①利润和增长主要由顾客忠诚度刺激;②忠诚是顾客满意的直接结果;③满意在很大程度上受到提供给顾客的服务价值的影响;④价值是由满意、忠诚和有效率的员工创造的;⑤员工满意主要来自企业高质量的支持和制度。

提高内部顾客满意度绝不能仅仅依靠金钱支出,开放式交流、充分授权以及员工教育和培训也是好方法。

## 四、绩效考核的改进

顾客满意的企业经营以顾客满意度为最重要的竞争要素,经营的唯一目的是顾客满意,因此,在对员工的绩效考核上也有所区别。在整个考核系统中应将顾客满意度加以集中体现,以提高企业的顾客满意度水平。比如,销售人员考核指标的核心应更多地侧重于全面的、有效的顾客满意度,而非简单的销量。

## 五、推行现场管理

仅依靠制度显然不能解决一切问题,在顾客导向的企业经营中,现场管理将更有效率。在一项对国际优秀企业的调查中,最惊人的发现之一就是,这些企业百分之百地对员工进行解决问题技巧的培训。推行现场管理,不但能及时发现问题、解决问题,更重要的是可以教给员工解决问题的方法。现场指导还有一个重要职责就是,记录并激励员工每次成功的服务和一点一滴的进步。

## 六、理顺业务流程

企业必须有能力让服务满足甚至超出顾客的预期,否则,就必须对企业的组织和业务流程进行重新设计。应认真分析企业的业务流程,进行重新规划和整理,加强内部协作,建立一个能保证顾客满意的企业经营团队。要实现这种业务流程重组,必须首先了解所有内部和外部顾客真正想从企业得到什么。以顾客需求为出发点,来首先确定业务或服务部门的服务规范和工作流程;然后,以此为标准来重新考虑各个相关部门的工作流程应该如何调整,以配合业务部门达成他们的目标。让企业所有经营活动都指向一个目的,即顾客满意。理顺企业业务流程后,推行"下道工序即用户"的观念也非常必要。

## 七、从满意度公式着手提高顾客满意度

顾客满意度的公式可如下表示：

$$顾客满意度=\frac{感受值}{期望值}$$

在这个公式中，期望值是指人们根据以往的经历、经验或从别处获取的信息而建立的对某一事务目标状态的评估；感受值是指某种过程经历后的实际状态。期望值是主观建立的，所以对同一事物不同的人，或对同一事物同一人在不同时期，期望值都可能不同；感受值是客观存在的，不以人的意志为转移。

从满意度公式可以看出，要想增加顾客的满意度，有以下两个途径：一是降低期望值（减少分母值）；二是增加感受值（增大分子值）。研究发现，顾客的期望值和感受值主要建立在以下两个方面。

一方面是顾客价值。顾客价值是指顾客从给定产品的定位中获得的全部利益或满足，分为使用价值和精神价值。顾客价值的来源主要有产品、服务、人员、形象等。

另一方面是顾客成本。顾客成本是指顾客为获得这种产品的支出总和，包括货币成本、时间成本、精力成本、心理成本等。

顾客在建立自己期望值的同时总是趋向于最小的顾客成本和最大的顾客价值。为此，可以从以下方面提高顾客的满意度。

### （一）降低顾客期望值

顾客是通过如下过程建立他的期望值的：检视产品→以往经验、朋友信息、其他信息反馈→以自我思维描述期望值。根据这个过程的描述，期望值的建立是在第二、三步中完成的。那么，经营者就可以在第二、三步中对顾客施加影响，从而达到降低顾客期望值的目的。主要方法有：

1. 通过说服改变顾客的经验、信息。

2. 通过改变顾客对某一事物的逻辑思维方式，从而改变顾客的期望值。

3. 利用顾客期望值的脆弱性。顾客根据以往的经验或已知的信息初步建立起来的期望值往往是相对脆弱且不稳定的，这时如果抓住时机，给顾客描绘出另外一个期望值，也可以降低顾客的期望值。

### （二）增加顾客感受值

这是企业实现顾客满意最务实的一种做法，它代表超值服务，许多企业长盛不衰，很大程度上便是得益于此。但是企业间的竞争日益激烈和明朗，对于不少企业来说，要为顾客提供更多的超值服务，却是心有余而力不足。其实这里面仍

有许多被忽视的技巧。例如：

1. “不要让他得不到，也不要让他太容易得到”的原则。

2. 激励、保健因素有机结合。这里的激励、保健因素是引用管理学上的概念，最早是由美国心理学家弗雷德里克提出的。保健因素指的是不满意因素，即造成顾客异议的因素；而激励因素是造成顾客满意的因素，是企业单独提供给顾客的具有特色的服务，少了它顾客也许不会不满意，但有了它顾客会产生更满意的感觉。通常情况下，企业提供给顾客的保健因素是指各竞争企业同时都在提供的服务。

对于一个企业来说，资源是有限的，所以企业必须要让有限的资源发挥最大的效用，以达到让顾客满意的效果。要做到这一点，企业必须认清自己提供给顾客的服务哪些是保健因素、哪些是激励因素。对于保健因素，投入过大的资源会产生事倍功半的效果。即使是激励因素，也应注意特色和创新，使顾客产生满意的感觉。

## 八、实施步骤介绍

目前国内许多公司都在推行顾客满意经营，比较通行的一种实施步骤如下。

第一步，经营理念的再确立。首先调查员工是否具备使顾客满意自己公司产品或服务的理念，将企业内不成文的规定形成文化，再经过反复的检讨与确认，使顾客满意的经营理念深入企业的每个人心中。

第二步，测定、解析顾客满意度。理念确立之后，根据顾客与公司的所有接触点来设定问题；然后拟定测定计划，对顾客进行调查；最后参考调查结果，制定提高综合满意度的改善计划。

第三步，聚焦经营。了解自己哪一点胜过别人，然后毫无保留地将努力的“强势”放在这项优势上。其步骤如下：①认清哪些人是真正的顾客；②弄明白目标顾客最重视什么；③再找出明确的经营“聚焦点”；④创造出整个企业上下投入于这一经营“聚焦点”的竞争氛围。

第四步，开发完善的科学工作体系，用以评价企业优质服务水平，传达顾客的心声。同时检测顾客对企业产品和服务的满意程度，及时反馈给企业管理层，为企业持续不断改进工作、及时满足顾客的需要服务。此外，还要设计一套策略来倾听顾客的意见，大量收集、组织和展示顾客的资料，再制作一些动态业务记录卡，并以顾客的意见带动全员的 CS 行动。

第五步，创造独具特色和充满团队精神的企业文化。不仅要建立顾客满意的组织文化，还需要创造出学习型的组织环境；不仅强化员工的服务教育训练，还要进行模范学习，到同业或不同行业中找寻可行的解答。

# 第四节 顾客满意度指数

顾客满意度指数(Customer Satisfaction Index,CSI)是近年来世界上一些发达国家和地区正在积极研究和采用的一种新的客观经济指标,是一项主要用来测定用户对产品或服务满意程度的质量指标。顾客满意度指数是根据消费者对采购产品或接受服务的满意程度,得出对产品和服务质量的评价数值,以此来反映产品或服务的质量状况。目前,已采用这种指标的主要有瑞典、德国、美国、加拿大、韩国及中国台湾等20多个国家和地区,另外一些国家和欧盟15国也正在进行这方面的研究。

## 一、顾客满意度指数的作用

从企业层面,CSI将直接影响顾客忠诚度,并最终影响企业的利润水平和竞争能力。企业可以利用CSI来评估顾客忠诚度,并确定进入市场的潜在障碍,预测投资回报,分析并找到顾客的期望,这对提升企业竞争力有很大的导向作用。从消费者层面,CSI表达了消费者对他们购买使用的产品和服务的评价。CSI可以用数字形式表示消费者对产品的价值感知判断和对其质量的偏好程度,可以促使企业不断改进产品质量、提高服务水平。

## 二、国外顾客满意度指数研究的现状

### (一)顾客满意度的计量模型

顾客满意度计量模型是构建顾客满意度指数(CSI)测评方法的理论基础,也是对CSI测评结果进行分析的基础。通过顾客满意计量模型的研究可以发现和确定影响CSI的因素,了解CSI同这些因素之间的相互作用的机制。在这一领域,很多学者进行了大量的研究工作,梯沃斯凯(Tversky)早在1969年就提出了附加差异模型,奥利沃(Oliver)于1980年建立了度量主观不一致的一般模型,即认知—预期模型(perception—expectation)。

度量顾客满意度的认知—预期模型一般有下面三种情况:

顾客的认知(perception)>顾客的预期(expectation)表示超出顾客的满意。

顾客的认知(perception)=顾客的预期(expectation)表示顾客基本满意。

顾客的认知(perception)<顾客的预期(expectation)表示顾客不满意。

（二）几种主要的顾客满意度指数体系

1. 瑞典顾客满意度指数（SCSB）体系。瑞典于 1989 年建立了世界上第一个全国性顾客满意度指数（Sweden Customer Satisfaction Barometer，SCSB），它应用于瑞典 31 个主要行业的 100 多家公司，其模型可用下面两个函数关系式表示：

顾客满意度 =$f$（购前期望，感知表现）

顾客忠诚度 =$f$（满意度，转移障碍，顾客意见）

SCSB 的满意度测评指标涉及满意的三个测评项：①总体满意评价；②期望的认同程度；③与顾客心目中理想产品的差距。

2. 美国顾客满意度指数（ACSI）体系与模型。美国顾客满意度指数（American Customer Satisfaction Index，ACSI），是由设在密歇根大学商学院的国家质量研究中心和美国质量协会共同发起并研究提出的。ACSI 从 1994 年 10 月开始调查、测算和发布，并以此确立了其在顾客满意度指数测评理论和实践方面的权威地位。目前，ACSI 使用的是一种由多重指标支持的六种潜在变量组成的模型（见图 5－5）。

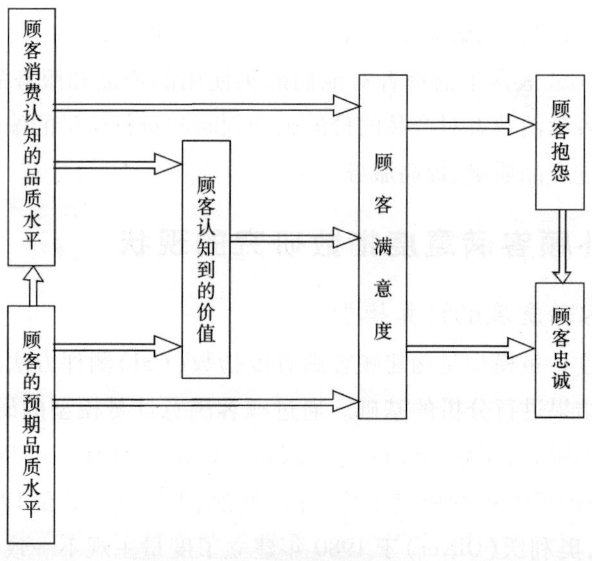


**图 5－5　ACSI 模型**

在六种潜在变量中，顾客期望、顾客对质量的感知和顾客对价值的感知是三个前提变量，顾客满意度、顾客抱怨、顾客忠诚是三个结果变量，前提变量综合影响并决定着结果变量。

ACSI 由一个经过实验的、具有多个方程的计量经济模型的指数构成，共有四个层次：①全国的 CSI；②7 个经济部门的 CSI；③7 个经济部门内 40 个行业的 CSI；④40 个行业内 200 余家公司和机构的 CSI。ACSI 的基础数据是根据抽样理论，对全国约 50 000 个顾客进行电话访谈的结果。这些顾客的选取标准是他们最近购买或接受了某个被计划测评公司的产品或服务。每一个被计划测评的公司都访问了 100 到 250 个顾客。

3. 韩国顾客满意度指数（KCSI）体系。韩国顾客满意度指数（Korean Customer Satisfaction Index，KCSI）是在美国密歇根大学的国家质量研究中心支持下启动的，首次发布于 1998 年 4 月。目前该指数涵盖了 13 个经济部门、46 个行业、200 余家私人企业以及政府和一些监管部门、公共领域，与国家指标同时发布的还有部门级和公司级指数。

KCSI 是运用潜在变量的因果结构模型对多测度求加权而形成的，并从 2000 年 4 月起针对政府机构的满意度指数开发了行政部门质量指数（Administration Quality Index，AQI）模型。KCSI 与 ACSI 的不同之处在于 KCSI 在 AQI 模型中添加了反腐败因素，对于公共部门则去掉了价值因素。

## 练习题

1. 影响顾客满意的因素有哪些？
2. 顾客满意和顾客忠诚有什么关系？
3. 衡量顾客满意度的工具有哪些？
4. 顾客满意度指数有何作用？

## 案例分析

### 顾客第一

曾有一位股票分析人士告诉《华尔街日报》的记者：“长期以来，每一个人都感到，IBM 是计算机方面最好的市场经营者，但他们并没有最好的技术。”

托马斯·J. 彼得和罗伯特·H. 瓦德曼等在《追求卓越》一书中表示：“IBM 几乎不落后于时代，但是大多数评论家认为，它在过去数十年中并非是技术方面的领先者。”同许多竞争者相比,包括强劲对手在内,IBM 由于其在产品技术特征方面的固执,在许多专家眼中显得相形见绌。

然而,IBM 是怎样保持其在行业中的领导地位呢? 它依靠的是另一种固执:在提高效率、生产率和可获利性的前提下向顾客提供产品和服务。与在必要时改变他们的设备相比,IBM 更注意的是努力帮助客户们有效地安装和使用他们的商用计算机。IBM 致力于对顾客的基础服务,主要采用以下一些步骤:

- 训练进入其用户的计算机程序员。
- 提供系统工程人员到企业去,帮助决策计算机应当处理的工作类型以及如何在计算机上处理这些工作。
- 开发简化的计算机程序语言,使最终的程序工作对客户公司更为容易。

这些帮助顾客提高效益的做法看来付出了一定的代价。20 世纪 50 年代,智力保险公司向 IBM 公司购买了 700 多台电子计算机,据说 IBM 公司花费了相当 100 多万美元的设备和人工来保证智力公司的计算机能为满足其客户的需要而有效地工作。三十多年后,智力公司仍然主要使用 IBM 的计算机设备。

今天,IBM 在计算机主体市场上占据了 65% 份额的事实表明,它同时在技术和装备的高质量上占据领导地位。它继续以顾客为导向,它的注意力在于它的计算机能否满足其顾客的需求。彼得和瓦特曼坚持认为,IBM 公司的“统治地位基于它的服务措施”。

就像 IBM 一样,美国很多其他以营销为导向的公司视适应其顾客的兴趣超过仅为技术而提高技术。这些相信市场营销观念的企业通过市场调研去寻求:

- 他们的顾客想要什么样的产品和服务。
- 企业怎样才能最好地提供这些产品和服务。
- 他们的顾客什么时候需要这些产品和服务。
- 公司应当怎样进行其产品和服务的促销。

企业的竞争力不仅来自于其所拥有的核心技术,顾客价值已经成为当前企业增强竞争力的焦点,它的最大创新之处就是从顾客的视角来研究价值。企业要想在竞争中立于不败之地,必须要比竞争对手能更好地满足顾客需求,保持良好的顾客价值优势。

资料来源:http://jpkc.cug.edu.cn/2010jpkc/scyxx/anli/0006.html.

## 思考题

1. IBM 公司怎样将顾客价值观念融入其公司思想之中，提高顾客满意的？

2. IBM 公司何以维持其在电子计算机市场的统治地位？

# 第六章

# 顾客忠诚的形成与培养

**本章学习要点**

本章对顾客忠诚的概念加以界定，并指出了影响顾客忠诚的因素，讨论了顾客忠诚的形成。在此基础上进一步定义了顾客的品牌忠诚度，进而强调了品牌忠诚度对企业的重要意义。同时系统给出了顾客忠诚度的测量指标及计算方式，并就企业如何培育和提高顾客忠诚度的方法给出了可操作性的建议。通过对本章的学习，应掌握顾客忠诚和品牌忠诚的含义，了解顾客忠诚的决定因素有哪些，顾客忠诚如何测定，怎样测量顾客的忠诚度，以及如何培育和提高顾客的忠诚度。

顾客忠诚是顾客满意的升华，高度满意的顾客会形成对企业及产品的忠诚态度和高频率购买行为。忠诚的顾客能够降低企业的顾客流失率，进而降低顾客维系成本。因此，忠诚的顾客对企业更具成本效益。现代企业把不断提高顾客忠诚度和扩大忠诚顾客数量作为市场营销的重要目标。因此，研究顾客忠诚及品牌忠诚的形成，分析影响顾客忠诚度的因素，采取科学方法测量顾客忠诚度的高低，然后发现培育和提高顾客忠诚度的方法，已成为企业顾客关系管理工作的重要内容。

# 第一节 顾客忠诚的形成

关于顾客忠诚的研究是随着服务经济的崛起而逐渐兴起的,最初发端于对消费者行为的测评研究。忠诚是一种情感特征,是一种双方的信任关系。顾客忠诚是消费者对某种品牌的产品持有肯定态度的程度、承诺的程度以及愿意在未来继续购买的程度。忠诚的消费者不仅对产品感到满意,并且对其有持续的偏好,而且当他们面对竞争者提供诱人的机会时会成为"坚定的防御者"。显然,拥有忠诚的消费者是企业的最大资产和利润源泉,因此,顾客忠诚是企业追求的理想目标。在商业领域,伴随着买方市场的日趋成熟,消费者比较和选择的权力越来越大,品牌转换的可能性频率越来越高,由此顾客忠诚问题引起了经营者的普遍关注。

## 一、顾客忠诚的含义

从顾客忠诚的研究现状来看,国外学者的研究尽管在某些方面存在争议,但其基本理论已经比较成熟。雅各布和切尔斯纳特(Jacoby & Chestnut,1978)①归纳了顾客忠诚研究的两种基本方法:行为方法与态度方法。从行为角度看,顾客忠诚被定义为对产品或服务承诺重复购买的一种行为,这种形式的忠诚可以通过诸如购买份额、购买频率等指标来测量;基于态度的观点把顾客忠诚视为对产品和服务的一种偏好和依赖,这种方法认为,描述顾客忠诚仅考虑消费者的实际购买行为还不够,需要分析消费者的潜在态度或偏好,测量指标有购买意愿、偏好程度等。后来,迪克和巴苏(Dick & Basu,1994)②引入了相对态度的概念,相对态度指消费者对某一产品的评价优于对其他产品评价的程度。迪克和巴苏(Dick & Basu)认为,研究顾客忠诚既要考虑态度的绝对性,更要关注它的相对性。因为在绝对意义上消费者对给定产品或服务的评价也许很高,但如果同时对所有竞争产品的评价也同样高的话,那么绝对态度的效应就难以发挥。

### (一)国外的表述

国内外一些有代表性的关于顾客忠诚的概念表述如下。

---

① Jacoby J,Chestnut R W and Fisher W A. A Behavioral Process Approach to Information Acquisition in Nondurable Purchasing[J]. Journal of Marketing Research, 1978,15(4):532-544.

② Dick Alan S,Kunal Basu. Customer Loyalty:Toward an Integrated Conceptual Framework[J]. Journal of the Academy of Marketing Science,1994,22(2):99-113.

纽曼和沃博(Newman & Werbel,1973)将品牌忠诚定义为重复购买某一品牌,并且只考虑该品牌,而且不需要收集其他品牌信息。

塞尔尼斯(Selnes,1993)认为,顾客忠诚是消费者对于某一产品或服务的购买行为意向,即消费者未来购买的可能性大小。

德伊(Day,1969)认为,真正的顾客忠诚只有当购买卷入和对品牌承诺之间互动时才存在。他强调需要考虑品牌态度,以区分真正的品牌忠诚消费者和虚假的品牌忠诚消费者。

琼斯和萨尔(Jones & Sasser,1995)认为,顾客忠诚是对企业人员、产品或服务的一种归属感或情感。

格林芬(Griffin,1995)认为,顾客忠诚由两个因素构成:一是消费者对于某产品或服务相对于其他产品或服务具有较高的依恋;二是重复购买。

格兰姆勒和布朗(Gremler & Brown,1996)指出,服务忠诚是一个多维度概念,包括行为忠诚、态度忠诚和认知忠诚三个维度。消费者表现出来的就是:对某一服务提供商的重复购买行为;对提供者拥有积极的态度倾向;当需要这种服务时只选择该服务提供者。

(二)国内的表述

国内对于顾客忠诚含义的研究主要围绕着态度忠诚论、行为忠诚论以及综合论三个方面。

符超(2000)提出,顾客忠诚就是消费者能抗拒竞争者提供的价格优惠,持续地购买本公司的产品或服务,甚至为公司免费作义务宣传①。

马清学(2003)指出,顾客忠诚是指消费者在消费中对某品牌的产品和服务有一定的依赖性,在感情上有一定的偏爱,重复购买同一品牌的产品和服务,积极为企业做宣传和推荐,并且不易受外界特别是竞争品牌的信息诱惑②。

刘洪程(2004)提出,顾客忠诚是指消费者对某品牌的内在积极态度、情感、偏爱和外在重复惠顾行为的统一③。

综上所述,本书认为忠诚是消费者根据以往的消费经验,对某一产品或服务所持有的情感上的依恋倾向,这种倾向可以通过消费者的态度和行为予以体现。顾客忠诚的内涵应体现如下要求。

- 顾客忠诚的行为特性,即一定时期内消费者的多次实际购买;
- 顾客忠诚应该强调消费者的心理或精神成分;

① 符超.顾客忠诚度的三个不等式[J].企业改革与管理,2000(10):15-16.
② 马清学,张鹏伟.影响顾客忠诚度因素探析[J].营销管理,2003(4):18-22.
③ 刘洪程.顾客忠诚度与客户关系管理的整合[J].当代经济,2004(8):26-29.

• 顾客忠诚应该包括有形的品牌忠诚和无形的服务忠诚；

• 消费者的营利性，顾客忠诚要体现价值的创造。

所以，顾客忠诚应该达到实现消费者和企业双重价值的目的，使忠诚的消费者与企业共同创造与分享价值。

## 二、顾客忠诚的类型

利用“重复购买”作为判断标准，可将顾客忠诚进行如下分类。

### （一）垄断忠诚

垄断忠诚指消费者只能在指定或特定状态下进行重复购买，别无其他选择。例如，对一些垄断行业如电力、自来水等产品或服务，消费者由于没有其他选择，往往也表现出一种“忠诚”，但通常是低依恋、高重复的购买者。

### （二）价格忠诚

将价格等同于价值的消费者，认为所有厂商提供的产品都是相同的，他们会倾向于同类产品中最低价格的品牌，并表现为重复购买。这些低依恋、高重复购买的消费者不是真正的忠诚消费者，因为一旦出现更低价格的产品，他们马上会更换品牌。

### （三）方便忠诚

由于地理位置比较方便，或因彼此熟悉、有特定关系以及出于习惯而重复购买，即是方便忠诚。方便忠诚消费者也是低依恋、高重复购买的消费者，很容易被竞争对手挖走。

### （四）惰性忠诚

消费者会因惰性而不愿意去寻找其他供应商而形成重复购买，这属于惰性忠诚。这种消费者也是低依恋、高重复的购买者，他们也容易受竞争对手所吸引。对于这类消费者，企业应通过产品和服务的差异化来改变他们的忠诚度，使之成为真正的忠诚消费者。

### （五）激励忠诚

企业通常为经常光顾的消费者给予优惠或奖励。当有奖励活动时，消费者会来购买；当优惠和奖励活动结束时，他们就转向其他有奖励的厂商。这类消费者也是低依恋、高重复购买者。

### （六）超值忠诚

消费者对于那些从中受益的产品或服务情有独钟，不仅自己重复购买，而且还主动向周围的人宣传推荐。这种消费者是高依恋、高重复购买者。他们的忠诚是基于情感的，这种忠诚对组织来说最有价值。

（七）潜在忠诚

有时消费者放弃选择所偏好的品牌是由于某些外在条件的限制。例如，许多家庭愿意外出就餐，但因夫妻口味和喜好不同，结果只能选择双方都能接受而不是自己偏爱的饭店。对于这类消费者，企业只要改进服务和营销方式，就有可能使之转变为现实的忠诚消费者。

## 三、顾客忠诚的形成

关于顾客忠诚形成机理的探索，一些学者在心理学研究的基础上逐步形成了三大出发点：基于交易层面上的顾客忠诚；基于关系演进的顾客忠诚；交易层面和关系演进并举的顾客忠诚。

### （一）基于交易层面的顾客忠诚

基于交易层面的顾客忠诚研究认为，感知质量、感知价值和消费者满意是顾客忠诚的主要影响因素。感知质量是由技术质量和功能质量组成，前者是核心产品或传递内容，后者是传递方式。感知价值则是在与其他竞争替代品比较的基础上，消费者对感知所得与感知所失之间的比较和权衡。赞瑟姆（Valarie Zeithaml，1988）将感知付出、感知质量、感知价值和消费者满意结合起来，提出了顾客忠诚模型（见图 6－1）。他认为感知价值受感知质量和感知付出的影响，进而对购买行为构成直接影响，在感知质量与购买意向之间没有直接的影响关系，而只是通过感知价值起间接的影响。

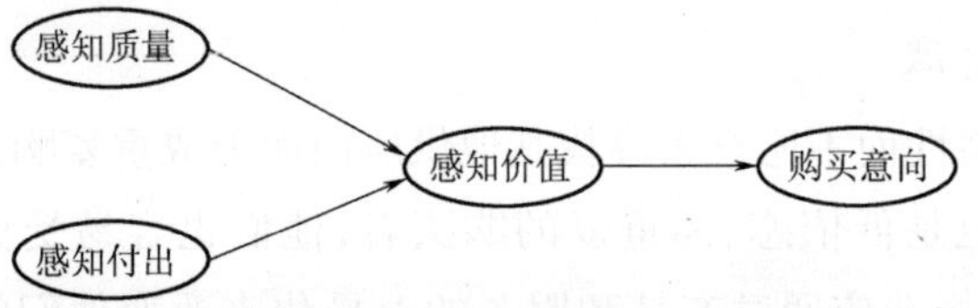


**图 6－1　感知价值、感知付出、感知质量和购买意向关系模型**

资料来源：Zeithaml V A. Consumer Perceptions of Price，Quality and Value：A Means-End Model and Synthesis of Evidence[J]. Journal of Marketing，1998（3）：4.

### （二）基于关系演进的顾客忠诚

基于关系演进的顾客忠诚研究认为，顾客忠诚的决定因素主要通过消费者信任和消费者承诺来实现，顾客忠诚体现了情感态度倾向对消费者与企业之间交换关系的影响。

消费者信任是消费者对某一产品或服务提供商具有信心并对其倚赖的意愿，

它具有可信任性和善意性两个维度。消费者承诺是消费者同企业之间关系持续的一种隐含或明确保证,是指发展稳定关系的愿望、为保持这种关系做出短期牺牲的意愿以及对这种关系稳定性的信心。它有情感承诺、持续承诺和规范承诺三个维度。只有消费者对品牌做出承诺时,才存在真正的忠诚,否则就只是简单的重复购买。承诺代表了对其他选择的抵制,而对其他选择的抵制是忠诚的重要体现。

(三)交易关系整合的顾客忠诚

尽管从交易层面上和从关系演进上对顾客忠诚的解释各不相同,甚至各自得出的结论也不尽一致,但二者都从不同视角对顾客忠诚的形成机理做出了积极合理的解释。为了能更好地解释顾客忠诚形成的内在原因,一些学者试图将交易层面和关系演进两方面结合起来进行研究,由此形成了基于交易层面和关系演进的整合研究。魏茨、吕泰尔和勃格林(Wetzels, Ruyter & Birgelen,1988)把交易层面上的服务质量、消费者满意概念与关系研究中的消费者信任、消费者承诺结合起来,整合成一个模型(见图6-2)。

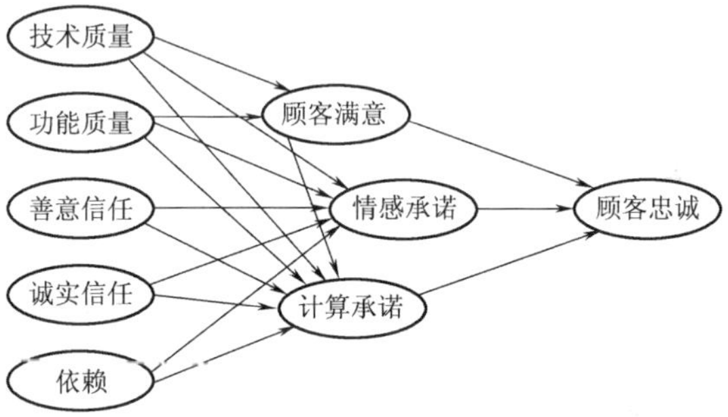


**图6-2　消费者满意、信任、承诺与消费者保留意向关系模型**

资料来源:Wetzels M, Ruyter K, Birgelen M. Marketing Service Relationships: The Role of Commitment[J]. Journal of Business and Industrial Marketing,1998(5):413.

根据有关学者的研究,顾客忠诚的形成机理一般可以分为四个阶段:认知忠诚、情感忠诚、意向忠诚和行为忠诚。

1. 认知忠诚。认知忠诚是忠诚的最初阶段,在这一阶段消费者获得的信息表明某种品牌好于其他可供选择的品牌。认知忠诚是建立在前期间接知识或者近期体验信息的基础之上的,来源于对某品牌产品或服务的信任。认知忠诚的形成主要是基于产品或服务的纯功能特性(如成本、利益和质量等),因而是最浅层次、最为脆弱的忠诚阶段,只要其他品牌提供了更有吸引力的信息(如价格更低),消费者就可能发生品牌转换行为。

2. 情感忠诚。情感忠诚是忠诚形成的第二阶段,消费者对某种品牌的态度会在使用过程中由于满意的累积而得到发展。情感忠诚反映了消费者满意得到实现的快乐程度,一般以认可和喜欢的方式根植在消费者的意识里。情感是相对稳定的,但情感忠诚也并不足以保证消费者具有真正的忠诚。

3. 意向忠诚。意向忠诚是忠诚形成的第三阶段,它意味着消费者对某个品牌进行持续购买的承诺。这种承诺已经超越了情感,具有动机的特点。如果说情感意味着动机的倾向,那么意向承诺则表明实施行为的愿望。

4. 行为忠诚。行为忠诚是忠诚的最高阶段,此时消费者的购买动机转化为准备就绪的购买行动。在这一阶段中往往伴随着克服可能出现的障碍的强烈愿望,因此,实际购买行为的发生被认为是必然的结果。这种忠诚阶段已经可以不受竞争品牌营销活动的影响,因为消费者已不再对相关信息进行搜寻和评价,不再留意其他品牌的产品或服务。

## 第二节　顾客的品牌忠诚度

### 一、品牌忠诚度的定义

品牌忠诚度是顾客对品牌感情的量度。当某种品牌的产品出现并与同类产品的其他品牌产生竞争时,顾客对它持有什么样的态度是判断顾客对其品牌忠诚度的一种标准。顾客的品牌忠诚度实质上反映了企业在市场中的竞争力。一些专家认为,顾客对于品牌的忠诚度可以纳入评估企业资产的指标之中,由此可见顾客忠诚度对于企业的重要性。

品牌忠诚度应包括两方面的内容:行为忠诚度和情感忠诚度。行为忠诚度是指顾客在实际行动上能够持续购买某一品牌的产品,这种行为的产生可能源于顾客对这种品牌内在的好感,也可能是由于购买冲动、促销活动、消费惯性、转换成本或者市场覆盖率高于竞争品牌等其他与情感无关的因素促成的。情感忠诚度是指某一品牌的个性与顾客的生活方式、价值观念相吻合,顾客对该品牌已产生了感情,甚至引以为豪,并将此作为自己的朋友和精神寄托,进而表现出持续购买的欲望和行为。比如,一位美国报纸编辑说:“可口可乐代表美国所有的精华,喝一瓶可口可乐就等于把这些美国精神灌注体内,可乐瓶中装的是美国人的梦。”如果顾客持有这样的“心理体验”,不论其实际上购买与否,都说明它具有较高的情感忠诚度。顾客在较长时期内能否表现出持续的购买行为很大程度上取决于情感忠诚度的高低。

## 二、品牌忠诚度的构成

如上所述,品牌忠诚度是指顾客在较长的一段时间内,对于特定品牌保持的选择偏好与重复性购买。高水平的忠诚度表现为顾客对于该品牌保持强烈的选择偏好与高频率的重复性购买,甚至于将该品牌视为唯一的购买选择;低水平的忠诚度表现为选择偏好不强,重复购买的频率低等。品牌忠诚度是品牌之间相比较而言的一个概念,如果市场上竞争的品牌较少,顾客选择的机会本来就少,重复购买的情况可能容易出现,但选择的偏好不一定强烈。顾客对品牌保持忠诚的时间长短,主要受商品特性与营销策略等因素的影响。对于老牌的日用品而言,顾客的品牌忠诚时间可达几年甚至于几十年之久,而季节性商品的忠诚时间可能只有半年或稍长一点。

现实中,每位顾客对于每一种品牌的忠诚度千差万别,但其构成基础都含有某些心理和行为方面的共同成分,具体包括以下六个方面。

### (一)顾客对于品牌的认知

虽然顾客对于自己不忠诚的品牌也可能有较高的品牌认知度,但对于自己所忠诚的品牌,必然表现出最高程度的认知度。关于品牌忠诚与顾客认知程度关系的测量显示,未提示知名度与提示知名度都达到100%或接近100%。因此,高认知度是顾客形成高水平忠诚度的基本心理基础。

### (二)顾客的总体评价与综合评价

顾客对于自己所忠诚的品牌,其总体评价表现出很高的得分,对于该品牌各个属性方面也有较高的评价得分,包括商品的总体质量、商品的包装与形象、商品的档次、商品的服务质量、商品的价格适应性、商品的价值、对于消费需要的满足性等。

### (三)顾客对品牌的价值判断

就特定的品牌来说,商品价格这一因素对于顾客行为有最直接的促进与阻碍作用,如果顾客认为商品的价格小于或等于商品的价值,他购买的阻力就小一些,这样的价格有利于购买行为的进行;而当顾客认为商品的价格高于商品的价值时,购买的阻力就大大增加。所以,顾客对商品价值的判断对于顾客长期的忠诚行为有非常重要的影响,对品牌的价值判断也就成为顾客忠诚度的要素之一。

### (四)顾客的满意度

满意度是顾客态度的一种表现形式,是当代营销活动中反映顾客心理和行为基础的一个非常重要且广泛应用的指标。对于顾客所忠诚的品牌，满意度得分较非忠诚的品牌明显要高。比如，牙膏市场中，忠诚度高的品牌所获得的总体得分接近于满分(10 分)，而忠诚度低的品牌，总体得分大致在 3.5 ~ 3.9 分之间或以下。

（五）顾客的稳定性消费习惯

顾客在较长时间内，对于所忠诚的品牌表现出较高频率的重复购买行为。与其他品牌相比较而言，顾客的重复购买行为与消费的频率明显偏高，表现出比较稳定的习惯性行为。比如，快餐食品的消费中，忠诚度高的品牌，顾客购买的频率可达到每月 7 ~ 10 次；而对忠诚度低的竞争品牌的购买频率每月只有 2 ~ 3 次，甚至更低。

（六）顾客向其他顾客的推崇与介绍

对于自己所忠诚的品牌，顾客十分乐意向其他顾客介绍和推荐，很乐意介绍自己使用这种品牌的经验，希望与亲朋好友共同分享消费这种商品的快乐，介绍购买这种品牌的渠道等。

以上六个方面从各个角度共同作用，决定了顾客的忠诚度。

前沿透视

## 老字号品牌知名度、形象与支持：资产还是包袱？
## ——基于品牌资产的顾客忠诚度研究

已被证实的研究假设有着丰富的管理内涵，老字号企业可以通过改善品牌形象、建立品牌信任与完善品牌支持等策略构建品牌资产，提升顾客感知价值与顾客忠诚度。未被证实的研究假设同样可以为老字号的品牌发展提供非常有价值的建议。在某种程度上，很多老字号已经以“质次价低、定位低端”而知名。这就要求老字号企业要不断开发升级换代的高档产品，以发挥老字号企业品牌知名度的优势，利用知名度，促进顾客感知价值及其忠诚度的提升。

针对老字号品牌形象难以让顾客感知到社会性价值的问题，老字号企业要不断创新，寻找差异化的产品定位、价格定位，满足消费者的“面子需求”。针对品牌支持难以让消费者感知到情感性价值的问题，老字号企业应该在渠道建设方面与时俱进，满足新一代消费者个性化的需求，同时，改变传统家庭作坊式的经营模式与管理体制，塑造个性化的品牌文化。还要加大国际化力度，主动走出国门，增强消费老字号品牌的民族自豪感。

资料来源：杨桂菊，侯丽敏，柏桦，李斌. 老字号品牌知名度、形象与支持：资产还是包袱？——基于品牌资产的顾客忠诚度研究[J]. 经济与管理研究，2015(5)：143－144.

## 第三节 顾客忠诚度的测量与分析

前面已经提到过，美国学者弗雷德里克·雷切德对 12 个服务行业的研究表明，顾客保留率每提高 5%，企业从顾客那里得到的现金净流量可以提高25%～85%，其增加值视具体行业的情况而定。企业拥有长期的忠诚顾客，不仅意味着稳定的销售收入，还意味着可以降低营销成本。因此，顾客忠诚在很大程度上决定了企业的赢利能力和发展前途，尤其在竞争日益激烈的今天，更要通过顾客忠诚度的测量与分析来随时了解顾客的满意程度，以便更好地进行顾客关系管理。

### 一、选择顾客忠诚度测试对象

选择正确的顾客进行忠诚度测试，有助于提高测试最终结果的可信程度，还可以避免在测试过程中造成浪费。

（一）现实顾客

顾客满意度测试的对象一般是已经存在的现实顾客，即已经体验过本企业商品和服务的既有顾客。

现实顾客既包括了产品的购买者，又包括了产品的最终使用者，但通常在进行统计时将二者合二为一，以购买者作为测试的对象。这在很多情况下是可行且方便的，例如某些产品的最终顾客虽然是小孩，但是对这些产品忠诚与否是由父母的购买行为来决定的。

（二）中间商

一些产品或服务并不是由企业直接提供给顾客，而是通过中间环节如零售商提供给顾客，可见顾客忠诚度与批发商、零售商也有很大的关系，所以中间商也应该列为顾客忠诚度的测试对象。

### 二、消费者忠诚度的影响因素

随着市场竞争的日益加剧，消费者忠诚已成为影响企业长期利润高低的决定性因素。以消费者忠诚为标志的市场份额，比以消费者多少来衡量的市场份额更有意义,企业管理者将营销管理的重点转向提高消费者忠诚度方面来,以使企业在激烈的竞争中获得关键性的竞争优势。影响消费者忠诚度的因素主要有以下几个方面。

(一)服务质量

服务质量直接影响着消费者的重复购买、推荐意愿,愿意支付更高的价格和在价格上涨情况下继续保持忠诚。因此,服务质量对消费者忠诚有着更为直接而根本的影响。也就是说,服务质量的好坏直接决定着消费者的忠诚与否。对企业而言,改善服务质量自然会提高消费者的忠诚度,进而提升赢利能力和经营绩效,但是不同产业间服务质量与消费者忠诚之间的相关度存在差异①。

(二)消费者满意

消费者的满意程度越高,则重复购买越多,对公司及其品牌的忠诚也越持久。"服务利润链"模型甚至明确提出消费者满意直接导致消费者忠诚②。然而,消费者满意与忠诚之间虽然存在正相关关系,但却不是线性关系。只有当满意度达到较高水平后,忠诚度才会迅速增加。基本满意和满意的消费者的忠诚度往往都是较低的,只有非常满意的消费者才表现出极高的重复购买率和口碑传播意愿。研究表明,非常满意消费者的忠诚度是满意消费者的6倍。在不同的竞争条件下,消费者满意对消费者忠诚的作用也不一致,市场竞争越激烈,消费者满意水平对赢得消费者忠诚就越发重要。

(三)转换成本

转换成本通常出现在消费者进行购买决策选择时,所面临的从一个供应商转向另一供应商的一次性成本,其中除货币性成本外,还包括面对新的服务提供者时所导致的不确定性引起的心理和时间上的成本。转换成本的高低对于维系消费者忠诚有着直接影响,特色产品或服务的不可替代性能够大大地增强消费者的忠诚度。一般情况下,服务的转换成本要高于产品的转换成本。此外,丰富的营销计划、消费者俱乐部等附加服务也将增加消费者转换成本,提高消费者忠诚度。

---

① Parasuraman A, Zeithaml V A, Berry L L. A Conceptual Model of Service Quality and its Implications… Customer Loyalty: Toward and Integrated Conceptual Framework[J]. Journal of Academy of Marketing Science, 1994, 22: 99-113

Ruyter K D, Bloemer J. Customer Loyalty in Extended Service Settings[J]. International Journal of Service Industry Management, 1999, 10(3): 320-336

Ruyter等学者对保健业、影剧院、快餐业、超市和游乐园等行业进行实证研究,进一步证实了不同行业服务质量对消费者忠诚的影响是不同的。

② Haskett James L. et al. The Service Profit Chain: How Leading Companies Link Profit and Growth to Loyalty, Satisfaction, and Value[M]. Free Press, 1997.

另外,还有学者认为消费者价值、社会规范和多种情境因素对消费者忠诚也有直接影响。

## 三、顾客忠诚度测试的内容

### (一)顾客忠诚度评估模型

顾客忠诚度的直接表现是选择其忠诚的某个企业的产品来消费,这也是理论界将顾客忠诚理解为一种行为的重要原因,顾客忠诚、选择、价值之间的关系可以用图 6 – 3 来描述。

**图 6 – 3 顾客忠诚度评估模型**

资料来源:喻建良,毛锦云.顾客让渡价值指导下的忠诚度评估指标与定量化评估研究[J].财经理论与实践(双月刊),2002(5).

图 6 – 3 中采用双向箭头的意义在于它们之间是相互影响的,譬如说顾客让渡价值会影响顾客的选择,反过来,顾客的选择也会促使企业改变其产品的顾客让渡价值。

简单来说,顾客忠诚度的评估模型表示,顾客忠诚与否取决于其是否获得了价值让渡,如果顾客获得了价值让渡,得到了较大的满足感,那么就会选择重新购买该产品,如此循环、重复购买的行为就形成顾客的忠诚度。

### (二)顾客忠诚度评估指标体系

对顾客忠诚度的测量是通过许多指标来体现的,这些指标各自形成一种维度,共同发生作用,反映着顾客的忠诚度。

1. 顾客重复购买次数。顾客重复购买次数是指在固定的单位时间内,重复购买某种品牌的次数,比如每月购买某品牌的次数或每年购买的次数。

在一定时期内顾客对某一产品重复购买的次数越多,说明对这一产品的忠诚度越高;反之,则越低。由于产品的用途、性能、结构等因素也会影响顾客对产品的重复购买次数,因此要根据不同产品区别对待,不能一概而论。

2. 顾客挑选时间。根据消费心理学原理,顾客购买商品都要经过挑选这一过程,但由于信赖程度的差异,对不同产品顾客购买的挑选时间是不同的,因此,从购买挑选的时间长短上,也可以鉴别顾客对某一产品的忠诚度。一般来说,顾客挑选的时间越短，则表明其忠诚度越高；反之，则越低。

3. 顾客的购买品牌。顾客的购买品牌包括购买目标品牌、购买同类竞争品牌以及购买替代品牌三个方面。目标品牌指对本企业产品测量研究的那个品牌；竞争品牌是与本企业产品进行竞争的品牌；替代品牌指顾客原来使用的品牌因在市场无法得到而购买的其他同类产品的品牌，也是竞争品牌之一。

顾客对某一品牌的态度变化是通过与竞争产品的比较而产生的。所以根据顾客对竞争者品牌的态度，能够从反面判断其对某一品牌的忠诚度。如果顾客对竞争者的品牌有好感，说明其忠诚度低；反之，则说明其忠诚度高，购买意向相对稳定。

4. 顾客购买某品牌的费用支出。这一费用支出是指顾客每次购买某一种品牌时，为某一件商品支出的费用，费用单位为当地货币单位。顾客为某一种品牌支付的费用与顾客购买同类产品支出的费用总额的比值如果最高，则证明顾客对此种品牌的产品忠诚度高；反之，则低。

5. 顾客对价格的敏感程度。顾客对价格都是非常重视的，但这并不意味着顾客对每种产品的价格敏感度一定相同。事实表明，对于顾客喜爱和信赖的产品，顾客对其价格变动的适应能力强，敏感度较低；反之，则敏感度较高。同时还应考虑产品对人们的必需程度、产品供求状况及产品竞争程度三个因素的影响。

6. 顾客对产品质量事故的承受能力。任何一种产品都有可能因某种原因出现质量事故，即使是名牌产品也很难避免。顾客对产品的忠诚度高，则对出现的质量事故会有比较宽容的态度，不会因此而转购其他品牌。

以上所有的测量指标，都可以在调查研究的工具中转换为具体的可操作性项目，并将这些项目运用于现场调查以取得调查数据。顾客的挑选时间、顾客购买的品牌、购买各品牌的次数、费用支出及购买的价格敏感度等数据，必须可靠而且有效。除了取得上述数据外，对顾客忠诚度的测量还需要调查无提示状态下顾客最喜爱的品牌，顾客喜爱该品牌的原因，顾客实质上购买该品牌的动机等内容。

## 四、消费者忠诚度测评

对于消费者忠诚度的衡量方式，不同学者提出不同的看法。

福内尔（Fornell，1992）指出可由重复购买的意向与满意消费者对价格的容忍情况，来衡量消费者忠诚度。

琼斯和萨瑟尔（Jones & Sasser，1995）将消费者忠诚度的衡量分为再购意愿

(intent to repurchase)、主要行为(primary behavior)与次要行为(secondary behavior)三构面。其中再购意愿是衡量消费者未来可能再度购买该公司的产品或服务的意愿;主要行为则包括了消费者最近一次购买的时间、购买频率、购买数量、续购率及保有期间等交易信息;而次要行为主要是消费者愿意帮公司介绍、公开推荐及建立口碑等衍生行为。

克朗伍德(Gronhold,2000)指出消费者忠诚度是由四个指标所组成的,包括消费者再购意愿、价格的容忍度、向他人推荐品牌或公司的意愿以及消费者交叉购买的意愿。

英格丽(Ingrid,2000)认为忠诚消费者具有几种特性:将花费更多的金钱购买该公司产品或服务;鼓励其他人购买该公司的产品;相信购买该公司的产品是有价值的。

鲍恩(Bowen & Chen,2001)认为可以从行为、态度及合成三种方法来衡量消费者忠诚,其中行为衡量是指重复购买的行为;态度衡量是指消费者内在心理所引发的忠诚;而合成衡量则是结合行为与态度忠诚度,即由消费者对产品的偏好、品牌转变的习性、购买频率与全部购买的数量来衡量。这里将各学者对消费者忠诚度的衡量项目整理如表6-1。

**表6-1 消费者忠诚度的衡量项目**

| 学者 | 年份 | 衡量项目 |
|---|---|---|
| Fomell | 1992年 | 1. 再购意愿<br>2. 消费者对价格的容忍度 |
| Jones & Sasser | 1995年 | 1. 再购意愿<br>2. 主要行为<br>3. 次要行为 |
| Gronholdt et al. | 2000年 | 1. 再购意愿<br>2. 价格的容忍度<br>3. 向他人推荐品牌公司的意愿<br>4. 交叉购买的意愿 |
| Bowen & Chen | 2001年 | 1. 行为衡量<br>2. 态度衡量<br>3. 合成衡量 |

续表

| 学者 | 年份 | 衡量项目 |
| --- | --- | --- |
| Ingrid | 2004 年 | 1. 花费更多的金钱购买该公司产品或服务<br>2. 鼓励他人购买产品<br>3. 相信公司产品有价值 |

资料来源：Fornell C. A National Customer Satisfaction Barometer：The Swedish Experience[J]. Journal of Marketing,1992,56(1):6－22

Jones T O,Sasser W E. Why Satisfaction Customers Defect[J]. Harvard Business Review,1995.

Gronholdt L,Martensen A,Kristensen K. The relationship between customer satisfaction and loyalty：Cross－industry differences[J]. Total Quality Management,2000,11(7):509－514

Bowen J T,Chen S L. The Relationship between Customer Loyalty and Customer Satisfaction[J]. International Journal of Contemporary Hospitality Management, 13(5):213－217

Van Montfort, Kees, Masurel, Enno, Ingrid. Service Satisfaction：An Empirical Analysis of Consumer Satisfaction in Financial Services[J]. Service Industries Journal,2000:25－34.

### （一）顾客重复购买频次

顾客重复购买频次是指在相同的时间单位内，顾客购买本企业产品、竞争对手产品或替代产品的总频次。一般使用“月”或“年”作为时间单位，计算每一品牌的销售额。计算公式为：

$$\text{顾客重复购买频次} = \frac{\text{顾客重复购买次数}}{\text{时间单位}}$$

显然，该指标反映了顾客购买每一种品牌的频率。相比之下，购买某一种品牌的频率越高说明其对该品牌的忠诚度越高；反之，则越低。

由此指标可以测量顾客的购买周期，即在一定时间范围内，顾客购买一次该品牌的平均时间，一般以天为时间单位。因为第一次购买行为没有时间参考的基点，只有进行了重复购买才有可能计算顾客的购买周期。具体的计算方法是，将第二次及以后的购买时间点与第一次购买的时间点之差进行平均，即得出该品牌的重复购买周期。在实际的测量过程中，为了被调查者理解上的方便，通常计算在标准的时间单位内顾客重复购买过该品牌的总次数，得出该品牌的重复购买周期。如果将整个顾客群体的数值加以平均，则可得出该顾客群体的重复购买周期。计算公式如下：

$$\text{重复购买周期} = \frac{\text{标准时间单位}}{\text{标准时间单位内购买次数}}$$

此指标与顾客重购频次其实是一对强相关的指标。与顾客购买同类商品相比，顾客对商品的重复购买周期越短，说明顾客对该产品的忠诚度越高；反之，则越低。

（二）顾客支出费用

如果产品在较长的时间内其标价相对固定，测量时直接计算顾客每一次购买行为的费用支出并加以平均即可。对于标价变动较为频繁的品牌，或顾客每次购买量不同的商品，需要累计标准时间内购买该品牌的全部费用支出，并以购买次数进行平均，得出每一次的费用支出。

测量顾客购买各品牌的费用支出，可以研究顾客对不同品牌的忠诚度。其计算公式为：

$$\text{某品牌费用支出} = \sum \frac{\text{顾客购买该品牌全部费用}}{\text{时间单位}}$$

（三）顾客购买某产品的比率

计算顾客购买某产品比率的原因在于：市场上有多种产品，顾客可以选择的范围很大，不进行占有率的比较很难测定顾客对某一种产品是否忠诚；并且，从顾客购买某产品的比率分析入手，容易发现企业在顾客心中的主要竞争者有哪些，还可以以此为依据调查为什么顾客比较忠于其他企业的产品而不是本企业的产品。其计算公式为：

$$\text{顾客购买某产品的比率} = \frac{\text{购买某产品所付费用（或次数）}}{\text{购买同类产品所付总费用（或次数）}}$$

由此公式还可以推导出品牌忠诚度。如果经常使用的品牌没有现货，顾客可能会购买替代品牌，计算顾客购买替代品牌的比例，即推断顾客对该品牌忠诚的程度。其计算公式为：

$$\text{品牌忠诚度} = \frac{\text{当前仍然购买该品牌的比例}}{\text{过去购买该品牌的比例}}$$

此指标是测量一定时间、范围内顾客购买行为的变动性（变动性的反面即购买某品牌的稳定性），品牌忠诚度注重顾客对某一特定品牌购买行为的测量。

（四）顾客对产品的价格敏感度

对顾客的价格敏感度的测量主要采用经济学中顾客的需求弹性，计算被测顾客的价格需求弹性的公式为：

$$\text{价格需求弹性（E）} = \frac{\text{需求数量的变化率}}{\text{产品价格的变化率}}$$

通过对顾客价格需求弹性的测量可以说明，某一特定顾客在一系列产品中，对各种产品的价格敏感程度进行比较时，如果对某种产品的价格需求弹性最低，则其对该产品的忠诚度高；反之，则忠诚度较低。但这个指标受到顾客主观接受能力、消费水平等许多因素的影响。

（五）其他指标

顾客的挑选时间、顾客对产品质量事故的承受能力不属于相对指标。

顾客的挑选时间是一个绝对指标，挑选时间越短，说明顾客对产品越信赖，忠诚度就越高；反之，就越低。

而顾客对产品质量事故的承受能力则显示了顾客对产品出现质量事故时表现的态度，以及是否会由此放弃选购此种产品，而选择购买其他产品。当然，顾客对事故的承受能力越强则表示他对产品的忠诚度越高；反之，顾客的忠诚度则越低。

## 第四节　顾客忠诚度的培养和提高

顾客是否忠诚，或者说顾客是否会重复购买企业的产品，关键的因素在于企业与其竞争者相比是否能给顾客提供更高的产品价值。顾客的消费经验、相互间的交流和企业的各种经营活动都会改变顾客所能够认识到的产品价值。顾客在新一轮的购买选择中，如果仍然偏爱企业的产品，认为能够从中享受到最大的产品价值，他们就会重复购买，从而建立起顾客忠诚；反之，顾客就会离开该企业，转向其竞争者。因此，要研究如何培育和提高顾客的忠诚度，首先要研究影响顾客忠诚度的因素，然后在此基础上有针对性地进行培育和提高顾客的忠诚度。

### 一、影响顾客忠诚度的因素

顾客忠诚度受到诸多因素的影响。分析这些对顾客忠诚度产生影响的因素，对于企业理解顾客、更准确地满足以至超越顾客需求，做好顾客关系管理具有十分重要的作用。

#### （一）顾客满意

营销学者对于顾客满意的概念界定基本是一致的。营销学大师菲利普·科特勒认为：顾客满意是指“一个人通过对一个产品的可感知效果（或结果）与他的期望值相比较后，所形成的愉悦或失望的感觉状态”。满意度给出了一个和消费满足感有关的快乐水平，包括低于或超过满足感的水平。顾客的满意程度越高，就会购买更多该产品，对公司及其品牌忠诚就会更持久。大量的有关顾客满意和顾客忠诚的研究证明：虽然在满意度与忠诚度之间并无强相关关系，但无论行业竞争状况如何，顾客忠诚都会随着顾客满意度的提高而提高。可以说，顾客满意是推动顾客忠诚的最重要的因素之一，顾客越满意，重复购买的可能性就越大，许多理论和实证研究都证实了顾客满意与顾客忠诚有正相关关系。

顾客是否满意与对产品的期望质量有关，也与顾客实际体验或认知质量有关。顾客的体验或认知质量高于顾客期望的质量，则顾客满意；否则顾客就会失望。顾客根据自身的需求、过去的消费经验、市场上有关产品的口碑、企业形象以及营销沟通等因素形成期望。而顾客的认知质量是顾客对产品的体验和认识，这种认知与实际的产品可能会有差异，但其基础是产品质量。

然而顾客满意并不等同于顾客忠诚，许多研究也表明顾客满意度高而忠诚度却很低。顾客忠诚度随基本期望的满意水平提高而提高，满足顾客基本期望是顾客满意的必要条件，而满足顾客潜在期望是顾客忠诚的充要条件。也就是说基本期望没有得到满足顾客肯定不满意，但即使基本期望得到了满足，顾客的满意度也不一定高。只有潜在期望得到了满足顾客才会完全满意、才会有愉悦，才会最终形成忠诚，但是潜在期望没有得到满足时顾客也会有一定的忠诚度。

（二）顾客服务和支持系统

顾客服务和支持系统包括其外围和支持性的服务，这些服务有助于核心产品的提供。如，运输和记账系统、疏通性和便利性、服务时间、员工的水平、信息沟通、储存系统、维修和技术支持、求助热线，以及其他支持核心产品的计划。这就是说，即使顾客接受了非常优质的核心产品，他们也有可能对服务提供商表示不满。如果供应某产品的服务质量和系统支持不能达到顾客要求，顾客可能会坚决地放弃购买他理想中的产品，或者会换另一家企业为其提供质量差异并不大的产品。

顾客服务质量是影响顾客忠诚度的一个重要因素，无论企业生产什么产品都需要为顾客提供优质的服务及以支持系统，服务质量和支持系统好坏直接影响到顾客对企业产品的印象。服务是顾客满意和愉悦的基础，但仅仅提供满意服务不一定必然形成忠诚，而超值的服务不仅产生满意并且产生愉悦，会驱动顾客形成忠诚感。

在一些公司的运营中，以较好的核心产品或者服务为基础取得竞争上的优势变得越来越困难。这类公司可以提供与分销和信息相关的支持性和辅助性服务，通过这些服务为顾客增加价值，并逐步将他们同竞争对手区分开来。这些公司可以使顾客与他们之间的交易变得更加方便。他们可以规定禁止员工与顾客争论，可以向顾客提供有关产品的详细信息，可以提供24小时的服务，例如在顾客外出期间，他们可以为他的车提供定期服务，以最大限度地方便顾客。通过采取步骤将这些系统和政策安排到位，公司就可以开始为顾客增加价值了，从而也可以将自己同竞争对手明显地区别开来。

在激烈的市场竞争中，超值的销售服务起到了越来越重要的作用。服务与产品质量、价格、交货期等共同构成企业的竞争优势。虽然再好的服务也不能使劣质的产品成为优等品，但优质的产品会因劣质的服务而失去顾客。美国一家咨询公司发现，顾客从一家企业转向另一家企业，70%的原因是服务质量问题。服务已逐步取代产品质量和价格成为竞争的焦点。如果企业能专注于每一个特定顾客群的需求，就会形成一支数量可观的忠诚顾客队伍。

(三)品牌形象

随着收入水平的提高，顾客的需求层次有了很大变化。面对日益繁荣的商品市场，顾客开始倾向于商品的品牌选择，且选择过程中的偏好差异性增强，习惯于指名购买。而顾客选择品牌和品牌偏好的形成，取决于企业在顾客心目中的形象。良好的形象会对企业的产品或服务产生巨大的支持作用，赋予产品较高的价值，从而带给顾客精神上和心理上的满足感、信任感，使顾客获得更高层次和最大限度的满足，这对提高顾客的忠诚度是十分有利的。

(四)价格水平

经济利益上的风险永远是顾客所关心的，在分析风险时，无论是有意还是无意，顾客总是将价格与其花费所得相比较，以保证自己在一定支出水平上得到最好的满足。这不仅关系到减少经济风险，还关系到社会和心理风险的大小。在顾客所得到的产品和服务不变的条件下，低价格的承诺是很有吸引力的，但日益成熟的顾客看中的已不仅是产品和服务的价格，更关心的是为补偿自己购物时的付出而得到的利益，包括产品质量、员工服务以及便利性等。企业应根据顾客的期望提供合理价格，使顾客通过付出与所得的比较获得最大满足，他才会重复地购买，成为企业的忠诚顾客。

(五)顾客情感因素

从顾客调查中获得的很多证据都说明，相当一部分顾客的满意度与核心产品或者服务的质量并没有太大关系。实际上，顾客甚至可能对他与服务提供商及其员工的互动中的大多数方面感到满意，但是因为一位员工的某些话或者因为其他的一些小事情没有做好而使公司失去了这个顾客的业务，而那些事情或语言甚至是员工们没有注意到的。

顾客经常会描述服务提供商带给他们的感受如何，很少有公司对自己的员工给顾客带来的感受给予特别的关注。很多服务经历可能会使顾客对公司产生不好的感觉，一些经历则可以让顾客对公司产生好的感觉，不过这样的经历可能会比较少。

## 二、顾客忠诚度的培育和提高

基于以上对影响顾客忠诚度的因素的分析，可以得出一些具体的、操作性的方法，以此来培育并提高顾客的忠诚度。

(一)不断提高产品质量

优质产品是顾客对产品忠诚的前提条件，可靠的产品质量是建立顾客忠诚的根本保证。高质量的产品本身就是出色的推销员和维系老顾客的强力凝固剂。在这里,质量不仅是指产品符合标准的程度,更应该强调的是企业要不断地根据顾客的意见和建议,开发出顾客真正需要的产品。产品质量应以顾客的需求为始点,以顾客的认知为终点,产品质量优秀与否是由"使用者评判的,而不是生产者宣称的"(洛克赫德)。

企业要为顾客提供优良产品,即能够满足消费者需要、具有正常功能、定价低廉合理且消费者能买得到的产品。在企业内部应该形成"以赢得消费者忠诚"为准则的企业文化,产品或服务的设计生产要以顾客为中心,不断寻求改进,树立"为了消费者,对质量的追求永不满足"的观念。

(二)提供优质服务

为顾客提供优质服务的方法之一就是保修和服务保证,这不仅为顾客提供了信用,而且还加强了品牌形象。另一种提供优质服务的方法就是补救服务,产品不可能100%没有问题,关键是企业在产品发生故障或服务出现问题时如何补救。服务补救对保持与顾客的长期关系十分重要,通过顾客服务发展与顾客的长期关系是企业提供差异化产品的手段之一,可以有效地提高市场的竞争力。为顾客提供超越期望的优质服务是顾客满意和愉悦的基础,顾客仅仅满意不一定忠诚,但超值的优质服务不仅产生满意而且产生愉悦,才会形成顾客忠诚。为顾客提供优质服务,企业员工要树立正确的服务意识和理念,要形成以顾客为中心的组织结构,重组顾客服务流程并严格实施标准化服务管理。

(三)降低顾客成本

企业要尽量降低顾客的成本,顾客成本不仅包括产品价格、使用成本等货币支出,还包括精力、体力等非货币支出。企业可以通过方便的销售网络使顾客搜索成本降低,通过优质的服务体系使顾客节省产品的使用成本,通过统一的销售价格使顾客不需要太多的时间来讨价还价,从而节省顾客的精力投入,使顾客成本降低,使顾客价值提升。

(四)消除顾客不满

要与顾客建立长期的相互信任的伙伴关系,就要善于处理顾客抱怨或异议。有些企业的员工在顾客投诉时常常表现出不耐烦、不欢迎,甚至流露出反感的情绪,这往往会使企业丧失宝贵的顾客资源。大多数顾客感到不满时是不会去投诉的,或者是因为怕麻烦,或者是因为商品价值太低不愿投诉,还有的是不知道如何投诉。一般在25个不满意的顾客中,可能只有一个人会去投诉,其他24个则转移到了其他企业。因此,顾客的投诉实际代表了部分顾客意见,为企业提供了难得的改进服务的机会。企业应尽力鼓励顾客提出抱怨,然后再设法解决其遇到的问题。有关研究显示，一个最好的顾客往往是受过最大挫折的顾客；得到满意解决的投诉者往往比从没有不满意的顾客更容易成为企业最忠诚的顾客。在重大问题投诉者中，有34%的人在问题解决后会再次购买该企业产品，而小问题投诉者的重购率可达到52%，若企业能迅速解决投诉，则重购率将会提高到52%～95%之间。

正确对待顾客投诉的第一步是鼓励不满意的顾客提出自己的意见，即降低顾客投诉的"门槛"，否则企业就很难发现自己的缺陷，竞争就会产生盲目性。在对顾客投诉的补偿方面，企业既要注意费用/效益的比较，又要注意补偿的公平性。补偿程度一般应低于由于不补偿而带来的商业风险，其中对顾客的价值评判要依据其终身价值。在做出补偿时，要设身处地为顾客着想，考虑其不便之处。采取一定的跟进性方式了解顾客的最终想法，比如通过打电话或写信的方式告知顾客解决方案，或者与投诉者进行直接交流，直到顾客不满完全消除。

### （五）提高顾客退出障碍

退出是指顾客不再购买某企业的产品，终止与该企业的业务关系。构成顾客退出的原因主要有：①价格退出者，为了更低的价格转向竞争者，这类顾客最缺乏忠诚度，价格是影响其购买决策的决定性因素；②产品退出者，是因为找到更好的产品而退出，企业欲留住这类顾客就必须提供更好的产品；③服务退出者，是由于企业不尽如人意的服务而退出；④技术退出者，由于产品使用技术升级而转向其他产业的产品。企业应该认真分析顾客退出的原因，采取针对性的措施，减少顾客退出。

对单个顾客而言，转换购买对象需要花费时间和精力重新寻找、了解和接触新产品，放弃原产品所能享受的折扣优惠，改变使用习惯，同时还可能面临一些经济、社会或精神上的风险；对机构购买者而言，更换使用另一种产品则意味着人员再培训和产品重置成本的支付。提高转换成本就是要研究顾客的转换成本，并采取有效措施人为增加其转换成本，以减少顾客退出，保证顾客对本企业产品或服务的重复购买。

提高转换成本的第一个最常用的策略是对忠诚顾客进行财务奖励，如对重复购买的顾客根据购买数量的多少、购买频率的高低实行价格优惠、打折销售，或者赠送其他价值相当的礼品等。第二种方法是为顾客提供有效的服务支持，包括免费热线、质量保证、操作培训、维修保养、事故处理等，借此增加顾客的感知价值。这些服务措施的运用会迫使顾客在打算跳槽前慎重考虑。第三种方法是通过有效沟通，与顾客建立长期的伙伴关系。企业可借助于顾客联系卡或顾客数据库提供的信息，定期与顾客保持联络，做好顾客的回访工作。使企业了解到顾客意见，提高顾客转换购买的精神成本。

（六）提高内部员工的满意度

员工关系会直接影响顾客关系，使员工满意是使顾客忠诚的前提。如果员工的满意度只有70%，那么顾客的满意度绝对不可能达到90%，自然也不能保证顾客的忠诚度。这是因为企业为顾客提供的产品和服务都是由内部员工完成的，他们的行为及行为结果是顾客评价服务质量的直接来源。因此，企业在培育顾客忠诚的过程中，除了做好外部市场营销工作外，还要重视内部员工的管理，努力提高内部员工的满意度。

（七）塑造良好的品牌形象

品牌是成功企业赢得消费者忠诚的重要武器。品牌实际上是一种文化，已经融入各民族、各阶层和各种职业之中。许多消费者愿意花很多钱购买世界名牌服装、名牌化妆品、名牌手表等，就是因为这些品牌已经成为一种独特的文化和身份象征。品牌能够给企业带来超额利润，要提高消费者对品牌的忠诚，企业要在保障产品质量、提供优质服务的同时，注重提高品牌的文化内涵，通过整合传播提升品牌的知名度和美誉度，塑造品牌的良好现象。顾客对品牌的忠诚度不仅仅是出于对产品使用价值的需要，还带有强烈的感情色彩，只有塑造出良好的品牌形象，使之在顾客心中留下美好的形象，他们才会产生对该产品的忠诚。

## 练习题

1. 顾客忠诚可以分为哪几类？其相互之间的关系是什么？
2. 顾客忠诚是怎样形成的？
3. 顾客品牌忠诚度由哪几部分构成？如何评估顾客忠诚度？
4. 顾客忠诚度受到哪些因素影响？
5. 企业怎样提高顾客的忠诚度？

## 案例分析

### 一个培养忠诚客户的时装秀

《孙子兵法》说：“上兵伐谋”“善用兵者，屈人之兵而非战也，拔人之城而非攻也”。未战而屈人之兵,未战而投人之城,正是“攻心为上”的形象说明。企业拥有的忠诚顾客对企业的发展是十分关键的。但是,企业获得忠诚顾客并非是一朝一夕的事。近年来,我国许多企业都已经意识到忠诚顾客与企业的经济效益有直接联系,但是大多数却并不清楚怎样才能获得忠诚顾客。

在一个人口百万的日本大都市里,每年的高中毕业生相当多,一家化妆品公司的老板对此灵机一动,想出了一个好点子。从此,他们的生意蒸蒸日上,成功地掌握了事业的命脉。

这座城市中的学校,每年都毕业许多即将步入黄金时代的少女。这些刚毕业的女学生,无论是就业或深造,都将开始一个崭新的生活。她们一脱掉学生制服,就开始学习改变和装扮自己,化妆品公司的老板看到了商机,于是每一年都为女学生们举办一次服装表演会,并聘请知名度较高的明星或模特儿现身说法,教她们一些装饰的技巧。在邀请她们欣赏、学习的同时,公司也利用这一机会宣传自己的产品,表演会后还不失时机地向每一位女生赠送精美的礼物。

这些应邀参加的少女,除了可以观赏到精彩的服装表演之外,还可以学到不少化妆知识,又能收到礼物,满载而归,真是皆大欢喜。因此许多人都对这家化妆品公司印象深刻。

这些女生事先都会收到公司寄来的请柬,这请柬也设计得相当精巧有趣,令人一看卡片就心驰神往,哪有不去的道理。因而大部分人都会寄回报名单,公司根据这些报名单准备一切事物。据说每年参加的人数约占全市女性应届毕业生的90%以上。

在她们所得的纪念品中,附有一张申请表。上面写着:如果您愿意成为本公司产品的使用者,请填好申请表,亲自交回本公司的服务台,就可以享受到公司的许多优惠。其中包括各种表演会和联谊会,以及购买产品时的优惠价等。大部分女学生都会响应这个活动,纷纷填表交回,该公司就把这些申请表一一加以登记装订,以便事后联系或提供服务。事实上,她们在交回申请表时,或多或少都会买些化妆品回去。如此一来,对该公司而言,真是一举多得。不仅吸收了新顾客,也实现了把顾客忠诚化的理想。

国外的一项调查研究表明,一个企业总销售额的80%来自于占企业顾客总数20%的忠诚顾客。因此,企业拥有的忠诚顾客对企业的发展是十分关键的。

资料来源:案例改编自 http://www.bnet.com.cn/2010/0804/1835911.shtml.

## 思考题

1. 通过本案例的分析，思考它给了我们什么启示。
2. 结合你所了解的企业，谈谈如何培养顾客忠诚。

# 第七章

# 顾客关系的维系与保持

**本章学习要点**

本章重点研究如何维系和保持与新老顾客的关系。其中包括对顾客流失的管理，怎样处理顾客的不满，如何保持顾客忠诚，怎样维系老顾客以及关系营销的基本理念与方法。通过本章学习，应能描述顾客流失管理的过程；理解增加顾客价值在客户关系管理中的作用；阐明如何正确处理顾客不满；说明维系老顾客的重要性以及途径；描述关系营销的核心思想；识别顾客关系营销的几种模式。

在商业活动中，顾客忠诚是许多企业都很重视的问题，因为长期顾客能为企业创造更多的价值。一旦顾客了解、习惯并信任某种商品或服务后，他对这种商品或服务的购买会大幅度增加，由此给企业带来的收益会越来越多。而且，满意、忠诚的顾客可以为企业带来更多的新顾客。那些对企业的产品或服务感到满意或忠诚的顾客在"口碑效应"中起着积极的作用。他们会为企业作免费的广告宣传，为企业介绍新的顾客。这不仅为企业节省了大量吸引新顾客的成本，而且还为企业带来了新的利润流。研究发现，顾客保留率每增加5%，企业的利润会增加25%～85%。

## 第一节　顾客的流失

顾客流失是指本企业的顾客由于种种原因转向购买其他企业产品或服务的

现象。实践证明,顾客流失与顾客满意存在这样一种关系:顾客满意并不意味着顾客不会流失,但顾客流失则一定说明顾客不满意。顾客流失对于一个商业系统来说,就像摩擦力对于一个机械系统的作用:摩擦力损耗着机械系统的能量,顾客流失则不断损耗着企业的人力、财力、物力。对顾客流失的状况进行监控,分析使顾客流失的根本原因,企业可以发现其经营管理活动中真正需要改进的环节,有时甚至可以把流失的顾客吸引回来,并建立更为牢固的顾客关系。

## 一、顾客流失管理过程

### (一)测定顾客流失率

顾客流失率有两种计算方法:

$$\text{绝对顾客流失率}=\frac{\text{流失的顾客数量}}{\text{全部顾客数量}}\times 100\%$$

$$\text{相对顾客流失率}=\frac{\text{流失的顾客数量}}{\text{全部顾客数量}}\times \text{流失顾客的相对购买额}\times 100\%$$

如果一个企业的顾客数量从500减少到475,那么流失的顾客数量为25,绝对顾客流失率为5%。绝对顾客流失率把每位流失的顾客同等看待。相对顾客流失率则以顾客的相对购买额为权数来考虑顾客流失率,在上例中,若流失的25位顾客的单位购买额是平均数的两倍,那么相对顾客流失率即为10%。

### (二)找出顾客流失的原因

顾客流失的原因有很多:比如生活形态转变导致需求改变,过去我们使用打字机,而现在我们使用计算机;企业带给顾客不好的购物经验,包括对第一线服务人员的不满或是购物流程不便利,都会使顾客对企业产生负面印象;面对竞争者的杀价竞争,使价格敏感度高的顾客流失到竞争者处进行消费;企业本身所提供的主要产品或服务无法满足顾客;受到经济景气波动的影响,消费者的消费能力发生改变,也会影响购物行为。

总的来说,顾客流失的原因可以归结为以下几种类型。

1. 价格流失。顾客为了较低价格而转移购买。

2. 产品流失。顾客找到了更好的产品或服务而转移购买。

3. 服务流失。顾客因不满意企业的服务而转移购买。

4. 市场流失。顾客因市场的变化而退出某个市场领域。此时,顾客尽管背离了本企业,却并没有转向其他竞争对手,顾客的流失还有修复的可能。

5. 促销流失。当其他竞争对手针对本企业的顾客实施促销活动时,本企业没有相应的对策而产生的顾客转移购买。

6. 技术流失。顾客转向购买技术更先进的替代产品或服务。

7. 政治流失。顾客因不满意企业的社会行为，或认为企业未承担社会责任而退出购买。例如，抵制不关心公益事业的企业，抵制污染环境的企业等。

顾客流失的原因表面上表现为上述几种类型，但是仍需进一步找出顾客流失的深层次原因。例如，价格流失可能是由于有多种因素导致价格过高。可能是因为企业对雇员职业道路发展不力，致使雇员工作效率低下，并引起雇员的频繁流失，影响了雇员提供服务的熟练程度，导致了过高的生产成本，造成过高的产品价格；也可能是由于企业组织结构设计的不合理，使得企业流程低效率运转，引起成本的提高，而最终导致了过高的价格等。

因此，一个表面上看来是由于市场和销售活动（价格因素）流失的顾客，实际上可能存在很多种流失原因：不现实的利润目标、价格结构的不合理、组织结构的不合理、决策失误、企业自制或外购的选择失误、信息系统的缺陷、企业不恰当的雇佣原则、培训的缺乏、落后的技术、员工职业道路的发展不力和对雇员激励的不足等。这些原因几乎涵盖了企业的各项基本活动。所以，必须使用恰当的分析方法，才能找出顾客流失的真正原因。

### （三）测算流失顾客造成的公司利润损失

流失单个顾客造成的公司利润损失等于该顾客的终身价值，即终身持续购买为公司带来的利润。流失一群顾客造成的公司利润损失更应仔细计算。例如，某运输公司原有 6 600 个顾客，本年度由于服务质量差流失了 5%，也就是 330 个顾客（0.05 × 6 600），平均每流失一个顾客，营业收入就损失 10 000 元，公司一共损失 3 300 000 元的营业收入（330 × 10 000），利润率为 10%，即损失利润 330 000 元（0.10 × 3300 000）。

### （四）确定降低流失率所需的费用

如果降低流失率所需的费用低于所损失的利润，就值得支出。比如，该运输公司为保留顾客而花费的成本只要低于 330 000 元就应支出。

### （五）制定防止顾客流失的措施

公司可能流失 80% 极不满意的顾客，40% 有些不满意的顾客，20% 无意见的顾客和 10% 一般满意的顾客。但是，公司只会流失 1% ~ 2% 高度满意的顾客。总体上看，顾客终止与公司的商业关系，表明顾客对于公司创造的价值感到不满意，说明公司为顾客提供的价值存在某个方面或多个方面的缺陷。积极为顾客创造或增加价值是防止顾客流失的根本方法。

虽然，不同的顾客群体会从不同的角度获取价值，某位顾客认为是有价值的因素在另一位顾客看来可能是毫无价值的，但总体来说，顾客定义的价值有以下四种来源：一是流程，即使商业流程最优化并且将时间视为一种有价值的顾客资源；二是人，即授权给员工使他们能够为顾客服务；三是产品/服务/技术，即产品和服务的竞争性特征及收益，降低服务过程中的故障；四是支持，随时为顾客提供帮助。

有鉴于此，企业可以在以下三个层面为顾客创造或增加价值。

1. 企业提供的核心产品或服务（产品或服务效用的价值）。企业应从顾客的角度来定义顾客的需要，努力向其提供完整的产品，以充分合理满足顾客的使用需求、心理需求和潜在需求。当前，企业在这一层面为顾客创造或增加价值的余地越来越小。

2. 企业为提供产品或服务所做的支持性服务（价格的价值、便利的价值、员工为顾客实现的价值、信息的价值）。这一层面的价值主要是指零售企业通过高质量的顾客服务实现的。包括企业提供低价的商品，改善员工接待顾客的水平和沟通方式，为顾客提供更多有用的信息来节省顾客购物的经济成本、时间成本和精力成本。对此，企业有着广泛的空间进行价值创造：企业可以不断完善售前、售中、售后服务，了解顾客在每一个购物环节的需要，并在每一个环节努力做到使顾客由满足到愉快再到偏爱；及时传播商品和服务信息，认真履行“承诺服务”，诚恳地处理顾客投诉，千方百计做好有不满情绪顾客的工作等，所有这一切都可以为顾客创造或增加价值。

3. 企业为顾客实现的社会效益（关系的价值、社区的价值、经历的价值）。指零售企业通过与顾客建立长期密切的关系，增强其亲和力和归属感，为顾客创造出一种社会价值。特别是当顾客与企业保持联系能够树立其在社会上一种地位或形象时，顾客就会乐于与本企业打交道，并以是本企业的顾客为荣。这对企业提出了更高的要求，对此，企业要搞好顾客关系营销，建立顾客数据库，积极了解顾客需求及相关变化、培训员工树立顾客服务理念，与顾客开展深入有效的沟通，积极建立与顾客的情感联系渠道，从而减少顾客流失。

## 二、防止顾客流失的工具

防止顾客流失的最后防线就是设置转换壁垒，增加顾客转换成本，这种成本包括经济成本和感情负担。可以运用的工具主要有三种。

### （一）增加流失顾客的财务损失

增加流失顾客的财务损失主要是指通过给予忠诚顾客促销优惠来降低他们的购买成本，一旦他们中途退出，就不再享有优惠的权利，从而加大顾客离去的经济成本。典型的例子就是现在盛行的频繁营销计划和俱乐部计划。

例如，一些专业书店按销售额贡献将顾客进行分类，对经常买书且购买额较大的顾客实行白金会员制服务，配以白金卡，每次购书超过 100 元即享受优惠折扣及服务；对很少买书但购买额较大的顾客给予金卡待遇，每次购书超过 150 元即可享受同等优惠折扣及服务；对很少买书且购买额也不大的给予银卡服务（5 次以上购买经历即可），每次购书超过 200 元可享受同等优惠折扣及服务；对低于 5 次的不给予折扣，但标明折扣书除外。这种策略可以有效地防止现有顾客流失，同时对一些新顾客也极富吸引力，因而一直以来都为各书店所青睐。

（二）增加情感负担

企业的员工通过了解顾客个人的需求和爱好，向顾客提供个别化、私人化的服务，积极培育顾客与企业的长期密切关系，加强情感联系，使顾客不忍离去。

例如，有家商店曾打出这样一则广告："本店出售商品犹如为父欲嫁其女"，意思就是，商家要以父母对其女儿的心情关心所卖出的每件产品，要经常走访顾客，了解顾客感受，与其保持这种良好的"姻亲"关系，从而使顾客对其企业或某一品牌产品产生一种情感上的偏爱，最后，基于"信任""喜欢"的心理去长期购买享用该企业的产品和服务。

感情联系的方式、方法很多，如通过经常性的电话问候、特殊关心、邮寄销售意见卡和节日或生日贺卡、赠送纪念品、举行联谊会等来表达对老顾客的关爱，加深双方的情感联系。美国汽车商吉拉德经销汽车 10 多年，每年卖出的新车比其他经销商都多。他在谈到成功的秘诀时说："我决不会在顾客买了车之后，就把他们抛到九霄云外，我每月要寄出 1.3 万多张卡片，使顾客每个月都会收到一张不同款式的像工艺品一样精美的卡片，并长期保存。"他记住了顾客，顾客也记住了他。吉拉德的小小卡片成了联系买卖双方情谊的"纽带"，良好的人际关系，使许多顾客乐意和他长期打交道。

（三）加强结构性联系

通过为顾客提供生产、销售、调研、管理、资金、技术等方面的帮助，增加顾客对公司的依赖性。例如，可以向顾客提供某种特定设备或计算机联网，以帮助顾客管理他们的订单、工资、个人存货等。

## 三、分析顾客流失需要注意的几个问题

（一）完全避免顾客流失是不切实际的

当前，有一些企业提出了"顾客零流失率"的目标，我们认为完全避免顾客流失是不切实际的。应正视顾客流失现象，即使企业可以实现零流失率，企业为此所支付的成本代价也会相当高，以至于根本无利润可言。因此，企业应当坚持的是确保有一个合适的顾客流失率。

（二）防止有利顾客的流失

企业的顾客通常分为三类：第一类是占企业销售额的10%，却给企业带来最大赢利的顾客，这类顾客是顾客流失分析的首要目标。企业需要通过顾客关系管理，留住这些顾客，并保证这些有价值的顾客不会流向竞争对手。第二类是占企业销售额和销售利润40%～50%的顾客。这类顾客能给企业带来可观利润并且有可能成为企业的最大利润来源，同时他们也可能在竞争对手那里购买商品，这些顾客同样也是企业顾客关系管理的重点。第三类是那些虽然能带来利润，但却正在失去价值的顾客，通过给予这类顾客特别的关心和交流，可能会增加其购买量，但企业得到的收益无法抵偿高额的成本，因此这些顾客不是顾客流失分析的对象。相反，这些顾客的流失可能还会对企业有利。

（三）有些顾客的流失是难免的

消费者对企业提供服务的差异看重程度不大，转向其他企业通常只是想变换一下口味，而不是对本企业服务不满意。由于顾客搬家、离职等原因，使得顾客不能再购买原地址企业的产品或服务，这种类型的顾客流失是很难避免的。

总之，防止顾客流失其实不是一件容易的事，顾客的需求随时在变，外在的环境随时在变，我们必须随时清楚掌握顾客动向，找出所有可能影响顾客流失的原因，才能正确拟定应对对策，有效防范与预防顾客流失。

## 第二节 顾客不满的发生与处理

在当今市场中，顾客不满是一个很普遍的问题，事实上，无论什么产品都不可能使顾客百分之百的满意。即使你的顾客对你说他们很满意也是如此。因为顾客可能不会直接告诉你，你的产品很差，我不喜欢。他们的发言方式就是拒绝购买你的产品。研究者在分析满意度降低所产生的影响时，发现当顾客不满意的时候，他们便会停止消费。

根据美国学者的调查研究，一位不满的顾客会把他的抱怨转述给8～10个人听，而企业如果能当场为顾客解决问题，95%的顾客会成为回头客；如果推延到事后再解决，处理得好，还会有70%的回头客，顾客的流失率为30%；若顾客的投诉没有得到正确的处理，将导致91%的顾客流失率。当顾客的抱怨得到满意的解决时，他们一般会继续做企业的忠诚顾客，并会向朋友和同事讲述自己的抱怨怎样得到解决。但是那些抱怨被忽略或者没有得到重视，甚至得到不公正对待的顾客，可能在他们的相关群体中或通过大众媒体传播自己的经验，这样企业失去的将远不止是顾客。因此,有效地处理顾客的抱怨对于企业的经营活动具有重要意义。

建立顾客忠诚是现代企业维持顾客关系的重要手段,对于顾客的不满与抱怨,应采取积极的态度来处理。正确有效地处理消费者的抱怨,对服务、产品或者沟通等原因所带来的失误进行及时补救,能够帮助企业重新建立信誉,提高顾客的满意度,维持顾客的忠诚度。

## 一、顾客不满的原因

顾客抱怨是因为顾客感到不满意。顾客满意度主要涉及三个方面:顾客的期望值、产品和服务的质量、服务人员的态度与方式。

### (一)顾客对于产品或服务的期望值过高

顾客的期望在顾客对企业的产品和服务的判断中起着关键性的作用,顾客将他们所要的或所期望的东西与他们正在购买或享受的东西进行对比,以此来评价购买的价值。简单用公式表示为:

$$顾客的满意度=\frac{顾客实际感受}{顾客的期望值}$$

一般情况下,当顾客的期望值越大时,购买产品的欲望相对就越大。但是当顾客的期望值过高时,就会使得顾客的满意度降低;顾客的期望值越低时,顾客的满意度相对就越大。因此,企业应该适度地管理顾客的期望。当期望管理失误时,就容易导致顾客产生抱怨。

管理顾客期望值的失误主要体现在两个方面。

1.“海口”承诺与过度销售。例如,有的商场承诺顾客包退包换,但是一旦顾客提出时,总是找理由拒绝。

2. 隐匿信息。在广告中过分地宣传产品的某些性能,故意忽略一些关键的信息,转移顾客的注意力。

这些管理的失误导致顾客在消费过程中有失望的感觉,因而产生抱怨。

### (二)产品或服务的质量问题

产品或服务的质量问题主要表现在以下几个方面。

1. 产品本身存在问题,质量没有达到规定的标准;

2. 产品的包装出现问题,导致产品损坏;

3. 产品出现小瑕疵;

4. 顾客没有按照说明操作而导致出现故障。

### (三)企业员工的服务态度和方式问题

企业通过企业员工为顾客提供产品和服务,员工缺乏正确的推销技巧或工作态度不好都将导致顾客不满,产生抱怨。这主要表现在以下四个方面。

1. 企业员工服务态度差。包括不尊敬顾客,缺乏礼貌;语言不当,用词不准,引起顾客误解;企业员工有不当的身体语言,例如对顾客表示不屑的眼神,无所谓的手势,面部表情僵硬等。

2. 缺乏正确的推销方式。如,缺乏耐心,对顾客的提问或要求表示烦躁、不情愿、不够主动;对顾客爱理不理,独自忙自己的事情;言语冷淡,似乎有意把顾客赶走。

3. 缺少专业知识,无法回答顾客的提问或者答非所问。

4. 过度推销。过分夸大产品与服务的好处,引诱顾客购买,或有意设圈套让顾客中计,强迫顾客购买。

## 二、解决顾客不满的策略

重视顾客的抱怨。当顾客投诉或抱怨时,不要忽略任何一个问题,因为每个问题都可能有一些深层次的原因。顾客抱怨不仅可以增进企业与顾客之间的沟通,而且可以诊断企业内部经营与管理所存在的问题,要善于利用顾客的投诉与抱怨来发现企业需要改进的领域。

### (一)分析顾客抱怨的原因

比如,一个顾客在某商场购物,对于他购买的产品基本满意,但是他发现了一个小的问题,提出来替换,但是售货员不太礼貌地拒绝了他,这时他开始抱怨,投诉产品质量。但是事实上,他的抱怨中,更多的是售货员服务态度问题,而不是产品质量问题。

### (二)正确及时解决问题

对于顾客的抱怨应该及时正确地处理,拖延时间,只会使顾客的抱怨变得越来越强烈,顾客感到自己没有受到足够的重视。例如,顾客抱怨产品质量不好,企业通过调查研究,发现主要原因在于顾客的使用不当,这时应及时通知顾客维修产品,告诉顾客正确的使用方法,而不能简单地认为与企业无关,不予理睬,虽然企业没有责任,这种做法也会失去顾客。如果经过调查,发现产品确实存在问题,应该给予赔偿,尽快告诉顾客处理的结果。

### (三)记录顾客抱怨与解决的情况

对于顾客的抱怨与解决情况,要做好记录,并且定期总结。在处理顾客抱怨中及时发现问题;对产品质量问题,应该及时通知生产方;对服务态度与技巧问题,应该向管理部门提出,加强教育与培训。这种记录不是在商场简单的登记,而应作为系统管理的一部分。

(四)追踪调查顾客对于抱怨处理的反映

顾客抱怨处理后,应与顾客积极沟通,了解顾客对于企业处理抱怨的态度和看法,增加顾客对企业的忠诚度。

## 三、顾客不满的处理技巧

企业员工在处理顾客的抱怨时,除了依据顾客处理的一般程序之外,还要注意与顾客的沟通,改善与顾客的关系。掌握一些技巧,有利于缩小与顾客之间的距离,赢得顾客的谅解与支持。

(一)平常心态

对于顾客的抱怨要有平常的心态,顾客抱怨时常常都带有情绪或者比较冲动,作为企业的员工应该体谅顾客的心情,以平常心对待顾客的过激行为,不要把个人的情绪变化带到抱怨的处理之中。

(二)从顾客的角度思考

在处理顾客的抱怨时,应站在顾客的立场思考问题,"假设自己遭遇顾客的情形,将会怎样做呢"?这样才能体会到顾客的真正感受,积极寻找有效的方法来解决问题。

(三)做个好的倾听者

大部分情况下,抱怨的顾客需要忠实的听者,喋喋不休的解释只会使顾客的情绪更差。面对顾客的抱怨,员工应掌握好聆听的技巧,从顾客的抱怨中找出顾客抱怨的真实原因以及顾客对于抱怨期望的结果。

(四)积极运用非语言沟通

在聆听顾客抱怨的同时,积极运用非语言的沟通,促进对顾客的了解。比如,注意用眼神关注顾客,使他感觉到受到重视;在他讲述的过程中,不时点头,表示肯定与支持。这些都鼓励顾客表达自己真实的意愿,并且让顾客感到自己受到了重视。

顾客的投诉和抱怨往往蕴含着非常有价值的信息,是沟通公司管理者和顾客之间的桥梁。顾客不满就像一位医生在免费为公司提供诊断,让公司能够充分了解自身的不足与问题所在,以便管理者对症下药,改进技术和服务,避免引起更大的失误,从而树立良好的企业形象,吸引更多的顾客成为本公司的忠诚顾客。所以,有远见的公司不会躲开不满的顾客,相反,它们尽力鼓励顾客提供抱怨并尽力让不满的顾客重新高兴起来。由此可见,顾客的不满并不构成对企业的威胁,而在更大意义上是帮助企业扭转局面,赢得良好销售业绩的开始。

当然,企业并不需要对所有顾客的任何不满都要付出行动,因为顾客不一定都是对的。譬如连续29年都赢利的美国西南航空公司,每年都会接到数以千计的投诉,大多是一些白领、金领人士,他们时常投诉西南航空公司的飞机机舱吵闹,被挤到尾部入座,饮料口味不好,价格低廉的小吃“令人恶心”等,甚至说乘坐西南航空廉价航班的旅客应该感到羞耻。对此,其总裁凯勒尔在电视里举着皮包说:“我认为乘客根本没有必要理会这种诬蔑,因为每坐一次西南航空的航班,你的包里就又省下了一笔钱。如果您对我们提供的服务感到不满意,那么非常抱歉地告诉您,您并不是我们所服务的目标顾客,我们不会因为你的抱怨而去改变我们的服务方式,如果你认为我们的服务令你感到不满的话,你可以去乘坐别的航空公司的飞机。当你感觉需要我们的服务的时候,欢迎您再次乘坐西南航空的班机。”

## 第三节 维系顾客的途径

企业每一时期的销售都来自两类顾客,即新顾客和老顾客。企业要永续发展,不断争取新顾客固然重要,但维系与老顾客的良好关系,培养老顾客对企业的信任和忠诚更能直接增强厂商的获利能力。因为开发一个新顾客的成本是维持一个老顾客的2~6倍;老顾客是商品或服务良好口碑的主要传播者和长久生意的利润保证;每降低5%的顾客流失率,利润则会增加25%~85%(赖克海德和萨瑟的理论);老顾客还会提出更多的合理化建议,与老顾客的亲密接触使企业能够更好地把握市场态势,从而顺变革新。

### 一、维系老顾客的重要性

精明的企业在努力创造新顾客的同时,会想方设法将顾客的满意度转化为持久的忠诚度,像对待新顾客一样重视老顾客的利益,把与顾客建立长期关系作为目标。老顾客对企业发展的重要性表现在以下几个方面。

#### (一)老顾客可以给企业带来直接的经济效益

首先,老顾客的长期重复购买是企业稳定的收入来源,老顾客的增加对利润的提升起着重要作用。美国学者弗里得里克·里奇海尔得的研究表明:重复购买的顾客在所有顾客中所占的比例提高5%,对于一家银行而言,利润会增加85%;对于一位保险经纪人而言,利润会增加50%;对于汽车维修店而言,利润会增加30%。其次,面向老顾客的营销成本低,因为老顾客对企业所提供的产品和服务都比较熟悉,从而降低了企业为他们服务的成本。最后,对产品具有忠诚度的老顾客对价格不像新顾客那么敏感，他们在重复购买中常常比新顾客更舍得花钱。也就是说，忠诚度高的老顾客对该产品的价格敏感度会降低。

（二）老顾客可以给企业带来间接的经济效益

众所周知，老顾客的推荐是新顾客光顾的重要原因之一。个人的行为必然会受到各种群体的影响，其中，家庭、朋友、领导和同事是与其有经常和持久相互影响的一个重要的参考群体，这个群体会产生压力使每个人的行为趋向一致，从而影响个人对产品和品牌的选择。通过对200名消费者购买行为的调查发现，消费者对汽车和彩电在产品和品牌的选择上均受到参考群体的影响；家具和服装类虽然在产品的选择上可能存在差异，但在品牌的选择上会受到参考群体的强烈影响；啤酒和香烟类则在产品的选择上受到参考群体的明显影响。据统计，60%的新顾客来自于老顾客的热情推荐。但在多数企业的统计中却没有显示出这一点，销售人员往往将销售量都归于自己名下，没有考虑到老顾客的推荐作用。

（三）大量忠诚的老顾客是企业长期稳定发展的基石

相对于新顾客来说，忠诚的老顾客不会因为竞争对手的诱惑而轻易离开。与顾客之间的长期互利关系是企业的巨大资产，它增强了企业在市场竞争中抵御风浪的能力。尤其是在急剧变化的市场中，市场份额的质量比数量更重要。由此可见，老顾客给企业带来了丰厚而稳定的利润。能成功留住老顾客的企业都知道，最宝贵的资产不是产品或服务，而是顾客。所以，盲目地争夺新顾客不如更好地保留老顾客。

营销界有一个著名的等式：100－1＝0。意思是，即使有100个顾客对一个企业满意，但只要有1个顾客对其持否定态度，那么企业的美誉就会彻底损失，这种说法虽然有些夸张，但是顾客满意度的重要性是毋庸置疑的。“顾客满意口碑相关曲线”表明：服务处于一般水平时，顾客的反应不大；一旦服务质量提高或降低到一定限度，顾客的赞誉或抱怨将呈几何级数增加。对管理者和决策者来说，顾客满意度是企业未来成败与收益的晴雨表，在顾客选择企业的时代，顾客对企业的态度极大程度地决定着企业的兴衰成败。正因为深谙此道理，麦当劳和IBM的最高主管亲自参与顾客服务，阅读顾客的抱怨信，接听并处理顾客的抱怨电话。因为他们心中有一笔账：开发一个新顾客的成本是留住老顾客的5～6倍，而流失一个老顾客的损失，只有争取10个新顾客才能弥补。

据《哈佛商业评论》报告，在满意的顾客中仍有65%～85%的人会选择替代品和竞争对手的产品，而高度满意或忠诚的顾客却很少改变。这说明企业要防止顾客流失，就必须使顾客满意，但只做到一般的满意程度还不够，必须要做到顾客高度满意或忠诚。忠诚的顾客是这样的:对企业的产品和服务非常满意,感到企业正在研究并满足他的需要,并为企业免费做宣传——将之推荐给朋友和家庭,最重要的是他们可以多年与企业同甘苦共患难。在零售业这个高度竞争的行业,若企业在满足顾客需求方面做得不如竞争对手,顾客就会转到其他企业,对本企业也就失去了忠诚;相反,若企业能够比竞争对手更好地满足顾客需求,积极培育与顾客的亲密关系,顾客就会忠诚于企业,顾客流失就会降低。

前沿透视

## 客户关系的维系

1. 对客户要充分地了解。客户公司的性质、老板的风格(心态)、目前代理的品牌、经营状况、主要的项目来源、关系渠道等,深入了解才能为下面的工作打下基础。

2. 对客户要准确合理地定位。根据对客户的了解,结合其自身资源,和双方已经及可能达到的结合程度,来为其定位。代理商、工程商、分销商、核心客户、主力客户、潜在客户等对客户准确合理定位很重要。

3. 跟客户谈合作的方向及空间应明确下来。根据客户的实际情况,明确双方未来的合作方向、发展空间,并展望达到一定阶段后,可为客户带来的直接效益、地位等,可提前跟客户达到一定程度的结合,预支消费。

4. 务实,不盲目画饼。现实的、实际的规划,使双方都认可,而不是空洞的、理想化的。通过努力达到后双方的结合程度会进一步提高。

5. 跟客户的主要负责人建立良好的私人感情。跟客户的主要负责人建立良好的私人感情,对客户客情关系的维系很有帮助,特别是在开发初期,客户没能马上上量时,换句话说客户跟公司没有一定的利益结合时,是因为这时候双方的结合不够紧。

6. 对自己的公司有充分的信心。要对自己公司的产品质量、销售团队、营销模式、市场现状、品牌拉力(市场认可度)及未来发展等有充分的信心,并用合理的方式传达给客户,影响客户。

7. 让客户对公司有信心。公司的实力、发展空间、具体的市场操控、规范等美好的愿景会提高客户对公司的信心。

8. 让客户对自己有信心。单对公司有信心是不够的,具体的执行者往往也是客户关注的重点对象。自己的态度、市场规划、控制能力等会影响其信心。

9. 营造一个公平、合作的商家氛围。市场操作要尽量透明化，体现一定的公平原则。另外，要引导同区域客户形成一定程度的合作，避免相互恶性竞争，特别是内部拼杀。

10. 分析并抓住客户的阶段需求，帮客户解决实际问题。了解客户的阶段需求，并及时有效地帮助其解决实际困难。可能不是什么大事情，但效果却很明显。

11. 参与到客户的内部经营中。帮客户提高内部管理，引导其经营，提供一些有价值的参考意见等让其认为你在帮他，这样会拉近你跟客户的情感距离。

12. 让重点客户了解你的市场规划。不仅要参与到客户的内部经营中，还要让重点客户了解你的市场规划，让其提供一些建议。若其对你的规划认可，会增加其信心。

资料来源：客户关系的维系[EB/OL]. http://www.ccwchinese.com.

## 二、维系顾客关系的根本在于培养顾客忠诚度

当顾客购买使用企业的产品和服务并感到满意时，就会对商家产生好感，建立起对企业的信心。但实践证明，满意不等于重购。如果企业一味地追求满意率，就有可能掉进“满意陷阱”。统计研究显示，在满意调查中，美国汽车顾客有90%声称对企业所提供的产品及服务满意，但这些感到“满意”的顾客的重购率只有40%，而其中60%的顾客背弃了制造商或经销商。

企业提供的可使顾客满意的产品及服务质量标准，是在顾客期望范围内其认为企业应该或者可以提供的，英文用desired（渴望的）表示；而可提高顾客忠诚度的产品及服务质量标准是超出顾客想象范围的，令顾客感到吃惊的、兴奋的，英文用excited（兴奋的）表示。所以，只有让顾客高度满意和喜悦才能建立起对企业和品牌的忠诚，也只有忠诚的顾客才是企业真正的老顾客或能带来持续赢利的顾客。

培养顾客忠诚度的关键是着眼于顾客的整体利益，充分合理地满足消费者对产品或服务的使用价值需求、情感心理需求和潜在及时性以及隐秘的需求，同时要努力降低顾客需求中的成本耗费，以便为顾客提供最大的让渡价值，使产品符合并超越顾客期望。

如前所述，顾客购买到的商品或服务总价值构成，由产品价值、服务价值、员工价值和形象价值等四方面组成。当顾客购买的总成本不变时，企业可以从这四个方面增加顾客购买的总价值。而当顾客购买的总价值不变时，要使顾客满意度提高，就只能降低包括了货币成本、时间成本、精神成本和体力成本的顾客总

成本。

可见,提高顾客满意的途径无非是价值提高或成本下降。从价值决定价格这一基本经济规律来看,不论是顾客购买到的总价值提高,还是购买时的总成本下降,客观上都要求在价格上有所体现,即当总价值较高时,只有总成本能够吻合总价值,或者是总成本较高时,总价值也能够吻合总成本,才能保持顾客的满意度。

要获得利益驱动下的顾客忠诚,就必须从顾客的角度来衡量并做好足以保持顾客忠诚的每一部分工作。为此需做到以下几方面。

### (一)树立真正以顾客为中心的经营理念

企业应从顾客为自己创造终身价值的高度建立起顾客导向观念。斯图·伦纳德在美国经营着一家超市,他说每当看到一位愠怒的顾客就像看到5万美元从他的店中流走。因为他的顾客平均每周开支100美元,一年到商场购物50次,并且在该区生活10年,所以如果顾客有一次不愉快的经历,并转向其他超级市场,伦纳德就会损失5万美元。如果再考虑到失望顾客不良传播的影响而导致其他顾客离去,这一损失还被低估了。由此,伦纳德的经商法则有两条:法则1,顾客永远是正确的;法则2,如果顾客错了,请参照法则1。日本丰田公司老板在描述企业成功的原因时说:“我们公司的目的是要高于满足顾客,使顾客身心愉悦。”

诸如此类的经营观念正是成功市场营销者的秘密所在。因此,企业应以服务于顾客的真正需求为宗旨,让企业内的全体员工都认识到,顾客是企业的利润之源,是自下而上发展的“衣食父母”,因而也是每个员工经营工作的最终目标。同时还要设法使顾客认同企业的关系营销理念,积极与企业结成利益共同体。

### (二)尽可能向顾客提供零缺陷的整体产品

留住老顾客的关键是把以顾客为中心的观念转化为实际行动。在此,企业要清楚地认识到,顾客购买产品和服务的真正需求是希望由此获得舒适和快乐,若产品质量或服务存在令人不满的缺陷及问题,顾客就可能断绝与企业已有的联系而转向其他企业。同时还要认识到,零缺陷的产品所满足的只是顾客需求的预期,而要超越其预期,创造顾客的高度满意和忠诚,仅停留于此是远远不够的。菲利普·科特勒指出:“消费者说的话有时是需要翻译的。”比如,顾客说想要一辆“昂贵的汽车”,作为经营者来说必须深入全面理解这位消费者的各种需要:①说出来的需要(顾客想要一辆昂贵的车);②真正的需要(这辆车虽然价格不菲,但开起来省钱);③没有说出的需要(顾客想获得优质服务);④满足后令人愉悦的需要(顾客买车时,附赠一张道路图);⑤秘密需要(顾客想被他的朋友看成是识货的人)。

因此,建立顾客忠诚,企业必须注意揣摩顾客的需求心理,使顾客相信,企业是在公正地对待他们,并且尽已所能关心他们的长远福利。企业要不断完善售前、售中、售后服务,要了解顾客在每一个购物环节的需要,并在每一环节努力做到使顾客由满足到愉快再到偏爱;要及时传播商品和服务信息,以真诚换忠诚,认真履行"承诺服务";此外,企业还要做到不断推出符合时代潮流的创新产品和服务,以此来满足不断变动的购买动机和潜在需求,紧紧把握住顾客的"善变的心"。

(三)制定同顾客形成持久合作关系的价格策略——关系定价策略

企业利益是建立在顾客利益之上的,企业理应对忠诚的老顾客进行关照,特别是用价格这一直观有效的手段予以回报。

关系定价策略通常有两种方式:一是运用长期合同向顾客提供价格和非价格刺激,使双方进入长期关系之中,将一系列相当独立的交易转变为一系列密切联系的关系。如,会员制就是其中的一种。二是采取多购优惠促进顾客长期重购、多购,以不断增多的让渡价值维系与老顾客的关系。

(四)积极建立与老顾客的情感联系渠道

老顾客之所以忠诚于企业及产品,是因为他们不仅对产品有一种理性的偏爱,而且更有一种情感上的依恋。

## 三、维系顾客关系的实施方法

顾客维系的秘诀就在于与顾客建立一种有价值的永久关系。顾客若要与其他公司拥有同等的关系,必须耗费成本重新发展关系,这是成功最重要的秘密。企业若想与顾客长期合作交流,必须让顾客从这种关系中受益,得到一种独特的、附加的价值。如果企业能持续让顾客对其购买的决定感到满意,顾客就会一直购买其品牌或在其商店里购物。要不断地让消费者有这样的感觉:只有购买这个品牌,才会得到额外的价值,这是别的品牌办不到的。

(一)奖励顾客忠诚

维系顾客关系很重要的一点是要奖励顾客忠诚,让顾客感觉到被重视。奖励顾客忠诚需把焦点放在顾客需要上,用你可掌控的利益,特别是成本方面来酬谢你想要的消费行为;最好的酬谢要让顾客有种物超所值的感受;让顾客觉得确实得到好处;要承认最好的顾客会要求专属的礼遇;在运用科技解决问题的同时,别忘了人性化的接触,企业所提供的服务不是冷冰冰的。今日的消费者有更多的期待,更多的服务,更多量身打造的产品,更有趣的购物经验,最重要的是更多的了解、关心与尊重。要想满足顾客多样化的需求,企业必须掌握顾客的这种需求并追踪顾客的态度变化以及探测顾客真正的需求,这种满足最终还取决于每个企业能为顾客服务增加多少价值，这些价值必须能被顾客感觉到。

对顾客进行奖励时，要注意以下两个方面。

1. 企业是否有能力对顾客进行奖励。

(1)区别不同的顾客。在我国，通常的做法是“按点返利”，也就是按照销售额达到多少便提供多少个百分点进行奖励。

(2)注重长期利益。一次性的促销活动并不能产生顾客的忠诚，而且还浪费了大量的财力；即使促销有效，竞争者也会仿效跟进。

2. 顾客是否重视本企业的奖励。从顾客的角度来看，奖励的价值是由现金价值、可选择的奖品类别、顾客渴望的价值、奖励方法是否恰当、领取奖励是否方便等因素决定的。

(二)争取顾客信任

信任是使顾客产生忠诚的前提条件。进行交易，顾客承担着很大的风险。因此，顾客会倾向于与它所信任的企业保持长期关系。事实上，许多顾客在选择和评价商家时，最看重的因素是“值得信赖”，而不是“价格低廉”或“产品种类繁多”。信任来自很多方面，如产品或服务的高质量、合理的价格等。

企业能够透过清晰的制度并积极实现承诺，大大地加强顾客满意度。承诺其实是自信的表现，履行承诺就是将誓言变成行动，是维护和尊重关系方利益的体现，也是获得关系方信任的关键，是企业与关系方保持融洽伙伴关系的基础。一旦企业制定了顾客策略，他们就需要理解一个重要理念：告诉顾客自己的承诺并积极履行。

(三)建立持续性的对话

良好的关系意味着信息渠道的畅通。关系的稳定性表现为关系并不因为交流的间歇或停止而消失，因为人们在交往过程中形成的认识、了解和态度是持久的、不易改变的。如果仅仅是顾客联系企业，那么顾客往往会认为这种交流和沟通不能够充分和坦率地表达他们的意见和看法，因而也无法和企业建立特殊关系。如果由企业主动和顾客联系，进行双向的交流，对于加深顾客对企业的认识、察觉顾客需求的变化、满足顾客的特殊需求以及维系顾客等有重要意义。广泛的双向信息交流和信息共享，可以使企业赢得支持与合作。

(四)利用顾客反馈改进产品或服务

要巩固和维系顾客，企业必须主动与顾客经常联系，为顾客提供便利及反馈通道，鼓励顾客回馈。“乔丹店”是一家北加州的家具店，在每位顾客接到运送到家的家具当天，即使只有一件，乔丹店都会打电话给他们，只是为了听听顾客想说的话。搜集到的意见都会被一字一字地键入电脑化的资料库中，并存档五年。在建档的当天，会把这些意见上呈给高层主管过目。每天这些高层主管会阅读大约20页顾客想说的话，而不会把顾客的意见搁在一边。一旦出现问题，他们会马上知道。

只有让顾客满意，在保证顾客服务、建立良好信誉的基础之上，通过一定的手段来实施顾客忠诚度计划才有价值。了解并且对顾客满意度做出反馈需要企业的眼光超越历史，超越表面现象，历史和表面现象不能帮助你检查问题。企业应该观察顾客对企业所作所为的反应以及什么因素影响顾客满意度。直接的顾客回馈，无论好坏都是企业对市场趋势的了解，形成新产品思想的最好来源。成功企业总是能够不断地学习了解，虽然看上去很荒谬，但企业确实可以从顾客投诉中获利。不同意见者并不仅仅只是一个不满的顾客。不幸的是，大多数顾客并不愿意告诉公司他们什么时候感到失望，相反，他们会告诉其他顾客。有一点很重要，就是顾客给了公司改正的机会，采取改进措施能够潜在的保留有价值的顾客关系，阻止负面的口头影响。经过持续记录并评价顾客的不满、需求、回馈以及购买活动，公司能够找出顾客未满足的需求以及潜在的问题，可以利用调查结果重新定义顾客策略，并改进操作执行。要想了解如今市场前进的步伐，每年一次甚至每季一次的顾客满意度调查都是不够的，公司应该坚持持续的调查调整。

## 第四节　开展关系营销

随着科学技术的飞速发展和日益激烈的市场竞争，人们越来越强烈地感觉到顾客资源将是企业获胜最重要的资源之一。这是因为：首先，现代企业的竞争优势已不仅仅是产品本身，先进的服务手段已成为制胜的关键；其次，现代市场的竞争主要表现在对顾客的全面争夺上，是否拥有顾客取决于企业与顾客的关系状况，它决定着顾客对企业的信任程度，而顾客对企业的信任程度则由他们在消费由企业所提供的产品和服务过程中所体验到的满意程度来决定，顾客满意程度越高，企业竞争力越强，市场占有率就越大，企业赢利自然就越丰厚；最后，顾客需求还会随着科技进步和经济发展而变化和提高，顾客是新产品构思的重要来源，因为一种全新产品的诞生往往源于顾客的建议。被称为 PC 机之父的斯蒂文·乔布斯（Steven Jobs）在产品开发中，曾派工程师走访了 30 所大学，并成立了一个潜在顾客团，询问大学中需要什么样的机器。根据调查和咨询结果，他推出了存储量大、程序简单和兼容的分体式计算机，立即受到学术界的广泛欢迎。众所周知，新产品开发不仅指采用新技术的全新产品，还包括对现有产品的不同程度的改进，在这方面顾客的作用更为重要。当一位顾客提出某种意见时，一种新的产品构思也就随之产生了。所以说顾客的知识、经验、欲望和需求都是企业重要的资源。



## 一、关系营销

关系营销最早是由斯堪得纳维亚和北欧的学者在 20 世纪 70 年代初提出的，1983 年首次引入文献。1985 年巴巴拉·杰克逊在产业市场营销领域提出这个概念，认为："关系营销是指获得、建立和维持与产业用户紧密的长期关系。"营销大师科特勒说："在这个新的变化的世纪里，企业唯一可以持续的竞争优势是它与消费者、商业伙伴及公司员工的良好关系。"我们认为，关系营销是识别、建立、维护和巩固企业与顾客及其他利益相关人的关系的活动。

关系营销的实质是在买卖关系的基础上建立非交易关系，以保证交易关系能够持续不断地确立和发生。科特勒认为：企业营销应成为买卖双方之间创造更亲密工作关系和相互依赖关系的艺术。

关系营销的核心是建立和发展同相关个人和组织的兼顾双方利益的长期联系。企业作为一个开放的组织系统从事经营活动，不仅要关注顾客，还应注意大环境的各种关系。这些关系包括：企业与顾客的关系，企业与上游企业的关系，企业内部关系以及企业与竞争者、社会组织和政府之间的关系。其中顾客关系营销是关系营销的核心和归宿。

随着卖方市场向买方市场的转变和感性消费、个性消费时代的到来，传统营销方式已让位于强调"合作"的关系营销，并成为许多企业的营销策略。关系营销是营销的创新，与传统营销相比，关系营销更关注保持老顾客而不是关注开发新市场，并且高度重视对老顾客的服务以及对顾客的承诺和联系，而这些在传统营销方式下是做不到的。关系营销方式下，顾客是所有人关心的，而传统营销方式下企业是所有人关心的。顾客是企业的衣食父母，利润主要来源于顾客。企业与顾客保持长期的良好的关系，是关系营销的核心，能为企业带来利润，所以，实施顾客关系营销战略对企业具有重要意义。

顾客关系管理的核心思想就是通过与顾客的"接触"，搜集顾客的意见、建议和要求，并通过数据挖掘分析，提供完善的个性化服务。一个有效的顾客关系营销应由以下两部分构成。

- 顾客接触管理：顾客与企业通过电话、WEB、E-mail 等等方式"接触"，进行沟通；
- 顾客挖掘分析：记录与顾客交流沟通的信息建立顾客数据库，对顾客信息进行智能化分析，并能随时调出供决策人员参考。

(一)顾客接触管理

顾客关系管理系统的实施要从顾客接触点开始。因为企业的中心应当始终围绕着顾客,把顾客放在最重要的位置上,不断为他们提供更好的产品和服务,才能维持企业的生存发展。

1. 顾客接触的通道。企业和顾客之间要进行接触,就必须要有一个简便、经济、快速的通道,这就要求企业建立起自身有效的接触通道,如电话、WEB、E-mail等方式。

2. 通道管理。要使通道有效达到消费者,就必须正确选择媒体并加以管理。

3. 顾客接触管理的要点。首先,要明确企业的顾客是新顾客、现有顾客还是潜在顾客;其次,要明白对于顾客的接触,必须塑造好初次印象,多听、多问、多想顾客的反应,确实为顾客着想,替顾客办事;最后,要牢固树立服务顾客的观念,知道和顾客建立并维系良好的关系才是重点。

(二)顾客挖掘分析

1. 要对顾客进行挖掘和分析,其首要的工作便是建立起可供挖掘和分析的顾客数据库,对顾客信息进行智能化分析,并能随时调出供决策人员参考。

2. 挖掘分析的目的在于寻找出企业的"金牌顾客"和最佳潜在顾客,寻找出有意义的顾客关系,并加以维系。

3. 挖掘分析的方法有以下几种。

(1)RFM 法。这种方法是对顾客的最近一次消费(R)、消费频率(F)和消费额(M)进行分析,用于寻找金牌顾客的方法。在不少行业对消费行为的分析主要依赖 RFM 法。

(2)回归分析法。这种方法通过回归分析对顾客进行筛选。

(3)因子分析法。这种方法是找出具有同一特征的顾客群,其目的是识别市场和细分市场。

(4)聚类分析法。这种方法将具有相同特征的人归类,锁定目标顾客。

## 二、实施关系营销的作用

与其他企业管理方法相比,顾客关系营销由于把顾客作为企业管理的中心点,从顾客的角度思考问题,因而能给企业在争夺顾客这一现代商战中带来更大的好处。

(一)维系原有顾客关系

顾客关系营销把顾客作为企业经营的中心点,特别是对原有的顾客更是要求做到特殊对待,因而更能建立稳固的顾客关系。

（二）争夺新顾客

对于企业来说，新顾客可以分为两类，全新意义上的新顾客和从竞争对手处争取过来的新顾客。由于企业对老顾客的特殊关照，通过老顾客的口碑效应能吸引新顾客加入到企业的顾客关系群中来。

（三）改善现有管理的不足

由于管理采用更多的双向沟通机制，因而能从顾客的抱怨中找到企业的不足，并加以改进。

（四）发现新需求

顾客关系营销方法还能帮助企业从众多的销售信息中找出顾客新的需求或潜在的需求，为企业找到新的商业机会。

（五）提高顾客满意度与忠诚度

顾客关系营销为创造顾客价值的最大化而努力，能极大地提高顾客满意度，培养起忠诚的消费者。

（六）树立品牌形象

顾客关系营销以关心顾客利益为内容，因而更能树立起一切为消费者着想的品牌形象。

（七）提高管理效率

顾客关系营销由于直接面向顾客、面向市场，因而能掌握到第一手资料，有助于灵敏地调整经营策略，并彻底地执行各项政策。

（八）节省费用

顾客关系营销有更准确的目标，因而可以直接进行各项活动，节省大量的费用。

## 三、顾客关系营销在企业中的应用

顾客关系营销新的发展趋势要求在营销上有新的含义和原则。

（一）顾客关系营销的原则

1. 从顾客的含义上来说，它不单指消费者，也包括了经销商。他们是企业的外部顾客，企业的员工则是企业的内部顾客。

2. 从地位上来说，要求把顾客从外部的层面转入到企业的内部管理系统中来，把企业顾客资源与财力资源和人力资源同等看待。

3. 从内容上来说，要求从对消费者进行单纯的数据记录转到对顾客价值和顾客关系管理的双重范畴上来。

4. 从方法上来说，从以往单纯依靠数据库转到不仅依靠数据库也依靠消费者的积极参与上来。

5. 从方向上来说，从以往单纯由企业对顾客进行的单向被动管理转向企业和顾客的双向互动管理上来。

（二）顾客关系营销模式

1. 数据库营销模式。数据库是指与顾客有关的各种数据资料。数据库营销指建立、维持和使用顾客数据库以进行交流和交易的过程。数据库营销具有极强的针对性，是一种借助先进技术实现的“一对一”营销，可看做定制化营销的特殊形式。数据库中的数据包括以下几个方面：现实顾客和潜在顾客的一般信息，如姓名、地址、电话、传真、电子邮件、个性特点和一般行为方式；交易信息，如订单、退货、投诉、服务咨询等；促销信息，即企业开展了哪些活动，做了哪些事，回答了哪些问题，最终效果如何等；产品信息，即顾客购买何种产品、购买频率和购买量等。数据库维护是数据库营销的关键要素，企业必须经常检查数据的有效性并及时更新。

从以顾客为导向的顾客关系营销来说，收集、处理和传递信息的高效性尤为重要，信息技术和网络技术的发展为此提供了良好的技术支持。建立顾客数据库，是实施顾客关系营销的基础。例如，饭店在每位顾客消费时，通过数据库建立起详细的顾客档案，包括顾客的消费时间、消费频率、偏好等一系列特征，借此可准确找到目标顾客群，降低营销成本，提高营销效率。另外，数据库营销能经常保持与顾客的沟通和联系，强化顾客与饭店密切的社会性关系。同时通过共享个性化顾客信息的数据库系统，能够预测顾客的需求并提供个性化的服务，而且信息能够及时更新。

数据库营销作为一种营销模式，现已在很多领域得到了发展与应用。它是把顾客和消费者的有关数据，编辑整理存入数据库，作为营销人员进行营销活动的依据，并分析目标顾客的有关数据，制定出营销计划。

美国通用电器公司成功地运用了数据库营销。它建有资料详尽的数据库，可以清楚地知道哪些用户应该更换电器，并时常赠送一些礼品以吸引他们继续购买公司的产品。美国的有些旅馆也建立了顾客数据库，掌握顾客喜爱什么样的房间和床铺、喜爱某一品牌的香皂、是否吸烟等，从而有效地分配房间，使每一位顾客都得到满意的服务。连锁公司运用数据库营销更加有效，如果顾客在某一分店购买商品或服务时表现出某些需求特点，任何地方的另一分店店员都会了解并在顾客以后光临时主动给予满足。随着顾客期望值的提高和电脑的普及，小公司也应采用数据库营销以达到吸引和保留顾客的目的。

顾客关系营销通过对顾客的数据进行编辑整理并加以分析，可以帮助企业找到正确的目标市场和目标顾客，并对企业的重点消费者加以辨别。同时，因为数据库是一个互相作用的体系，它为每一个目标顾客提供了及时反馈的机会和渠道，从而可以了解顾客的最新需求，建立起企业与顾客之间的互动关系。这可以看作是企业对顾客进行的最基本的管理，也是目前运用得最为广泛的一种模式。

2. 知识管理模式。顾客有外部顾客和内部顾客之分。按照山畸秀夫的观点，企业的知识一部分存在于公司职员的头脑中，而生产销售信息则主要存在于顾客心中。因而，他主张建立起知识管理模式来对企业的顾客和企业的生产销售进行管理。这种观点突破了把顾客作为外部管理的范畴，吸引顾客进入企业的内部管理系统，来共同参与公司管理，它从产品的开发直到销售阶段都能起作用。

知识管理的做法是：首先对企业内部进行知识清点并建立知识圈；然后参考建好的知识圈，把企业在产品开发、生产、销售等阶段所需要的、掌握重要知识的人挑选出来，组成专家团。这些人可以是职员，也可以是企业各类顾客、退休人员和各种专家等。由他们来一起参与公司新产品的开发、服务策略的制定等工作。他们拥有决定权，是企业顾客关系营销的最高形式，它充分体现了顾客在企业中所占的重要地位。例如，诺基亚公司策略中，围绕各类顾客的特点进行"以人为本"的新产品开发和服务。他们邀请各类型的人士，一起研究新产品的开发生产。因此，一款款新颖别致又能凸显个性的手机就像是为顾客度身定做的一样，大受消费者的欢迎。

3. 频繁营销模式。频繁营销模式也称为老主顾营销模式，指设计规划向经常购买或大量购买的顾客提供奖励。奖励的形式有折扣、赠送商品、奖品等。通过长期的、相互影响的、增加价值的关系，确定、保持和增加来自最佳顾客的产出。美国航空公司是首批实施频繁营销规划的公司之一，在 20 世纪 80 年代初推出了提供免费里程的规划，一位顾客可以不付任何费用参加公司的 AA 项目，乘飞机达到一定里程后换取一张头等舱位票或享受免费航行和其他好处。由于越来越多的顾客转向美国航空公司，其他航空公司也相继推出了相同的规划。许多旅馆规定，顾客住宿达到一定天数或金额后，可以享受上等住房或免费住宿。信用卡公司也向持卡人提供折扣。

频繁营销模式的缺陷是：第一，竞争者容易模仿。频繁营销模式只具有先动优势，尤其是竞争者反应迟钝时，如果多数竞争者加以仿效，就会成为所有实施者的负担。第二，顾客容易转移。由于只是单纯价格折扣的吸引，顾客易于受到竞争者类似促销方式的影响而转移购买。第三，可能降低服务水平。单纯价格竞争容易忽视顾客的其他需求。

4. 俱乐部管理模式。俱乐部管理模式是指企业的顾客承诺购买、缴纳会费或是自愿参加后就成为会员，并成立俱乐部。大家聚集在一起，参加各类活动，从而达到营销目标的管理模式。这种管理模式通常定期举办各类活动，发布有关信息，并用一定奖励来鼓励他们转告自己的亲朋好友，利用私人关系来建立起和目标顾客之间的联系。

日本的任天堂电子游戏机公司建立了任天堂俱乐部，吸引了 200 万会员，会员每年付 16 美元会费，可以每月得到一本任天堂杂志，先睹或回顾任天堂游戏，赢者有奖，还可以打“游戏专线”电话询问各种问题。哈莱 · 戴维森公司建立了哈莱所有者团体，拥有 30 万会员，向会员提供一本杂志（介绍摩托车知识并报道国际国内的骑乘赛事）、一本旅游手册、紧急修理服务、特别设计的保险项目、价格优惠的旅馆，经常举办骑乘培训班和周末骑车大赛，向度假会员廉价出租哈莱 · 戴维森摩托车。第一次购买哈莱 · 戴维森摩托车的顾客可以免费获得一年期的会员资格，在一年内享受 35 美元的零件更新。目前，该公司占领了美国重型摩托车市场的 48%，市场需求大于供给，顾客保留率达 95%。

5. 监察管理模式。监察管理是企业吸收顾客参加管理层面的工作，给企业提意见，供企业改正。它是使顾客进入企业内部管理系统，但又不具有决定权的一种特殊关系营销形式，其方式和公司中的监事会有些相似之处。

## 练习题

1. 顾客关系管理的核心理念是什么？

2. 顾客流失的原因是什么，怎样降低顾客流失率？

3. 作为顾客，你是否对某些产品或服务产生过不满，你有没有投诉？如果有，产品或服务商是怎样解决的？你对其处理方式满意吗？如果由你来处理，你会怎样做？

4. 怎样留住老顾客？能杜绝老顾客流失吗？你怎样看待顾客流失，顾客流失和员工流失有何异同点？

## 案例分析

### 海尔的“怀旧”策略

在服务和维系消费者关系方面，海尔的做法和欧洲很多百年企业颇为相似，这就是他们懂得如何管理客户关系，懂得如何为老客户服务。

**从不忘掉过去的用户**

中国很多企业并不善于做客户关系管理，多数也只认为是在成交前拉近关系，只是把双方当成买方和卖方的关系。然而，随着市场竞争的优胜劣汰，随着中国品牌国际地位的提高，一部分具有国际化视野并决心走向国际的企业，无论是从产品还是品牌建设、服务，都开始显露出与众不同之处。海尔就是如此。

通过观察发现，海尔在服务和维系消费者关系方面，目前正在进行的“寻找28年品质奇迹”活动，是一个很好的案例。来自海尔官方对本次活动的解释是：通过寻找老用户、讲述老用户与海尔空调温暖故事的过程，实际就是对产品技术、品质一次零距离调研，这不仅是用户见证海尔空调28年来卓越品质和强大的科技创新实力的一次难得的机会，也将有利于海尔空调进一步提升技术及品质，为更多海尔空调的新老用户提供更高品质的产品和使用体验。

海尔征集老用户，是对老用户的一次集中回访，体现了海尔对用户的人文关怀。通过对用户的回访，既能了解用户对海尔产品的评价，又能了解用户的需求等。消费者购买产品30年之后，能得到企业的关心，这种心智营销有感恩的味道，还能让消费者感受到一缕温暖。

从不忘掉过去的用户，这是一个明智的企业最该具有的品格。从营销层面解读，挖掘老客户的商业价值，其成本要小于新客户的开发，而且老客户的忠诚度很高。

**怀旧在于影响未来**

在中国，海尔是家喻户晓的知名企业；在欧洲，海尔正在获得越来越多的认知与肯定。海尔在中国，因为有多项技术专利的缘故，总能在行业中获得很高的荣誉。单纯从技术层面，任何一家企业的技术差距不会很大，真正让企业之间差距加大的恰恰是软实力。这些软实力包括营销、服务、为消费者创造需求等。每年在德国举办的“德国柏林国际电子消费品展”期间，都能看到海尔产品带来的更多的惊喜与期待。

海尔是一个聪明的企业。他的聪明之处在于，引领并创造了需求，让消费者适时参与设计。通过了解消费者的需求，为他们定制产品，这在欧洲，都属于比较领先的做法。无论任何产品，从趋势上分析，都已经进入个性化和定制化时代。从媒体的报道中看到，海尔正透过新媒体的方式，广泛吸纳消费者的意见和建议。来自全球的设计师与网友对话，这些设计师了解网友的建议，并时实地与网友互动，这种新颖的形式拉近了距离，同时洞察了消费者的未来预期。

怀旧是一个引子。消费者势必对海尔的印象有更深的了解，海尔对老用客户的需求及产品的改进会有更深入的了解。从生命自然规律看,28 年时间,消费者将会繁衍下一代。也就是说,海尔影响的不是一代人,而是两代人、三代人,未来甚至会影响更多。

资料来源:海尔的客户“怀旧”策略[EB/OL].[2015-01-11]. http://blog.ceconlinebbs.com/.

## 思考题

1.“怀旧”策略是如何做到维系顾客的?

2. 你认为海尔集团还可采用其他哪些维系顾客关系的方法?

# 第八章

# 顾客沟通与整合营销传播

## 本章学习要点

本章重点介绍了顾客沟通的基本过程及各环节的功能要素，阐述了顾客沟通的内涵和沟通渠道的分类，明确了各类型沟通渠道的特点。本章还介绍了整合营销传播的概念、层次及实施步骤，指出完善的媒体计划对于整合营销传播顺利实施的重要性，以及如何制定整合营销传播的媒体计划。本章最后提出了测量整合营销传播效果的指标、方法和过程。通过本章学习，应理解沟通的内涵和特点，明确企业与顾客充分沟通的必要性和可能性，掌握整合营销传播的实施步骤，以及如何制定整合营销传播的媒体计划。

人类进入信息时代，营销理论与实践面临着一系列新的困境与问题。其中至少有两个主要问题将需要以新的营销沟通策略来解决：其一是顾客的忧虑心理；其二是市场的不确定性。前者是由于技术的高速发展和复杂化导致顾客对企业及产品知识缺乏而引起的；后者则是由于在快速变化的环境下，企业缺乏有关顾客的知识而引起的。解决这两个问题的关键是丰富企业和顾客双方的知识。对企业而言，就是要通过营销沟通来获得有关顾客的知识，同时传播有关产品及企业的知识给顾客。本章，我们将探讨营销沟通以及现代沟通方式——整合营销传播。

# 第一节 顾客沟通的含义

企业保持与顾客经常性联系的目的,是为了随时掌握顾客的经济情况,同时通过这种沟通激励顾客,提高他们购买企业产品的积极性。企业与顾客之间的信息来往,也是一种双向沟通的过程。首先企业要把自己的产品信息、销售政策调整等及时地通知给顾客,同时企业也要注重收集顾客的反馈意见。

## 一、营销观念从4P's到4C的变革

1960年,美国密歇根州大学教授丁·麦卡锡在其《基础营销》(Basic Marketing)一书中提出了4P's理论,即以产品(product)、渠道(place)、促销(promotion)和定价(price)为组合手段的营销理论,奠定了现代营销学的基石。进入20世纪90年代,美国的罗德明和舒尔茨等人提出了整合营销的新观念,即Integrated Marketing Communication(IMC)。1993年,舒尔兹教授所著新书《整合营销传播》被认为是整合营销的奠基之作,在这部著作中他提出了著名的4C理论,即消费者也就是顾客(consumer)的欲望和需求、为满足顾客需求所付出的成本(cost)、为顾客提供便利(convenience)和与顾客沟通(communication)。4C理论提出后,引起营销学界和企业的极大反响,认为4C理论是对传统4P's理论的重大发展,其中顾客沟通和整合营销传播理论被视为对传统促销策略的重大突破。

两种营销观念的区别如表8-1所示。

**表8-1 4P's与4C的比较**

| 从4P's到4C | 营销观念的变化 |
|---|---|
| product<br>↓<br>consumer | 传统的产品策略是从产品的内在质量(品牌、生命周期)和外面式样(包装、组合)来满足顾客需求。顾客策略则是站在顾客立场上,从产品销售服务、产品形象和企业信誉等多方面来全面满足顾客的需求 |
| place<br>↓<br>convenience | 便利策略强调企业提供给顾客的便利比营销渠道更重要,而且便利性贯穿于顾客的购前、购中和使用的全过程 |
| price<br>↓<br>cost | 成本策略认为产品价值不再只是生产成本与流通费用的简单相加,附加在有形产品之上的无形满足也是企业提供给顾客的一种利益。另外,成本策略还认为,顾客在购买商品时必须支付一定的成本,这些成本不仅包括顾客为获得某一产品所支付的货币,还应包括所花费的时间、体力、精力等。因此,企业必须充分考虑到顾客的购买收益和成本 |
| promotion<br>↓<br>communication | 沟通策略认为企业营销不仅仅是企业提出承诺,单向劝导顾客,更重要的是提出企业与顾客的共同利益,同时沟通策略强调企业与顾客的双向沟通 |

从表 8－1 可以看出，营销沟通的概念与促销是一脉相承的，沟通策略取代促销策略，强调了企业应重视与顾客的双向沟通，以积极的方式适应顾客的情感，建立基于共同利益之上的新型的企业—顾客关系。传统的促销策略与沟通策略的不同之处在于：首先，传统营销的促销策略核心是交易，企业通过促销手段诱使双方产生交易活动并从中获利，而沟通策略则要求企业通过建立双方良好的合作关系以从中获利；其次，促销策略围绕如何获得顾客，而沟通策略更强调如何保持顾客；最后，促销只需与顾客保持少量的联系，而沟通则必须保持紧密的联系。

## 二、企业与顾客的沟通

管理大师松下幸之助关于管理的定义很简单："企业管理过去是沟通，现在是沟通，未来还是沟通。"专家研究表明，优秀经理 70% 以上的时间都用在了沟通上。经理如此，营销人员也不例外。这是因为，在新的营销环境下，顾客这一角色发生了质的变化。传统的营销理念仅仅将顾客作为企业的服务对象来看待，使企业与顾客的关系局限在"产品或服务的提供者与终端使用者"这种单一关系之上。这种关系不仅限制了双方之间更深层次的交流，也忽略了顾客的潜能。事实上，顾客在使用产品服务的同时，还能够承担其他角色，这些角色是企业与顾客之间除了交易关系之外的"联结点"。通过拓展这些角色，企业可以同顾客建立多重关系，而顾客也会在这种更为深刻持久的关系中表现出忠诚。

企业与顾客的沟通是一张复杂的大网络，要使这种关系处于一种良性的状态，必须通过一系列有效的传播、沟通活动，使组织与顾客之间相互了解，相互信任，进而相互支持。

就企业而言，信息时代的企业比以往更加注重与顾客的信息沟通，特别是自身形象的传播。这是因为，现代企业在市场竞争中已经相继经历了依靠产品力、营销力实现产品制胜、营销制胜等发展阶段，并开始进入依靠形象力以形象制胜的新阶段。

在现代市场经济激烈竞争的条件下，对于任何一个企业来说，良好的企业形象是最重要的无形资产，它关系着企业的生存与发展。一个企业要在激烈的市场竞争中站稳脚跟，就必须提高自己的名望和信誉，树立良好的企业形象。良好的企业形象能使企业得到公众的肯定和支持，对企业的产品和服务产生好感和信任感。随着科学技术的迅猛发展，产品更新换代的速度日益加快，昨日走俏一时的商品，今天就可能变得无人问津。而面对不断涌现、令人应接不暇的新产品，顾客对其性能、质量等又往往心存疑虑。因此，企业仅仅凭借其产品、服务和传统的营销方式已不足以在激烈竞争的市场中制胜。而一个树立起良好形象的企业，当它向市场推出新产品或提供新服务时,顾客会更倾向于信任和选择购买;特别是当众多企业推出同一种新产品或服务时,良好的形象和声誉更成为顾客选择和接受该企业产品或服务的决定性因素。总之,一个企业有良好的形象,就能得到顾客的信任和支持,提高生存能力、发展能力和竞争能力。

而良好企业形象的确立,除企业自身素质的全面提升外,还有赖于形象信息的有效传播。通过多种沟通渠道和形式,可以将企业的理念形象、视觉形象和行为形象完整地传递给顾客。

## 三、顾客沟通的目的

在市场活动中,影响交换的因素是多方面的:信息的不通畅会使需求者买不到实际存在的商品;舆论的压力会使顾客不敢购买他所喜欢的商品;企业内部员工的态度和行为会使原来可以实现的交易流产。而这些障碍的克服完全依赖于企业与顾客的充分沟通。实质上,传统的营销技术与方法,如广告、公告、促销等,都是不同形式的沟通活动。营销人员可以通过沟通来克服交换障碍,促进交换过程顺利实现。

顾客沟通的目的是企业与顾客公众的双赢,它主要表现为"一对一的沟通营销",即促使企业从最初的盲目大量化营销,到目标营销,到顾客需求导向营销,最终到一对一沟通营销。在实现一对一沟通后,才能真正抓住最有价值、最有潜力的顾客,进行不同级别、不同价值的顾客差异化服务,进行针对性更强的个性化营销。

当然,对沟通对象即顾客应当有所选择,选择的依据即顾客价值。也就是说,要根据某顾客对公司赢利贡献的大小,决定对顾客的关注程度和投入的高低。通常,对公司赢利贡献大、服务成本低,或者在同等成本下,赢利贡献较高的顾客,其顾客价值较大,这类顾客也就称为大顾客;反之,对公司赢利贡献小、服务成本高的顾客,则为小顾客。显然,大顾客是所有企业关注的重点,是值得花力气去努力争取和保持的顾客。

但在实践中,人们往往忽略了一点,即当某些大顾客对公司利润贡献非常大时,他们会凭借其强大的买方砍价实力,向公司提出诸如减价、提供超值服务甚至无偿占用资金等方面的额外要求。而企业的顾客经理为了维持双方的长期合作,常常不得不硬着头皮答应这样的要求,更麻烦的是这些要求经常是持续的。因此,可能出现的情况是,当我们为大顾客提供令其非常满意的服务时,非但没有为公司带来预期的赢利,反而出现利润停滞不前,甚至开始下滑的情况。所以,必须认真考虑的问题是,应当怎样准确评价、筛选和对待公司的顾客特别是大顾客。

按照综合评价顾客价值的思路，需要从新的角度重新审视大顾客的价值以及企业与大顾客的关系。大顾客与企业有直接、重大的利益关系，因而是需要格外关注并努力维持与其良好关系的首要公众。但是，如同迈克尔·波特（Michael E. Porter）指出的，大顾客对企业的价值不仅仅取决于其庞大的订单需求和巨大的增长潜力，还决定于其砍价实力的大小，特别是运用这种砍价实力要求压低价格或索取额外利益的意向。这就是说，如果大顾客的砍价实力和运用这种实力的意向过于强烈，则有可能抵消其高涨的购买需求和增长潜力给企业带来的赢利增加。在这种情况下，所谓大顾客就不一定具有大的价值。换言之，大顾客并不完全等同于大顾客价值。在得到上述结论后，是否意味着企业就可以不重视大顾客，不努力维系与大顾客的良好关系呢？当然不是。相反，任何时候大顾客的价值都是不容忽视的。问题的关键在于企业在努力挖掘大顾客价值的同时，应当尽可能减弱其利用砍价实力压低价格的意向。这里，顾客沟通的有关策略和技巧可以发挥重要作用。

首先，在处理与大顾客关系时，应该通过充分的交流和沟通增进彼此的相互理解，使大顾客认识到双方的共同利益所在，以及在实现利益过程中"一荣俱荣，一损俱损"的共同体关系。要通过真诚的努力和情感的付出赢得对方的好感与信任，建立牢固的情感维系，使双方在发生利益冲突时能够以情为重，以礼相让，不以贪图眼前利益而损害双方的长远关系。还可以通过卓有成效的预防性措施，防患于未然，尽可能地降低大顾客采取不利于本企业行为的可能性。此外，一旦大顾客凭借砍价实力提出有损于企业利益的额外要求时，营销人员则需启动相应程序，采取有力措施，尽可能将企业的利益损失减少到最低程度，同时努力对双方关系做出修补。

其次，与顾客建立友好关系、提高顾客满意度。在传统的企业结构中，要真正做到满足每个顾客的个性化需求，并与其建立持续、友好的个性化联系，并非易事。其重要原因在于观念上难以接受，技术上无法实现。例如，企业产品的售后服务受到时间和地点的限制，难以履行向顾客提供 24 小时服务的承诺；某个顾客的消费偏好只为个别销售人员所知，当其他销售人员为其服务时，可能因对该顾客的情况一无所知而无法使之满意；最重要的是，销售人员往往仅从完成定额的角度出发，在销售过程中缺乏与后台支持人员的沟通，以致顾客常常在购买之后才发现产品和服务性能与最初所描述的情况不相一致，因而有上当受骗之感，导致最终放弃对该企业产品的重复消费，造成企业的顾客流失。无论从技术缺憾的层面上分析，还是从观念缺失的层面上分析，我们均可以发现随着信息技术的高速发展和广泛应用，很多企业虽然在信息化方面做了大量的工作，以资弥补技术上的不足，但对顾客的管理仍存在严重不足。

值得指出的是，对顾客的管理不仅仅是技术层面上的问题，而且是一个企业在对顾客关系进行管理的过程中，如何运用沟通的理念、方法与手段来满足顾客愈来愈个性化的需求，并与之建立持续友好关系的问题，这已经成为企业处理顾客关系进程中一个亟待解决的重大课题。虽然运用传统的促销方法与手段具有积极意义，但沟通的基本理念和方法则具有独特的指导价值。比如，作为顾客，有一天你在家里接收到某企业的电话，这个电话不是为了推荐他们的产品，而是告知你于某月某日购买的该企业的冰箱该除霜了；或者是你使用的化妆品公司的销售小姐告知今天是你的生日，她们已经为你准备好礼物，并正在送往你家的途中……你会是什么感觉？可以肯定地说，除了喜悦之外，你一定会在心里深深地记住这家企业。当然，你多半会再次选择他们的产品。这就是企业的顾客关系管理长久以来梦寐以求的美好境界，即企业通过“一对一”的顾客沟通，与顾客之间营造一个共同利益的愿景。

## 第二节　顾客沟通的过程与渠道

企业与顾客的有效沟通，离不开行之有效的沟通方法和能够高效率沟通的渠道。面对不同的顾客，要采用相应的沟通方法，从快速、低成本的角度出发，选择相适应的沟通渠道。

### 一、顾客沟通的过程

任何形式的顾客沟通活动，如广告、促销、直接营销、公关宣传、商展，都是为了一个目的，即在顾客头脑中输入信息，以期影响他们日后的购买决策。根据对信息处理过程的分析，我们知道，顾客储存在脑海中的、对某产品或服务的经验会在购买决策中发生影响。这就是所谓的“沟通—影响—购买”过程。一般的沟通过程都是根据这一系统建立起来的。

如图 8－1 所示，沟通是一个包括许多种要素的过程。其中，发送方与接收方代表沟通过程的主要参与者；信息与渠道是主要的沟通工具；其余的五个要素——编码、解码、反应、反馈、学习是主要的沟通功能；最后一个要素——噪音，指的是参与沟通并损害沟通效果的各种无关的外在变量。下面将逐一分析沟通的功能要素。

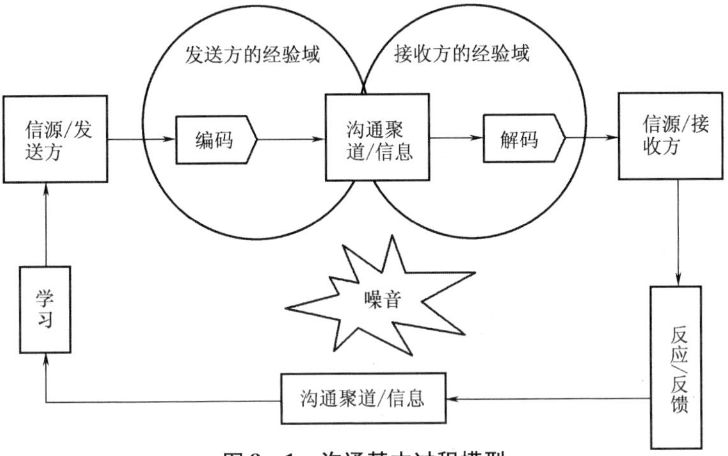


**图 8－1　沟通基本过程模型**

（一）信源/编码

沟通过程中的信息发送方，即信源，是指拥有可以与其他个人或团体共享的信息的个人或团体。

当信源选择词、标志、画面等来代表它所要传递的信息时，沟通过程就开始了。这个过程叫作编码，即将想法、观点或信息置于一个象征性的符号中。企业必须将信息以顾客可以理解的方式传递出去。也就是说，要尽量使用目标受众熟悉的语言、符号和标志。

（二）信息

编码过程结束以后，接下来的就是信息的开发。信息包含了信源希望传达的信息或意义。它既可以是语言的、口头的，也可以是非语言的、数字的或象征性的。但无论最终的信息形式如何，我们都必须采用正确的传递方式。

（三）沟通渠道

沟通渠道是指信息发送方与接收方进行沟通的方式。由于受沟通双向性理念影响，现代顾客沟通渠道具有明显的双向性特征，它们不仅包括企业与顾客输出的传统通道，也包括顾客向企业输入的回馈途径。

（四）接收方编码

接收方是指与发送方分享思想或信息的人。一般而言，接收方是目标市场上的顾客或者读到信息并进行解码的受众。解码是指将发送方信息还原为思想的过程。这个过程受到接收方的经历、感知、态度以及价值观等因素的影响。

（五）噪音

在信息沟通过程中，无关因素的影响很容易使信息的接收受到歪曲或者干扰。这种外来的扭曲或干扰,我们称之为噪音。信息编码过程中出现的错误或问题、广播或电视信号的失真以及接收时的偏差,都属于噪音。

(六)反应/反馈

接收方在看到、听到或者读到某信息后做出的举动称为反应。反应的范围很广,既可以是无法直接观察的过程,如在记忆中储存信息,也可以是直接的行为,如拨打免费电话购买电视广告中的产品。在接收的反应中,企业最感兴趣的是被传递回发送方的那一部分信息,我们称之为信息反馈。信息反馈的形式很多,它不仅使沟通流程闭合为环状,而且使发送方可以监控他们试图传递的信息的解码和接收过程。

(七)学习

研究表明,除非传递者能了解接收者已经储存的资料内容,或是接收者对信息的相关领域已经有所了解,否则沟通很可能会失败。欲摆脱这种局面则要求双方不断地相互学习。通过学习,发送方(企业)由此可以了解顾客的需要、价值观、消费观和使用习惯,接收方(顾客)则学习到怎样参与沟通过程以获得迅速、准确的信息,周到的服务和质量良好的产品等。显然,沟通过程明显地具有学习性特征。

## 二、顾客沟通渠道

顾客沟通渠道是指企业把精心设计的信息传递给顾客或潜在顾客的所有途径。这是一个较为宽泛的定义,也就是说,顾客关系管理中所指的沟通渠道包含了媒体、人员推销、直接销售、包装、事件、公共关系活动等任何可以传播企业信息的工具方式。

(一)顾客沟通渠道概述

顾客沟通渠道可从广义和狭义两个角度来考察。就广义而言,企业组织的各个因素都可纳入顾客沟通渠道的范畴,诸如产品的式样、包装的颜色与外观、价格等都可看作是在进行某些信息的沟通;就狭义而言,沟通渠道只包括具有沟通性质的工作,主要指各种形式的广告、包装、展销会、购买现场陈列、销售辅助物(目录、说明书、影片等)、劝诱工具(竞赛、赠品券、赠送样品、彩券)以及公共宣传等。

通常,顾客沟通渠道分为两大类:人员沟通渠道和非人员沟通渠道,这两者也可以发展出许多子渠道。

1. 人员沟通渠道。人员沟通包括彼此直接沟通信息的两个或更多的人。这些人或许会面对面交谈,一人说一人听,或彼此打电话,或通过邮件发生联系。这种渠道通过个人化的描述与反馈机会,可以产生更大的效果。

人员沟通渠道可进一步分为倡议者、专家和社会渠道。倡议者渠道由公司销售人员组成,他们负责与目标市场上的买者接触;专家渠道由向目标顾客做宣传的独立专家组成;社会渠道由邻居、朋友、家庭成员及同事组成。

2. 非人员沟通渠道。非人员沟通不通过人员接触或相互作用来传递信息。这种沟通渠道包括媒体、气氛及事件。

媒体由印刷媒体(报纸、杂志、信函)、广播媒体(收音机、电视)、电子媒体(录音带、录像带、视盘)以及陈列媒体(广告牌、标牌、海报)等组成。绝大多数非人员信息都是从这些媒体中传出的。

气氛可以说是"包装起来的环境",通过制造气氛能创造或加强顾客对产品购买的认知与兴趣。例如,一家艺术设计公司会用别致的装修、丰富的资料以及成功的作品展示来传递一种"独具匠心"和"经验丰富"的气氛感觉。

事件通常是精心安排和设计的活动,用以将特别的信息传递给目标受众。如,公共关系部门安排新闻发布会、大型开幕式、体育赞助等,从而实现对目标受众特殊的沟通效果。

(二)各种沟通渠道的特点

经过上面的分析,我们已经大致了解了两大沟通渠道类别的特点和使用方法。但是,要想最大限度地发挥沟通的影响力,还必须对沟通渠道进行更深一步的分析,即掌握各种具体的沟通途径或方式的特点。

1. 通过大众媒体与顾客沟通。该类沟通渠道的主要长处在于为企业及其产品建立和维持品牌形象。由于大众沟通媒体广告可以准确无误地刊登或安排时间播放,企业可以很容易地计算它的出现率,并可全面控制信息内容。同时,由于它通常是经由大众媒体传达有关信息,因而堪称是成本最低的沟通途径之一(包装除外)。

大众沟通媒体广告的优点在于有助于维持品牌的形象,能让品牌在顾客心中留下深刻的印象,这对经常性购买或竞争激烈的产品而言尤其重要,如汽水、香烟及汽车出租业等。此外,大众沟通媒体广告还可用来有效地为一个品牌或公司定位,并创造独特的形象。

大众沟通媒体的主要缺点是缺乏公众信任度以及信息众多而纷乱。顾客对大部分的广告都多少会产生心理与行为上的抵制,他们认为广告所说的话往往要打一定折扣。不仅顾客普遍认为广告夸大事实,即使从事大众沟通广告业的人,也认为过度的承诺与夸张不足为奇。因此,企业在运用大众媒体与顾客进行沟通时,一定要树立实事求是的精神,要树立公关意识、形象意识,这样才能有效提高顾客对企业的信任度。最有效的方式就是减少广告功利色彩,多做一些企业公关广告。

2. 通过业务人员与顾客沟通。从顾客接触的角度而言，业务人员应该是一家企业最有效的顾客沟通渠道。优秀的业务人员会针对每个顾客设计一套沟通方式与优惠政策，他们还能体察出顾客的抗拒心态，并针对顾客的问题、担忧和难以察觉的抗拒心态及时做出反应。由于业务人员是企业与顾客来往的主要代表者，因此，不论沟通目标是什么，业务代表的行为都是决定目标能否达到的一个主要因素。业务代表不仅要了解公司的沟通目标是什么，还必须全力以赴以求达到目标。同时，在与顾客沟通的过程中，业务人员要注意自身的形象，要将公关思想、技巧贯穿其中，这样才能增强沟通的有效性。

3. 通过公关新闻与顾客沟通。公关新闻与其他渠道不同的地方，在于它可以增加信息的可信度。例如，当一份有关某品牌的公关信息稿以新闻或专栏的方式出现时，读者和观众会比较愿意相信这份消息稿所报道的品牌信息，因为它是出自一个与品牌销售获利无关者的评论，也就是所谓的信源可靠性公关新闻。另外，公关新闻还可以使品牌得到免费曝光的机会。

公关新闻的限制在于公司对发给媒体的信息没有控制权，这些消息稿不但得不到一定采用的保证，也无法控制何时与如何被采用。另外，一旦某媒体对一个品牌做出报道之后，它通常要经过数月甚至数年之后，才有可能再作另一次报道。

4. 通过促销活动与顾客沟通。由于促销可以为公司产品提供附加价值，因而是直接影响顾客消费行为的最有效的沟通渠道。在产品本身利益之外，如果能在特定时间内再加上一些刺激诱因，潜在顾客就有了试用新产品的理由，现有顾客也就有了再次购买或增加购买次数及数量的理由。

除了可以鼓励消费行为的特点之外，可测量性是它的另一优点，这一特性使它在强调数量化的数十年来，成为深受欢迎的营销沟通渠道之一。促销的缺点在于，过分使用促销会使顾客对产品的价格产生怀疑，而且会使顾客等到展开优惠时才进行购买，这会降低产品的价值。

5. 通过直接营销与顾客公众沟通。诸如直销邮件、电话推销、传真、电子邮件等直接营销策略，其实是多项沟通工具的组合，但业界通常将其视为单个的营销沟通功能。直销最主要的优点是，它可以针对个人设计个性化的信息，而且具有可测性。不过直接营销的每千人成本相当高，通常适合于与接触群体较小且清楚的目标对象进行沟通。

6. 通过举办活动与顾客沟通。这是最能鼓励顾客参与的一条沟通渠道。活动的种类很多，可以视顾客的参与程度而定，如讲座、比赛、晚会等，其特点是目标对象的选择性较高。例如，那些选择参加因特网讲座的人，一定对这个活动主题很感兴趣,正如那些参加赛车活动的人会比一般人对赛车与汽车更感兴趣一样。它的优点在于影响力大,可以教育顾客公众、培育市场,并且也是确定潜在顾客的好方法。但是,在具体的实践中,要克服企业仅仅为了吸引大批人群而赞助参与某项活动,而不考虑活动的内容和所吸引公众类型的倾向。

7. 通过包装与顾客沟通。对消费性产品而言,其包装是顾客决定是否购买某一种产品的重要因素。由于包装不仅是一个自发性接触点,同时更是一个人为的接触点,其大部分传达信息的花费都被充分利用了,因此,就传达品牌信息而言,包装这一沟通渠道的每千人成本非常低。在零售服务业中,店铺地点便是它的"包装",无论是装潢、环境气氛,都能传达出强烈的信息。

应该指出的是,沟通渠道并非是一成不变的。随着科学技术和企业沟通实践的发展,总有新的沟通渠道在不断出现,因此,我们应不断扩展对沟通渠道的认识。

随着信息技术的飞速发展特别是互联网的兴起,企业获得了与顾客沟通的更大空间和更多方法。更重要的是,现代信息技术赋予了顾客选择接受和反馈信息公司的能力。例如,诺基亚公司在其网站上为顾客专门设立了产品论坛,供顾客交流产品使用经验,为顾客提供合适的应用软件下载,甚至是听取顾客抱怨。很多的顾客都在使用这样的论坛。这个例子可以说明信息技术已经在很大程度上影响了与顾客沟通的方法与手段。这对企业来说,既是难得的机遇,也是巨大的挑战。我们应该密切关注与研究它在顾客沟通实践中的发展。

## 第三节 整合营销传播的步骤及媒体计划

信息时代,顾客的个性化需求得到充分发展,在选择和接受产品及企业信息的方式上,有了更加多元化的选择,企业单一的营销方式已经不能适应顾客多样化的产品选择和信息获取方式。为此,企业有必要整合多种营销方式和传播渠道,加以综合运用。

### 一、营销整合、整合营销及整合营销传播

1950 年尼尔・鲍顿提出了"市场营销组合"的概念,强调营销中各种要素组合起来的重要性。

营销整合则在营销组合的基础上更强调各种组合因素作用力的统一方向,力求使这些因素形成一种合力,共同为企业营销目标服务,图 8-2 可以很好地说明

这一点。

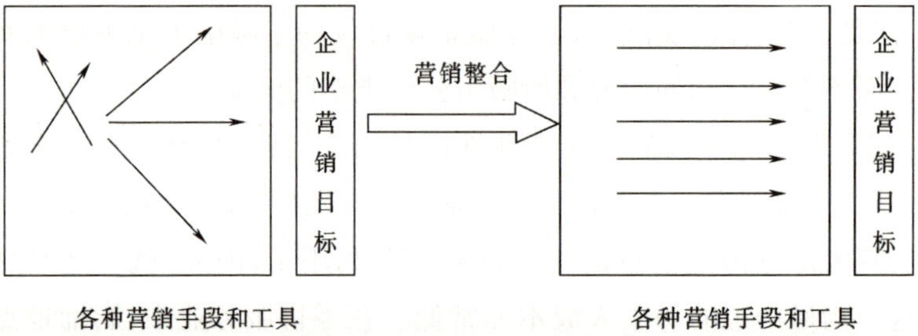


图 8-2　营销组合到营销整合

整合营销则是营销整合的升华和理性化，是一种系统化的营销方法。因此，著名学者王方华教授认为：整合营销是一种通过各种营销工具和手段的系统化结合，根据环境进行即时性动态修正，以使交换双方在交互中实现价值增值的营销理论和营销方法。

整合营销传播是基于整合理念基础之上的、强调双向沟通和以"循环营销"为特色的一种营销沟通方式，它的目的是为了整合营销的最佳实现。

## 二、整合营销传播的含义

所谓整合营销传播（Integrated Marketing Communication，IMC），是指以顾客为核心重组企业行为和市场行为，综合协调地使用各种形式的传播方式，以统一的目标和统一的传播形象传播一致的产品信息，从而实现与顾客的双向沟通。整合营销传播的目的在于迅速树立产品品牌在顾客心目中的地位，建立产品品牌与顾客长期密切的关系，更有效地达到产品传播和产品行销的目标。

整合营销传播的核心思想是把企业与进行市场营销有关的一切传播活动一元化。整合营销传播一方面把广告、促销、公关、直销、CI、包装、新闻媒体等一切传播活动都涵盖到营销活动的范围之内；另一方面则使企业能够将统一的传播资讯传达给顾客。所以，整合营销传播也被称作"speak with one voice（用一个声音说话）"，即营销传播的一元化策略。

## 三、整合营销传播的层次

一般来说，企业进行整合营销传播需要经历四个层次：第一层次为战术调整；第二层次为重新定义营销传播的范围；第三层次为信息技术的应用；第四层次为战略与财务的整合。

(一)战术调整

对许多公司来说,引入整合营销传播曾经是在产品、部门、区域和国家方面调整各种不同传播行为的实际需求。在较早的简朴的传统市场上,营销传播方式的选择十分有限,只有广播广告、大众流通杂志、户外广告牌、公共关系以及其他类似手段。然而,随着传媒系统变得越来越专业,分类也越来越细,每一种媒介形式都需要得到特别的注意。另外,其他非传统媒介工具也有了较大发展,例如直销、促销、事件营销、定制发布、协同销售、赞助活动等,当然还有电子和互动工具。

整合营销传播最初的许诺是通过建设一个全面的结构而建立企业统一形象,巩固传播成果。在某些情况下,这导致了营销传播的集中化,即期望通过计划所有活动因素来获得更大的协作。在其他情况下,它鼓励在使用、配合和信息发展方面建立更明确的公司方针,将实际的操作交给专门负责的人,例如那些负责专门品牌、部门、区域或国家的人。

交叉功能性是第一个层次整合的另一特点。不同的组织对交叉功能的发展显示了不同的方法,但是最根本的目的是获得最高水平的能力。这不仅体现在管理个别传播成就方面,而且反映在通过所有活动取得协作和推动力方面。在某些情况下,企业一方面可以重新组织营销传播系统从而建立交叉功能组,其中包括广告、公共关系、直销和其他传播专业的专家。这些功能组代表着专门的产品或服务,承担着建立多媒体、多种传播成果的任务;另一方面是对系统里的所有人进行交叉功能培训,以使他们对各种传播工具的应用都能达到熟练的程度。

(二)重新定义营销传播范围

第一层次中的整合就是协调营销传播中可管理的部分,将之调整为一个连贯的、统一的整体。在第一阶段整合的重点被放在提高及加强运作效力和外向型传播上。然而,很多企业发现他们内部的连贯性和一致性并不充分。为此,企业开始进入第二层次,即重新定义营销传播的范围。这一层次的实质,是企业试图从以公司自身和运作为导向的观点转变到以顾客和终端用户为导向的观点上来。为此,企业开始考虑一切可以使顾客结识品牌的联系点,这些品牌联系点向顾客提供了这个品牌、产品类别以及产品供应商的信息。

虽然传统的传播行为在品牌联系方面起着非常重要的作用,但还有很多其他的联系方式影响着顾客的购买决定。这里,可以考虑以下因素在形成顾客感知方面的重要性:雇员制服、方便实用的用户手册、产品包装、投诉解决程序、询问回应时间、忠诚认可度、信誉调整、退货政策、清晰的进入通道等。这些因素都会直接影响顾客对企业与产品的认知,顾客会将他们的经验与企业及产品联系起来,并由此形成他们的态度和喜好,进而对企业的产品销售及市场份额产生决定性影响。因此,全方位管理品牌与顾客的接触点,是整合营销传播的一个重要方面。

在重新定义营销传播范围的过程中,企业开始认识到最有力的品牌接触,也是过去最容易被忽视的,就是他们自己的员工。将员工作为整合营销传播的目标是第二层次整合中的一个关键方面。大英战略管理资源首席执行官朱丽叶·威廉姆斯的研究指出,当内部的营销传播计划支出与外部营销传播计划不相一致时,会有近40%的营销传播费用被浪费掉。

内部整合营销的目的,就是将品牌价值管理扩展到沿着内部供应链的每一笔交易行为上,是将每一位员工都融入营销进程中来,并将人们从花钱中心转向利润中心。

(三)信息技术的应用

现代信息技术的飞速发展引导着营销传播方式的改变,并且同时使整合营销传播方案更具有可行性。在营销传播的第三层次,企业可以利用信息技术的能力和潜力,以两种主要的相关形式促进整合营销传播的实现。

1. 个性化定制传播信息。应用信息技术首先涉及信息以什么方式传递给顾客、潜在顾客和其他目标人群。在信息时代,企业可以充分利用信息网络技术为顾客提供个性化的信息传输。个性化定制信息的真正好处在于可以使顾客选择适合自己的方式和时间来获取信息。对顾客来说,至关重要的是在最方便的时间和地点,获得与他们所处情况最为相关的信息。这里问题的关键在于企业怎样从顾客的角度计划和发展这种个性化的信息传播方式。

2. 利用顾客信息库。在利用信息网络技术建立和传递信息的过程中,一个关键的基础性环节是加强顾客信息库的建设和利用。近年来,随着信息技术的发展,数据库在不同行业和企业中得到了广泛应用。通过数据库技术可以就现有顾客和潜在顾客的信息进行广泛收集、存储,实现企业内部的顾客信息资源共享。将顾客信息库与整合营销传播相联系,可以在以下四个关键性区域对整合营销传播的第三层次进行定义。

(1)经验式顾客信息。处于整合营销第三层的公司,其顾客信息库所拥有的不只包括顾客的姓名、地址、电话号码和一些简单的统计信息,关键的信息是顾客的购买行为记录,如过去的交易历史等。企业数据库中包含的信息越多,分析购买和再购买类型的能力就越强。

(2)分析工具及技术。整合营销第三层的另一个关键点是对分析工具的使用。在这一阶段,企业使用广泛的统计方法和工具来评价现实顾客和潜在顾客。它可以利用许多的成熟技术,例如利用衰退分析和神经网络来辨别大多数做出响应的或有利可图的顾客的特点,然后将其核心部分作为指导性信息应用于企业未来的新业务中。

(3)顾客价值的区别。在20世纪五六十年代的大众市场里,由于强大的传媒系统可以有效地将同样的信息传递给所有的顾客和潜在顾客,企业不需要或没兴趣来区分不同的顾客。一直到20世纪七八十年代,企业才开始注意通过广泛定义的人口统计特征来向不同人群传递信息。许多企业大量依靠统计手段和已经熟悉的程序进行传播,这些方式都面向一个"平均"顾客,既不是最好的一个,也不是最坏的一个,而是一个典型的、平均化的顾客,当然这样的顾客实际上只存在于纸上。在21世纪的新营销中,企业可以不再与这个虚构的"平均"顾客打交道了。对企业来说,关键的一点是将相似性和平均化的营销转移到对它们最有价值的顾客和潜在顾客的个性化营销上来,以"一对一"或"一对有选择性的几个顾客"为基础进行传播。这种个性化的定制传播是以承认并且尊重顾客个体之间的区别、需求、价值和偏好为前提的。

与此同时,企业可以将传播资源和优先权用于服务那些在数量上只占20%～30%,但却是70%～80%收入和利润来源的顾客。对于那些在这20%～30%之外的顾客和潜在顾客,所有的传播投资都必须谨慎,以便保证企业的产出效益,并与短期和长期目标相适应。

值得指出的是,即使一个企业拥有大量的数据可以用来操作和分析,它也不能忽视整合的前两个层次。除非传播技术和顾客信息与第一层次中获得的策略,以及第二层次中的传播定义很好地结合起来,否则,企业就不能进入整合的第四层次。

(四)战略与财务整合

多年来,企业一直致力于从顾客态度、偏好和品牌认知度等方面测量营销传播的作用,但未取得理想效果。现在,企业可以通过顾客交易数据采用闭环测试系统,对营销传播的经济效益进行分析和测量。在整合营销的第四层中涉及两个极为重要的问题,即测试对顾客投资的回报能力和运用整合营销传播来推动企业战略决策的能力。

1. 顾客投资回报。在向顾客定制传播信息的过程中,企业需要测量顾客对传播的注意效果,如对某广告或某事件的反应。一旦企业将必要的程序和基础结构设置到位,可以大量且精确地进行顾客投资回报测量时,它就可以对所投资的任何传播层次进行测试。根据测量结果,企业可以更有效地分配资源,包括时间、资金和管理人员的精力,以确保最大的投资回报。在此基础上,企业也可以制定出更为准确的整合传播计划。需要指出的是,顾客购买带来的销售收入是最重要的测试因素。

2. 运用整合营销传播来推动企业战略决策。为了使整合营销传播充分发挥其最大效用,企业需要从以运行为主导的由内而外的方式,转向从品牌体验的各个方面为顾客创造价值的由外而内的方式。这需要企业做好每个方面的工作——从顾客反应到产品质量、人力资源培训,再到售后服务等问题。为此,企业必须进行战略、组织等方面的全面改造,否则整合营销传播就起不到作用。

## 四、整合营销传播的步骤

整合营销传播的具体实施可按以下步骤来进行。

### (一)分析顾客购买诱因

分析顾客购买诱因(Target Buying Incentive,TBI),即制定一个完整的传播策略必须调查所有可能影响销售的顾客的资料。它可以告诉我们不同的顾客对某类或某个产品的看法以及看法形成的原因,他们之所以购买该类或该产品是想要解决什么问题等。

为了能正确策划传播策略,每个会影响产品销售的群体都应被视为潜在目标。因此,需要针对每一个不同的目标对象,制定不同的顾客购买诱因表格,为市场中每个可能的消费群制作一份顾客购买诱因表格。顾客购买诱因表格的信息来自顾客的购买行为资料,也就是根据实际调查结果,或依据观察、个别访谈及过去经验所得到的假设。当各顾客的顾客购买诱因表格制作完成后,就可以找出哪个消费群是最应该进攻的有利阵地。

### (二)分析产品是否适应主要顾客群

1. 实质——产品里面到底有什么?从产品中挖掘更深的新颖性及存在于产品中的不同寻常的东西。例如,产品是如何制造的?谁发明的?为什么发明?如何发明的?作用是怎样的?在什么情况下使用?这些事实能够影响顾客的认知,并且能够消除在顾客心中每个产品都一样的认识。

2. 产品的认知——顾客对产品的看法。顾客对产品的认知是产品不可或缺的部分,是能够创造产品的真正价值之所在。顾客是如何认知产品品质的?产品品质能与其价格相配吗?品牌名称能给予顾客信赖感吗?顾客对竞争品牌的看法如何?报纸上的新闻报道如何影响顾客?口碑和效果如何?店老板的推荐有效吗?低价策略呢?这品牌表面上是否给人常常减价的感觉?顾客对该品牌与其他品牌的认知有多接近?

最重要的是,潜在顾客是否已明确地将本品牌定为"跟风"品牌,以致无法接受新的信息,因此不愿换用本品牌。

### (三)分析竞争状况

确认产品的主要竞争对手,熟知顾客心目中有哪些品牌,它们的优缺点是什么？顾客的忠诚度有多高？顾客如何受广告新闻报道的影响？哪些品牌最脆弱？从哪些品牌夺取市场最困难？

（四）分析顾客利益

能够促使顾客舍弃竞争者的品牌而购买我们产品的关键性利益点是什么？顾客不会关心产品有什么，而只在意产品给它带来什么好处，所以必须根据顾客的需求来决定顾客利益。

（五）提出令人相信的理由

明确顾客利益后，需要为顾客找一个理由，能够让顾客相信你的品牌可以满足他们的需求。换句话来说"必须要让顾客相信你的产品带给他们的好处，值得他们付钱购买"。当我们与顾客接触时，不同的方法会产生不同程度的可信度。但无论采用什么方法、借助何种形式的传播工具去说服顾客，一定要注意保持传播信息的一致性，即从广告、直复营销到产品使用说明，乃至顾客申诉电话的回复语等都要一致。整合营销传播背后更深层次的考虑是，每一种传播沟通的形态——定价、标签、商标、促销活动、通路，都应该用来协助说服顾客，越能保持一致，对顾客的冲击力与说服力也就越大。

（六）发展品牌的个性

品牌个性是品牌的生命和灵魂，能让顾客轻易地与竞争品牌区别开来。品牌个性的建立必须配合商品的品牌定位，符合顾客对品牌的认知与期望，同时信服它。如果你试图为品牌建立信任，那么每一种形式的传播工具——广告、标签、优待券等，在外观、文字及态度上都必须让人信任。

（七）传播、执行目标

整合传播策略要提出整个营销部门的目标。在这些目标中，首先必须评估的课题是：顾客接收到的信息是否是我们想要传达的主要信息；第二要测量的是：传播之后，顾客的反应是什么，也就是执行过程中的主要反馈。如果没有达到目标，则必须重新检讨策略的内容与战术做法，甚至要进行修改，因为很可能你并没有说服顾客。

（八）改变认知

传播目的是在顾客心目中创造品牌认知价值，这是评估传播策略与执行成功与否的关键。在实施传播后，应当调查这些认知价值在顾客心中的变化，以了解策略是否成功或是否需要修改。

（九）确定顾客接触点

确定顾客接触点也就是指了解我们传达的信息如何能够到达策略中设定的目标对象，当他们需要你的产品时，他们在哪里？当他们最难于接受销售信息时，他们在哪里？当你的产品对他们产生最大利益的时候，他们在哪里？

（十）修正

修正是指未来该作什么调查，以便修正传播策略，使策略更完美。一个完美的整合营销传播策略是经常需要修订的，因为顾客一直在变化。由于企业自身的传播，竞争者的传播，其他非商业性的传播，新产品的出现，乃至顾客生活形态的改变等种种因素，都使得现行的传播策略与顾客的实际状况发生偏离，因而必须不断修正才能符合最新的状况。传播的核心是使顾客对品牌萌生信任，唯有不断调整修正传播策略才能维系这种信任，使其长久存在于顾客心中。

## 五、整合营销传播的媒体计划

企业进行整合营销传播的过程，也是各种促销工具的整合运用过程，它包括广告、销售促进、直接营销、公共关系、人员推销等。整合促销工具往往会面临媒体计划方面的难题。因为媒体计划不是一个简单的过程，它的选择项目除了电视、报纸、广播和杂志等大众媒体之外，还包括户外广告、运输工具广告和电子广告牌等户外媒体，同时必须考虑直接销售、交互式媒体、促销性产品广告和室内现场广告等多种媒介形式。媒体计划本身的复杂性为整合营销传播带来了很大难度，因此有必要对其进行分析与研究。

（一）媒体计划中存在的问题

目前，媒体战略决策并没有形成标准化的程序，因此，许多问题都造成了计划制定上的困难，并且削弱了它的有效性。

这些问题主要有以下几点。

1. 信息不充分 。现存的大量关于市场和媒体的信息，往往不能满足媒体计划者的需要，许多有用的数据因为测量成本等因素很难得到。例如，虽然可以对广播收听人数进行连续测量，但是由于样本规模和成本的限制，往往只能对一定时期收听人数的状况进行研究。对于小广告主来说，信息不对称是他们所面临的严重问题。他们的决策只能依靠一些有限的或过时的数据。

2. 术语不一致。不同媒体采用的成本基数是不同的，而且用来确认这些成本的度量标准也不一致。这样一来就有可能导致一些问题。例如，印刷媒体使用CPM（千人成本），电波媒体使用 CPRP（每一视听率成本），户外媒体使用展示品的数量。这些用做成本基础的受众信息是通过不同的方法来汇集的，但在实际操作中，企业可能把本质上不同义的术语（如到达率和覆盖面）当作同义语使用，这就增加了混乱的局面。

3. 测量有效性方面的难题。通常因为很难测量广告与销售促进的有效性，因而对于各种媒体或媒体工具的有效性也很难确定，由此导致不是所有的媒体计划决策都能依靠定量分析做出。企业经常需要在没有得到所有可供选择媒体充分信息的情况下做出判断。

（二）媒体特性分析

媒体战略中所涉及的重要因素之一是媒体与市场的搭配，而每一种媒体都有其自身的特性，因而对市场促销具有不同的效应。为此有必要对各媒体的特性进行比较（参见表8－2）。

**表8－2　各种媒体的优势与劣势**

| 媒体 | 优　势 | 劣　势 |
| --- | --- | --- |
| 电视 | 覆盖面积大，接触率高，有光、声、动态的影响，声望高，易引起注意 | 选择性低，信息生命短暂，绝对出版量高，生产成本高，干扰较大 |
| 广播 | 地方性覆盖，成本低，接触频率高，有弹性，生产成本低，受众充分细分 | 信息易逝，只有听觉效果，干扰大 |
| 杂志 | 易于细分目标受众，易于重复阅读，信息容量高，有多种读者 | 前置时间太长，只有视觉效果，缺乏弹性 |
| 报纸 | 覆盖面高，成本低，前置时间短，广告位置好、及时，读者控制信息展露，可以使用赠券 | 寿命短，干扰大，吸引注意的能力低 |
| 户外 | 地点具体，重复率高，易于引起注意 | 受地域限制 |
| 直邮 | 选择性高，读者控制信息展露，信息内容量多，重复信息展露的机会多 | 成本高，形象不好（垃圾邮件），干扰大 |
| 交互 | 用户选择产品信息，用户注意和参与，交互式关系，销售潜力，弹性信息平台 | 有限创作能力，无效的测量技术 |

（三）媒体战略的时间安排

企业在整合营销传播中希望能不断唤起顾客对于产品和品牌的注意，但在实际操作中由于资金限制等客观因素，这一目标很难达到。在制订媒体计划时，企业若能对时间进行妥善的安排，不仅能避免资金的浪费，而且还能使媒体战略与各种营销工具有效结合、发挥优势。时间安排的首要目标是安排促销的时间，以使它们与最高峰的潜在购买时间相符合。

对于媒体计划者来说，可以采用的时间安排方法有三种：连续式、间歇式和脉动式。连续式是指一种广告的连续刊播形式，这种连续形式可以是每日、每周或每月，其关键是有规律的、连续的形式，是没有间隔的或者是没有非广告时期的。这种战略可以用于食品、洗衣粉或其他无季节性的、连续消费的产品。间歇式采用一种较不规则的时间安排，带有间断的广告期和非广告时期，在某些时间段内促销的支出大一些，而有些时间段内可能没有广告支出。脉动式实际上是前两种方法的结合。三种方法的特征参见表8－3。

**表8－3　媒体运用时间安排的三种方法**

| | 优　势 | 劣　势 |
|---|---|---|
| 连续式 | 可以经常地向顾客提示某种产品或服务；覆盖整个购买周期；可以获得媒体优势（数量折扣、优越位置） | 较高成本；潜在过度接触；有限的媒体分配的可能性 |
| 间歇式 | 仅仅在购买周期内采用，降低成本；在有限的预算内可以允许包括几种媒体或载体 | 会给竞争者留下机会；在非促销期内缺乏对促销信息的认知、兴趣与记忆 |
| 脉动式 | 兼有上面两种方式的优点 | 不适用于季节性产品或周期性产品 |

### （四）到达率与接触频率分析

某一广告可能不仅仅出现在一种媒体工具上，而可能出现在多种工具上，这就导致了重复出现（即接触频率）。如果某一广告在一个节目上出现一次，接触到的人数就是到达率。企业在整合营销传播过程中，由于目标与预算很难一致，因而企业必须在到达率与接触频率之间寻求平衡，即决定是让更多的人看到或听到信息（到达率），还是让较少的人更经常地看到或听到信息。许多因素都会影响这一决策。例如，一种新产品或品牌的引进会试图使到达率最大化，尤其是非累计到达率（如果广告在两个节目中出现，一次接触的总人数称为非累计到达率），从而尽快使尽可能多的人都能知道这一产品或品牌。同时，对于高涉入的产品或所获利益不明显的人来说，需要一定水平的接触频率来取得有效的到达率。

在确定接触频率水平时，营销因素、信息或创作因素及媒体因素应当是企业考虑的重点。

1. 针对营销因素，应当考虑：

(1)品牌历史。确定是新品牌还是已经建立的品牌，通常新品牌需要更高的接触频率水平。

(2)品牌份额。品牌的市场份额和接触份额之间存在着反向关系。品牌的市场份额越高，所需要的接触频率水平就越低。

(3)品牌忠诚度。品牌忠诚度与接触频率之间存在着反向关系。品牌忠诚度越高，所需要的接触频率水平就越低。

(4)购买周期。所需要的购买周期越短，维持对品牌认知的接触频率水平就越高。

(5)使用周期。每天或经常都要使用的产品需要更高的接触频率水平。

(6)竞争对手的份额。当存在众多竞争者,并且企业目标是迎战或击败竞争者时,就需要更高的接触频率水平。

(7)目标对象群体。目标对象群体了解并记住信息的能力对接触频率有直接的影响。

2. 针对信息或创作因素,应当考虑:

(1)信息的复杂性。信息越简单,需要的接触频率越低。

(2)信息的独特性。信息越独特,需要的接触频率越低。

(3)信息的高频度。新的、持续的运动需要更高的接触频率来传递信息。

(4)形象与产品销售。创造一种形象所需要的接触频率水平比具体销售产品要高。

(5)信息多样性。一种形式的信息需要较低的接触频率;而多样的信息需要的接触频率较高。

(6)厌烦感。高的接触频率有可能导致厌烦感,这种影响必须追踪研究并用来评价接触频率水平。

(7)广告单元。在传播信息时,较大的广告单元比较小的广告单元要求较低的接触频率。

3. 针对媒体因素,应当考虑:

(1)干扰度。媒体中各种广告越多,就需要更多的接触频率来突破这种干扰。

(2)编辑环境。广告与编辑环境一致性越高,所需要的接触频率越低。

(3)关注程度。媒体工具所获得的注意程度越高,所需要的接触频率越少;而所获注意程度低的媒体,则需要更高的重复次数。

(4)时间安排。连续的时间安排与间歇式或脉动式相比较需要较低的接触频率。

(5)所用媒体的数量。所用的媒体越少,所需接触频率水平就越低。

(6)重复出现。允许出现重复次数越高的媒体(如月刊杂志),则需要越低的接触频率。

## 前沿透视

新媒体已经成为当今时代极为重要的营销传播渠道。为充分发挥新媒体互动性优势,新媒体传播策略应采取以数据为导向的消费者细分策略,要求企业运用各种手段收集个体信息,建立数据库,实施“信息密集型”的消费者传播策略。这种方式被称为“互动式整合营销传播”。互动式整合营销传播能够构建以消费者为导向的营销模型,通过运用数据和针对个人的传播策略,最终实现与消费者建立长期互利的关系。互动式整合营销传播已经在以淘宝、京东商城、当当网等为代表的互联网电子商务企业中得到积极应用。

资料来源:李晓英.大数据时代互动式整合传播营销体系的建构[J].当代传播,2015(4):80.

# 第四节 整合营销传播的效果衡量与过程评估

## 一、整合营销传播的效果衡量

效果衡量,是对 IMC 的整体品牌信息输出之后所形成的结果的衡量与评判。一般使用以下指标:品牌知名度、顾客满意度、营销成果、品牌关系变化等(对第四项指标的研究经常被忽视,这就有可能导致对 IMC 的其他效果得不到正确的解释)。关系分析的工具主要运用关系矩阵,它可以解释营销状况及市场占有趋势,并提供一个可以进行更精确预测的基础。常用的关系矩阵有以下三种。

### (一)顾客收益分析

用以分析维系现有顾客和潜在顾客的投入与产出比。若平均收益下滑,就表明有问题发生,而吸引大量的新顾客则是解决问题的关键。

### (二)购买次数指数分析

追踪最近一个月内购买次数与顾客人数的百分比,即平均购买次数,可得知新顾客的忠诚度水平。

### (三)推荐指数分析

用以追踪由推荐得来的生意所占的百分比,这一方法对高价位商品及服务性商品较为适用。

## 二、整合营销传播的过程评估

过程评估是为了解决下列难题而进行的:目标混淆不清;信息主题意见纷纭,莫衷一是;对主要关系利益人辨别不清;信息传播未能击中主要目标;信息残缺不全;未对调查结果善加利用;部门主管对公司年度传播计划一无所知;不了解如何进行评估;未充分利用电脑联网及建立顾客资料库。

过程评估的主要检测点包括:分析用以发展营销传播计划的内外沟通网;营销与营销目标的认知与共识;确认主要关系利益人并依重要程度进行排序;评估顾客资料库;对前一年度所传播的信息进行内容分析。

美国科罗拉多大学教授邓肯等人,为该校 IMC 研究所研发的一套评估工具发挥了良好的功能。其内容包括:

(一)认知、态度与方法的评估问卷

其目的是评估下列项目。

1. 企业愿景与任务。即公司向员工解释企业愿景与任务的能力如何。

2. 对企业营销与营销传播目标的认知。包括:公司是否具有可以加以测量的营销传播目标?所有创造信息的团体、部门和功能,是否都参与了指定目标的传播过程?它们对传播目标的认知与共识程度如何?受访者认为他们在帮助公司达成这些目标上的责任是什么?公司是否使用自主性企划?特别是在年度和短期计划上,在制定目标过程中,SWOT 分析所占比重有多少?

3. 对公司或品牌定位、主题和形象的认知。传达给主要关系利益人的主要信息是什么?公司传达出的品牌形象和企业形象是否一致?

4. 对不同营销传播工具优点的熟悉程度及公司或品牌应用这些工具的情形。负责传播工作的员工与主管对每种工具的认知程度如何?各团体之间对各营销传播部门或功能所必须负担的责任的认知如何?协调工作处理得如何?负责协调传播工作的人员是谁?

5. 对目标对象和关系利益人优先顺序的看法。哪些关系利益人是最重要的?公司与这些主要团体沟通的情况如何?

6. 目标对象对信息的看法。公司或品牌向主要利益相关者传达信息的能力如何?

7. 对公司内部使用营销传播资料库的看法。在公司内部各部门之间市场调查结果及其他形式市场信息流通的情形如何?资料库查阅与使用程度如何?

8. 对接触点的看法。接触点由谁控制?发挥了什么样的影响力?公司确认和利用其所有的品牌接触点的能力如何?哪些实际的结构与资源鼓励或压抑了公司内部的沟通?

9. 对品牌现阶段整合情况、整合营销传播的优缺点、营销传播在整合上遇到的障碍的看法。公司各团体之间对各营销传播部门或功能应负责任的共识程度如何?协调工作处理得如何?负责协调者是谁?营销传播跨功能的程度如何?

10. 公司上下对内部传播工作的整合了解多少?态度如何?公司更进一步进行整合企划与执行的优缺点与障碍是什么?公司认为目前进行的营销传播活动

的整合程度如何？代理商参与策略企划的程度如何？代理商之间沟通与分享点子的情形如何？双向沟通的程度如何？

11. 对评估计划的了解。各团体间对不同营销传播目标与工具的评估有多少共识？测量方法为何？效果如何？测量结果由谁过目？这些结果用于企划的程度如何？

(二)传播网调查

这是一系列选择题，用来收集以下信息。

1. 谁与谁交谈？多久交谈一次？谈什么？谁是企划与决策的主要推动者？谁对企划与决策产生影响？受访者参与营销传播企划的次数有多少？他们阅读了哪些信息来源？信息分享的情形与种类怎样？

2. 负责记录与处理顾客反应和对话的下游组织是哪一个？公司内部各部门之间沟通的方式是什么？

3. 公司有无内部沟通系统？营销传播信息沟通量有多少？沟通的对象是谁？方式又是什么？(营销部门最不想要的就是愈来愈多的便条、报告和纸上作业。认知的需求量与所接受的信息数目有直接关系。真正有用的信息，很有可能会随纸上作业量的增加而逐渐减少。)

(三)内容分析

公司在12个月内所传递的一切信息，都会被系统地加以分析，以了解创意策略与执行方式是否一致，以及它们是否与营销传播一致；主要信息是否符合主要信息接受者的需要；公司或品牌的定位与形象的描述是否一致。评估小组可以利用内容分析来找出工作上有分歧的地方。内容分析审查的元素包括信息文件制作的目的，信息发布者的主题、语气、品牌、企业形象与定位的标示，回应方式的使用(主动和被动)，以及企业任务与事业标示。接着，内容分析的结果会与调查的结果进行比较，以找出公司整合传播策略的层次。这种方式可显示出公司言行一致的程度。

(四)零售商、供应商与其他关系利益人的调查

并非所有的IMC评估都会用到此项工具。这一调查的目的在于分析公司与其供应商之间的关系，传播系统和运行效率，调查结果与其他信息的流通程度，公司奖励方法，业务管理状况(如下订单、准时付款等)，以及供应商对公司优点、任务与定位的看法等。将调查结果与公司内部调查结果相比较，借此找出公司与供应商对彼此之间关系在认知上的差距。

(五)设立不署名的购物者与来电调查表

这项工具用来检查零售运作的情形。所有的商店顾客接触点都在分析的范围之内，目的在于确认顾客购买过程中有哪些信息被传达出来。具体包括商店外

观、停车与其他进店的细节;进店之后的感觉,如招牌、员工、柜台、逛店的情景等;售货员外观(制服、名牌)及区别售货员与顾客的难易度;售货员的专业知识及对货品与商店政策的了解;售货员上前销售的情况(专业还是强迫购买);退货、保证及招牌与店员解释这些事项的方式;顾客回应与反应的方式;是否有不愉快的经验,如态度恶劣的售货员、排队时间过长,以及这些情形发生次数的多寡。此外,店内的电话服务也在分析之列。

(六)接触点分析

分析产品信息与服务信息是评估小组最重要的工作之一,研究小组必须详细列出关系利益人与公司接触的每一种方式,然后分析这些方式的传播效力。在接触点进行了哪些程序?传达出了哪些信息?实际情况与信息是否一致?它们是否符合策略?研究小组应对公司代表的工作方式进行调查,并列出一份完整的接触点清单,以了解这些互动的本质。

## 练习题

1. 比较4P's与4C。
2. 顾客沟通有哪些渠道?
3. 简述整合营销传播的内涵和实施的四个层次及步骤。
4. 如何衡量整合营销传播的效果?

## 案例分析

### 戴尔(DELL)网络整合营销案例

DELL是国际个人电脑销售排名第一的公司,DELL公司除了门店直接销售PC外,最主要的营销方式就是网络营销,据了解,DELL公司每年绝大部分营业额就是网络营销。

DELL公司是由年仅19岁的企业家迈克尔·戴尔创立的,他是计算机业内任期最长的首席执行官,他的销售理念是非常简单,那就是:按照各户要求制造计算机,并且向客户直接发货,使公司更能明确地了解客户要求,然后以最快的速度做出回应。这个直接的商业模式消除了中间商，这样就减少了不必要的成本和时间。

直销的另一个好处就是能充分了解到客户的需求并对其做出快速响应。通过整合营销案例，商家的产品从定位、设计、生产等阶段就能充分吸纳用户的要求和观点，而用户的使用心得也能通过网络很快在产品的定位、设计、生产中反映出来。DELL 公司的设计、开发、生产、营销、维修和支持一系列活动，从笔记本电脑到工作站的个人计算机显示，每一个系统都是根据客户的个别要求而量身定做的。因此在美国，DELL 公司是商业用户、政府部门、教育机构个人消费者市场名列第一的个人计算机供应商。

电脑软硬件产品十分适用于网络直销。首先，网络用户大多数是电脑发烧友，对于这类信息最为热衷，再加上电脑产品的升级换代快，使得这一市场有着永不衰退的增长点。戴尔充分利用这一点，利用互联网推广其直销订购模式，凭借着出色的网络营销发展模式，一举超越所有竞争对手，成为全球销售量第一的计算机公司。进入中国市场之后，戴尔以"直效营销"（Be Direct）的网络营销模式为基础，加以强大的整合营销推广，在中国市场上获得了迅猛的发展，仅次于联想、方正之后，成为中国 PC 市场第三大巨头。

网络整合营销案例 4I 原则。

**利益（interests）原则**

刚接触网络时，凭着对新技术的敏锐，戴尔率先搭上了因特网班车。"我们就应该扩大网站的功能，做到在线销售。"戴尔在出席董事会时，坚定地表示："网络可以进行低成本、一对一而且高品质的顾客互动，在线销售最终会彻底改变戴尔公司做生意的基本方式"。1996 年 8 月，戴尔公司的在线销售开通；6 个月后，网上销售每天达 100 万美元；1997 年高峰期，已突破 600 万美元。Internet 商务给戴尔的直销模式带来了新的动力，并把这一商业模式推向海外。在头 6 个月的时间里，戴尔电脑的在线国际销售额从零增加到了占总体销售额的 17%。经过近 10 年的发展，到 2006 年，公司收入已经有 60% ~70% 来自网上销售。网络是一个信息与服务泛滥的江湖，整合营销活动不能为目标受众提供利益，但是能设身处地地思考消费者的需要，为消费者提供更多的资讯，从而面对免费利益，消费者接受度也自然会大增。

**互动（interaction）原则**

网络媒体区别于传统媒体的另一个重要的特征是其互动性。如果不能充分地挖掘运用这个优势，新瓶装旧酒，直接沿用传统广告的手法，无异于买椟还珠，再加上网络媒体在传播层面上失去了传统媒体的"强制性"，如此"扬短避长"、单向布告式的营销，肯定不是整合营销的前途所在，必须充分挖掘网络的交互性。充分挖掘网络的交互性，充分地利用网络的特性与消费者交流，才能扬长避短，让网络营销的功能发挥至极致。数字媒体技术的进步，已经允许厂家能以极低的成本与极大的便捷性，让互动在营销平台上大展拳脚。而消费者们完全可以参与到网络整合营销的互动与创造中来。DELL 为消费者提供了互动交流的平台，为消费者提供售后的技术支持。DELL 还以博客的形式为消费者提供资讯、介绍产品、发布新品。

DELL 还设置了视频区，可以看到设计师，工程师设计研发的过程。网络把消费者作为一个主体，发起其与品牌之间的平等互动交流，可以为营销带来独特的竞争优势。未来的品牌将是半成品，一半由消费者体验、参与来确定。当然，营销人找到能够引领和主导两者之间互动的方法很重要，厂家会逐一做着介绍，让大家看到自己的研发过程，给予消费者对产品质量的信赖感，这也满足了不分消费者对产品制造研发的好奇心理。

Dell 还开设网上在线论坛。不仅是大客户，那些小型企业、大批居家办公者也被吸引在 DELL 品牌的周围。从 1998 年秋季开始，DELL 设立的高层主管与客户的在线论坛“与 DELL 共进早餐”，扩大到小型的商业用户，这种现场聊天的话题包括服务器市场走势等大题目，而且还设法让一般用户有机会提出各种各样的问题，然后通过 DELL 的在线知识库在人工智能软件帮助下给予自动回答。

DELL 还提供搜索服务。DELL 提供了全方位的搜索服务。设置搜索服务可以方便用户查找自己所想要的产品和技术支持。搜索的范围很宽，既有对硬件的搜索，也有对软件的搜索；既有对各种组装好的整机的搜索，也有对各种零配件的搜索等。

**个性(individuality)原则**

进入 DELL 主页，给人一目了然、井井有条的感觉。DELL 计算机公司将其产品分别按照产品种类或者应用领域进行分类。例如，按产品种类可以分为台式机、便携机、服务器和工作站等。按应用领域可以分为家庭用、小型商业用、大型商业用、教育用和政府用。不同的产品面向不同的市场，因而实行不同的策略，这实际上也是一种市场策略。

DELL 根据顾客需要，为顾客量身定做电脑，正所谓“量体裁衣”

每一位顾客对电脑的要求是不一样的，所以 DELL 公司为消费者“分门别类”

针对不同人群，为不同的人群，不同的资讯

也对不同国家的人群，提供不同语言的服务 还添加了友情链接

让更多的人了解 DELL 走向国际化

用户可以根据显示内容和提示,很快可以找符合你要求的产品,并且了解到产品的价格和各项功能。

戴尔一直坚持以客户为中心组织企业内部的架构,忠诚地执行最好的“客户体验”的企业口号,从市场、销售到后勤、客户服务部门都以统一的面貌出现在客户面前,客户找到任何一个部门都能得到统一的答复。在提高客户体验的同时,戴尔的市场、销售成本却大量缩减,这就是戴尔公开的秘密。

针对不同类型的客户,戴尔在安排内、外销售人员方面的资源分配也不同,可能以外部销售为主,内部销售为辅;也可能是以内部销售为主,外部销售为辅,甚至不要安排外部销售人员。

**趣味(interesting)原则**

在互联网这个“娱乐圈”中生存,广告、营销也必须是娱乐化、趣味性的。伟大的整合营销,它身上流淌着趣味的血液!他不是一则生硬的广告,他不是一则生硬的广告!娱乐因子在他身上灵魂附体。

这款笔记本针对的是教育市场,这可不是戴尔随口说的。从设计之初,戴尔就与数百名学生、教师、家长和管理人员紧密合作,把他们的需求考虑在内。Latitude 2100 的外壳和常见的金属或者塑料笔记本外壳不同,采用的是橡胶质地,具有防滑功能。柔软的外壳起到缓冲作用,有效避免学生中间因为拥挤或者碰撞而造成的意外伤害。但是 Latitude2100 又很坚固,你会发现它比家用上网本 Mini 10 稍微厚重了一点,这是考虑到适合学生使用,一定的厚度可以让笔记本更加结实。笔记本底部防水,可以避免液体的意外溅入。还有可选便携式肩带,方便学生随身携带。

当今社会的互联网让整合营销力量得到了极大的释放,整合营销深刻地融入企业的运营模式之中。DELL 公司的网络营销策略迎合了时代的潮流,利用了先进科技发展其网络销售,可谓是开直销之先河,抓住了商机。

资料来源:清华大学领导力培训[EB/OL]. http://www.thldl.org.cn/news/1003/35609.html.

## 思考题

1. 总结 DELL 是如何进行整合营销的?
2. DELL 是如何把整合营销与顾客沟通结合起来取得成功的?

# 第九章

# CRM——现代顾客关系管理系统

**本章学习要点**

本章对 CRM 这一现代顾客关系管理系统进行了全面介绍。其中重点阐述了 CRM 的内涵与性质,CRM 的实施步骤和方法,实施 CRM 的支持系统,以及 CRM 的实施现状与发展趋势。通过本章学习,应全面认识 CRM 的内涵以及现代企业实施 CRM 的必要性和意义, 掌握企业实施 CRM 的具体步骤和方法,了解企业实施 CRM 应具备的条件和支持系统。

新经济时代,产品不再是竞争的核心,顾客才是决定胜败的关键! 谁能最先发现并满足顾客的需求,谁就是新时代的领导者。如何在经济全球化和服务一体化的大潮中以竞争制胜,如何在瞬息万变的市场中留住老顾客、争取新顾客,成为企业最为关注的焦点。人们越来越强烈地感觉到顾客将是 21 世纪企业经营和市场竞争至关重要的资源,它将直接关系到企业的生存与发展。“谁拥有和掌握更多的顾客资源,谁就拥有未来”。正是在这一历史潮流的推动下,顾客关系管理应运而生,并成为现代企业竞争获利的“通行证”。

## 第一节 CRM 的内涵与性质

CRM 作为顾客关系管理的技术表现,在企业推行顾客关系管理上具有不可替代的先进性。特别是在网络技术、信息技术飞速发展的今天,CRM 已然成为顾客关系管理理论的技术支持与实现路径。

## 一、CRM 的兴起

从 1999 年开始,顾客关系管理就得到了国际营销界的广泛关注。美国首先开发出了一系列的产品和服务,并将 CRM 理论加以系统化,帮助企业建立了相应的业务流程。国外许多软件商(如 Oracle、中圣等)推出了以顾客关系命名的软件系统,一些企业已经实施了 CRM 信息系统,由此拉开了 CRM 的序幕,并进一步推动了 CRM 的兴起。总的来说,CRM 的兴起主要有以下几个原因。

### (一)需求拉动

目前企业的管理虽然重视企业内部管理和企业信息化建设,包括基于内部局域的电子商务软件和财务软件的应用,也制定了一套行政管理措施,但管理所需的信息除财务数据外,多数以纸介质或是 Word,Excel 来处理。这些信息包括顾客注册信息、顾客跟踪信息、商品交易信息、服务申请和服务记录等。这些努力虽然收到了较好的经济收益,但很多企业的销售、营销和服务部门的信息化程度还不能适应业务发展的需要,主要存在以下两方面的问题:一是企业的营销、销售、顾客服务部门难以获得所需的顾客互动信息;二是来自销售、顾客服务、市场、制造、库存等部门的信息分散在企业内部,这些零散信息使得营销人员无法对顾客有全面的了解,各部门难以在统一的信息基础上面对顾客。因此,越来越多的企业要求提高销售和服务等日常业务的自动化和科学化水平。这就需要各部门对面向顾客的各项信息和活动进行集成,组建一个以顾客为中心的企业,实现对面向顾客活动的全面管理。这是顾客关系管理应运而生的需求基础。

### (二)信息技术的推动

顾客信息是 CRM 的基础。随着信息技术的迅猛发展,数据库、商业智能、知识发现等技术的出现使得收集、整理、加工和利用顾客信息的质量大大提高。计算机、通信技术、网络的应用,使 CRM 由构想变为现实。办公自动化程度、员工计算机应用水平、企业信息化水平以及管理水平的提高都为 CRM 的实现提供了良好的条件。此外,通讯成本的降低已成为必然趋势,这将推动互联网、电话的发展,进而推动呼叫中心的发展。网络和电话的结合,使得企业得以用统一的平台面对顾客。电子商务在全球范围内开展得如火如荼,正在改变着企业传统的经营方式。通过互联网,企业可以开展营销活动,向顾客销售产品,提供售后服务,收集顾客信息。这一切都为顾客关系管理的应用提供了前所未有的机遇。

（三）新型管理理念的产生

现代企业的管理理念正在经历着以产品为中心向以顾客为中心的转变。CRM 说到底就是一种管理思想加一套 IT 系统，其目的就是满足顾客的深层次需求，帮助企业增加效益。现在有些企业提出了顾客联盟的概念，也就是与顾客建立共同获胜的双赢模式。一方面使顾客效用最大化；另一方面使企业利润最大化。在引入 CRM 的理念和技术时，不可避免地要对企业原有的管理方式进行变革。在互联网时代，仅凭传统的管理思想已经不够了。互联网带来的不只是一种手段，它触发了企业组织架构、工作流程的重组以及管理思想的变革。这一管理理念的变革为 CRM 的兴起起到了推波助澜的作用。

## 二、CRM 的定义

CRM（customer relationship management）最早起源于美国，是从 20 世纪 80 年代初期的接触管理（contact management）即专门收集顾客与公司联系的所有信息而延伸发展出来的。至 90 年代初，进一步演变为包括呼叫中心（call center）和支援资料分析的顾客服务功能（customer care）。进入信息时代后，CRM 则发展为结合计算机技术，运用信息技术加以整合营销、销售、服务，给顾客提供量身定做的服务，以提升顾客忠诚度与企业营运效益的一连串的过程。

随着 CRM 的发展演进，人们对 CRM 的认识也在不断深化。许多的研究者和实践者从各自的研究和操作角度给出了对 CRM 的不同定义。概括来说，主要有以下三种类型。

第一类：顾客关系管理是遵循顾客导向的战略，对顾客进行系统化的研究，通过改进对顾客的服务水平、提高顾客的忠诚度，不断争取新顾客和商机。同时，以强大的信息处理能力和技术力量确保企业业务行为的实时进行，力争为企业带来长期稳定的利润。这类定义的主要特征是，它们基本上都是从战略和理念宏观层面对顾客关系管理进行界定，往往缺少对明确的实施方案、方法的思考和揭示。

第二类：顾客关系管理是一种旨在改善企业与顾客之间关系的新型管理机制，它实施于企业的市场营销、销售、服务和技术支持等与顾客相关的领域。一方面通过对业务流程的全面管理来优化资源的配置、降低成本；另一方面通过提供优质的服务吸引和保持更多的顾客，维护和提升市场份额。这类定义大都是从企业的管理模式和经营机制的角度来考虑的。

第三类：顾客关系管理是企业通过技术投资，建立起能够搜集、跟踪和分析顾客信息的系统，增加顾客联系渠道、顾客互动以及对顾客渠道和企业后台整合的功能模块。主要范围包括销售力自动化（Sales Force Automation，SFA）、顾客服务和支持(Customer Service and Support,CS&S)、营销自动化(Marketing Automation,MA)和呼叫中心(Call Center,CC)等。这类定义考虑的角度主要是微观的信息技术、软件以及应用层面,考虑的层次和范围相对偏低和较窄,所以在与企业的实际情况和发展结合时往往会出现偏差。

以上三种定义,分别从宏观的战略、中观的经营管理以及微观的技术应用三个不同的角度出发,大体上对顾客关系管理作了比较清晰而完备的界定。但这也使得整个定义过于庞大和复杂,应用起来多有不便。因此,这里尝试给出一个相对简单而全面的定义:顾客关系管理,是企业通过运用先进的IT技术,以顾客为核心对资源进行合理的优化配置,改善企业与顾客的关系,增强顾客的满意度从而提高顾客的忠诚度,继而增加企业利润的一整套管理理念和实现手段。

由上述定义可见,顾客关系管理并不仅仅是软件技术,而是一种现代管理理念,是一整套现代商业运营模式。顾客关系管理的出现充分体现了以下两个重要管理趋势的转变。

首先,从以产品为中心的模式向以顾客为中心的模式转变。随着各种现代生产管理和现代技术的发展,产品差别越来越难以区分,产品同质化趋势越来越明显,因此通过产品差别来细分市场从而创造企业的竞争优势也就变得越来越困难。无论从全球的市场形势还是从我国市场态势来看,卖方市场向买方市场转变的趋势不可逆转,随着社会的进步,消费水平的提高,消费向个性化发展,消费者需求千差万别,而且期望越来越高,于是研究顾客的需求和提高对顾客的服务水平也就变得越来越重要。随着Internet的普及和企业信息系统的建立,顾客的重要性大大增强,以生产为中心、以销售为目的的市场战略逐步被以顾客为中心、以服务为目的的市场战略所取代。

其次,企业的视角从“内视型”向“外视型”转变。传统企业管理的着眼点在后台,也就是在企业内部负责生产的部分,所谓“酒香不怕巷子深”,而对前台也就是直接面对顾客的部分缺乏科学管理。Internet及其他各种现代交通、通信工具的出现和发展使得全球成为一个“地球村”,从而使企业与企业之间的竞争几乎变成面对面的竞争。技术进步降低了各种企业进入市场的风险和费用,使得企业面临的竞争态势更加复杂和严峻。我国已经加入WTO,完全依靠企业资源规划(Enterprise Resource Planning,ERP)的“内视型”管理模式难以适应激烈的竞争,企业必须转变自己的视角,用“外视型”管理整合自己的资源。

## 三、CRM 的特征及其构成

### （一）CRM 的基本特征

从 CRM 的定义、产生和发展过程中，我们可以归纳出 CRM 的基本特征。

1. 完整的有机系统。包括管理理念、企业与顾客关系的管理体制、体现理念和体制的软件技术三者的统一。

2. 以提高顾客的满意度为核心。CRM 以个性化的顾客分析和服务来使顾客满意。

3. 充分利用现代的信息技术。一套完整的 CRM 组件不仅包括使用软件技术还利用电话、传真、Internet、无线接入等多种交流渠道进行高度集成，同时还包括人工智能、专家系统和多媒体技术的使用。

4. 企业员工的共同参与。成功实施 CRM 不仅需要企业营销人员的参与，还要求技术、采购、生产、财务等方面人员的共同参与。

5. 面向未来的电子商务。CRM 强调企业与顾客的“一对一”的信息交流，实现企业为顾客的量身订制，为未来的电子商务利用 Internet 技术奠定了基础。

### （二）CRM 的构成

CRM 的基本构成包括销售管理系统、营销管理系统、顾客服务系统和呼叫中心四部分。

1. 销售管理系统。它帮助公司实施以顾客需求为中心的销售过程，以提高销售活动的效率，并建立、维持和加强与顾客的长期合作关系。它的基本功能包括：销售队伍的工作地和日程表安排；联系人和顾客信息的管理；销售队伍基本情况和业绩的信息管理；销售机会和潜在顾客管理等。

2. 营销管理系统。它的功能包括网络营销和传统营销的行动策划、分析和执行，顾客需求信息的汇总和预测，市场营销材料的制作和管理，产品定价和竞争对手的信息汇总，宏观环境信息和行业环境信息的搜集、整理和分析。

3. 顾客服务系统。它是用于实现自动化顾客服务和对服务的信息搜集、整理和分析的系统。它包括顾客支持，现场自助服务，纠纷、次货和订单跟踪，现场服务管理，记录发生过的问题及生成问题解决数据库，维护日程安排和调度，制作有偿服务协议和履行情况信息整理，以及服务请求的处理等功能。

4. 呼叫中心。它可以被认为是一个集中处理服务要求和回复的场所。它运用先进的通信技术和数据库技术集成，并通过高素质的座席代表服务于广大顾客。它包括投诉与服务要求和回复、互联网信息回复、呼叫中心自身运行管理、通过传真和电子邮件等自动进行资料的发送、呼入呼出调度管理等功能。

以上四个部分看起来似乎各自独立，其实四者是通过统一的信息数据库集成在一起的。即通过提供标准化的浏览器和顾客互动程序，可以调用企业后端的信息数据，进而加工整理分析这些信息数据。这里提供的信息数据库应该是动态的，即数据库能够提供反映企业自身、外部环境和顾客的信息，并随着这些因素的变化得到及时更新。具体关系如图 9－1 所示。

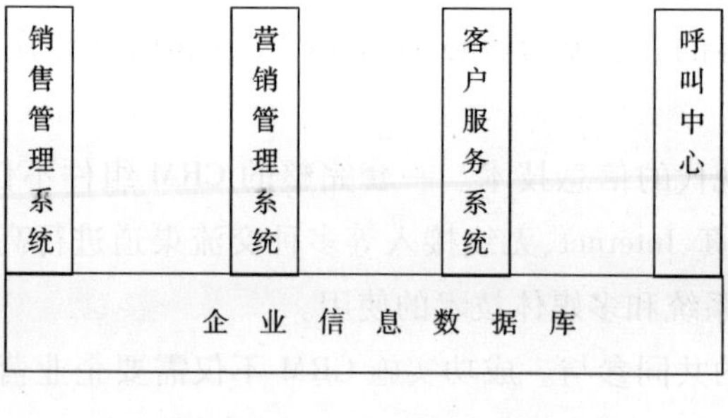


图 9－1 CRM 的构成与联系

(三) 对 CRM 的认识误区

作为一套全新的管理理念、技术和解决方案，人们对 CRM 的理解和认识尚存在种种误区，具体表现在以下三个方面。

1. 认为 CRM 只是一套普通的企业管理软件，认为应用了 CRM 软件就是实施了 CRM。这种误区是由于没有认识到 CRM 作为管理思想和管理机制的性质，没有认识到实施 CRM 需要企业上下的共同参与等。

2. 认为 CRM 仅仅是顾客信息数据库的应用。这种理解没有认识到 CRM 在顾客服务、顾客信息收集、企业与顾客之间互动学习关系中的作用，对于顾客信息数据库应如何使用、运用在哪些领域等问题都没有理清。

3. 认为实施 CRM 后就不需要与分销商保持良好关系了。这种误区仅仅认识到 CRM 与最终用户的互动学习关系，并没有认识到分销商其实也是企业的顾客。分销商的存在延长了企业的价值链，通过与分销商建立良好关系，可以弥补企业能力的不足，提升最终用户的价值。

前沿透视

在 CRM 的实际应用中，如何为 CRM 软件制定基于角色的安全计划需要参照大公司的客户隐私保护方针。根据 Neocase Software 公司 CEO 普鲁奇（Herve

Pluche)的建议,要制定这一方针,必须将现有的商业流程与合规要求匹配起来,并以现有实践作为切入点。所谓的基于角色,其实就是指管理人员依照用户在企业内部所扮演的角色来限制或允许他们对信息的访问。建立一套基于角色的安全流程需要针对不同用户来设立许可权限,从而确保每一名用户只能访问到与他的岗位职责相关的信息。

例如,某家公司决定只让高级市场人员访问与近期一场市场活动有关的特定客户数据。或者只让副总裁访问销售佣金数据。另外,这种基于角色的功能还可以被进一步延伸,如按照销售区域来划分访问权限,这样销售代表只能看到属于自己区域范围内的信息记录。其实大多的 CRM 应用中都自带了这类功能,公司可以按照自身的需要来酌情使用。

资料来源:如何利用基于角色的 CRM 来保护客户隐私数据[EB/OL].[2011-10-06]. http://blog.sina.com.cn/s/blog_795d2d7401011c42.html.

## 四、CRM 的作用

众所周知,企业增加产品销量的方法无外乎以下几种:一种是挖掘更多的顾客;另一种是开发适销对路的新产品;还有一种是增加单位顾客的购买频率及购买数量。如何才能拥有更多的顾客,怎样的产品才能有销路,怎样才能提高顾客回头率,这正是 CRM 主要的实施目标,归纳起来有以下几点。

### (一)吸引和留住更多的顾客

通过提供快速和周到的服务手段,帮助企业吸引和保持更多的顾客,也就是说 CRM 不仅是管理手段,还是一种全新的经营理念。利用 CRM 系统,企业能够从与顾客的接触中了解他们的姓名、年龄、家庭状况、工作性质、收入水平、通信地址、个人兴趣爱好以及消费偏好等,实现顾客细分及顾客生命周期管理,并能进行"一对一"式的个性化服务。通过收集、追踪和分析每一个顾客的信息,可以了解其需求,为其量身定做产品,并做到及早将产品送到用户手上。针对不同的顾客建立有针对性的联系,并根据不同顾客的特点和需求提供个性化的服务。此外,同一个顾客在生命周期的不同阶段,其需求也是不一样的,如果能做到每个阶段都能使其满意,那么不仅顾客本人忠诚度会提高,而且很有可能会劝说其同伴来此购买商品。只有这样才能真正做到"以顾客为中心",赢得顾客的忠诚。这也是随着市场不断细分而最终出现的大规模定制的市场营销的精髓。

### (二)降低企业成本

通过信息共享和优化商业流程的全面管理而达到降低代理成本的目的。CRM 以顾客为核心构架企业组织,通过对企业顾客信息的管理和挖掘,不仅有助于现有产品的销售，而且提供了对历史信息的追溯，并可以及时对未来趋势进行预测，从而能够很好地实现企业与顾客之间的互动。企业能依据不同顾客过去的购买行为，分析他们的偏好，预测他们未来的购买意向，并有针对性地分别对他们实施不同的营销活动，从而避免大规模广告的高额投入，使企业的营销成本降到最低点，而成功率却达到最高点。同时不会因销售人员流失而引起顾客流失。

（三）实现服务自动化

呼叫中心（前身为电话中心）被称为 CRM 的门面，实际上就是向顾客提供咨询，解答顾客问题。有关资料表明，建立呼叫中心虽然需要花费大量的费用，但其最终成本却是与顾客面对面联系的费用的 1/4。通过呼叫中心不仅能实现故障申报、业务受理、顾客投诉等服务自动化，完善以顾客为核心的工作流程，而且还能强化跟踪服务和信息服务能力，并通过建立数据库，使顾客得到更快捷和更周到的服务，提高顾客满意度，吸引和保持更多的顾客。当产品出现故障时，用户只需拨打一个统一的电话号码，就能得到“直通车”式的服务，一改以往拨打多个电话问题仍得不到解决的状况。

## 第二节　CRM 的实施步骤和方法

CRM 的实施是一个庞大的系统工程，其实施过程与 ERP 一样，也需要有一套规范的做法，包括相关的需求分析、必要的咨询、合理的规划、适合企业情况的方案及软件供应商的选择、具体的实施步骤、有效的评估及监督机制等。当然在实施 CRM 系统时关键是要清楚地了解其具体的实施步骤。除此之外，还应该知道 CRM 的实施方法及应注意的问题。

### 一、CRM 系统的实施步骤

CRM 系统的选择和实施是一项复杂的系统工程。尽管某些具有前瞻性思想的企业正在努力建立顾客关系、关注顾客需求，并自动控制与顾客相关的活动及过程，但它们所遇到的问题是多方面的。这是因为 CRM 的选择和实施作为复杂的系统工程，将涉及企业 CRM 整体战略规划、技术集成、内容管理等多方面的创新问题。

CRM 系统的实施涉及内容很多，它与企业、软件供应商、IT 咨询，以及 CRM 功能模块都有一定的关联性。不同的行业、不同的企业、不同的软件供应商具有不同的实施方法和实施步骤。因此，CRM 应用系统的实施要“就事论事、因地制宜”。这里只是简单阐述一些 CRM 软件系统实施的一般步骤以及实施 CRM 时的注意要点。

（一）CRM 软件选型

软件选型是实施 CRM 的前提和第一步。CRM 软件的选择应考虑到企业当前的技术基础和实际需求，至少要能提供以下主要功能：联系与账户管理；销售管理；远程营销/远程销售管理；顾客服务管理；营销管理；商业智能；领导管理；电子商务。

当然，上述功能并未包括 CRM 软件能为企业做出的所有工作。选择软件类型时应首先考虑要达到企业 CRM 项目实施团队已经确定的目标，然后再去研究目前或将来能使企业受益的其他因素。

CRM 软件选型对于 CRM 成功实施具有举足轻重的作用，因此，企业可以专门成立一个软件选型小组来进行选型。按照 AMT 的经验，软件选型小组可在以下 10 个方面发挥作用。

1. 企业现有技术平台的评估。与技术人员一起，考察本企业现有技术平台和能力，包括数据同步化、与 ERP 系统的连接、系统的可扩展性（如延伸到 Internet 上开展电子商务的能力）等。

2. 企业现状调查。与软件销售人员一起进行现场访问，为头脑风暴会议和需求分析问卷作准备。

3. 头脑风暴会议。在企业内外挑选出一些员工，如销售人员、营销经理、销售经理、顾客服务经理、IT 分析人员等，召开头脑风暴会议，让大家畅所欲言，挖掘当前和潜在的 CRM 业务功能需求。

4. 销售和营销方面的需求分析问卷。设计和发放调查问卷，就现场访问和头脑风暴过程中的发现进行确认和进一步调查。

5. 业务流程评估。对业务流程进行评估，识别现有业务流程中存在的问题和用户需求，并且就实施新业务流程的步骤给出建议。

6. 业务功能优先级的确定。在现场访问、头脑风暴会议、需求问卷调查和业务流程评估的基础上，选型小组可确定业务功能优先级，向企业管理层提供报告。

7. 技术平台建议。根据企业现有的技术平台，考虑到业务功能优先级，从 CRM 软件、硬件和通信等方面，技术选型小组可就技术平台的选择给出建议。

8. 向企业管理层提供 CRM 报告。这个报告提供给企业管理层，以获得他们的支持。该报告相当于系统说明书，包括业务和技术需求说明。

9. 软件选择。根据所识别的 CRM 功能需求，选型小组可推荐 3 ~ 5 个软件产品，写出需求建议书（RFP），还可参与软件评估、软件选择和与软件商的谈判。

10. 帮助进行软件实施。企业做出了软件购买的决定后，软件选型小组还可以在 CRM 项目的实施中发挥作用。如，选择系统集成商、选择培训合作伙伴和培训方法、评估项目计划、参与每周项目进展会议、参与实施过程。

### （二）CRM 实施步骤的几种描述

由于 CRM 应用领域和 CRM 本身的复杂性，实际中 CRM 的实施没有一个统一、固定的步骤。这里仅介绍几种通行的步骤方法。

1. 典型的简易六步法。这种方法认为，成功实施 CRM 系统主要包括以下六个步骤。

（1）确立业务目标。企业在考虑部署其 CRM 方案之前，首先确定利用这一新系统要实现的具体经营目标，如提高销售收入 20%、提高利润 1%、减少销售周期 1/3、加快产品的升级换代速度等。

（2）成立 CRM 项目小组。为成功地实施 CRM 方案，管理者还需对企业业务进行统筹考虑，并建立一个有效的项目小组。项目小组是 CRM 系统实施的组织保证，它要就 CRM 的实施做出各种决策、给出建议，并就 CRM 的细节和带来的好处与整个公司的员工进行沟通。一般来讲，项目小组应该包括高层领导（通常为副总）、销售和营销部门的人员、IT 部门的人员、财务人员，还要包括所有的最终用户的代言人。所有这些人员将作为 CRM 系统实施的动力输入。

（3）分析销售、服务流程。好的项目小组开展工作后的第一件事就是花费时间去研究现有的营销、销售和服务流程，了解顾客在何种情况下会购买产品，分析目前存在的问题，并找出改进方法。在业务需求分析阶段，要同销售、营销和顾客服务经理举行一系列的会议，就 CRM 系统的要求和策略进行讨论，最终达成对理想中的 CRM 系统的一致看法。这样会使得参加会议的人感到他们是这个过程的重要组成部分，这些会议的结果将形成系统的基本框架。

（4）选择供应商。在对某供应商软件解决方案进行评价时，有三个重要的要素需要考虑：软件功能齐全、技术先进开放和供应商有经验有实力。这三个要素紧密结合在一起，才能保证 CRM 的成功。单个要素的优势并不能弥补其他要素的弱势。

（5）开发与部署。CRM 方案的设计，需要企业与供应商两个方面的共同努力。为使这一方案得以迅速实现，企业应仅部署那些当前最为需要的功能，然后再分阶段不断向其中添加新功能。其中，应优先考虑使用这一系统的雇员的需求，并针对某一用户群对这一系统进行测试。另外，企业还应针对其 CRM 方案确立相应的培训计划。

（6）系统的实施和安装。在这个阶段，实现 CRM 系统的配置和顾客化，满足大部分的多种业务需求。同时,应该针对这个系统对企业员工进行培训,使得他们掌握尽量多的技术知识。所需的新的软硬件也要在这个阶段进行安装。

2. 另一种六步法。受到所在行业、项目时间、项目规模等因素的影响,不同的软件供应商所使用的方法不太一样。我们可以再来看一下另外一种六步法。

(1)确定 CRM 战略目标。企业在实施 CRM 项目之前,首先必须明确企业营销、销售和服务的战略目标,其次才确定如何实现这一目标。也许有的企业认为,自己并不了解 CRM,无法知道它能帮自己达到什么目标。其实一个企业的战略目标是由企业自己来制定的,至于详细的目标实现步骤,则可以在咨询相关机构和解决方案供应商之后再制定。

(2)确定分阶段实施目标。前面我们已经提到,CRM 作为一个复杂的系统工程,它的实施并不是一蹴而就的,需要分阶段来实施。在确立实施进程之前,我们首先要定位企业顾客的关注点。知道对于企业所提供的产品和服务,顾客关心的是什么,是产品的质量、出货的时间、响应速度,还是解决问题的能力。据此拟定出 CRM 实施进程中的阶段目标。很多企业将实施 CRM 的目标确定为:提高顾客满意度、提高顾客忠诚度和提高企业运营效率。这些目标都很正确,但没有量化,没有具体化,很难据此评估 CRM 项目实施的效果。我们需要制定一些量化的目标,这样才有评估依据和奋斗方向。

(3)分析组织结构。企业实施 CRM,是为了从以前的“以产品为中心”的商业模式转变到“以顾客为中心”的商业运作模式。而要想真正完成这样的转变,不仅需要借助于 CRM 的软件系统,更需要在 CRM 思想的指导下,变革企业的组织结构。因此,这一阶段的主要工作就是根据行业特性和企业特点,分析企业的组织结构,确定要增加哪些机构,哪些机构可以合并,然后再与顾客共同分析其每个组织的业务流程。以销售流程为例,我们需要分析从销售机会到正式获得订单要经过怎样一个流程,以及需要哪些部门的参与。在销售机会分析中,我们既要分析企业销售机会的来源,同时也要分析各种机会来源在销售中所占的比例。

(4)设计 CRM 技术结构。一般说来,CRM 的功能可以归纳为三个方面:①对销售、营销和顾客服务三部分业务流程的信息化;②与顾客进行沟通所需手段(如电话、传真、网络、E-mail 等)的集成和自动化处理;③对上面两部分功能产生的信息进行加工处理,为企业的战略决策提供支持。而对于每个企业,这三方面功能的实现需要结合企业的业务流程细化为不同的功能模块,然后设计相应的 CRM 技术结构,包括软硬件产品的选择等。

(5)实施 CRM 系统。由组建的项目小组(项目团队)来制定、实施相应的步骤。在软件供应商软件产品的基础上进行二次开发、定制化、顾客化,然后再交付给最终用户,在这一过程中要包括对不同的对象采取不同内容的培训,这样才能最终实现项目的顾客化。

(6)项目后评价。这是很重要的一步,同时也是常常为企业所忽视的一步。在 CRM 项目实施完成后,企业要对 CRM 项目的实施效果进行评估,这样做是为了在企业内部顺利推广 CRM 的使用。因为让企业内部人员尤其是决策层切实地看到 CRM 的成效,可以赢得他们对 CRM 的支持,从而使企业内部人员能够自觉利用 CRM 系统,使企业获得最大化的投入回报比。当然这只能是简单的评估,对一个项目更准确的评价,则需要一种长期的、全方位的评价。

3. 详细的 26 步法。按照 AMT 的理论,成功实施 CRM 应当遵循六个阶段的原则。

一是总体规划。总体规划就是对企业的现状进行诊断,分析顾客的问题,寻找商业机会,然后在此基础上进行规划。

二是立项启动。立项启动包括如何组织项目的工作班子,从哪个环节开始启动项目。

三是流程优化。流程优化即对现有的流程进行什么样的改革。

四是产品造型。产品造型是指选择哪个厂商的产品,选择这个产品中的哪些模块。

五是实施应用。实施应用是指如何克服应用阶段的各种困难,理顺各种关系。

六是持续改进。CRM 项目的实施不可能一蹴而就,原因在于它不是一个基建项目,可以一劳永逸。CRM 是一个管理项目,它的效果是通过不断的改进而体现出来的。

具体 CRM 系统的实施主要包括以下 26 步。

(1)成立 CRM 选型和实施小组。

(2)结合企业的 IT 规划,制定 CRM 规划。

(3)评价和比较不同的 CRM 方案。

(4)购置服务器、ADSL 和其他硬件设备。

(5)了解软件与现有 ERP 系统、硬件和数据库的兼容性和集成性。

(6)购置 DB、系统软件和应用软件。

(7)软硬件服务器的安装。

(8)系统软件和应用软件的安装。

(9)安装 Demo 系统,用来进行日常的练习。

(10)准备初步的顾客需求文档。

(11)调查和分析当前的业务流程。

(12)网络/系统培训,CRM 功能培训。

(13)画出当前的业务流程图,撰写 As-Is 报告。

(14)结合软件讨论新流程。

(15)进行 Gap 分析,确定新流程。

(16)流程确认结束,获得通过。

(17)准备测试数据和正式数据。

(18)编写操作手册和培训资料。

(19)对系统的测试环境进行配置和顾客化。

(20)录入数据。

(21)最终用户的培训。

(22)模拟和测试新业务流程。

(23)用户接受程度测试准备和测试。

(24)对用户接受程度的评价。

(25)正式系统的配置和顾客化。

(26)新旧系统的切换,投入使用。

值得注意的是,在具体实施过程中,上述有些步骤可以并行实施,以缩短项目周期,实现资源的合理利用。

4. 国外对成功实施 CRM 步骤的描述。

(1)首先让决策层接受 CRM。没有最高层对 CRM 的接受,就很难鼓励中、低层员工全力支持 CRM 项目。

(2)深度需求分析。企业需要确定"为什么 CRM 是必需的",这对于确定创新的优先排序、获取投资的潜在收益尤为关键。

(3)清楚定义企业目标。企业对投资 CRM 所要达到的目标要有一个清晰的定义。这将决定以后 CRM 项目的方向,其他所有的步骤都应当与该"大方向"相匹配。企业还要确保目标是可测评的。

(4)确定具体的可测评的项目目标。企业可以设定几个里程碑,把最终目标分成几个步骤来实施。设定短期的里程碑来逐步展现各部分的成功,要比设定一个长期的里程碑来表明总体的成功好得多。

(5)确定什么需要自动化,并采取渐进式实施方法。CRM 的解决方案往往开始于一个简单的步骤。首先要选择一个功能区或业务部门,来进行解决方案的实施。然后再进行渐进式方案实施,实施过程中要确保实施的方案以整体 CRM 战略目标为基准。

(6)建立并培训正确的团队。企业千万不要忽略对将要实施 CRM 的人员以及其他员工进行不同层次的培训,而这一点往往是企业最容易忽视的。

(7)管理组织的变革。变革是不可避免的,如果不进行变革,企业不可能把 CRM 带上正确的轨道。许多公司总以为在旧流程的基础上也可以运作新的 CRM 解决方案。其实,再好的解决方案,如果没有相应的流程来应用它,一切只能是徒劳的。

(8)选择一个业务合作伙伴来帮助实施。选择一个具有实施 CRM 丰富经验的合作伙伴,将有助于企业避免错误的产生,还可以缩短实施周期。这些合作伙伴也可以帮助企业制定战略,并确定一个可运作的、可测评的反映投资回报的方法。

(9)定义并设定可测评的标准。设定特定的可测评目标来反映实施的效果,这是评价企业逐步实施效果的依据所在。

(10)企业流程驱动实施。技术并不是企业要变革经营模式的理由,定义企业欲变革的业务区和流程才可以正确确定企业所需要的技术,并确定技术如何被使用。

### (三)CRM 实施的成功要素

随着 CRM 的应用逐渐广泛,许多企业在实施过程中总结出成功实施 CRM 的经验。CRM 实施的成功要素主要包括以下几点。

1. 在 CRM 实施过程中始终坚持"以顾客为中心"的理念。在顾客关系设计和推进的过程中,应当始终坚持"以顾客为中心"的原则,这就要求企业围绕顾客的需求制订计划,更关注于倾听顾客,而不是迫使顾客倾听等。即站在顾客角度进行观察,从而发现他们想要获得什么,甚至预测他们现在不想获得但是将来却想要得到的东西。

2. 高度重视需求分析。在实施 CRM 之前,必须要进行深刻的需求分析。实施 CRM 项目并不是赶时髦,一定要以公司自身的需求为中心,尽量列出对 CRM 功能的各种主要的需求,然后再进行 CRM 规划。只有这样才能将 CRM 落实到实处,才能具有较高的投资回报率,才能获得真正的竞争优势。当然不同的公司规模对 CRM 需要分析会有一定的差异性,对于一些大型企业,可能需要咨询公司的协助。值得注意的是,这种需求分析报告力求简捷,要抓住问题要害,一份过长的需求建议书往往容易适得其反,让人摸不着头脑。

3. 以顾客为导向的流程设计。重新设计工作流程的作用在 CRM 中是非常明显的。为了使顾客处在商业周期的中心,企业需要改变部门的角色和职责,为此要采用新的工作流程,进行面向顾客的流程再设计。

然而,大多数公司往往从它们自己的角度出发来完成一个流程分析,然后设法让顾客进入这个流程。这显然不符合面向顾客设计流程的思想,企业应当把自己当作顾客来设计理想的流程。因此,在设计流程时需要询问顾客的所需、所想,然后询问他们实际上曾经得到了什么。画出流程中的每一个步骤,并与每一名职员来共享该信息。一旦企业识别出顾客需要体验什么以及流程如何运作(或不运作),企业就能够开始着手考虑软件的选型。

4. 组建一支过硬的 CRM 项目实施团队。项目获得各相关部门认可后,就可着手挑选 CRM 项目实施团队的成员。这个团队是项目实施的核心,负责做出重要决策和建议,并将 CRM 实施过程的细节和作用介绍给所有人员。CRM 项目实施团队成员除了包括软件供应商的咨询顾问外,还包括来自销售与营销、信息服务/技术部门、财务部门的相关人员和企业高层管理人员,以及最终系统用户的代表。团队各成员代表企业内不同部门提出的对 CRM 的具体业务需求,CRM 的实施将充分考虑到这些需求。

条件允许的企业,也可寻求外部的 CRM 专家(一般是专业咨询公司的 CRM 顾问)的加入。经验丰富的顾问能在 CRM 开始实施前及实施过程中提供有价值的建议,协助企业分析实际商业需求以及建立项目工作组,并与项目实施团队一起审视、修改和确定 CRM 实施计划中的各种细节,从而帮助企业降低项目实施风险及成本,提高项目实施的效率及质量。

5. 制定 CRM 战略计划和目标。企业需要为 CRM 项目制定一个全面的计划,设计规划出企业在"项目"实施后,将在目前和以后 3 ~5 年内实现什么样的目标。企业要想避免购买错误的技术,避免项目半途而废,就必须准确地知道"部署 CRM 将达到什么目的"以及"怎样实现数据的采集和使用"。

例如,如果企业计划从网站采集顾客数据,可以设定一个目标并分成三个阶段来完成。第一阶段,仅仅采集顾客的 E-mail 地址和姓名;第二阶段,采集顾客的住址和电话号码;第三阶段,采集它们的购买偏好。企业需要为每一个阶段设定目标。例如,在第一阶段企业要收集 80% 的网站访问者;在第二阶段的目标是将 90% 的首次访问者转为顾客,顾客也就意味着他们将进行一次购买并给予企业所想要的信息;第三阶段目标是收集顾客的购买偏好,这样企业就可以个性化他们未来的访问,给他们发送直邮邮件(direct mail),以促使他们进行多次购买。

当计划阶段完成设计后,企业就可以寻求一个软件解决方案,来逐步实现计划的目标。

6. 选择恰当的解决方案。在确立了可操作的 CRM 战略目标后,还必须选择恰当的解决方案,制定出具体的实施计划。该计划应包括将 CRM 战略目标变成现实所需的具体程序，对于解决方案的选择，我们可以考虑如下几个方面。

(1)从哪里开始寻求 CRM 解决方案？CRM 解决方案的最佳来源是行业专家。CRM 行业内有许多资深顾问和专家，他们能帮助企业对当前市场上各种主流的 CRM 产品及解决方案进行客观比较和分析。

(2)如何判断 CRM 解决方案是否适合企业需求？考虑 CRM 解决方案应注意三个因素：软件、技术和供应商。要保证 CRM 成功，就必须使这三要素形成一个连贯的整体，互为补充。

(3)在可能适合的几个 CRM 解决方案中，怎样进一步缩小选择范围来确定最佳方案？与供应商取得联系，并向他们咨询。在调查每一潜在供应商及其产品服务时，要求供应商提供相应的案例。通过现场产品演示，进一步了解供应商所能提供的 CRM 软件性能。此外，企业还要考虑如何同供应商进行进一步沟通。应当注意的是，在了解供应商案例时，最好能够追查到案例中所提到的企业，到该企业中深入调查，看看企业是否真的获得了如供应商所说的改进。

(4)在最终选定 CRM 解决方案之前，还应该考虑什么？首先要考虑的是成本。业内估计 CRM 项目成本的标准是：软件占成本的 1/3，咨询、实施和培训占 2/3。另外，应注意 CRM 系统与其他系统的集成性。

7. 全员参与 CRM 实施。实施 CRM 需要企业各方面专业人才的参与。由于 CRM 涉及企业内多个不同的领域，因此获得销售、营销、顾客支持、财务、制造、货运等各个部门的支持十分重要。通过全体员工的参与，企业在正式实施 CRM 之前就能获得必要的资源支持，并推动相关部门的合作，帮助它们接受 CRM。

CRM 的性质和功能决定了它不仅仅是企业某些部门、某些员工的事情，而是需要全体员工积极参与的工程。因为在管理和技术层面实施 CRM 后，最终要在企业形成一种“以顾客为中心”的文化。全员参与并不是要求所有员工都要参与具体的行动，而是要求所有的员工都要参与培训，都要在思想上接受 CRM，都要认识到 CRM 的实施必须进行流程的再设计，因此全员参与在很大程度上是全员思想参与，而 CRM 具体的推进是由专门的项目小组来完成的，其他人员只需要积极的配合。全员参与 CRM 实施，具体有两大好处。

一方面，可以减少人员障碍、加快 CRM 的实施进程。在需求分析时，全员的积极参与和配合既可以加速需求报告的完成，也可以保证需求报告的真实性和实用性；在项目实施过程中，全员的配合有利于软件的顾客化、用户化，以便实现软件功能的最大化；CRM 实施前后所进行的全员培训，将有利于在企业全面深入地推行 CRM，并加强 CRM 理念的灌输，以逐步形成“以顾客为中心”的文化。

另一方面，全员参与 CRM 后，可以充分发挥 CRM 的功效。全员的参与让企业员工逐渐认识并认可 CRM，这样在 CRM 实施后，就能从管理和技术层面上来运用 CRM，让 CRM 效用最大化，在顾客关系的管理基础上，来提高顾客满意度和顾客忠诚度、充分挖掘顾客价值，从而提高顾客的利润贡献率。

8. 给用户一个使用新系统的理由。给 CRM 系统用户一个采用新系统的理由是 CRM 运用取得成功的根本所在。那么采用何种方式让用户能够充分使用新的 CRM 系统呢？

(1)询问。企业应当询问那些用户，他们期望系统能为他们做什么。可以采用调查或部门会议的形式。通过询问，可以让企业获取广泛的用户需求，以用于项目部署中。

(2)参与。在 CRM 系统的战略规划中应当让魅力型的领导参与进来。那些受到尊敬的魅力型领导能够授权部门的其他人，并且可以在 CRM 项目全面展开时充当“福音传教士”。

(3)培训。企业应当培训所有的用户，让他们知道系统对他们有哪些最直接的益处。如果在培训用户的过程中发现仍有一些益处没有能够实现，即使会让项目延期，也要重新调整系统。因为现在的延误总比未来的失败要好。

9. CRM 的持续管理。CRM 在企业中的实施，绝不是一个简单的项目。要想让 CRM 成为一种新的管理思想、管理模式和管理方法，必须要对 CRM 进行持续推进、持续改善和持续管理。从管理层面上来说，企业需要不断灌输“以顾客为中心”的文化；从技术层面上来说，CRM 系统基础设施一定要提供业绩衡量标准。该系统必须有效地获取适当的数据，并为接触的每个用户个体提供解决方案。为保证系统带来所希望的益处，在将其推广到所有用户之前一定要加以测试。如果它的表现无法让您满意，那么花点时间对其进行修改，直到满意为止。最后，CRM 系统还应为监管指导委员会和项目工作组提供反馈信息。这样做能使人更好地理解什么有效、什么无效，以及存在什么能提高技术投资成效的方法。

## 二、CRM 的实施方法及应注意的问题

### (一)相关的需求分析和必要的咨询

对于大多数公司来说，将传统的企业经营理念与现代企业经营理念进行对照，在顾客关系管理方面都会存在下面的不足。

1. 由于缺乏有效、及时的记录，企业无法全面了解曾经与公司产生了业务关系的顾客，更难掌握这些顾客的行业分布、静态信息(如顾客档案、联系人信息)、动态信息(如商业关系、需求特征、中期购买计划)等。

2. 由于没有对业务人员的业务行为进行完整的监控，业务主管对业务人员

所做的具体事件,无法有清晰的了解。同时,对于已流失或正在流失的"商业机会"缺乏察觉。

3. 技术人员在实际解决问题时的一系列宝贵方案和经验,不能在公司内部有效共享,甚至造成信息最终的流失。

4. 对于每天都不断产生的销售、服务事件没有或缺少质和量的概念。

5. 由于对顾客缺少应有的了解,不能将顾客进行价值分级(如高级顾客、一般顾客等),从而不能有针对性地主动关怀顾客,发掘顾客价值。

所以在 CRM 实施之前,应该从这些方面入手进行全面分析,从相关需求、业务流程、业务规范、实施动因等方面进行必要的咨询,为规范业务、理顺内外关系及顺利实施 CRM 打下良好基础。

### (二)合理的规划

首先要明确的是,CRM 不仅仅是一个软件系统,它隐含了一个数据结构模型和一个信息技术平台。对于企业来说,CRM 是一个实现利润最大化的有力工具,所以不应该将 CRM 看作是信息系统建设的目的,而应该将其作为一种实现全面顾客信息管理的手段。CRM 是技术支持工具,而不是系统建设方向。合理规划 CRM 应做到:①分析研究如何将 CRM 的实施与企业的中长期战略结合起来。②设计适合于企业持续发展所需的 CRM 信息系统框架。③分析研究 CRM 的实施能够为企业带来多大的改善。④分析现有的流程和组织机构是否适应 CRM 系统。⑤设计适应于公司发展的 CRM 业务流程和组织机构。⑥预计各应用阶段的困难,理顺各种关系,确定较为详细的实施计划。

通过合理的规划为进一步选择适合企业情况的方案及软件供应商提供客观的资料和必要的技术储备,以保证 CRM 项目的成功实施。

### (三)方案及软件供应商选择

面对大多数国内企业实施 ERP 成功率低这样的情况,在 CRM 方案及软件供应商选择上,必须走适合国情、适合企业自身情况的道路,在方案及软件供应商选择上应重点考虑以下几个问题。

1. 商品化的软件功能模块多、适用范围广,这就要求企业从自身情况出发,选择不同的功能模块来满足当前和今后的发展需求,在考虑系统开放性和各种预留接口的同时,软件的可用部分比率取决于软件对企业的适应程度,而不是以进口或国产来区分。

2. 任何商品化软件都不能完全适应于企业的需求,都要进行相应的用户化和二次开发工作,只是修改量有所不同。所以商品化软件应提供必要的开发工具,并能根据企业的人员素质较好地完成"知识转移",培养出自己的维护人员和开发队伍。

3. 依据性价比考虑软件的性能、功能、技术平台、售后服务和技术支持，并考察软件商的信誉及人员稳定性。

4. 商品化软件必须提供齐全的文档，如用户手册、不同层次的培训教材及用户指南。

5. 进行必要的投资效益分析，包括资金利用率、投资回收期，也要充分考虑实施周期和可能出现的困难，避免造成实施时间过长而影响效益兑现。

（四）引入有效的评估及监督机制

1. 必要性。信息系统建设是一项投资大、周期长、风险高、知识密集的系统工程，为避免在系统建设过程中管理跟不上、协调不力、实施缺乏规范而加大风险，就必须有一个合理的管理运行机制，对工程进行全程控制，这是比技术、人才更为重要的因素，也是提高成功率的重要手段。

2. 监理依据。由于信息系统建设的实际情况较为复杂，技术更新更快，标准规范常常滞后，因此，既需要监督约束又需要合作协调，通过监理能对一些相互协作和相互交错的行为进行调理，避免抵触，使其顺畅，并对冲突进行协调。

3. 基本任务。评估与监督的基本任务是对系统建设进行质量控制，可参与系统前期的可行性研究、咨询、招标等工作，也可以在工程进度控制、实施过程中存在的问题等方面展开工作。通过监理使系统的关键指标在工程实施过程中得到全面的监测，使这些指标出现偏差时能够得到及时、有效的纠正，使系统的整体水平得到保障。

## 第三节　实施 CRM 的支持系统

从实质上看，CRM 系统就是一个积聚了各种数据资料的大型数据仓库分析系统，若干不同的 CRM 应用系统可能需要有关同一商业事件的数据。按不同的目的，需要将这些数据在数据仓库中心存储，这些应用数据可以被直接调用、直接查询以达到数据共享。数据仓库中积聚了各种数据资料，包括有关的市场资料、人口统计资料、市场发展趋势以及竞争者的资料。根据这个强大的数据仓库资料的汇总，再配合适当的软件对相应的数据进行分析，识别在市场竞争中最有价值的顾客群，确定目标市场、目标顾客群，并整合所有资料，将顾客通过多种指标进行分类。然后针对不同的顾客，实施不同的策略，为目标顾客群提供完全符合顾客心理的服务，并分析竞争者的优劣，将现有的着眼于顾客拥有量的市场占有率竞争转向保持每一位顾客的生命力的持久性上。上述功能是通过呼叫中心、顾客数据仓库、管理信息系统(MIS)与商业智能、信息技术管理子系统等一系列 CRM 模块或子系统的支持实现的。

## 一、呼叫中心

CRM 的发展和应用,不仅运用了各种基于 Web 平台的新技术,而且与传统的工具或渠道密切联系,以实现企业与顾客接触渠道的全面整合。CRM 企业不仅看到了网络的潜力并树立了发展电子商务的信心,而且对利用传统工具弥补目前网络平台和交易中现存的不足也有了充分的准备。这也就是为什么今天的 CRM 系统中仍然包含了用 IT 技术改进的呼叫中心的主要原因。

呼叫中心可以很好地推进顾客与企业的联系。因为尽管从效率或者成本的角度讲,完全网络化的人机界面操作实现的交易最迅速也最便宜,但是,当顾客把信任度、消费习惯、运输、付款、售后服务等因素进行通盘权衡的时候,纯网络交易在现在还略显单薄。根据有关调查,在线购物中的消费者在购物车选定好商品以后,再放弃交易的比例高达 70%。据分析,这是因为一般人在购物前需要一些互动的接触。如果可以利用方便的呼叫中心,一方面,可使顾客确认网络信息是及时有效的;另一方面,也可为习惯于运用电话工具的顾客提供方便的联系渠道。已实施 CRM 系统的亚马孙书店曾发现,消费者在其网页上放弃完成交易的比例约达 60%,由此表明只是单有网页作为电子商务交易的媒介是不够的,因此亚马孙书店不单使用网站作为电子商务的媒介,亦大力扩充其呼叫中心的规模。

从总体上来说,在 CRM 系统中,呼叫中心为企业发挥的作用包括以下几方面。

### (一)企业与顾客联系的重要窗口

呼叫中心是企业为顾客提供的一个明确且单一的对话窗口,在与顾客联系过程中解决顾客的各种问题,同时也避免干扰企业内部作业。如果没有呼叫中心,顾客不同性质的问题必须直接寻求企业中不同部门人员的协助,或牵扯许多单位往来奔波。而企业如果任由顾客打电话到内部单位联系,常会干扰到内部人员的作业,并且可能出现人员忙于日常的工作,而给予顾客不友善的态度或不一致的答案等现象。企业通过呼叫中心可为顾客提供除产品之外更多的附加价值,例如个性化咨询服务等,这将有助于协助顾客解决问题。

### (二)企业收集顾客资料、了解顾客需求的关键渠道

企业利用呼叫中心可以全面地接近市场和顾客的需求。呼叫中心收集到顾客的基本资料、偏好与关心的内容,可帮助企业建立顾客资料库并用于分析市场消费倾向;收集到的顾客的抱怨与建议,可作为改善产品及服务品质的重要依据;

企业还可通过呼叫中心的各渠道来了解市场的动向,提早协调后台活动单位来调整市场营销活动等。

(三)为顾客提供优质服务、维护顾客忠诚度的中心

优质服务可以增进顾客的满意度和忠诚度,促使顾客回头购买更多的产品或服务。优质服务依赖于企业听取和响应顾客需求的能力。从全盘的角度讲,企业面对顾客要有选择地提供个性化服务,必须借助呼叫中心的功能。呼叫中心收集并利用相关的个性化顾客知识,以协助企业了解顾客的需求、想法、要求以及顾客下一步想做什么等问题。CRM 的呼叫中心意味着通过技术的应用将与顾客的交流从简单的活动变为对双方都有用的经验。反过来,这种转换将使企业的业务代表持续提供出类拔萃的顾客服务,从而为企业建立起战略性竞争优势。

(四)从成本中心变成利润中心

呼叫中心作为企业提供优质顾客服务的有效手段,确实需要企业投入不少成本(cost),但是如果能真正深入挖掘呼叫中心的潜力,使其由被动接入电话发展为积极出击,呼叫中心完全可以主动为企业创造丰厚的利润(profit)来源。呼叫中心可以根据顾客资料向其推荐适用的产品,满足顾客的需求,增加销售额。满意和忠诚的顾客也可能免费为公司宣传,或推荐他人来购买或了解产品,从而增加更多的新顾客,此时呼叫中心可由原来的成本中心变成利润中心。

## 二、顾客数据库

一个内容详尽、功能强大的顾客数据库对 CRM 系统是不可缺少的。实施 CRM 中建立的顾客数据库,对于保持良好的顾客关系,维系顾客忠诚,发挥着不可替代的作用。早在 1994 年美国的一项商业调查就显示出:56% 的零售商和制造商拥有强大的营销数据库;85% 的零售商和制造商认为在 20 世纪末顾客数据库必不可少。

在顾客关系管理环境下,顾客数据库应当具有如下几种功能。

(一)动态、整合的顾客数据管理和查询功能

CRM 的数据库必须是动态的、整合的数据库系统。动态的要求是指数据库能够实时地提供顾客的基本资料和历史交易行为等信息,并在顾客每次交易完成后,能够自动补充新的信息;整合的要求则是指顾客数据库与企业其他资源和信息系统要综合、统一,各业务部门及人员可根据职能、权限的不同实施信息查询和更新功能,顾客数据库与企业的各交易渠道和联络中心紧密结合等。

(二)基于数据库支持的、及时识别忠诚顾客的功能

基于数据库支持的、及时识别忠诚顾客的功能是十分重要的。实施忠诚顾客管

理的企业需要制定一套合理的建立和保持顾客关系的格式或结构。简单地说,企业要像建立雇员的提升计划一样,建立一套把新顾客提升为老顾客的计划和方法。例如,航空公司的里程积累计划,即顾客飞行了一定的公里数,便可以获得相应的免费里程,或根据顾客要求提升舱位等级等。这种格式或结构建立了一套吸引顾客多次消费和提高购买量的计划。在顾客发生交易行为时,能及时地识别顾客的特殊身份,依此提供相应的产品和服务,从而有效地吸引顾客为获得较高级别的待遇和服务而反复购买。

(三)基于数据库支持的顾客购买行为参考功能

企业运用顾客数据库,可以使每个服务人员在为顾客提供产品和服务的时候,明了顾客的偏好和习惯购买行为,从而提供更具针对性的个性化服务。例如,现在的读者俱乐部都在进行定制寄送,他们会根据会员最后一次的选择和购买记录,以及他们最近一次与会员交流获得的有关个人的生活信息,向会员推荐不同的书籍。这样做使顾客感到企业尊重、理解他们,知道他们喜欢什么,并且知道他们在什么时候对什么感兴趣。这种个性化的服务对培养顾客忠诚无疑是非常有益的。

(四)基于数据库支持的顾客流失警示功能

企业的顾客数据库将通过对顾客历史交易行为的观察和分析,发挥警示顾客异常购买行为的功能。如,一位常客购买周期或购买量出现显著萎缩变化时,都是潜在的顾客流失迹象。顾客数据库通过自动监视顾客的交易资料,对顾客的潜在流失迹象做出警示。

(五)基于Web数据库的信息共享功能

Web数据库将成为企业信息共享的基础架构。顾客数据库应拥有可以通过浏览器使用的接口,以成为支持顾客关系管理的基本架构,并且数据库要能够通过用户的简单点击获得分析结果。用户对数据库的种种需求,正在改变着它的设计和实现方法。新兴的Web数据库已经不仅仅被单个用户独享,在多个用户之间共享业已渐成趋势,甚至连企业供应链之中的商业合作伙伴也运用Web数据库充当最适合于信息共享的媒介。CRM环境下连接分散单位的数据中心将会建成,在Web数据库的不同部分为实际数据的描述制定基于空间模型的统一标准结构;其关键在于Web数据库构造之初已为其所有部分确立一致数据元,并通过一致数据元实现数据库的总线体系结构。

## 三、管理信息系统与商业智能

管理信息系统(Management Information System, MIS)的概念最早是由美国的基莱荷(J. D. Gallagher)在研究电子数据处理系统的基础上提出的。1985 年,美国明尼苏达大学教授戴维斯(G. B. Davis)在其著作《管理信息系统》中给出一个被企业界统一认可的定义:“MIS 是一个利用计算机软、硬件、手工作业、分析、计划、控制和决策模型以及数据库技术的人/机系统。它能提供信息,并支持企业或组织的运行、管理与决策功能。”这个定义全面说明了管理信息系统的目标、功能和组成,而且反映了管理信息系统在当时所达到的水平。

MIS 由信源、信宿、信息处理、信息用户和信息管理者等五个组成部分。完善的 MIS 具有以下四个标准:确定的信息需求;信息的可采集与可加工;可以通过程序为管理人员提供信息;可以对信息进行管理。具有统一规划的数据库是 MIS 成熟的重要标志,它象征着 MIS 是软件工程的产物。通过 MIS 实现信息增值,用数学模型统计分析数据,实现辅助决策。因此,为适应 MIS 的开发需求,企业必须逐步实现管理工作的程序化、管理业务的标准化、报表文件的统一化和数据资料的完善化与代码化。

### (一)MIS 系统

企业 MIS 系统的建设将发挥如下几方面的作用。

1. 辅助分析和决策。MIS 系统通过将数据组织起来,随时为企业管理者提供各种所需的数据,保证了决策的准确、及时,是对传统的低水平、粗放式、根据经验做出决策的经营方式的超越。

2. 规范化数据管理。MIS 系统为数据处理提供明确的尺度,使之标准化、规范化,改变了传统企业中数据管理的随意性。

3. 节省人力,提高效率。不仅将大量的重复计算交由计算机处理,减轻人员的劳动强度,更重要的是可以免去人工方式下许多中间处理环节,提高管理活动的效率。

### (二)商业决策分析智能

在 CRM 系统中,商业决策分析智能是其数据分析管理子系统的高端应用系统,是基于数据仓库和知识仓库之上,充分利用了数据仓库的分析功能和管理信息系统(MIS)的决策支持功能而形成的,具有能够帮助企业迅速地完成信息采集、分析的先进能力。商业决策分析智能的任务就是针对企业业务流程和管理过程中产生的大量数据如订单、库存、交易账目以及顾客资料等,通过挖掘和利用这些数据来增进企业管理者对业务情况的了解,以及支持其在业务管理及发展上及时做出正确判断。现代企业决策的正确程度取决于所使用的事实和数据的准确程度,因而在特定的时间段内,能够尽可能多地获得相关信息就变得越来越关键。

商业决策分析智能为企业提供了高效的数据分析工具,使高速、精确地分析大量数据所需的时间大大减少。

商业决策分析智能在企业经营管理中的作用主要表现在:制定正确和有效的市场营销策略,帮助企业完成顾客划分、顾客获得、交叉销售、顾客保留等工作,使企业的职能部门和人员、业务流程和基础设施都集中到针对顾客的需要来定制产品、服务以及与顾客交互方面,实现企业核心竞争能力的提高;可以帮助企业分析利润的来源、各类产品对利润总额的贡献程度、广告费用是否与销售成正比等,提高企业的销售投入回报;可协助企业确定在对业务影响最小的领域减少成本等。

CRM 系统中的商业决策分析智能系统主要有以下一些组件。

1. 联机分析处理(OLAP)工具。联机分析处理工具能实现高度交互的分析目标,是对存储在多维数据库(MDD)或关系型数据库(RDB)中的数据即时进行反复分析,迅速获得所需结果的过程。这一过程一般包括三种可供选择的方案:预先计算(小结数据在使用前进行计算并存储);即时计算和存储(小结数据在查询时计算,然后存储结果);随时计算(用户在需要时对小结数据进行计算)。

2. 访问工具。访问工具包括应用接口和中间件,使得顾客能够访问和处理数据库与文件系统中的商业信息。数据库中间件允许顾客透明地访问后台各种异构的数据库服务器,Web 服务器中间件允许 Web 顾客连接到数据库中。

3. 查询报告工具。快速、简单、易用的查询和报告工具能够帮助管理者充分利用企业中不同层次的数据,或是通过中央数据仓库,获取所需要的特定信息,并以合理的格式加以显示。同时,优秀的工具支持多种网络环境,允许用户在顾客机/服务器网络、内部网络或 Internet 上传输分析结果。它们还应该有足够的灵活性,以支持各种类型的查询和报告需求,从简单的订阅、周期性的报告,到使用 SQL 和其他查询语言进行随机查询。

4. 数据挖掘工具。这些工具用于从操作系统和外部数据源系统中捕捉数据,经过数据加工和转换,最后将数据装载进全局的或部门的数据仓库。数据挖掘是从浩如瀚海的数据和文档中发现以前未知的、可以理解的信息的过程。由于数据挖掘的价值在于扫描数据仓库或建立非常复杂的查询,数据和文本挖掘工具必须提供很高的吞吐量,拥有并行处理功能,而且可以支持多种采集技术。数据挖掘工具应该拥有良好的扩展功能,并且能够支持将来可能遇到的各种数据(或文档)和计算环境。

5. 决策支持工具。决策支持工具包括整合了先进的在线分析处理、数据挖掘工具与基本的查询报告工具,以支持不同级别的管理者按照权限来调用决策支持功能。这些工具大多设计成能处理数据仓库的结构信息,但是需要对文件系统、邮件或 Web 上复杂和非结构的信息进行预处理。

## 四、信息技术管理子系统

CRM 系统实施中需要加强信息技术管理子系统的建设。这是因为顾客关系管理系统的各功能模块和相关子系统运行都必须由先进可靠的技术、软件和硬件、基础设备来保障,因此对于信息技术的管理也成为 CRM 的有机组成部分。前文中已经介绍了这个子系统中主要的内容,具体可以分为以下四类。

### (一)其他子系统应用软件

主要是指对保障其他子系统或功能模块正常运行不可缺少的应用软件管理。其中如数据库是数据分析管理子系统的基础,数据库管理系统(Database Management System,DBMS)是独立于数据库但关系数据仓库运行的核心软件系统,该软件包能使最终用户或应用程序员分享数据并提供生成、升级、回顾和储存数据库信息的系统方法,还负责数据集成、数据流程控制和数据的自动回复、再开始和恢复。又如涉及管理信息系统(MIS)和企业内部网的电子软件分发系统(Electronic Software Distribution,ESD),使软件可以通过网络传递来安装,可以帮助用户在自己的环境中调用程序和文件。

### (二)中间软件和系统工具的管理

从根本上讲,中间软件相当于是一种软件"胶水",它可以使在不同计算机上的程序和数据库能在一起工作。伽特诺集团(Gartner Group)给中间软件下了一个更为正式的定义:在分散的计算机环境中能够使应用层的程序直接相互连通的实时系统软件。中间软件系统(Middle Ware System)最基本的功能是使应用程序间或单一应用系统的或跨多个应用系统的 DBMS 能够相互交流。系统执行管理工具(System Administration Management,SAM),是一套灵活性很好的应用维护工具和应用管理工具。这套工具的主要价值在于它可以非常好地处理各类变化。一个优良的工具可以使管理者规定数据库或格式的变化,确保集成所有的应用部件并且将变化传送到有关的用户。针对中央管理的 SAM 工具由系统管理员使用,这样就能提供一定水平的技术能力;反之,针对管理者的管理职能则要受到最终用户的能力的限制。

### (三)企业级系统的集成管理

强大的企业应用集成(EAl)方案对于 CRM 系统的实施有重要意义,它可以促进 CRM 与企业管理信息系统(MIS)的集成,乃至实现将企业的 CRM 应用与 ERP、SCM 等其他系统紧密地集成起来。因为市场上现在还没有出现完整的一次成型的 CRM 应用系统,用户必须开发自己的应用集成方案,最终确保 CRM 应用可以无缝和透明的方式利用在各种顾客互动渠道中的数据和顾客信息。

（四）电子商务技术和标准管理

企业级 CRM 系统的实施涉及了种类繁多的信息、通讯和网络技术，因此企业也必须投入一定力量对各类技术和标准进行建设、管理。例如，Internet 技术及应用开发、通信标准管理、EDI 技术及应用等。

前沿透视

**客户关系管理系统与企业运营绩效的关系**

不同企业的 CRM 系统使用情况存在较大差异。在银行、民航、移动通信等面对大量客户的行业，CRM 系统是必不可少的业务支持系统，甚至直接关系到企业的核心竞争力。但在很多行业，CRM 系统都不是维系企业运营的核心系统，企业在是否实施和使用 CRM 系统上有较大的灵活性。由于企业的规模和竞争策略不同，因此企业对客户关系战略的认识也有较大差异。有的企业建立了相对独立、完整意义上的 CRM 系统，有的企业只是将 CRM 系统作为企业系统中的一个模块，有的企业还没有形成运用信息技术管理客户信息、服务客户的意识。

资料来源：李扬帆，格佛海．客户关系管理系统与企业运营绩效的关系——基于美国和中国上市公司的对比分析[J]．技术经济，2015(8)．

# 第四节　CRM 的实施现状与发展

## 一、顾客关系管理系统的国内外应用现状

顾客关系管理系统在北美、欧洲等发达国家可以说是方兴未艾。据预测，美国到 2003 年用于实施顾客关系管理系统的预算就达到 168 亿美元。全球最大的网络设备供应商思科（Cisco）在顾客服务中心全面实施了顾客关系管理，其通过 Internet 的在线支持服务占到全部支持服务的 70%，使公司能够及时和妥善地回应、处理和分析每一个电话、电子邮件或者其他方式的顾客来访，每年使公司节省 3.6 亿美元的顾客服务费用。但是即使在国外，CRM 的应用面也还很小。虽然 CRM 的成本与 ERP 不一样，ERP 系统动辄上百万、上千万，CRM 则相对要少一

些，但从投入产出比来看，CRM 的成本相对比较高。当前 CRM 的一个典型应用是呼叫中心。呼叫中心运用先进的通信技术和数据库技术集成，并通过高素质的座席代表，服务于广大顾客。目前，基于先进的 CTI（Computer Telephony Integration）技术的呼叫中心已经能够实现语音和数据的同步。一组受过专业训练的人员来处理顾客的来电，来电经过自动语音应答系统指导，或直接选择自己关心的问题，或转入人工座席，而人工座席则可以根据自己的专业知识和屏幕上显示的顾客信息，提供最友好、最专业的服务。资料表明，1998 年全球呼叫中心的产业规模已达到70 亿美元，并且正以每年20% 的速度高速成长。但是 CRM 系统如何与 Internet 结合起来，通过音频、视频等技术手段，实时、互动地与顾客进行交流，IT 界目前还没有一个比较标准的解决方案。

在我国，已经有海尔、联想、方正电子、实达电脑、全创通讯、华胜天成等一批大公司开始或正在实施 CRM 系统，还有许多企业正在紧锣密鼓地准备 CRM 系统应用。但就总体而言，大多数企业只是对 CRM 表示关注，为数众多的企业特别是中小企业对实施 CRM 仍心存疑虑，顾虑重重。究其原因主要包括以下方面。

第一，观念转变上的困难。我国在建设社会主义市场经济的历程中，各行业、各企业的观念水平参差不齐，有能力实施 CRM 的行业如电信、民航、银行等还处于产品观念、推销观念阶段。这些企业刚脱胎于计划经济，对市场营销、公共关系、细分市场等概念都还是刚开始接触。因此，如何利用顾客信息数据库、如何针对不同的顾客采用不同的营销策略，这些企业在观念上还存在距离。

第二，人才不足。近几年来，尽管我国和世界的信息产业迅猛发展，但目前我国的教育水平还比较低，特别是在职教育水平更低，使我国的信息技术人才供需缺口比较大，在国家重点企业，仍有 60% 的企业认为信息人才缺乏。随着我国信息产业的发展，这个缺口还有拉大的危险。实施 CRM 需要不仅要懂信息技术，而且要懂管理和营销的复合型人才。再加上我国近年来人才流失、浪费严重，使符合实施 CRM 要求的人才更加缺乏。

第三，资金缺乏。国外企业成功实施 CRM 的费用大约是 15 万 ~90 万美元，国内实施费用相对少些，但对多数企业而言仍显负担过重。中国营销传播网的 CRM 市场需求调查表明国内大多数企业对 CRM 的可接受费用集中在 100 万元以下。可见，企业的可接受费用与实际费用之间的差距较大。

第四，国内企业实施 CRM 的经验缺乏。虽然 CRM 在许多国外企业中已成功应用，但由于国内外企业的实施条件不同，国外企业实施 CRM 的经验很难直接采用，再加上国内至今鲜有成功实施 CRM 企业的范例，这使得国内企业在实施 CRM 时缺乏现成的经验可供借鉴。企业实施 CRM 最好有管理咨询公司的帮助，而国内的管理咨询公司对 CRM 的认识也还很有限,大部分咨询公司并没有帮助企业实施 CRM 的咨询经验与能力。

第五,国内提供 CRM 解决方案的厂商比较少。目前国内市场上提供 CRM 解决方案的厂商大多数是国外的大企业,如 IBM、HP、Oracle、Sap、Ncr 等。这些解决方案一般是按国外企业的内外条件设计的,不完全适合中国企业的具体情况。国内提供 CRM 解决方案的厂商只有联成互动一家,而联成互动只是给中小企业提供解决方案,给国内大中型企业提供 CRM 解决方案的国内厂商至今还没有。

第六,国内的信息化水平还比较低,发展程度不平衡,对信息化的投入比较低。原国家经贸委的调查表明:国内只有 1 000 余家企业实施了 ERPⅡ,一些行业领头羊开始实施 ERP,从总体上看,15 000 家国有大中型企业中只有 10% 的企业基本实现了信息化,中小企业中实现信息化的比例更低。根据汉普咨询公司网站的消息:ERP 在中国内地企业的普及率尚不到 1%。国家经贸委的调查还表明:从国有重点企业看,70% 的企业承认对信息化建设的投入不足。1998 年 300 家重点企业中用于信息技术和设备的投资累计仅占总投资的 0.3%。企业的信息化水平低和发展不平衡直接导致信息化建设经验的缺乏以及经验、教育的可借鉴性差。CRM 也是企业信息化的一个分支,也会受到这些不利条件的影响。

## 二、实施 CRM 的难点与要求

CRM 解决方案的出现,以及部分先进企业在接受 CRM 这一理念和与其相关的技术思路后,对自身交互式顾客环境的变革和组织结构的改进,充分证明了 CRM 的实践将创建出面向顾客的、成熟的、综合的商业模式。

但不可否认,CRM 的选择和实施是一项复杂的系统工程,尽管某些先进企业正在着手建立顾客关系,关注顾客需求,以及综合业务流程并自动控制与顾客相关的活动及过程,但它们所遇到的困难是多方面的。这是因为 CRM 的选择和实施作为企业级经营管理改革的复杂的系统工程,将涉及整体规划(strategy)、创意(creative)、技术集成(solution integrated)、内容管理(contents management)等多个方面的工作。在目前市场竞争激烈、顾客关系日益重要的环境下,企业要想在短期内建立并实施一套高效的 CRM 系统,必然会遇到来自业务流程重构和组织再造、企业资源配置等各个方面的问题。或者说,企业如果没有拥有十分强大的研发能力和智囊机构,而是自己从头进行分析、研究、规划和开发,显然会被各方面的难题所困扰。

建立和实施 CRM 的困难点对于每个企业可能各不相同。因此在解决困难的思路上,企业应当树立具体问题具体解决和内部问题要挖根源的方法观念,同时以充分的勇气和信心迎接来自企业内部和外部的挑战，才可能取得最终的胜利。不过，从一些实施 CRM 的案例和经验教训中，我们还是应当注意到以下几方面具有共性的难点问题，从企业实施和应用 CRM 之初，就要开始考虑解决这些难题，以少走弯路。

第一，实施 CRM 的企业要专注于流程的研究、优化和重构，要树立长期战略，分步实施。企业级的解决方案必须首先专注于业务流程，要去研究企业现有的营销、销售和服务的策略和模式，发现不足并找出改进方法。对流程进行审视，不仅可以找出是哪些环节阻碍了企业业务能力的提高，可以发现问题并加以解决，而且在项目实施后，可将当时的情况与此前的状况相比较，看是否有所改观，由此对 CRM 的效果做出真实的评价。有的企业在项目开展之初就把大部分注意力放在技术上，这往往是错误的开始。因为技术始终只是促进因素，本身不可能提供解决方案。技术应当灵活运用，要根据业务流程中存在的问题来选择合适的技术，而不是调整流程来适应技术要求。此外，在项目规划时，设计比较长远的规划，比如 3 ~5 年的远景设计很重要。那些成功的 CRM 项目通常把企业远景划分成几个可操作的阶段，通过流程分析，从一些需求迫切的领域着手，每次解决几个领域的问题，稳妥而效果明显。期望毕其功于一役的愿望是好的，但这样给企业带来的冲击太强，工程投入过大，往往欲速则不达。

第二，企业应当清醒地认识到，实施 CRM 必须遵循专业化、社会化和开放式的运作思路。成功的 CRM 案例表明，企业与已有成熟产品和成功案例的专业电子商务解决方案提供商深入合作，或者是聘请专业的企业解决方案咨询公司进行咨询和研究，然后由各方从整体上、从发展的观点和长远的角度提出 CRM 全面解决方案，并协助企业实施，这样成功的可能性会大大增加，实施的速度和日程也会有明显的改观。有的企业可能尝试采用顾客关系管理“外包”的方式，建立开放的顾客服务平台，把顾客关系管理交给社会力量，由专业的组织机构而不是品牌本身对顾客关系管理进行专业化的运作，对企业、对顾客都达到“双赢”的良好效果，这种思路也是可取的。这是因为，一方面，CRM 解决方案所具有的一些标准特征，使其显得十分灵活。但传统系统间数据的不兼容，是现存技术的典型难点，克服地理区域和组织上的障碍是许多企业无法独自完成的。另一方面，完整的 CRM 解决方案的成功执行要求具有相当宽度和深度的技术和智力资源。然而，大多数企业不仅缺乏技术资源，在进行计划设计和执行 CRM 方案或创建广域 CRM 环境时，也缺乏了解商业流程和策略的组织专家，这些都是对企业的挑战。

第三，企业实施 CRM 系统时要着力加强对渠道和应用子系统的集成、整合工作。其一，对顾客互动渠道进行集成与对 CRM 解决方案的功能部件的集成是同等重要的。不管顾客是通过 Web 与企业联系,或是与携带有 SFA 功能的便携电脑的销售人员联系,或是与呼叫中心代理联系,与顾客的互动都应该是无缝的、统一的、高效的。其二,注重对工作流进行集成。工作流是把相关工作规则自动化地安排给负责特定业务流程中的特定步骤的人员。CRM 解决方案应该具有很强的为跨部门工作提供支持的功能,使这些工作能动态地、无缝地完成。其三,要实现与 ERP 等应用系统的集成。CRM 要与财务、制造、库存、物流和人力资源等系统连接起来,从而提供一个闭环的顾客互动循环。最后,CRM 系统自身各个部分的集成和整合对 CRM 的成功也很重要。因为 CRM 的效率和有效性的获得有一个过程,依次是终端用户效率的提高、终端用户有效性的提高、团队有效性的提高、企业有效性的提高、企业间有效性的提高。

此外,还有一个重要的方面,就是 CRM 一定要加强支持网络应用的能力。由于快速发展的电子商务要求不断地对数据进行实时访问,应用系统越来越多地建立在 Web 浏览器上,这都给现在的 CRM 系统施加了压力。在支持企业内外的互动和业务处理方面,Web 的作用越来越大,这使得 CRM 的网络功能越来越重要。一方面,网络作为电子商务渠道的便利性不言而喻,而为了使顾客和企业员工都能方便地应用 CRM,需要提供标准化的网络浏览器,使用户只需很少的训练或不需训练就能使用系统;另一方面,从基础结构的角度来讲,在网络应用体系下,业务逻辑和数据维护可以实现集中化,从而减少系统的配置、维持和更新的工作量。未来 Web 将成为 CRM 的第二特性。

## 三、我国企业应用 CRM 的前景展望

在中国,作为"舶来品"的顾客关系管理(CRM)已经传播了好几个年头。用户、咨询公司、软件厂商、政府机构等对 CRM 这个词已经不再陌生。社会各界对 CRM 理念多少有所了解。如今,更多的人开始思考"CRM 对我的企业到底能够起到多大作用",也开始更多地关注 CRM"做什么"、"谁来做"以及"怎么做"的问题。这是令人感到欣慰的事,表明人们对 CRM 的认识已经从感性向理性转变,这同时也映射出 CRM 体系正逐步走向成熟、走向应用。

但是,CRM 产品本身也在不断发展。以下我们将以一种结构化的方法来分析 CRM 应用系统的发展趋势,这种结构化的方法主要体现在产品的环境、组织、基础结构、结构、顾客化和集成性等方面。

### (一)环境

环境是企业在选择软件的过程中最简单的技术架构的评估标准,而且是最容易区分的。最重要的环境就是 CRM 产品所支持的服务器平台和数据库。企业在

选择 CRM 产品时，最好不要改变现有的服务器平台和数据库标准，否则将会增加很多投资。因此一个 CRM 产品最好要支持企业原有环境。

未来的 CRM 产品，起码要支持一个或多个国际上最先进的服务器平台和数据库标准。例如，Microsoft、Sun、IBM 和 Oracle 等服务器平台。除了这些最主流的平台外，功能强大的 CRM 产品还应当支持一些"第二层环境"，例如，HP 和 Sybase 服务器管理系统。这样可以确保 CRM 产品具有更强的环境适应性。

（二）组织

产品的"组织"主要用来反映各组成部分的配置方式，以及组成部分间的接口和通信协议。

未来 CRM 产品的"组织"主要包括三个成分：顾客端、应用服务器和数据库。未来 CRM 的趋势是利用无线技术和基于 Web 的技术，并且确保顾客、顾客服务人员、销售人员和现场服务人员等多种用户能够拥有统一的用户界面，以及不同的使用权限。

（三）基础结构

基础结构用来为多个用户和共享的资源系统（如 CRM 应用系统）提供系统级、独立应用的中间层服务。服务包括基本的请求处理、队列排序、流程管理、记忆管理、数据库管理和事务管理等。

"门户"是未来基础结构中发展的一种重要形式。因为企业使用了采用"门户"技术的 CRM 产品，就可以在一个环境下，访问多个 CRM 应用系统，看到多种报表，或者在不同维度上来检查企业的业绩。基础结构的开发主要基于 Java 和 J2EE 语言。

（四）结构

这里所讲的结构，是指 CRM 产品组织中的主要内部成分是什么，以及它们如何被建立，由什么组成。

未来典型的 CRM 产品主要还是基于 Web 的三层组织，即网页/表示层、程序逻辑（用于应用软件功能和应用服务功能）和数据模型。其中需要强调的一点是，未来的 CRM 产品将要在支持 Web 的服务上进行"强化"。Web 服务已经成为一种具有吸引力的交互方式。Web 服务的标准化目录和查询功能、界面说明，以及通信协议使得"集成"的复杂性和成本都有了降低的可能。

（五）顾客化

显然，所有的 CRM 应用软件都可以实现顾客化（定制）。事实上，所有的运营型应用软件顾客化多少都会反映公司业务流程和信息结构的特征和细微差异。一个 CRM 产品套件顾客化时有两个方面的结构因素：一方面是元数据的角色；另一方面是使用标准化技术还是专有技术。当一个产品的结构基于元数据时，顾客化可以通过元数据来实现。企业应当使用高层级元数据和可视化工具，而不是低层级结构和编码工具，这样可以确保顾客化更加容易、快速和可控制。

当一个 CRM 产品的结构以标准化、大众化的技术建立时，就会有许多用于顾客化的工具。

"顾客化"的焦点在于：如何能够获得顾客化，以及执行顾客化时所使用的机制。为了有助于企业顾客定制产品，未来 CRM 产品将主要基于元数据进行开发。

### （六）集成性

CRM 系统主要用来为企业提供一种广泛与顾客"打交道"的工具和方法。CRM 产品必须要定制以反映企业的业务流程和信息结构。更为重要的是，产品也需要与内部和外部的业务系统进行集成，使业务流程自动化。内部业务系统主要包括其他运营型 CRM 应用系统和后台系统，以及数据仓库和分析型应用软件；外部系统主要指销售和营销业务合作伙伴的 CRM 系统，以及供应商的后台系统。最有意义的是，CRM 产品应当提供一种集成的顾客视图，收集不同种类来源的顾客信息，并能够提供对所有应用系统的统一访问。目前在市场上有很多集成技术和产品可以利用，同时也出现很多种信息协议和业务流程标准。因此，未来的 CRM 产品，应当从自身角度来提高与其他系统"集成"的能力。"集成能力"在未来必将成为软件厂商竞争的焦点之一。

总的来说，CRM 产品本身正逐步走向完善、走向应用，CRM 应用系统将具有更强的"集成性"和"可定制性"。可以预见，CRM 在各行各业中的应用将越来越广泛而深入。未来 CRM 的应用主要有以下特点：顾客密集型的企业将首先广泛应用 CRM，例如金融业、房地产业等；实施"差异化战略"的企业将会更容易应用好 CRM；终端企业将成为 CRM 应用的主流；企业将广泛应用分析型 CRM 来支撑运营型 CRM；基于 Web 的 CRM 将成为一大发展趋势；企业将不断拓宽 CRM 的应用范围；CRM 将与其他"前台""后台"系统进行集成使用；产品更新和升级频率高的企业将广泛应用其交叉和追加销售的功能。

## 练习题

1. 什么是 CRM？CRM 系统由几部分构成？
2. CRM 成功实施的要素有哪些？
3. 我国企业实施 CRM 的难点是什么？

## 案例分析

# 布兹化学公司的CRM

英国布兹化学公司是领先的保健和美容用品零售商。英国6 000万人口中90%每年至少进一次布兹的商店。公司约有1 300家连锁店,年营业额达30亿英镑。

20世纪90年代初,零售业一哄而上搞顾客忠诚卡时,布兹刚开始冷眼旁观。它的理由是:“我们多花时间开发我们的方案,就是要让它与众不同。更重要的是,它适合我们的品牌形象,适合我们的公司,适合我们的客户和股东。”当时,许多零售商看到泰斯科的会员卡项目非常红火,别无选择,只好跟进。

布兹首次开始计划忠诚卡是1993年11月,但他们推出的不是普通的忠诚卡;它是完完全全的CRM项目。布兹投入了3 000万英镑,艰难起步之后,布兹“优势卡”已成为世界上最大的智能卡、零售忠诚卡项目。从卡的数量看,它还是英国第三大零售忠诚卡项目。优势卡项目目前拥有1 230万持卡者,在布兹商店持卡消费额达40%。在全国推广之前,布兹在两个城市进行了试点。试点为布兹带来价值巨大的信息。他们对项目进行精细调整,以便它能最大限度地做出财务贡献。接着,他们决定向全国推广。

通过分析优势卡提供的信息,布兹深入了解了其客户的购物行为规律。它发现,优势卡持有者比非持卡者购物频繁,且平均比非持卡者多消费50%。

优势卡的目标客户是20~45岁的女性(布兹83%的客户是女性)。根据研究,布兹把项目定位为“完美放任”。个性化的优势卡让客户用一些特别的东西款待自己,而不是平常购物的打折。优势卡的基本奖励率是4%(每消费1英镑得4点)。与其他零售店相比,这个奖励比例相当高。主要超市的折扣卡只奖励1%,文具零售商W. H. 史密斯奖励2%。没有最低消费要求,所以只花24便士就能得到1点。持卡者可以从10 000多种物品和服务中挑选,作为款待自己的奖品,奖品包括健身和美容活动。点数可以在任何一个布兹店赎回,不像有些店只能在当地分店赎回。

公司还用定期邮件、购物建议和双分促销等方式支持项目的进行,使其会员数达到了现在的水平。

优势卡是当今欧洲最大的忠诚卡项目之一。它一直是布兹公司营销活动的一部分，布兹自身品牌的眼镜也加入其中。两千万持卡者能收到季刊《保健与美容》，这是发行量最大的女性期刊。它也成为布兹展示其保健和美容专业技术的载体。

1999年9月，布兹在商店里启动了"优势点"。店里设有交流亭，持卡者将优势卡插入终端，就能看到个性化的产品和奖励方案。这创造了与项目交流的真实感受，同时也制造了一个让客户进店的理由。

"优势点"把项目推向另一个水平。原来是由布兹决定发放什么样的优惠购物券，现在由客户在商店里自己决定。

还在1999年9月，布兹就宣布，与爱哥网络财务服务公司合作发行"优势信用卡"。这是欧洲第一次出现此类信用卡。它使用智能条形码技术，一张卡可以同时处理优势忠诚卡、Europay、万事达信用卡、EMV维萨信用卡的付款。

"该卡的发行让优势卡走出布兹商店，"布兹优势信用卡部主任史蒂夫·默菲说。爱哥的首席营销官理查德·杜瓦尔评论道："我们的信用卡利率高，转款费用低。还能得到英国领先零售商之一的经过考验的忠诚卡项目的利益。这在欧洲是首次，可以预料，它将获得巨大成功。"

毫无疑问，布兹在短短的几年内建成了我们见过的最成功的CRM项目之一。大街上竞争如火如荼时，它机警地静候着。然后，它跟客户一起研究方案，进行试点，做精细调整，最后才全面铺开，获得巨大成功。

## 思考题

1. 布兹公司如何建立它的CRM项目？
2. CRM给布兹公司带来了什么？
3. 布兹公司成功实施CRM的关键因素是什么？

# 第十章

# 顾客服务管理

**本章学习要点**

本章着重分析了服务的理念和顾客服务管理的内容，探讨了影响顾客服务管理的因素，进而提出了建立高效率的顾客服务机制的思路与途径，以及企业如何加强顾客服务机制的有效运作。通过本章学习，应全面理解服务在顾客关系管理中的重要地位，了解顾客服务管理的主要内容，掌握企业开展顾客服务管理的方法与途径。

当今社会，企业（包括生产企业）已全面进入服务时代。企业要在激烈的市场竞争中取胜，能否提供超越竞争对手的最佳顾客服务已成为至关重要的因素。因此，顾客服务在企业经营中处于优先地位，是企业"未来成长和成功的关键"。在努力吸引并保留顾客的过程中，服务将使企业拥有一个显著并持久的竞争优势。约翰·亨布尔（John Humble）和欧洲工商业管理中心曾联合进行过一次全球服务调查，其调查结果证实了在20世纪90年代，服务起着至关重要的作用，而且这种重要性还在与日俱增。"服务是企业未来成长和成功的关键因素，"亨布尔写道，"服务是企业新的竞争优势"。

令人遗憾的是，尽管服务如此重要，但只有少数公司能够向顾客提供优质的服务。服务质量低劣的企业在实践中绝非少数，而与之相比，顾客期望却在不断地增长。一些学者认为，"服务危机正在悄然来临"，"顾客服务危机已经笼罩着整个商业社会，然而大多数经理人士对此还毫无觉察"，这就为企业欲比其竞争者表现得更为出色提供了一个绝好的机会。"成功只属于那些少数感受到服务危机，并知道如何向顾客提供优于竞争者的服务的企业”。

## 第一节　服务理念与顾客服务管理

20 世纪 60 年代后，服务业在社会经济中的地位与日俱增。一些发达国家的服务业占国民生产总值的比重超过 60%，部分国家接近 80%。进入 70 年代，欧美的一些营销学者发现，基于实体产品的营销理论和方法不能适应服务业营销的客观情况。因此服务业需要不同于制造业的新的营销管理理论和方法。

### 一、服务理念

日常生活中，顾客可以接触到的服务几乎无处不在，他们也能切身体会到不同服务之间的质量差别。比如，一些酒店和娱乐场所优美的环境以及服务人员的良好态度，给人一种舒服和受到尊敬的感觉。同时我们还会有这样的乘车经历：售票员有一个属于自己的空间甚至还会有一个属于自己的专用座位，而车上其他许多乘客却挤在一起站着。为什么同样是顾客付费，却得到不同的服务呢？说到底是服务提供者的服务理念在起作用。

当今社会，每个企业的管理者都面临着这样一个现实，产品差异性愈来愈小，促销手段似乎已经用尽，竞争对手愈来愈多，而顾客的要求也开始千变万化。如何脱颖而出，建立核心优势，赢得市场回报，方法只有一条：关注顾客、关注顾客需要，建立完善的顾客服务体系。而建立顾客服务体系的关键是要树立正确的顾客服务理念，服务理念是顾客服务体系的灵魂，是存在于企业经营意识深层的东西，不同的理念必将导致不同的行为。

在西方，良好的顾客服务几乎是所有类型的企业唯一共同拥有的非财务目标。在我国，随着市场经济和全球化的进一步发展，已经有越来越多的企业认识到顾客服务的重要性，并正在努力转变企业服务理念。那么企业应该建立什么样的服务理念呢？具体来讲，现代企业服务理念的内涵包括以下十个方面：①优良的服务就是我们的产品，而有形产品只是我们提供服务的载体。②服务是一种具有美好境界的创造活动；没有给顾客留下美好感觉的服务是零服务，是无效服务。③让你的顾客成为回头客才算服务成功。④我们的收入来自于我们的顾客，顾客是我们的衣食父母。⑤顾客不是慈善家，顾客需要我们提供舒适完美的服务。⑥我们提供服务的基本依据是顾客的需求。⑦我们应当以自己优良的服务行为去感化顾客，而不要被社会上的传统陋习所同化。⑧宁可自己辛苦、麻烦一点，也要努力给顾客提供方便。⑨尽管我们有很好的口才，但顾客不是我们的争论对象，即在任何情况下都不同顾客争吵。⑩顾客抱怨时，应认识到这是一个天赐良机，因为顾客为我们创造了一个提供优质服务的机会。

## 二、顾客服务管理的内涵及发展

芬兰学者格朗鲁斯（Gronroos）在《服务管理与营销》一书中，将企业的竞争战略划分为以成本、价格、技术和服务为主的四种形态。格朗鲁斯指出，目前的市场处于服务竞争阶段，这促使企业经营战略转向以“服务”为主导的战略，并明确指出服务管理的含义，即“将顾客感知服务质量作为企业经营管理的第一驱动力”。他根据认知心理学的基本理论，提出了顾客感知服务质量的概念，论证了服务质量从本质上讲是一种感知，是由顾客的服务期望与其接受的服务经历比较的结果。服务质量的高低取决于顾客的感知，其最终评价者是顾客而不是企业。格朗鲁斯在这一领域的研究成果为服务管理理论体系的形成奠定了基础。

一般而言，顾客服务管理的含义包括四点内容：①认识在消费或者使用企业的服务时，全面质量管理是如何被顾客感知，并如何随时间变化的；②认识企业怎样生产和传递服务效用和质量；③认识如何开发和管理企业以便实现预期的服务效用或质量；④企业以何种方式运作能够实现服务效用、质量以及各利益相关方（组织、顾客、其他各方和社会）的目标。

## 三、服务质量

顾客服务管理的核心是服务质量。国外对服务质量广泛而深入地研究始于20世纪80年代初。北欧学者首先对服务质量的内涵和性质等进行了开拓性的研究；美国营销科学院也同时开始资助一项为期10年的服务质量专项研究；欧美不少高校相继成立了服务质量研究机构；一些颇具影响的研究成果相继问世，这一切促进了服务管理学科体系的完善和发展。

20世纪80年代以后，美国哈佛大学商学院、凡德彼尔特大学服务研究中心等院校的学者和专家在“服务质量”领域的研究日趋深入。汉斯凯特在有关研究中，探讨了影响利润的变量及相互关系，建立了“服务利润链”式结构，形象而具体地将变量之间的关系表示出来。这个结构对研究服务问题和寻找影响服务质量的原因，具有十分重要的作用。

### （一）服务质量的内涵

服务质量同有形产品的质量在内涵上有着很大不同。服务质量的内涵包括以下三个方面。

1. 服务质量较有形产品的质量更难被顾客所评价。

2. 顾客对服务质量的认识取决于他们的预期同实际所感受到的服务水平的对比。

3. 顾客对服务质量的评价不仅要考虑服务的结果，而且涉及服务的过程。

由服务质量的内涵可以看出，服务产品的质量水平并不完全由企业所决定，同顾客的感受也有很大关系，即使被生产商自认为是符合高标准的服务，却很有可能不为顾客所喜爱和接受。同时服务质量是一个主观范畴，取决于顾客对服务质量的预期（即预期质量）同其实际感知的服务水平（即体验质量）的对比。如果顾客对服务的感知水平符合或者高于期望水平，则顾客获得较高的满意度，从而认为企业具有较高的服务质量；反之，则认为企业的服务质量较低。

在体验质量既定的情况下，预期质量将影响顾客对整体服务质量的感知。如果顾客的期望过高，或者不切合实际，即使从客观上说其所接受的服务水平是很高的，顾客仍然有可能认为企业的服务质量较低。预期质量主要受四种力量的影响，即市场沟通、企业形象、顾客口碑和顾客需求。企业形象和顾客口碑只能间接地被企业所控制，它们虽然受到很多外部因素的影响，但是最主要的是受企业绩效的影响。顾客需求千变万化，对企业而言属于不可控因素。而市场沟通包括广告、促销宣传和公共关系等，这些都可以由企业来控制。而且市场沟通对于期望质量的影响是很明显的，比如，企业如果在广告和其他形式的宣传中，用一些夸张的表达和表现方式，造成顾客对企业的服务形成较高的期望，但是在实际的购买体验中，却发现并不像宣传的那样，顾客将会对企业服务质量的评价大打折扣。

### （二）服务质量的测定

顾客在评价服务质量的时候，主要从以下的一些标准进行考虑：服务的可感知性、可靠性、反应性、胜任能力、友好程度、安全性、易于沟通、易于接触以及消费者的理解程度等。这些因素同口碑、个人需求、以前的经验和外部沟通等一起影响顾客对服务质量的期望和感知，从而决定服务质量的高低。我们把以上这些因素归为五个具体标准来分析。

1. 可感知性。可感知性是指服务产品的有形部分，主要是各种设施设备以及服务人员的外表等。由于服务产品的本质是一种行为过程而不是某种实物，具有不可感知性，所以，顾客只能借助这些有形的、可视的部分来把握服务的实质。这些有形部分提供了有关服务质量的有形线索，同时又直接影响到顾客对服务质量的感知。

2. 反应性。反应性是指企业随时准备为顾客提供方便、有效、迅速的服务。对于顾客的各种要求能否及时地予以满足，将表明企业的服务是否把顾客的利益放在第一位。同时，服务传递的效率也从一个侧面反映了企业的服务质量。

3. 可靠性。可靠性要求企业准确无误地完成所承诺的服务。可靠性实际上是要求企业避免在服务中出现差错,因为服务差错给企业带来的不仅是直接意义上的经济损失,而且可能意味着失去很多潜在顾客。

4. 保证性。保证性是指服务人员的友好态度与胜任能力,它能够增强顾客对企业服务质量的信心和安全感。友好态度和胜任能力二者缺一不可。缺乏友好态度会让顾客感到不快;而如果服务人员对专业知识懂得太少,又会让顾客失望。

5. 移情性。移情性不是指服务人员的友好态度问题,而是指企业要真诚地关心顾客,了解他们的实际需要并予以满足,使整个服务过程富有人情味。

## 四、顾客服务管理

前面对服务质量内涵及其测定的分析,为企业顾客服务管理奠定了理论基础。显然,在顾客服务管理过程中,企业必须明确以下两个问题。

一是,企业对服务质量的规定和执行贯穿于整个服务传递系统的设计与运作过程始终,而不是单单依赖于事后的检查和控制,因此,服务的过程、设施、装备与工作设计等都将体现出服务水平的高低。

二是,顾客对服务质量的评价是一种感知认可的过程,他们往往习惯于通过服务传递系统中服务人员的表现及其与顾客的主动关系来进行评价,因此,人的因素对于服务质量的提高至关重要。

### (一)提高顾客服务管理水平的方法

研究人员和实业界人士曾提出许多方法来提高企业的顾客服务管理水平。在这里,我们主要介绍两种常用的方法,即标准跟进(benchmarking)和蓝图技巧(blueprinting technique)。

1. 标准跟进。企业提高顾客服务管理水平的最终目的是在市场上获得竞争优势,而获得竞争优势的简捷办法就是向自己的竞争对手学习。标准跟进法即是指企业将自己的产品、服务和市场营销过程等同市场上竞争对手尤其是最好的竞争对手的标准进行对比,在比较和检验的过程中逐步提高自身的水平。施乐公司是较早采用这种方法的公司之一。20 世纪 80 年代初期,施乐公司面临严重的竞争压力和财务危机。在不到 10 年的时间内,该公司市场份额由 80% 下降到 20%,产品的成本和质量也出现很大问题。后来,该公司采用了标准跟进法,很快就扭转了被动局面,不仅重新获得了较高的市场份额,而且降低了生产成本,提高了产品质量。

尽管标准跟进法最初主要应用于生产性企业,但它在服务行业中的作用也是显而易见的。无论生产性企业还是服务性企业在运用这一方法时都可以从服务战略、服务经营和服务管理等方面着手。

(1)在战略方面,企业应该将自身的服务战略同竞争者成功的服务战略进行比较,寻找它们的相关关系。比如,竞争者提供的服务主要集中在哪些细分市场?竞争者追求的是服务低成本战略还是服务价值附加战略?竞争者的投资水平如何?他们在各类服务产品以及售前、售中或售后服务等方面如何分配资源的比例?通过这一系列的比较和研究,企业将会发现过去可能被忽略的、成功的战略因素,从而制定出新的符合顾客要求和自身资源水平的服务战略。

(2)在服务经营方面,企业应主要集中于从降低竞争成本和提高竞争差异化的角度了解竞争对手的做法,并制定自己的服务经营战略。

(3)在服务管理方面,企业应该根据竞争对手的做法,重新评估那些支持性职能部门对整个企业的作用。比如,在一些企业中,与顾客相脱离的后勤服务部门,缺乏适度的灵活性而无法同前台的服务质量管理相适应。学习竞争对手的经验,使两者步调一致无疑是企业提高服务质量的重要保证。

2. 蓝图技巧。服务企业要想提供较高水平的服务质量和顾客满意度,还必须理解影响顾客认知服务产品的各种因素。而蓝图技巧(又称服务过程分析)为企业有效地分析和理解这些因素提供了便利。蓝图技巧是指通过分解组织系统和架构,鉴别顾客同服务人员的接触点,并从这些接触点出发来改进企业服务质量的一种战略。它最先由萧斯塔克引入服务市场营销学中。

蓝图技巧借助流程图的方法来分析服务传递过程的各个方面,包括从前台服务到后勤服务的全过程。它通常涉及以下四个步骤:①把服务的各项内容用流程图的方式画出来,使得服务过程能够清楚、客观地展现出来。②把那些容易导致服务失败的点找出来。③确立执行标准和规范,这些标准和规范应体现企业的服务质量标准。④找出顾客能够看得见的服务证据,每一个证据将被视为企业与顾客的服务接触点。

在运用蓝图技巧的过程中,甄别和管理这些服务接触点具有重要意义,因为在每一个接触点,服务人员都要向顾客提供不同的职能质量和技术质量。而在这一点上,顾客对服务质量的感知好坏将影响到他们对企业服务质量整体的印象。比如,一家航空公司提供服务的过程中至少涉及以下几个接触点:顾客向航空公司寻求信息;顾客预订机票;顾客到达机场大厅;顾客排队等候;顾客办理登机手续;顾客寻找登机门;乘务人员验证顾客的登机牌;顾客登机;顾客寻找座位;顾客摆放行李以及顾客落座等。如果其中的任何一个环节出现问题,都可能会导致顾客认为该家航空公司的服务质量较差。

### (二)减少顾客服务购买风险的途径

由于服务产品的不可感知性、不可分离性,使得顾客在购买服务产品时往往显得犹豫不决,因为产品质量不符合顾客期望水平的风险很高。而服务企业若能消除或减少这种风险,则对于提高顾客服务管理水平大有益处。企业要减少顾客的"服务购买风险",可以从以下几个角度考虑。

1. 集中强调质量。这就要求企业的高层管理人员真正重视顾客服务管理活动,包括履行承诺保证,在资源配置上支持服务管理活动,建立以服务质量为核心的企业文化,使得各个管理层次都能自觉为维持良好的服务质量做出贡献。如果顾客感到企业内部各员工皆能认识到服务质量的重要性,竭尽全力提供优质服务,则服务质量不符的风险自然会逐渐消除。

2. 加强员工培训。仅有"提供优质服务"的意识是远远不够的。为避免"眼高手低",企业必须对员工进行培训,让员工接受新的服务方法和技巧,改善服务态度,丰富服务产品的知识。

3. 广告的重点是"服务质量"。顾客心目中对服务产品质量多有怀疑,企业在设计广告宣传时应针对这一心理状态,形象地突出有关产品的质量特征与水平;同时企业的广告也要给予顾客适度的顾客期望质量,如果期望质量过高,将会影响顾客对实际服务质量的评价。例如,利用现有顾客做广告模特儿,说出个人使用此产品后的心理感受,有利于增强顾客购买产品时的信心,但是也不能夸大其词得太离谱。

4. 利用推广技巧。从顾客的立场考虑,如果服务质量低劣,则意味着他们在金钱或面子上的损失,因此,要充分考虑顾客的服务需求和利益。如果顾客看重金钱损失,企业可充分利用销售推广技巧,例如,免费试用、减价招徕等,鼓励顾客勇于尝试。这些销售诱因会使顾客认为金钱损失的风险降低。很多信用卡公司以低价入会或免收入会费的方式鼓励顾客申请使用信用卡便是最好的例证。

5. 善用口碑。不少研究发现,在选购服务产品时,顾客容易听取曾经使用过类似服务的朋友或亲人的意见。因此,善用已有顾客的口碑也能增强顾客的信心。

## 第二节　影响顾客服务管理的因素

### 一、卓越的顾客服务

在日本,"顾客是上帝"这一观点强化着最佳公司的顾客服务管理战略。在西方,顾客管理成了首席执行官口中的"10 年规划"。英国航空公司被认为是英国当代顾客服务和文化向主动性变革的先驱之一,自从它开展了"将顾客放在第一位”的活动以来，对顾客更为敏感、反应更迅捷的需要才第一次被大家所认识，紧接着这一理念被大量不同行业和领域的各种组织纷纷采用，其中包括银行业、造船业、教育机构、政府、运输业和保健业等。

但应达到何种程度，对顾客服务的投资才会像企业期望的那样真正有所回报呢？现实社会中会出现很多这样的情况，通过顾客服务方案的宣传，企业把顾客对服务的期待煽动了起来，而顾客往往对服务质量的期待超过了企业实际能够提供的服务质量，以至于许多顾客已不再会被一些顾客服务方案的外表所吸引，顾客们认为公司只是打着服务顾客的旗号做幌子。所以公司一定要把握好顾客服务投资的度，一定要量力而行，不要使顾客有被欺骗的感觉。但这也告诉我们，随着持续增长的期望，顾客们似乎变得越来越多疑，怀疑自己不是真正的受惠者。“杰出的高效率”似乎是为了股东的一种委婉的说法，而不是为提高顾客的满意度。研究表明，顾客现在的需求是深入而又实际的服务承诺，是他们看到公司真心实意、卓有成效的行动的感觉。

全公司范围内的“服务改善”可以满足顾客的这一期望。在一家“改善”了的公司中，杰出的顾客服务管理是日复一日和长期实践的一种自然结果，不是什么临时的囫囵吞枣。“改善”可使顾客不满的因素最小化，带来积极的“愉悦”及更高的顾客忠诚度。

前沿透视

## 智慧服务

智慧服务是指建立在知识服务基础上的运用创造性智慧对知识进行搜寻、组织、分析、重组，形成实用性的知识增值产品，有效支持用户的知识应用和知识创新，并将知识转化为生产力的服务。

智慧服务的目的在于知识运用和知识创造，实现知识产品的增值效应；而在智慧服务过程中，团队智慧显得尤为重要，通过智慧团队的智慧服务必然能够提高用户智慧团队的创造性，进而促进生产力的发展，为知识用户带来巨大收益。智慧服务的特征是以知识运用能力为核心，以知识创造为本质，以知识团队为服务对象。

资料来源：梁光德．智慧服务——知识经济时代图书馆服务新理念[J]．图书馆学研究（理论版），2011(6)．

## 二、顾客服务管理的影响因素

一家公司的产品或服务包含着大量的个人因素，每一个因素均单独地和共同地直接影响着对顾客的服务。在这些影响中，各种因素代表着工厂和商店圈的每个方面，从而也代表着整个公司。这实际意味着，不是单纯的产品质量或单纯的销售员的言行——尽管这些是顾客服务看得见、摸得着的——会导致完全满意（或不满意）的感觉。这也同样表明，在对顾客服务的流程中，涉及其中的员工远不仅限于销售部门。换句话说，如果说售后服务的提供是顾客满意的唯一判断标准的话，那么可能会引起争论，因为这会使售后部门之外的其他部门的员工忽视顾客服务工作，而完全将之留给售后服务团队。同样，如果说顾客服务团队的表现是顾客愉悦程度的唯一判断标准，那么其他人也会将顾客管理工作留给他们单独承担。

当然，在现实世界中并不完全如此。我们已经指出，顾客服务的影响因素代表着公司的每一个方面，每一因素均在影响顾客满意度方面起着直接的作用，每一名员工都必须在其公司传递顾客关怀时以某种直接的方式参与其中。这一概念强调了对顾客服务的责任的普遍性和“改善”的重要性，即“改善”的基本原则有助于每个人感受到对于顾客管理的责任。

这里所说的影响因素共有六个，即产品、销售、售后、地点、时间以及文化。其中文化因素影响力最大，这是由于文化因素是价值观和信任系统的源泉，而且二者又决定着公司的服务对象是董事会成员、是股东还是顾客。

每种因素均可细分为更多的子因素，这些子因素可以更准确地描述每种因素的范围，同时也是顾客在比较选择供应商时所掂量思考的。尽管如此，但每种因素在每一购买行为中所起的作用并不一致：当顾客购买某一资本支出产品时（如房子、汽车、餐厅设备、军舰、联合收割机），其所体验的心理或情感需求，与购买那些日用品或大路货（面包、化妆品、电水壶、车用汽油、书籍）时是截然不同的。此外，有些商业顾客或零散的顾客，他们考虑的因素远不止我们这里所说的六种。

下面我们从产品、销售、售后、地点、时间以及文化这六个方面来详细介绍影响顾客服务管理的基本因素和子因素。

（一）产品

1. 可得性。可得性体现在即时的可得性上（顾客服务在这里首先是迅速的市场反应速度）。

2. 品质。品质体现在“终身”零缺陷。

3. 外观。外观体现在包装符合当时最负责任的环保标准以及卫生、保护、运输、储存等最细微的要求。

4. 联想。联想体现在与实际状况相符,与目标顾客的生活风格及期望相一致。

5. 货币价值。货币价值体现在绝无欺诈,提供比顾客的购买支出更大的(感觉或是实际上的)价值。

6. 期望的满足。期望的满足体现在提供超出期望的满意感。

(二)销售

1. 营销与宣传。营销与宣传要诚实、守法、适当,应当全面深入地研究消费者,从细节上了解把握他们的需求、偏好和购买者价值观,并将之融入准确的促销和商业战略之中。

2. 口头沟通。口头沟通要集中精力、满怀兴趣、反应迅捷。适时地面对面或电话访谈,可知晓顾客的目标和需求,从而为我们提供准确和可理解的各种信息,为我们拿下订单确定方法(电话、传真、信函、人员拜访)。

3. 购买环境。友好而无压抑感的环境,对轻松的交易行为有着感染作用,有利于营造顾客情感上的良好感觉。

4. 员工。尊重有礼、反应得体、热情、值得信任、知识丰富、忠于合作团队、训练有素并得到授权采取行动的员工,以及他们个人表现(包括其制服的洁净、整齐),是顾客期望的内容之一。

5. 文件凭证。文件凭证表现为以合适的文字书写的清晰准确的小册子、建议、评估、契约、发票、运送条款、培训手册或使用手册等,每项均包含完整而正确适时的公司咨询和顾客服务热线等细节。

6. 购买的变数。购买的变数体现在对各种变数进行清楚的解释,并以文字的形式加以确认。

(三)售后

1. 保持兴趣。保持兴趣体现在接受并倡导顾客对于公司的"终生价值",确保再次定购过程简单省事,并且是基于对顾客现有情况的了解。

2. 处理抱怨。经过授权的员工要迅速、谦恭、诚挚、富于同情且反应完全彻底,在整个投诉处理过程中始终牢记顾客的提议,将技术的应用视为一种工具而不是额外的负担(贯穿于销售和售后流程全过程的精髓是,务必使交易与顾客的有关需求相协调)。

(四)地点

1. 位置。准确指明位置所在(在手册上、地图上或是口头上),确保通向主路(出口、名称或数量)或服务于该地区的公共汽车站台的任何变化,在现有的指示系统中均有所体现。

2. 接近性。用路标清楚地指明地点,理想状况是在一定半径内的所有入口处均设路标;确保建筑物所有的外立面、大门、行车道及公司地面均体现一种共同的形象,对顾客起到一种移情作用。

3. 安全与舒适。以充足的照明覆盖并标明所有的停车场及入口,确保所有内部环境均符合相关的健康及安全规定,确保物理空间满足人们相互作用的动态需要。

4. 满足顾客特殊需要。确保没有歧视特殊需要群体之处。

（五）时间

1. 营业时间。根据顾客的需求而不是竞争者的涉足情况提供服务。

2. 产品的适用有效性。根据当前的需求及购买方式,提供持续改进的产品的可能选择。

3. 交易速度。确保交易过程简短如顾客所愿。

（六）文化

1. 道德规范。遵纪守法,无歧视,恪守道德,光明正大。

2. 行为操守。无偏见,乐于负责,客观公正,公平诚挚,无可指责地真正以顾客为中心,从建设性的批评中学习。

3. 内部关系。以公平与公正为原则对待所有的员工,在高层与低层员工间没有本质的差别,为员工的自我发展及有组织的多技能开发提供机会,相信员工的信息识别与决策能力,鼓励团队意识与团队贡献,提倡跨职能合作,确保每名员工均理解、接受并能执行其个人面对顾客的使命。

4. 外部关系。发展与供应商及顾客的合作伙伴关系。

5. 购买经历的质量。培育一种与顾客享受全程关照及满意权利相适应的氛围,从而体现出每一"真实服务时间"均是顾客第一的价值观。

文化因素是最重要的影响因素,它激励公司完成自己的目标、使命,规定企业的价值观、道德规范及行为标准,决定公司应如何与其利害关系人保持良好关系,以及公司与其员工应如何满足顾客的质量要求。

一个公司的文化可以通过顾客的下列问题来加以考察:这家公司的经营是否遵守法律及道德的约束?我能够信任这家公司及其员工吗?这家公司是否公平公正且谦恭地对待所有的顾客?这家公司是否对环境有责任感?我是会受到重视还是被视为无足轻重?这家公司与其供应商交易公平吗?它的标准与我和社会的一致吗?

文化是基础所在。应当认识到,简单地宣布某某管理人员提出辞呈,改变一下产品，对销售人员加以重新培训或实行某些规章，这些是不会彻底改变文化上的管理不当之处的。如果公司文化允许以某种方式销售（或营销），顾客们可能会问，这里面还能找到什么别的道德规范上可接受的东西吗？

对上述各因素的分解并不是详尽无遗的，不过它们均强调了两个关键点。

第一，顾客有着太多的消极认知或经历，他们相信不会得到自己有权得到的顾客服务和满意度水平，而这也许会从其他供应商那里得到。这里，顾客服务管理的各项影响因素就成为一个公司服务有效性的鉴别器。

第二，没有哪一个单独的因素或其中的某一系列要素可以传递彻底的顾客服务，六大因素中的每一个都对全部购买决策起着一定的作用。一个好的销售因素会被差劲的售后服务因素搞糟；如果地点因素无法令人满意，那么完美的产品因素将无能为力；其余五大因素则会因被消极感知的文化因素而导致功败垂成。

当然，这些影响因素并不是放之四海而皆准的，因为工业企业顾客和零售企业顾客有着不同的期望。不过，这并不影响上述所列各项成为一种高水平的服务管理样板，也不会因此与企业的细分市场无关痛痒，其目的是辨明顾客满意期望的关键驱动所在。

至此，我们找到了如何做到完美顾客服务的完整答案：首先，六大满意因素必须协调一致地加以开发和传递；其次，必须有这样一种组织文化，以人为本的管理流程为其内部支撑，了解顾客需求，为顾客传递超出期望的满意及奖酬作为其外部激励。

## 第三节 建立高效率的顾客服务机制

### 一、建立企业的服务文化

#### （一）服务文化的重要性

在服务日益重要的大背景下，创造一种优秀的更加重视提供良好服务和顾客导向观念的企业文化尤为重要。这从现代服务业生产和消费的特性中不难看出来。通常情况下，由于受买卖双方互动过程中人的相互影响，服务业的生产不可能像生产流水线那样标准化。由于条件时常变化，因此，需要严格以服务为导向的企业文化来告诉员工如何来应付各种从未经历过的或无法预料的，甚至是让人尴尬的场合。因为服务质量是各种资源共同作用的结果，因此成功地进行质量管理，就必须创造一种能够提高服务质量稳定性的企业文化。而且服务业中的质量控制比制造业中的质量控制要困难得多,因此,必须在企业中宣扬服务导向和质量意识的价值观念。

制定和实施服务战略需要组织中每个人的参与和支持,高级管理层、中级管理层、彼此联系的以及相互支持的员工都必须参加进来。经理和其他所有员工应当对服务具有浓厚的兴趣,认同良好的服务。这时就需要能被称为服务文化的企业文化。这样的文化就可以被定义为:它是这样一种文化,在其影响之内,人们推崇良好服务,并且给内部的、外部的顾客提供良好服务,它是企业内部人员自然的生活方式和每个人都遵守的行为准则之一。用施奈德和兰施的话来说,服务即是"所有组织活动存在之理由"和"组织上的必要性"。当然,这也不能从极端重要的因素中排除其他标准,但是它确实意味着服务意识不是可有可无的事情,而是企业战略、管理思想和战略实施当中需要最优先考虑的。

(二)服务文化的功能

一般说来,服务文化有以下四项主要功能。

1. 导向功能。服务文化能够使组织成员更具有服务导向的特点。霍根吐尔将服务导向定义为:"影响组织成员同其顾客相互交流的一整套态度和行为。"他观察到,在许多研究课题当中,服务导向观念同全部的工作相联系。例如,"护士在服务导向的护理工作中表现出对病人的极大关心,他们也愿意帮助医院的其他同事,并坦荡而谦恭地同其他员工交流。"

显然,服务导向增加了顾客感觉中的服务质量的功能性立体感。它或许还支持了良好的技能式质量的生产。构成服务文化部分内容的服务导向观念能够按顾客所想提高其服务质量。拥有服务导向观念的员工会对顾客有兴趣,为顾客做得更多,在行动中更加谦恭、更加灵活,并努力尝试去寻找满足顾客期望的恰当的办法,以便能有效应付各种情境。进而,我们也知道顾客感觉的质量才是企业收益的决定性因素。所以,服务导向观念指导了顾客心目中的服务质量,这也相应地影响了企业收益。这个有益的过程能持续进行下去,这是因为良好的收益又为员工保持和进一步提高服务导向的态度提供了支持。这个过程会持续下去,并且能够自我完善。

2. 约束功能。服务文化对每个企业成员的思想和行为具有约束和规范作用。规章制度等"硬管理"固然是必要的,但是因为它具有刚性的特点,无法顾及人的复杂情况及多方面的需要,所以它的调节范围和功能是有限的。服务文化理论注重的是管理中企业精神、价值观、传统等的"软因素"。通过服务文化的塑造,有利于企业在组织群体中培养与制度等"硬因素"相协调、相对应的环境氛围,包括群体服务意识、社会舆论、共同服务礼仪和习俗、英雄等服务文化内容,从而形成强大的心理压力，这种心理约束进而使企业成员可对其服务行为进行自我控制。可见，服务文化这种无形的约束力量比有形的约束力量更为强大。

3. 凝聚功能。服务文化可以产生一种巨大的向心力和凝聚力，把企业成员团结起来。服务文化是全体成员共同创造的群体意识，寄托了企业成员的理想、希望和要求，因而企业成员对这种群体意识产生了“认同感”。这就促使企业成员积极参与服务活动，为企业的服务质量发展贡献自身的力量，逐渐形成对企业的“归属感”。

服务文化的凝聚功能还表现在服务文化的排他性上。对外的排他性在某种意义上是对内的凝聚力，外部的排斥和压力的存在，使个体产生了对群体内部的依赖。同时，也使个体对外部压力增强敏感性和竞争性，促使个体凝聚于群体中，形成“命运共同体”。

4. 激励功能。服务文化具有引发企业成员产生一种高昂的情绪和奋发进取精神的效力。传统的激励方法本质上是外在的强制力量，而服务文化所起的激励作用不是消极被动地满足人们的心理需求，它是通过文化的塑造，使每个成员从内心深处自觉地产生奉献精神、积极向上的思想观念以及行为准则，从而形成强烈的使命感、持久的驱动力，成为职工自我激励的一把标尺。倡导服务文化的过程，也就是帮助职工寻求工作意义，建立行为的社会动机，从而调动积极性的过程。所以，服务文化能够在组织成员行为心理中持久地发挥作用，避免了传统激励方法引起的各种短期行为和非集体主义的不良后果。

在服务文化的四大功能中，导向功能是最基本的。同时，四大功能不是单独发挥作用的，它们互相影响，形成企业文化的功能体系。

## 二、了解顾客保持忠诚的原因和结果

任何顾客服务机制的起点都是深入理解顾客忠诚的本质。顾客忠诚的核心问题不仅仅是一个顾客长期保持与某些公司的联系，或者经常光顾一个商店，忠诚是一种感觉，是顾客对一个公司的产品或服务产生共鸣或依赖感。从概念上讲，若顾客把他们的大部分甚至全部预算都花在了一家公司，这就是忠诚。但实际中这很难衡量，因为我们很难了解顾客在其他公司的花销。通常有一些有代表性的衡量指标，如关系保持的时间长度、顾客的光临次数或者每名顾客的消费额等，但实践中这些指标往往不能真实全面地反映顾客的忠诚程度。

忠诚关系是以顾客承诺为特征的。我们可以用一个主要的工具——等级链（hierarchy）来评估主要顾客的承诺程度。如图 10 – 1 所示。

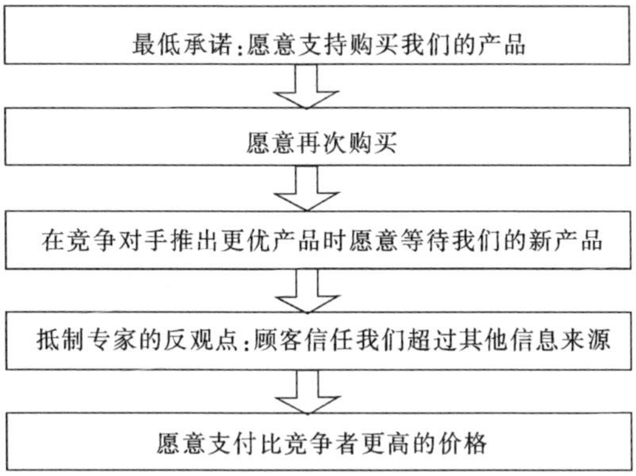


**图 10－1　主要顾客的承诺程度**

## 三、认识顾客转移的原因

顾客服务机制的下一步是弄清为什么有的顾客会转移到其他公司。在市场竞争的大部分领域,都存在着大量顾客流失的问题,并且这种情况有增长的趋势,因此公司经常花费大量资源去研究这些情况。由于顾客是被竞争者抢夺走的,因此可以从这些顾客身上找到有价值的线索,了解竞争者究竟在做什么。

哪些是真正意义上流失的顾客,这是一个非常重要的问题。有些顾客很好判断,比如他们把你从他们认为有资格成为供应商的名单中划去,取消与你的公司的合同,结清在你的公司的账目。但只有很少的顾客能如此明显地区分出来,与郑重的声明不同,大部分顾客是慢慢地减少购买或只把整个预算中很小的部分放在你的公司。

质量分析专家设计了一系列流程来揭示顾客流失的根本原因。他们认识到一个顾客决定忠诚还是离开,是一个细微而渐进的转化过程,也就是说他们是慢慢地对公司产生反感的。很少有一个明确突出的原因导致顾客的流失,流失是一点一滴的不满积累的结果。而且,虽然公司的管理人员能随时注意到公司的努力被顾客接受的可能性,但是他的竞争对手却又能劝说一个曾经忠诚的顾客相信他们能提供更好的服务。

对顾客流失根本原因的分析是一个过程,通常被认为是包括五个"为什么"的过程。这个过程首先要求对一个顾客群作为样本进行详尽而冷静的分析,这样的顾客群应该曾经是公司最忠诚的顾客,而且由于他们曾经期望得到更好的产品或服务,因此他们更值得去理解和研究。一般的规律就是你必须至少去问五次为什么有的事情会发生,才能彻底地揭示全部的原因。这个过程的起点应该是,从研究流失的顾客在应用或使用的状况上是否有所变化以及为什么变化开始，然后对整个购买过程的历史情况进行分析，并识别出顾客决定改变的原因。整个的分析过程会让每一个原因都显现出来，如顾客对产品稳定性更加关心，顾客对服务水平的抱怨上升，顾客需求的改变，消费超出预算等。每一个原因都需要仔细探求以了解为什么会变成突发性的或关系利害的事情。在与顾客的对话中，应该把这个最有价值的一部分放在重点位置，以了解应该做些什么才能挽回与顾客的关系。

进行顾客流失根本原因的有效分析，不能仅仅是仔细听取顾客意见。顾客往往能够清楚地指出他们关心的事情和在购买中遇到的挫折，但也许不能解释为什么他们会离开这家公司。比如说，一个从这家银行转到另一家银行的顾客，很少能一针见血地指出银行雇员经常调整是他们决定离开的原因，他们可能会说，他们总是与陌生的面孔打交道，而且这些新的营业员还不熟悉工作，并不了解他们的需要或者花费太多的时间处理一件简单的交易。

尽管这些流失的顾客提供的信息非常有价值，但是主管或经理们在追踪顾客方面可能仍然做得不尽如人意。有时候是出于一种文化上的偏好，认为应该对成功进行评价，反省只会使人丧失信心。更加普遍的原因是顾客的抱怨令人不快，使管理者在进行这项工作时感觉不舒服。另一方面就是不能确定顾客是否能直接回答，顾客经常会回答"感觉还行"，而不说出真实的原因。管理人员应该直接面对和处理顾客反映乃至反对的意见，并结合管理决策进行处理，使之成为建立顾客服务机制的重点和指标。

## 四、找到有价值的顾客

顾客服务机制的下一步是区分顾客的价值，从而把服务重点放在最有价值的顾客上。以美国斯太柏公司(Staples)为例，当他们开始实施顾客关系管理策略时，并没有对所有的顾客加以区分。直到1995年，斯太柏公司建立了一个巨大的顾客信息库，这时候才发现有些顾客一年只在斯太柏公司消费100美元。但是，所有顾客不论消费量大小都享受同样的待遇。这不仅造成了系统资源的浪费，而且也大大地削减了公司的竞争能力。其中有些顾客已经表现出忠诚并具有最大的终身价值，因此应使管理者把更多的精力放在最有价值的顾客身上。

为了使重点顾客更加突出，公司为那些每年消费超过1 000美元的顾客建立了一个新的持久的反馈系统，并且根据积累的消费额给以较高的折扣或回扣。这样做的目的就是为了使顾客把每年的采购计划中更多的部分给斯太柏公司，当然也能使斯太柏公司更多地了解顾客的购买方式和需求。对于那些每年购买额超过100万美元的最大的125家用户，斯太柏公司着力于把单纯提供优质服务的交易关系发展成为长期实在的合作关系。为此，斯太柏公司分离出一个新部门负责管理获得这种顾客信息的整个系统。这个系统的工作包括在国内数据库中帮助顾客整合全部办公用品的采购信息，并转换为电子订单的订货程序，为顾客提供即时的送货服务以减少顾客的库存。当然，这样做需要承诺给予顾客更大的利益，但反过来公司可以完全介入到顾客的办公用品采购中，从而可以开发新的服务领域。

顾客每年的高消费额、高利润、长期的购买潜力结合起来，可以形成一种巨大的终身价值，我们通常通过这种价值来识别最有价值的用户。这种启发式的顾客研究的难点就是预测顾客未来的行为。如果反应迟钝或缺乏给顾客提供更多的选择，那么过去顾客的忠诚就不能为将来提供有效的指导。但是，如果把最理想的顾客理解成为“能为公司贡献最多的顾客”，那么你就要承担更大的风险，因为他们所期望获得的利益也最大。

我们最好把应该寻求的理想顾客理解为我们能提供最好服务的顾客，因为只有这样我们的资源才能更好地满足顾客的需求。有许多公司从这种新的顾客关系概念中获得了最大的利益。比如，一家为油漆、陶瓷等产品提供低价添加剂的供应商厂家，就曾经陷入寻找“理想的顾客”的陷阱中，尽管这家公司的原材料很便宜，最终产品质量也很高，但是他们必须针对顾客的需要不断调整生产，以适应较大的市场变化。为了尽快打开市场，他们把目标市场锁定为最大的需求厂家，因为这样可以更快地达到盈亏平衡点。但几年内，他们换了许多顾客都未成功。最后，他们转向了一些高增长的小顾客，这些小顾客正在寻找具有价格优势并且未被大公司锁定的供应商，显然，双方的供求关系达到了吻合。最后，这家公司重新设定了他们的真正用户，并与之建立了成功且长期的顾客关系。

## 五、从顾客服务机制中获得优势

斯太柏公司的顾客反应策略为何会获得成功？因为他们已经建立了一个有长期竞争力的顾客服务机制和顾客关系优势，从较高的顾客忠诚度获得的回报已经超过了仅仅关注成本所能得到的回报。当然，要达到这些条件并不容易，但是，当公司的顾客服务机制考虑到了实现这种顾客关系所需的各个因素时，成功的可能性就会大大提高，并且可以创造较高的令竞争对手无法进入的壁垒。

顾客关系优势的增强可以通过创造忠诚的有效循环来实现。公司提供给顾客卓越的价值从而增加顾客的满意度，只有顾客感到非常满意时，才会毫无保留地与公司加强联系。这种紧密的联系带给顾客更强的忠诚感，又使公司创造了别人无法比拟的顾客关系系统和优势竞争能力。

## 六、实施顾客服务机制的反应战略

构建顾客关系的有效循环过程,要求提高公司最基本的市场关联能力。顾客服务机制设计得越成功,被竞争者模仿的危险也就越大。最好的防御方法就是通过不断的学习和革新保持领先地位,然后尽可能地加大难度让竞争者很难抓住公司顾客服务战略计划的脉络。为此,这个防御性的战略计划必须考虑到市场竞争能力的每一个方面。

### (一)公司全员全身心的投入

每种顾客互动方式的重要性都必须得到公司内部的广泛认同。例如,SAS 航空公司的简·卡尔森(Jan Carlson)提出了“百万个真实瞬间”顾客服务计划。为了从这项计划中受益,公司所有的职能部门和员工都包括在计划及其拟定的措施之内。

### (二)加强公司组织系统的协作

公司内部组织系统中的各个构成元素通过相互作用发挥出能力,这个能力的强弱往往取决于整个系统中最弱的一环。为此,要关注并努力发展公司系统的每一个组成因素。比如,一个公司的佣金体系必须有能力刺激销售人员不断寻求进一步的佣金回报,或者能根据他们流失的可能性提供给销售人员看得到的预期回报。实践中许多公司的做法恰恰相反,如果新顾客购买公司产品不到 12 个月,公司通常不付给销售员佣金。

### (三)建立学习型组织

在知识经济时代,善于学习也是一种优势。一个有良好培训机制的公司从来不会满足眼前的业绩,相反,他们总是会利用先进的培训课程和手段研究出新的方法,并且使员工学到更多的关于增加目标顾客价值的知识。为了开展卓有成效的培训学习,必须建立学习型组织架构,并保证有足够的培训时间,以获得实际的学习效果。企业应当力求保持这种学习关系的长期稳固和连续性。

### (四)数据库和记录的更新与维护

实践中,许多公司都有类似的体验,建成一个数据库的同时也就意味着它已经过时。由于现代社会流动性大大增加,仅仅与每年 20% 流动的家庭保持联系就是一件令人头疼的工作,但是如果不认真做这项工作,整个顾客服务战略计划就会停滞不前。一般来说,那些与顾客有着较深关系的公司在这方面做得最好,因为他们的顾客愿意与公司保持联系。但是大多数顾客并不会主动随时向公司提供他们生活中的新变化。所以尽管许多企业付出了很大努力,但在顾客服务反应战略的实施中仍面临着较大的风险。为此,比顾客服务战略实施更重要的是对顾客数据库的时时更新与维护。

（五）发展与顾客的多渠道互动

互动与关系程度是高度相关的。企业不可能凭一次对话就完全了解顾客，因此顾客服务战略的实施需要以密切的顾客沟通和详细的顾客信息为基础。在大众市场里，对目标市场的营销宣传模式是基于假定的顾客反应决定的。与此形成鲜明对比的是，一个互动的顾客服务模型要求企业有能力识别个别顾客，并记录下每个个体的反应。随着连续的互动行为，企业了解并利用从顾客那里得来的信息使交流更深入、更加个人化，并可以注意到顾客的特殊反应与价值趋向。而且，每次互动都使企业与顾客的关系更灵活，联系也更紧密；反之，由于竞争者必须重复这样的了解过程，顾客很可能不愿意再次提供支持，这样企业就又为竞争者设置了一道难以逾越的障碍。

## 第四节　加强顾客服务机制的有效运作

瑞典服务研究中心的埃弗特·格默森（Evert Gummesson）教授认为，目前有"大量顾客对服务质量感到不满"。在这种情况下，顾客宁可选择转到另一家公司，也不愿浪费精力去抱怨。爱尔兰在最近进行的一次服务调查中发现，有一半被调查的公司反映，它们通常要对顾客满意度进行定期报告，或者在公司内部制定服务工作规程。亨布尔的全球服务调查结果也显示：顾客现在的服务需求正与日俱增，而且全球的经理人员们也承认，顾客对服务的期望正在不断增长。

最新研究资料表明，顾客"由于对服务不满而离开卖主的可能性，比由于价格因素或产品质量因素而离开卖主的可能性大 5 倍"。一般来说，对于吸引顾客，产品质量显得尤为重要；而要保持顾客，服务质量则成为关键因素。可见企业依靠服务来取得竞争优势的重要性或许比经理人员所想象的还要大。

企业在建立了系统的顾客服务机制以后，如何加强其有效运作呢？在这里，我们主要介绍一种 PROMPT 法。该方法主要包括以下六个要素，这些要素都是企业提供优质服务的重要标志，因而 PROMPT 法可以作为经理人员向顾客提供优质服务的指南。

### 一、优先考虑顾客需求

对于企业来说什么样的服务最重要？这一问题是由顾客决定的。也就是说，企业必须首先了解顾客的服务需求。正是那些影响顾客购买决策的重要服务因素决定着企业的服务管理，这也是企业吸引和保持顾客的关键所在。肯尼齐·奥姆

(Kenichi Ohmae)认为,企业的经营战略不在于击败竞争对手,而在于"向顾客提供比竞争对手更优质的服务"。根据德里克·阿贝尔(Derek Abell)的观点,企业制定商务战略应首先明确服务的对象,即确定企业应向什么样的顾客提供服务。一个好的商务战略,其核心就在于能巧妙地将企业的实力与顾客的服务需求相匹配。

战略规划协会(Strategic Planning Institute)的克雷顿(Clayton)在近期研究中指出,企业有必要"实行专业化经营,以保证取得良好的收益"。他发现那些产品或服务经营范围较小的服务企业,其收益往往能比竞争对手高出50%之多。可见"对于服务企业来说,向顾客提供较少的产品或服务是其成功的重要因素之一"。这种"目标集聚(focus)"战略是波特(Porter)提出的三种基本竞争战略中的一种。波特将企业经营战略归纳为三种基本类型,为公司长期发展建立进退有据的地位,从而使企业在行业中获得竞争优势,胜过竞争对手。另外两种战略类型分别是:低成本战略(low cost)——在行业中以低于竞争对手的成本获得竞争优势;标新立异战略(differentiation)——为顾客提供独特的价值,从较高的价格中获益。然而,试图向许多彼此需求有冲突的顾客群体同时提供服务,将会使企业陷入任何顾客都不满意的局面。波特将其称之为"夹在中间"状态,并认为这样的企业不具有任何竞争优势。

企业应善于识别决定顾客购买决策的关键因素,这将有助于企业理解究竟是什么原因促使顾客决定去购买。在相关的服务调查中,经理人员们普遍认为决定顾客购买决策的关键因素包括(按在问卷中出现次数从多到少排列):

- 质量——顾客感受到产品是否适用。
- 可靠性——实现对顾客的承诺,及时准确地满足顾客的期望。
- 传递速度——对顾客需求反应灵敏,及时了解和满足顾客需求。
- 礼貌待人——尊重顾客,根据每个顾客的个性特点来区别对待顾客。

然而,顾客在做出购买决策时所考虑的因素与经理人员们想的有时会大相径庭。例如,有一家澳大利亚衬衫生产企业,该企业原本以为影响顾客购买的因素按其重要程度排列分别是产品的式样、履行合同、购买的灵活性和产品是否符合规格,然而经调查后他们惊奇地发现,真正影响顾客购买决策的重要因素应为产品的式样、产品的加工、产品的运送和企业的形象。可见,企业不能主观臆断认为哪些因素会影响顾客购买,而应该对顾客进行实际的调查,从中发现实际发生作用的影响因素。

## 二、强调服务传递的可靠性

服务可靠性即实现对顾客的承诺,及时准确地满足顾客的期望,这是企业向顾客提供优质服务的一个至关重要的因素。对于这一点,顾客早已深有体会,但企业的经理人员却还缺乏足够的认识。在服务方面颇有研究的著名学者伦纳德·贝利(Leonard Berry)认为,服务可靠性是企业提供优质服务的核心。他在研究中归纳和总结了企业在服务经营中必须具备的一些要素所占的比重。这些要素分别是:

- 可靠性——指准确、可靠地提供所承诺的服务的能力(32%)。
- 有形性——指物质设施、设备、员工、通讯材料等外在表现形式(11%)。
- 积极性——指帮助顾客和向顾客提供迅速、及时服务的诚意(22%)。
- 可信性——指员工有知识、懂礼貌,能够激发顾客的信任和信心(19%)。
- 人情味——指对顾客的关怀体贴和针对某个顾客的个别关注(16%)。

现在,许多企业高层领导者越来越关注于服务的可靠性,并确实将其看作服务的最重要因素。例如,联邦快递公司(Federal Express)的广告词是"只要顾客需要,我们将不辞辛劳",该公司通过这种形式向顾客传递着其服务可靠性的承诺。

联邦快递公司非常重视其最重要的业务——包裹运送,并以此使自身与竞争者相区分。多米诺比萨饼(Domin's Pizza)也在公司内设立了一项标准,即必须在30分钟内把比萨饼递送到顾客手中,否则将对顾客进行赔偿。

爱尔兰服务调查结果把可靠性归为影响顾客购买的第二大因素,排在第一大因素——质量的后面。然而,日本人与此相反,他们往往视可靠性为第一大因素,而把质量排在可靠性的后面。也许这是因为日本人认为可靠性是企业未来服务竞争的主要战场,毕竟他们在质量方面所做的工作已经比较完善了。这种对质量的低定位并不表明质量对于企业来说已经不再重要,恰恰相反,它进一步强调了质量的重要性。日本企业正是实现了世界一流的质量,才转向攻克可靠性这个大堡垒。质量是赢得顾客的必要条件,可靠性则是保持顾客的关键因素。企业要获得成功,必须同时提供优质的产品和可靠的服务。

## 三、以顾客为导向设置组织

实际上是顾客而不是组织构成了企业。然而现在许多企业的组织结构并未反映这一点,尤其是在处理与顾客关系方面显得较为薄弱。这些企业大多遵循的仍是传统的按功能设置组织的方式。摩托罗拉(Motorola)公司董事长兼首席执行官乔治·费希尔(George Fisher)宣称:"摩托罗拉现在采取的是扁平式的组织结构,以便更好地为顾客服务。"摩托罗拉对顾客进行再发现和再认识时,在其初期阶段实行的一个重要步骤便是要求员工"更积极主动地参与组织工作,更充分有效地加强与组织内和部门内其他员工的合作"。他们就营销部、开发部和生产部等部门的员工分别组成团队,以便迅速及时地生产满足顾客需求的产品。

著名办公设备生产企业——施乐公司长期以来都非常重视顾客满意度，并将其置于企业考虑的首要因素。这促成了施乐公司英国分公司在组织上的变革，其目的旨在更好地为顾客服务。该分公司将英国划分为五个区域，并把销售部、服务部和行政部门合到一起。这样分公司的管理权力就分别转至各个区域，以便企业真正实现对顾客需求做出快速反应。

爱尔兰服务调查还考察了企业组织内一些烦琐、拖拉的公事程序减少的程度。有超过53%的经理人士认为，官僚主义行为一旦在顾客服务中出现，就很难克服（事实上是应该克服）。可见，组织工作要做的事情的确还很多。经理人员应当积极引导员工关注顾客有哪些需求，而不是要求他们循规蹈矩地遵从企业的规章制度。毕竟失去有价值的顾客所造成的损失，远远比保持不合理的组织结构所花费的成本要大得多。

## 四、衡量顾客满意度

在爱尔兰服务调查中，大多数经理人士（81%）认为，提高产品质量并向顾客提供优质服务是企业竞争取得成功的关键因素。然而，只有不到一半的被调查者（48%）在定期衡量企业顾客的满意度。那些定期衡量顾客满意度的企业往往综合采用多种方法进行衡量，而那些陷入困境的企业，其失败原因之一或许正在于没有对顾客满意度进行衡量。

企业衡量顾客满意度的一些最常用的方法包括经理层与顾客的个人接触，销售人员对顾客的访问，以及企业对顾客抱怨所做的分析等。顾客抱怨分析是爱尔兰被调查企业使用最多的一种方法（85%），但只有65%的人士认为这种方法是有效的。与此相比，日本却有96%的企业认为顾客抱怨分析是衡量顾客满意度最有效的一种方法。此外，还有40%的爱尔兰企业采用关注主要顾客群的方法，但只有25%的企业认为该方法是有效的。

顾客的“声音”或“反馈信息”对于判断顾客对企业是否满意至关重要。1970年，阿尔伯特·赫希曼（Albert O. Hirschman）在其《退出、声音和忠诚》（Exit, Voice and Loyalty）这一著名的经济著作中描述了顾客声音所扮演的挽救企业的角色。作为一名经济学家，赫希曼对于企业由于经济运作恶化所导致的可弥补的失误十分感兴趣。他指出，通过管理发现这种可弥补的失误存在两种形式：退出——顾客停止从该企业购买产品；声音——顾客直接表达对该企业的不满情绪。

1990年，施乐公司英国分公司的顾客停止使用5 000台机器。据该分公司的质量部经理罗伯·沃克（Rob Walker）透露，这意味着他们在1990年净损失850万美元，或在今后三年内净损失约3 000万美元。这就是顾客的“退出”选择。沃克指出："对企业不满意的顾客所造成的经济影响是非常大的。"施乐公司英国分公司的顾客不满意率为7%，为此，他们决定努力降低这一比率，争取在1993年实现公司顾客不满意率为零。

为尽快摆脱这种不利局面，施乐公司英国分公司开始实施顾客"声音"策略。每年该分公司都通过其独立代理商向顾客发送两种类型的调查问卷，以衡量顾客满意度。一种是每年一次对顾客满意度的测量调查。在此基础上，公司投入大量的时间进行顾客意见分析，以此来识别并消除造成顾客不满意的根本原因。公司尤其关注那些对企业不满意的顾客，把他们作为发现问题、解决问题的重要线索。第二种调查问卷是在机器安装后向顾客发出的。对于在这些问卷结果中出现的大量的顾客不满和抱怨，公司将进行识别，并作进一步分析。

仅仅衡量顾客满意度还不够，企业还必须采取措施消除顾客的不满，否则有可能加深顾客的不满情绪。尤其是在顾客发现自己的意见没有引起企业任何的反应时，这种不满将进一步深化和加剧。

衡量顾客满意度应避开的一个重大误区，就是只关注于令人不满的因素，而忽视令人满意的因素。沙利文（Sullivan）发现，日本企业更注重顾客喜欢什么——即令人满意的因素；而美国企业却更注重顾客不喜欢什么——即令人不满意的因素。明智的企业应当既重视激励因素，同时又处理好"保健"因素，仅仅关注于保健因素是远远不够的。采用适当的语言和措辞向顾客提问，也是进行顾客满意度调查时非常重要的一个环节，它对于决定顾客的满意度和再购买意向具有关键性作用。

### 前沿透视

## 持续满意度

持续满意度是满意度随时间变化的一系列连续的值。同传统的顾客满意度相比，持续满意度主要有两点不同：首先，这两个概念分别涵盖了购买行为的不同阶段。传统的顾客满意度主要包括产品购前和购中两个阶段，而持续满意度则由购前、购中和购后三个阶段构成。其次，传统的顾客满意度是一个一维的概念，仅涉及一个时间点，而持续满意度则是一个二维的概念，它将时间作为一个维度来衡量顾客满意度的变化，这种情况下，顾客满意度由时间以及顾客对产品的感情共同构成，而非某一时点的值。

尽管不同产品的满意度会随时间的延续下降，但剔除价格变动因素后，由于互动性产品给顾客带来的快乐更不易适应，满意度并未随时间发生明显改变；情感性产品给顾客带来的满意容易适应，满意度随时间的推移明显下降；实用性产品并未给顾客带来明显的情感刺激，因此，顾客对这类产品的满意度相对比较稳定。根据快乐适应理论，商品的互动性带来的消费的不易适应性是影响持续满意度的主要因素。

资料来源：郇适融，陈洁，曾艺生，王晗蔚．消费者持续满意度研究——基于快乐适应视角[J]．南开管理评论，2011(14)．

## 五、人事培训

向顾客提供优质服务，需要企业在人事培训上进行投资。TMI 公司的克罗斯·摩勒(Claus Moller)认为："企业实现成功变革的关键因素在于培训和教育。"要成为顾客驱动型企业，必须加强对员工的培训，使他们懂得如何正确对待顾客。例如，摩托罗拉公司每年都会投资 4 000 万美元用于员工培训。其公司董事长兼首席执行官乔治·费希尔宣称："我们认为这是一项必要的投资。"

爱尔兰服务调查突出表明了爱尔兰企业对员工培训的缺乏，尤其是对一线员工培训的缺乏。尽管许多企业为经理层提供了培训机会(44%)，但很少有企业对直接向顾客提供服务的员工实行顾客导向型培训(25%)。这意味着，受到顾客服务培训的经理数量是受到培训的直接向顾客提供服务的员工数量的两倍。而与之相比，日本人对经理层的顾客服务培训与对非经理层员工的培训几乎是一样的。

许多员工都愿意为顾客服务，并满足其特殊需求，但他们往往不知道应该怎样去做，因为他们没有受过这方面的专门训练。伦纳德·贝利建立了一个四方格矩阵，以说明低劣的服务质量是如何产生的。他把影响员工履行服务任务的愿望和能力的因素大体归为两类，即"角色冲突"和"角色模糊"。"角色模糊"指的是员工在理解顾客需求并向顾客提供服务时，没有掌握足够的信息或受过专门的训练。"角色冲突"指的是顾客对员工的服务有几种期望，也就是要求员工扮演几种不同的角色，而这些角色对员工的要求又不一致。

顾客服务培训不是指把标准的产品从货架上取下来。它必须根据顾客的需求，特别是一些特定需求进行具体详细的策划。培训应当持续不断地进行，而不仅仅只是偶尔向员工传递一些信息。培训的内容必须与员工的具体工作联系起来，向员工传授一些新的技能，并帮助员工进行工作发展设计，这样的培训对于员工来说才有意义。

英国航空公司推行顾客服务培训是从询问和了解顾客需要开始的。调查结果显示,“根据每个顾客的个性特点区别对待顾客的友好型职员”普遍受到顾客好评。在顾客看来,这种心理性因素比提供食品服务等操作性因素重要两倍。于是,英国航空公司开始投资一项名为“以顾客为先”的培训计划,其目的旨在使公司 35 000 名员工懂得应如何根据每个顾客的个性特点来区别对待顾客。这就是企业成功实施顾客服务培训的典型范例。

### 六、重视技术

我们生活在被称为“第三次”工业革命的信息时代。信息技术正从根本上改变着工作的性质,它为企业向顾客服务甚至更好地服务提供了新的机会。在谈及有哪些外部压力驱使企业更加重视顾客服务时,日本企业总是把高新信息技术的发展放在首要位置。亨布尔的全球服务调查结果表明,日本企业对于信息技术在经济全球化时代所占据的重要地位理解得似乎更为深刻。

## 练习题

1. 什么是顾客服务管理?
2. 提高顾客服务质量有哪些方法?
3. 影响顾客服务管理的因素有哪些?
4. 服务文化有哪些功能?
5. 随着技术的发展,互联网络已经深深地融入了我们的日常生活中,请你展望一下互联网将会给未来企业的服务管理带来什么样的影响和变化?比如服务流程、响应速度等。

## 案例分析

### 抗击互联网的货物陷阱:发展感受服务

针对像 E-Trade、Priceline. com 和其他一些电子服务公司的攻击,许多传统的服务性公司担心它们的行业被变成只提供日用品的公司。今天的许多互联网公司想要让客户相信，个人服务已经过时，价格才是真正重要的东西。

服务生产模型提供了发展“迷人感受”的工具，而这种感受可以作为抗击服务日用品化的斗争中的竞争武器。例如，当作为普通日用品定价时，咖啡的价值只值每磅1美元左右。经过处理、包装并在杂货店中作为商品销售时，咖啡的价格就上升到每杯0.05～0.25美元，同样一杯咖啡在当地餐馆中销售时，咖啡拥有了更多的服务方面的内容，每杯的销售价格就达到了0.50～1美元。可是，我们还可以对其增值，同一杯咖啡在五星级饭店的迷人感受环境内或者在星巴克的独特环境中销售时，客户就乐意为每杯咖啡支付2～5美元了。在这种情况下，订购、获得和消费的整个过程都变成了“一种令人愉快，甚至是戏剧性的”感受。像咖啡豆的经济价值从日用品、商品、服务到感受一直在增加。在上面的例子中，咖啡从定价为每磅大约1美元的普通日用品到每杯2～5美元的商品，价格上涨了5 000%。

创造客户的“感受”并不是新思想。像迪士尼这样的娱乐业和场所多年来一直就是这样做的。其他行业，特别是接待业，也接受了这种思想，并引进了“感受”产品的概念，如摇滚乐咖啡馆、好莱坞行星馆和Dick的最新式旅游胜地等。许多其他类型的服务提供商所面临的问题是怎样把它们自己的业务运作转变为客户印象深刻的感受。一个特别的例子是位于明尼苏达州的明尼阿波利斯的电脑维修公司。它由一群古怪的技术人员组成，正式的名称为“表演小组”，这些人有目的地穿着白衬衫，系着薄的黑领带，戴着袖珍式防护器和徽章。在这种情况下，普通的服务就变成令顾客感到有趣而印象深刻的事情。随着对于“表演者记忆力”需求的增加，公司的其他赢利机会也会出现。

资料来源：齐佳音，万岩，尹涛．客户关系管理［M］．北京：北京邮电大学出版社，2009：131－132.

## 思考题

1. 你如何看待企业提供的“感受服务”？

2. 你认为“感受服务”是如何影响产品的价格的？

# 第十一章

# 学习型顾客关系

**本章学习要点**

本章在前面各章全面阐述顾客关系管理基本原理的基础上，借鉴现代管理理论中的学习型组织理论，从较高层次探讨了建立学习型顾客关系的有关问题。重点包括顾客学习的含义，企业向顾客学习的重要性，学习型顾客关系的特点，企业应如何建立学习型顾客关系，包括教育培训顾客，鼓励顾客参与产品生产经营，增加顾客体验等。通过本章学习，应当对学习型顾客关系这一顾客关系管理的新领域有较深入的了解，认识到建立学习型顾客关系的重要性，同时对企业如何建立学习型顾客关系有所认识。

“最基本的经济资源……现在是而且将来也会是知识”，著名的管理学大师彼得·德鲁克(Peter Drucker)坚信这一点。商业界一直对这一观点有着极大的兴趣。目前，似乎很难找到不实施知识创新的企业，或者不销售知识管理解决方案的软件销售商。知识管理的核心是学习，对企业而言，实施知识管理不仅意味着企业内部员工之间要建立学习型关系，而且要求企业与所面对的顾客之间也要加强学习。企业和顾客通过相互学习建立一种学习型顾客关系，让顾客参与到产品和服务的生产过程中，给顾客提供一种独一无二的消费体验。对企业来说可以增加顾客的忠诚度，加快对市场需求的反应速度，提高企业对外部资源的利用程度以及企业的综合管理水平；对顾客来说，建立学习型顾客关系可以使他们的需求得到快速的响应，获得更优质的服务和产品品质，并且可以回避重新选择所带来的风险，获得更优厚的回报。不仅如此，通过加强与企业的学习型关系，顾客还能获得更多的消费信息和产品知识，使自己得到不断充实和自我发展。

# 第一节　顾客学习与学习顾客

## 一、知识的重要性

如果你阅读了大量论述知识的商业文献，相信你总会见到这样的论述：企业应该开发、获取和应用自身“隐藏着的知识储备”。如果再进入一步，你还会看到利用知识以便更好地为用户提供服务和产品的论述。在旧式的基本上已经过时的商业思维中，顾客的确被“排除在外”，就好像你将卓越的产品或服务装在某种类型的箱子里，然后出售并获得收入，有可能的话最多再加上如何改进产品与服务的反馈。要想为顾客增值，就要更多地与他们共享知识，或者说促进他们的知识化，同时还要讨论与顾客构建更紧密的关系以形成更强大的竞争优势的问题。从下面的这个例子中，你将会发现企业和顾客之间的知识共享和相互学习对企业的重要作用。

某杂志为了争取顾客，向新订户实行推广价，但是对于那些已经订购一年甚至更长时间的读者却收取较高的费用。顾客一开始订阅第一年度的52期杂志时，只需花35.90元，而如果第二年续订，价格则涨至75.90元。实际上这种价格上的差异正是杂志（以及其他订购类的服务）容易把顾客流失掉的原因。顾客有时会停订，然后再用一个稍微有些不同的名字或者用配偶的名字进行续订，这样就可以再次享受推广价格。

既然新顾客能得到种种好处，精明的顾客就总想让公司把他们视为“新”顾客。

但如果杂志社能够真正成为顾客的“合作伙伴”，如果能够与个体订户建立学习型关系，那么杂志社就可以基本上消除顾客流失现象。设想杂志社能够利用某种手段记录哪些故事是读者草草浏览的，哪些又是他仔细研读的，然后每周向该读者寄送一本为其量身订制的，而且越来越符合其品味的杂志，这样一来，该读者就会发现每周所收到的杂志都比以前有更多他个人感兴趣的话题。

如果杂志的订阅过程是这样的话，那么读者在一年之后，就可以收到一本十分“智能化的”根据他的个人兴趣定制而成的杂志。这时，如果续订费用要增加，那么他就得仔细考虑是否应该只为了享受推广价格而停订，然后再重新开始。该杂志在第二年的订阅费用可能更高些，但是那时它所具备的价值也更高。

当然，这纯粹只是对杂志订阅的一种假想。但是由此我们可以看出，如果企业认真学习顾客，或者让顾客学习使其掌握特定的知识，那么顾客就会对企业产生一种依赖感，出于对重新学习的时间精力等成本考虑而不会更换合作企业，从而增加顾客的忠诚度。

## 二、顾客学习

随着商品技术含量的增加，有的商品不少功能被“闲置”；有的因顾客不会操作，损坏了商品；有的因使用错误，造成了人身伤害，给顾客平添了烦恼。这时候，无论商家的售后服务多么热情、周到、细致，都有马后炮之嫌，难以使顾客满意。倘若在售前有良好的服务，使顾客对功能复杂、技术含量高的商品的性能和操作技术熟悉并掌握，使用起来得心应手，那么一切不愉快都会避免，而且也减轻了商家在提供售后服务时人力、财力、物力的投入，可谓一举两得。

这就引出了一个问题：企业是否应该为顾客提供学习性服务，或者对顾客进行培训，让顾客获得必要的相关知识，掌握更多的消费技能。

### （一）黑箱服务与顾客学习

我们把传统的提供服务的方式称为黑箱服务。它们的服务结果尽管对顾客有价值，但服务过程是不透明的，顾客并没有通过接受服务而变得更加聪明。

在许多案例中，顾客只能获得服务结果。理发就是一个简单的例子。在此案例中，顾客需要获得理发服务，需要理发师运用自己的知识和经验生产出顾客所期望的好结果。但顾客对理发师的知识不感兴趣，并对如何产生结果知之甚少。在商业服务中，签订办公室清洁合同也是一个实例。顾客想要以最省力的方式清洁办公室，但他未必想知道如何达到这一结果。这便是黑箱服务，顾客仅需要知道如何获得它即可。

顾客学习与黑箱服务不同，作为一种互动的结果，它会使顾客更聪明、更知识化。从个人的角度来看，人们往往喜欢这样的医生，即能够告诉患者身体的什么部位出现了什么问题、为什么会这样、怎样治疗、痊愈后怎样保养等。就医生来讲，医疗保健服务的黑箱方式是诊察病人，然后建议他们服用一些未经确认的药物。这种传统的诊治方式正在逐渐减少，其主要原因之一是，如今人们对其病症的了解越来越多，所掌握的知识越来越多，因而要求受到尊重，要求从医生处获得真正的价值。

### （二）顾客学习

简单地说，顾客学习就是知识向顾客转移，就是使顾客更加知识化。在知识是最有价值的资源的经济环境中，向顾客转移知识具有使增值最大化和获得最高回报的潜能。这种理念在商界正在得到承认，一些咨询公司以及其他一些专业服务公司宣称它们正致力于向顾客转移知识。

顾客所拥有的知识——具体地讲，即认知、偏好和选择品牌的原因——界定了竞争游戏的规则。每个竞争者都必须明白这些规则，并按这些规则进行游戏。随着顾客深入学习，这些游戏规则也会因品牌发展的战略而不断演变。

品牌战略通过所提供的产品、传递的广告信息以及通过公司与顾客的每次交往，决定了顾客的经验。基于他们的经验，顾客逐步了解品牌之间的差异（认知），然后就品牌的价值差异作出判断（偏好），最后形成选择品牌的逻辑（品牌选择策略）。

顾客学习最明显的例子，是发生在向顾客推广全新产品的时候。第一个成功投放全新产品的品牌，通常被称为行业先锋，它往往面临严峻的挑战。顾客根本不了解这种产品，对它的价值没有什么概念，也没有选购该产品的经验。作为行业先锋，它有许多重要的目标，其中一项就是教会顾客有关该产品的价值特性，在顾客中树立起价值概念。

成功的行业先锋总是让顾客处于不断的学习过程，并因此对市场产生持久的影响。行业先锋通常在顾客认知中与众不同。人们很容易想到它们，往往将它们与整个产品类别联系起来。行业先锋常常为整类产品树立起价值概念，这种概念甚至会主导市场几十年。

### （三）顾客学习是终生的

缺乏创新和缺少新的竞争对手，可能让你觉得不会存在顾客学习。例如，在衣物清洁剂和冰淇淋行业，产品利润多年来维持不变，几乎没有任何创新，而且每个人基本上都非常熟悉这两个产品类别的主要品牌。

尽管如此，顾客仍然继续学习。每天都有一些从来没有听说过某品牌的人进入市场。顾客虽然不认识这些品牌，但他们将会学习，也许是潜移默化地学习。

随着顾客年龄的增长，他们开始步入新的生活阶段，也不断进入新的市场。伴随青春期的是一系列新鲜的挑战：不安全感、对异性的朦胧意识、追求衣着打扮，这些挑战都需要通过学习解决。从青春期到退休期间，顾客将经历人生中最重大的事件：上大学、结婚生子、人到中年、找新工作、家庭扩大、父母年迈以及其他许多挑战。

由于其中一些挑战是他们在学习过程中第一次遇到的，所以他们的认知、价值观和决策方式都将随着自己的经历而发生变化。换句话说，顾客学习是一个毕生的过程。

无论对企业品牌的认知源自何处,顾客都会通过思维网络或联想的方式记住或回忆起它们。例如,顾客对沃尔沃汽车的第一感觉是:它很安全,但中规中矩、缺乏激情。任何认知都可以从正面和负面看待,中规中矩意味着缺少风格,但也意味着安全。

即使不能完全成为某类产品的代名词,一个品牌仍可以做到与众不同。这并不困难,只需要建立特别的、生动的联想,就可变得独具一格。一提到宝马车,人们就会很快地联想到性能。这个独特的联想是通过宝马公司30多年来坚持不懈的产品开发和广告获得的。宝马公司在北美的第一个广告,将宝马车标榜为"无法超越的驱动机器(The Ultimate Driving Machine)"。从它的产品和顾客的驾驶经验来看,这个描述至今仍是正确的。当品牌之间的重要区别容易迅速消失在市场竞争的情况下,这个联想为它的独特性提供了坚实的基础。

## 三、学习顾客

### (一)向顾客学习

向顾客学习可以为企业提供大量丰富的信息。与顾客交谈总是能激发学习,因为顾客是使用产品的专家。顾客可以提供最新的产品信息、产品的使用情况、对产品服务的反馈意见、不同产品的优劣以及对产品的改进意见,这些信息可以激发产品的改进与创新;顾客对不同企业的评价与态度,可以作为企业领导者判断竞争形势的重要依据。因此,向顾客学习对于企业各个部门都是非常重要的,上至高层管理者下至一线职工,都要培养起与顾客接触、从顾客处学习的习惯。这也是一些著名大公司的成功之道,如在摩托罗拉,不仅普通员工要经常与顾客联系,而董事会成员,包括CEO,也要定期与顾客会面,倾听顾客的意见。

与此同时,顾客又是不可靠的。顾客向来是缺乏远见的,他们有时无法准确表达自己的要求,或者描述自己遇到的问题。遇到这种情况时,就必须要求管理者深入顾客现场去观察,努力捕捉顾客潜在的需要,引导顾客的需要,不能只停留在简单满足顾客的需要上。

一个典型的例子就是微软公司。除了尽力从内源——公司项目上多加学习之外,微软还千方百计地从外源学习,即从其数以百万的顾客身上学习。例如,微软公司1993年就明确提出了"顾客支持哲学"的观念,强调每一次顾客支持活动都是改进产品设计的大好机会,并成立了产品支持服务(PSS)部门,专门就顾客对微软产品、顾客支持及公司整体的满意状况进行调查。另外,微软还设立"希望热线",接收来自顾客的意见、建议,并每月将电话记录加以分析后整理成"电话分析报告”,供程序经理们参考;在各项目开发期间,程序经理和开发人员要对选定顾客提供测试版,进行实际测试;之后,开发人员将在这些反馈信息的基础上,赶在最终产品向制造商或市场发布之前,作进一步的完善。

(二)与顾客合作

只有在解决了真正的顾客需求后,研究与开发才能获得成功。而传统上的市场调研是一种被动式的、主观式的调解,与顾客的交流是不充分的。今天的科技管理在观念上有了重大变化,即不单单是开发产品满足用户需求,而是向顾客学习,请他们自己来“设计”产品。因此,今天企业的科技活动越来越注重市场和顾客导向。顾客越来越广泛和深入地参与产品开发,发表对新产品的意见和要求。很多企业在新产品开发的全过程中都要邀请顾客到公司对开发中的新产品发表意见,如需求描述、样品评判等。同时公司科技人员也到顾客使用现场,观察当前产品使用中的不方便,听取顾客的要求。如,美国通用汽车公司开发人员打算给汽车空调装上静音设备,但在请教顾客后发现,顾客更愿意一边开车一边听吹风的声音而不需要静音装置;又如公司准备将汽车仪表改换成数字显示式,但顾客表示他们更欢迎指针所显示的动态连续性变化,而不喜欢缺乏动感的单调的数字。因此,企业科技管理中的一项重要工作就是与顾客保持经常的联系,了解和发现他们的真正需求。

(三)建立学习关系

企业必须与他们最有价值的顾客建立学习关系,唯有这样,才能保持并增强品牌力量,才能获得、保持和发展最有价值顾客。学习关系表现为:顾客说出他们的需要,企业根据顾客的需要定制产品、服务或相关信息。顾客信息数据库和企业与顾客间的相互作用是学习关系的关键。通过向顾客学习,并对顾客知识做出恰当的反应,企业就为顾客设置了品牌转移的障碍。这是因为,顾客在说明其需要时已经投入了时间和精力,假如再从其他企业获得同样的产品或者服务,就必须重新建立关系,这就使得顾客在获得的产品或服务价值不变的情况下,增加了品牌转换成本。企业的呼叫中心或服务中心是企业向顾客学习的重要场所,所以,企业应该允许顾客在任何时候、以各种途径(如电话、电子邮件、传真等)进入其呼叫中心或服务中心。

## 第二节　建立学习型顾客关系

公司在收集大量顾客信息后达到对顾客的深入理解,而最终需通过定制化方式生产出专属于特定顾客的服务或产品，这样，公司才能提供给顾客高于其他竞争者的价值和吸引力。同时，公司要善于建立和引导与顾客间的学习型关系，持续提高顾客满意度和企业利润水平。

## 一、学习型关系的切入点——量身订制

我们经常购买的服务和产品，常常会有千百种的选择，每周或者每天，我们都得从中挑选一遍。例如，你可以想一下人们对美味咖啡有多少不同的喝法。在星巴克以及别的精美咖啡馆，咖啡的种类可谓应有尽有，只要找，你一定可以找到一种适合你的咖啡。然而，像其他许多企业一样，星巴克不经意间就犯了一个常识性的错误。

其错误就在于多样化不等于量身订制，也就是“多样化”与“定制”是不同的。虽然，“多样化”给了顾客更多的选择空间，相对于当年“不管要什么东西，只有黑色的T型车”的福特而言，其已经有了一个质的飞跃，但这似乎还不够。在“多样化”中企业仍扮演着“主宰者”的角色，顾客只能在他所设定的范围内进行选择。他们之间仍然缺乏“互动之桥”。而“定制”则不同了，它要求企业和顾客之间的积极配合，企业要了解顾客，记住他们的特征，向他们学习，而顾客则得到了对自己适合甚至完全匹配的产品或服务。

根据顾客要求量身订制产品，让企业能够以不同的方式对待不同的顾客，不必让顾客在一大堆选择中艰难地寻找，从而大大减少顾客购买决策的复杂程度，增加了顾客忠诚。有了这种学习型关系，即使竞争者都采取了定制策略，企业仍旧可以留住顾客。

量身订制的确可以带来巨大的竞争优势。设想一下，当你走进一家咖啡馆的时候，服务人员亲切地叫出你的名字，直接将你领到你喜欢的位置并且请你在最喜欢的口味中选择一种咖啡，一切都很自然。这个时候你已经被俘虏了，在你和咖啡馆之间已经有了一条无形的感情纽带，使你不能轻易地转向其他竞争者。

### 定制营销

定制营销是指在大规模生产的基础上，将市场细分到极限程度——把每一位顾客视为一个潜在的细分市场，并根据每一位顾客的特定要求，单独设计、生产产

品并迅捷交货的营销方式。它的核心目标是以顾客愿意支付的价格并以能获得一定利润的成本高效率地进行产品定制。美国著名营销学者科特勒将定制营销誉为21世纪市场营销最新领域之一。在全新的网络环境下,兴起了一大批像Dell、Amazon、P&G等为客户提供完全定制服务的企业。在宝洁的网站能够生产一种定制的皮肤护理或头发护理产品以满足顾客的需要。

资料来源:菲利普·科特勒.营销管理[M].北京:中国人民大学出版社,2012.

## 二、学习型关系与企业利润

在传统的无差别化市场竞争中,有一个广为人知的经济学原理,即在其他条件不变时,要想增加销量就应降低价格,但结果必然导致单位利润下降。但是学习型企业会发现,如果以每个顾客为基础来衡量销售额,就有可能在提高销售额的同时提高单位利润。就是说,通过与忠诚顾客协作,与他们互动交流,为他们量身订制产品和服务,通过与单个顾客建立学习型关系,学习型企业就能逐渐地提高其单位利润。

任何企业最好、最忠诚的顾客一般都比较愿意接受正常价格,而不大会经常寻求可能的减价机会。这也是我们将他们视为最佳顾客的一个原因。如果花店能够提醒您不要忘记母亲的生日,并表示今年可以把花送到与去年一样的地点,然后从你去年买花用的那张信用卡上划账,那么你还会拿起电话去寻找另一家更便宜的花店吗?

新顾客可能对产品还不大熟悉,对于他们,每家公司都会实行较低的推广价格——要让"陌生人"初次尝试某产品,需要使用一些额外的招揽手段。然而,如果公司能通过学习型关系提高顾客忠诚度,那么它就不必再依赖于降价来"收买"顾客了。

### (一)价格稀释

用降价来吸引新顾客的最大代价是价格稀释。虽然你促销的根本目的是为了吸引新顾客,但是你已经有了一批老顾客,他们中很多人愿意按照全价购买你的产品和服务。当你推出特价吸引新顾客时,尽管老顾客原来已经打算按正常价格购买了,但是他们现在也能享受特价,这就是价格稀释。

最有价值顾客对公司之所以有更高的价值,是因为他购买得更频繁、更多,或者驻留的时间更长,不给最佳顾客打折对于他是不公平的。如果公司能通过一次次的交易把顾客记住,就像顾客把这家公司记住一样,那么该公司及其产品就会对最佳顾客具有更高的价值。

老顾客之所以愿意按正常价格支付，主要是因为对于他来说，从你那儿购买更容易、更方便。他以前曾经从你那儿买过东西，也许还买过很多次；他对你的产品和服务质量已经有所了解；他已经很熟悉你的产品价位、包装、配送、保修以及服务；他过去一直对你的公司很满意。现在如果他要从另一家公司购货——以前从未向这家公司买过东西，那么他就得冒一定的风险。该公司产品的各方面可能不那么协调一致，或者不如你的产品在他印象中那样协调一致。评价一家新供应商比继续同现有的供货商做生意要麻烦得多。

顾客知道怎样找到你——他在电话本里有记录，或者已把你列为可以接受的供货商之一。当他需要另一种产品时，他只要与你交易就行了。无须选出另一家陌生的公司，无须寻找一个新货源，也无须浪费时间进行评价并做出一个新决定，以尽量在价格、质量和及时交货之间寻求平衡。

（二）不同的定价方法

让我们看看一家邮寄公司的顾客，她已经与这家企业有了11年左右的往来，这时她的全部购物需求均已被完全跟踪记录下来。这样，邮寄公司就会确切地知道应该向她推荐什么，并且在顾客忘记购买某样东西时，该公司还会给予提醒。

很明显，保持忠诚是符合长期顾客自身利益的，但这也意味着邮寄公司可以调整其收费结构。一旦顾客与该公司有了一定时间的来往，价格就可能上涨。公司在具体实施这个办法时，可以使之看上去不像是对老顾客的提价，而像是对新顾客的推广折扣。然而，有一件事是很清楚的：一旦顾客已把其个人需求教授给了一家企业，该企业对这位顾客的价值也会大幅度提高。

毫无疑问，公司的要价总有一个限度，否则即使忠实的顾客也会觉得价格太高了。而收取的价格越高，公司的经营就越容易遭到来自竞争模仿者的威胁。但是很明显，如果公司随着互动往来的增多和关系的推进能够更好地为顾客量身订制产品，从而对该顾客更有价值，那么公司就有理由收取更高的价格。这就与传统的市场竞争中的定价原则大不相同，在这种情况下，对同样的产品，公司向忠实的老顾客收取全价，而向新顾客只收取半价。

## 三、为顾客提供差异化的产品

（一）抛弃质量趋同

对于众多企业而言，它们共同面临的挑战就是，尽管公司的顾客满意度很高——有时甚至是十分出色，但是流失情况却仍然很严重。产品和服务质量不再足以让一家企业脱颖而出。结果在很多行业里，企业正面临着一个被有些咨询顾问称为“质量趋同”的问题，所有认真参与竞争的公司都已经把产品和服务质量维持在非常高的水平。

卓越的运营、产品领导力以及顾客忠诚都能在短期内为企业带来竞争优势，但是公司必须而且只能聚焦于其中之一，可实际上只有顾客忠诚才能带来可持续的长期竞争优势。这是因为无论你的企业运营得多么出色，产品领导力多么强，你如果在原料供应、研究设施或知识产权方面不能同时具备某种垄断力量的话，那么也就根本无法阻止竞争对手处处做得跟你一样好。而通过学习积累的忠诚顾客却是非常稀缺的，竞争者无法在短期内完全复制。

（二）用学习建立壁垒

如果你所创建的是一家学习型企业，能了解顾客要求，然后根据要求采取行动，逐步完善与每位顾客的关系，那么你就可以建立一个几乎无法逾越的竞争壁垒。当然保证产品和服务的质量达到主要竞争对手的水平，仍旧是至关重要的。

但接下来，如果竞争者都相继把目光放在"顾客忠诚"层面，那么竞争的关键就转向与顾客的关系质量上面了。作为一家学习型企业，如果你与顾客建立了学习型关系，那么你就可以依靠顾客抵御竞争对手的入侵，因为竞争对手没有像你那样对该顾客的具体需求有这么多的了解。

学习型顾客关系作为一个概念并不难理解，而且适用的商业环境颇为广泛，推广实施也极其容易，无论是小型个人独资公司还是大型工业企业都可以施行。例如，一家旅行社会记得你喜欢飞机上靠窗的座位、四门轿车，并知道你希望饭店房间里备有数据端口。书店的频次营销计划连接着你的采购记录，从而得知你喜欢侦探小说，或者自我修养类的书籍，或者爱情文学。在网上，像亚马逊这样的公司可以轻易做到这点而无须要求顾客出示购买记录卡。

这里有一点值得注意，学习型关系并不是依赖于感情依恋，虽然它可以导致顾客的情感，但其更多的是建立在便利基础上的。我们所建议的是记住顾客的偏好和品味，与顾客接着上次对话的内容进行交谈，这样你就能够建立起一个"方便的壁垒"。只要你能继续满足顾客对质量的要求，即以公平的价格提供一定质量的产品和服务，那么顾客就永远不会把生意交给你的竞争对手。

但是，这并不是说感情依恋对维护顾客关系方面根本不起作用。感情依恋还是有一定影响的，而且学习型企业比任何其他类型的企业都能更充分地利用这种依恋感。毕竟，学习型企业能够记住几乎每位顾客的名字和偏好，并进行互动和交流，它可以使顾客感到非常便利，从而产生感情上的依恋。

## 四、学习关系的建立

### （一）转变顾客观念

学习型企业与传统型企业在对待顾客的观点上有一个质的不同，传统型企业的前提是假设顾客之间没有太大的差别，而且他们所做的购买决策和采取的购买行为都是相互独立的，因此，在营销战略上，它们采取无差别营销。而学习型企业则不同，它们认为顾客是有差异的，为了获取顾客忠诚，需要采用差别化的策略。

传统型企业想尽可能多地"圈起"有某种共同需求的顾客，这种需求是其可以满足的。正是因为它们认为顾客购买事件相互独立，所以传统型企业才不得不降价以招揽更多的生意。由于所有的顾客都是在同样的价位上购买同样的产品，所以产品的市场交换价格就是竞争者之间为了吸引最后一名可能感兴趣的新顾客而提供的价格。

但是，对于学习型企业而言，它们是以顾客为导向的，它们认为顾客购买事件不是独立的，而是相关的，因此，学习型企业应该确保能把每个顾客自身以及顾客与顾客间所发生的购买事件相联系，这样每次购买事件都能给顾客带来更多的价值。

### （二）与企业情况的灵活结合

尽管学习型关系的作用十分强大，但是并非所有公司都能够以同样的方式套用这个与以往截然不同的经营模式。诸如房产开发商、房地产经纪人以及家电制造商等公司，这些不能与最终用户频繁互动的企业通常与顾客间的交易远不足以在中长期内建立起可靠的学习型关系。但是一家公司或许会发现与一般合同商发展这种关系也不无裨益，而且如果这些公司能够满足一次性顾客的个性化需求，那么它就会被推荐给更多的顾客。

比如，赢利的房产开发商与不赢利的开发商之间主要的区别之一，就是那家成功的开发商受人推荐的比率更高。对于任何一家以生产顾客较少购买的大件产品为主的企业，口碑是其区别于他公司的关键因素。

同样，对于生产回形针等产品的企业来说，单位顾客所能带来的收入或利润太低，无法弥补与最终用户建立学习型关系的成本。它们发展学习型关系的对象应该是那些直接同最终用户或采购商互动的办公用品连锁店。

对于无法轻易进行定制的商品，比如小麦或天然气，或是主要根据价格因素进行采购的商品化产品，其生产商要与顾客建立学习型关系特别困难。他们只有先把"产品"的定义扩大化之后，才能真正从学习型关系中获益。

### （三）定制化学习型关系和顾客群

定制化学习型关系之所以对企业有吸引力，是因为它能提高顾客忠诚度；而它之所以能够吸引顾客，则是因为其具有方便性。从顾客角度来说，学习型关系的好处在于能够为顾客在说明个人需求时节省时间和精力。如果顾客的需求比较复杂或独特，就是说，如果他们的需求与其他顾客不一样，那么要把这些需求说明白就比较困难，如果能够不必说明，那就方便多了。所以，学习型关系能给企业带来的收益层级与其顾客群基于需求的区分数量成正比。

但学习型关系是基于需求的差异，而非基于价值评估的差异。即便是购买频次最终也基于需求的差异，经常购买的顾客对企业会有较高的价值，但是从顾客角度来看，学习型关系所带来的便利之所以对他有吸引力，既不是频次问题也不是数量问题。相反，问题的症结在于顾客如果每次购买时都要作重新说明，那就会费一番工夫。让顾客少费点儿工夫就相当于给顾客带来利益，而这种利益能提高企业对于顾客的真正价值，从而提高忠诚度和单位利润的增长。

学习型关系根本无须依靠顾客价值评估差异，就能够与任何一位顾客创立一种忠诚的、能带来较高利润的关系。大多数情况下，顾客不会知道而且也不会在乎自己与其他顾客比起来对企业有多少价值，真正要的是需求区分数量。

（四）具体建议

1. 设计接口。在一个定做的世界里，企业需要通过一种方便而又准确的方式使顾客能够确切地说明他的需求。

2. 记住顾客特征。建立学习型顾客关系的企业做生意的一个首要原则，就是从老顾客中获取更大的价值。那么，企业只有记住每位顾客的具体要求，以后与顾客继续打交道时，顾客才会自然而然地感到方便，从而将其锁定为长期供应商。

3. 顾客必须付出努力。学习是一种互动行为，而非“单相思”。因此，只有顾客积极参与其中，才能把这些顾客知识传授给公司。

以上三个方面是追求学习型顾客关系的企业应尽量做到的，因为只有这样，才能够从顾客身上学习，随着这种学习关系的不断深入，顾客的忠诚度也会不断地提高。换言之，你了解顾客越多，为他们做得越多，顾客则越离不开你。

## 第三节　教育与培训顾客

### 一、顾客及其行为举止

任何在服务企业的前台工作过的人员，都听说过这样一句格言，即“顾客永远是对的”,但他们也清楚,那句格言并非永远正确。一个顾客,也许缺乏正确享用服务的能力,或者其无法与其他顾客友好相处。有时,一位顾客进入一服务企业是期望得到一种明显不同于企业所能提供服务的服务,不可避免,他会很失望。例如,顾客坐在票价已经打折的飞机上,却希望得到航空公司的全面服务。在另外一些情况下,顾客无法参与服务的生产过程,因为他们不清楚其在整个过程中所扮演的角色。另外,也有一些顾客在与其他顾客或服务人员友好相处方面存在困难,这或许是因为顾客太多或顾客组合的不合理。当然,顾客中也存在一些彻头彻尾的好战分子或不友好人员。

为保证所有顾客都能得到满意的服务体验,企业应针对顾客采取一些措施。企业必须密切留意对其目标顾客的吸引,因为服务是为他们而设计的。借助目的明确的促销、定价及其他营销措施,企业能诱导适宜的顾客群来靠近服务,从而降低那些原本就不属于目标范围的顾客的不满。服务企业应就顾客如何才能最好地享受服务来对顾客进行培训。一些营销宣传工具,如广告、宣传手册和标志等,必须为顾客提供那些正确地参与服务所必需的知识和信息。最后,企业需制定与实施一项计划,以控制服务设施内的顾客组合。所谓顾客组合,是指光顾服务企业的一系列年龄不同、性别不同、社会经济背景不同、知识或经验不同以及种族不同的人群。企业应制定一些政策或反应程序,以应对和处理当企业同时为多个不同类型的顾客提供服务时所可能发生的冲突。

人类所面临的问题中,最重要的莫过于与他人友好相处。社会冲突有许多表现形式,如政治冲突、婚姻不和谐、人权遭受践踏、国与国之间的战争等。当人与人之间不能友好相处时,个人、社会团体或整个社会的利益都可能遭受损失,没有任何社会场所能完全回避人与人之间的冲突。那些营销服务的企业当然也无法幸免。除了顾客与服务人员间必需的合作外,服务体验经常还包括大量相互影响的顾客,总之,在场的其他顾客可能对某人的服务体验产生影响,影响可能是积极的,也可能是消极的。

绝大多数企业必须对其顾客的行为予以密切留意。譬如,航空公司、餐厅、旅馆、医院和银行所提供的服务,就经常需要许多顾客来分享服务设施,也就有可能发生服务体验的顾客间的相互影响。那些同时为大量顾客提供服务的企业,必须保持高度警惕,以避免问题的发生。例如,世界各地的许多职业运动队都遇到过这样的问题,无法控制的球迷不仅毁了整个比赛,而且有可能造成其他观众的伤亡。拥挤、无序或错误的顾客组合,有可能损伤或毁掉服务表现。

企业对顾客的关注程度,会影响顾客的行动。为一小群顾客提供全方位服务的企业,无须对顾客进行高度控制;而同时为成百上千个顾客提供自助服务的企业，则要对顾客间的相互影响进行较高程度的控制。前者包括星级宾馆和向导旅游等服务，它们能迎合那些对服务体验过程中的顾客得体行为抱相似期望的顾客；后者主要由音乐会、运动会和旅游景点等服务所展现，它们为顾客控制活动带来严峻的挑战。问题的关键在于以上服务企业的顾客组合是异质的，它们享受服务的动因不同，且对适宜的服务相关行为抱有不同的期望。在上述情况下，服务企业对顾客的关注程度通常极小，问题也随时可能发生。然而，即使是员工参与程度较低的企业，如零售店、航空公司等，也需认真控制顾客与顾客间的关系。

为控制顾客行为而需做的努力，与服务企业对顾客的关注程度相关。对许多顾客来说，服务体验的质量与企业对顾客的控制程度相联系。当企业无法对其顾客实施有效控制时，一系列的冲突情况会随之发生。然而，若一个服务企业对其顾客控制得过于严格，顾客就会把这当作是一种镇压行径，结果可能是他们一并对该服务予以回避。在控制太多与控制太少间恰到好处地把握平衡，是出色的顾客管理的本质特征。

## 二、选择与培训顾客

正确地选择顾客并为他们参与服务过程提供培训，皆属于保证服务质量的关键环节。正像一些戏剧产品的观众有责任通过遵守一系列规范来欣赏舞台演出一样，服务的顾客也有义务遵守一些最基本的规范和条例。作为观众的一部分，顾客不仅要避免破坏其他顾客的服务体验，而且要努力使台上演员发挥出其最佳水平。企业必须告诉顾客对他们的期望（如适宜的礼节和唤起满意服务的程序等），并告诫他们必须予以合作。不管是学习如何正确使用自动取款机，还是向医生准确陈述疾病的症状，抑或是对其他共享服务设施的顾客的正当权利给予尊重，顾客都在整个服务生产过程中扮演着积极、重要的角色。总之，服务企业期望其顾客（像戏剧的观众一样）接受服务生产的规则，为整个服务生产着想，并努力克服与忍受服务表现中一些不合本人偏好的小小细节，因为“演出必须要往下进行”。

在有些情况下，顾客是服务的重要而具有战略意义的组成部分。当顾客与服务企业及其员工发生广泛的直接接触时，顾客居于服务过程的中心。除此之外，当服务具有自助特征（如自动取款机或快餐店）时，顾客的作用会更加突出。在服务具有自助特征的情况下，可以说顾客决定着服务的产出与效果。当提供的服务需要高度个性化时（如财务或法律咨询服务），顾客的重要性亦是相当显著。接受此类服务的顾客，必须向服务提供者提供一些正确的信息（如有关顾客特殊需要或要求的信息），以使服务提供人的服务表现能令顾客满意。最后，正如前面部分所提到的那样，当企业在同时迎合大量顾客的需求时，与顾客相关的事宜亦相当重要。不管是共享服务设施，还是在同一时间试图享受同一服务（如试图打电话来买到音乐会的门票），其他顾客的存在及其行为都会显著影响顾客对服务提供人的满意度。



## 三、顾客培训应注意的问题

当企业欲培训顾客以保证服务过程涉及的所有人都更为满意时，应重点考虑以下几个问题。

第一，在任何情况下，不同顾客对适宜服务的理解不同，想以同样的服务来令所有顾客满意，根本不可行。正如一句古老的俗语所言："一个人的屋顶是另一个人的地板。"譬如，一群顾客也许正饶有兴致地高谈阔论，而其周围的人却感觉很痛苦，因为他们的声音太大了。解决此问题的方案之一，是对顾客进行培训，使他们知道其光顾该企业时所应遵守的行为规范。标语、印刷材料，甚至是服务人员的口头建议，都能帮助顾客们达成共识，共同营造行为得体的服务环境。

第二，顾客特征的明显不同，会导致不同顾客对其他顾客举止的个人评价不同。顾客的不愉快事件经常与一些具有不同特征的人相关，如年龄不同、国籍不同等。老年顾客会指责年轻人是多么吵闹与粗鲁；年轻顾客会对老年人在排队时的挑衅行为极其敏感。面对穿戴或语言不同的其他顾客，一些人会感觉不舒服。不过，由于一些顾客所反感的其他顾客的某些特征较为显而易见，故服务企业的工作人员还是有可能预见与避免问题的发生。对于那些易在不同顾客群间引发不和谐事件的人口统计及身体特征，企业应在所采取的各种策略中予以注明与考虑。诉诸有针对性的促销策略来瞄准具体的顾客群，如为带小孩的顾客安排分离的区域，努力将同质的顾客的座位安排在一起等，都是一些可取的问题解决方案。

第三，一些顾客在离开自己生活区域以后或与陌生人在一起时，他们身上出现不再对自己严格要求的倾向，企业应对此保持高度警惕。事实上也确实如此，一个顾客有意到很远的地方去度假，或者去光顾那些对他们不熟悉的企业。距离使他们有机会放松一下，不再过分考虑其行为的后果。这类顾客甚至做出一些不礼貌或不得体的行为，但假如他们是在家里，这些行为他们连做梦都想不到。作为接待形形色色顾客的企业管理人员，应该准备好应对那些不在自己城市的顾客，并减少由他们所引发的问题。

第四，那些为不同顾客群提供服务的企业，应对一些顾客喜欢批评外国人的倾向保持警惕。在对旅游者进行的调查研究中，顾客所反映的许多不愉快事件都与外国旅行者的行为有关。当外国人抢话说、说话声音很大、插队，或者不注重个人形象时，通常会破坏其他人的兴致。许多冲突之所以发生，是因为一些顾客不能理解那些遵守不同文化规范的外国人。譬如,对英国人来说,其排队时可能是规规矩矩的,而对意大利人而言,几乎无规矩可言。即使顾客了解了这些差别,他们也会感觉难以接受那些有悖于其信仰的行为。因此,那些对员工所宣传的有关文化敏感性的知识,也应向顾客传递一些。为接纳一些由文化背景不同所导致的行为差别,张贴标语、公告和督促员工做一些可视的努力,都有助于此难题的解决。

第五,为控制服务设施内复杂的顾客组合所可能引发的问题,服务企业应尝试对顾客间的随机友善之举予以鼓励。宣传随时对他人给予帮助的重要性及意义,能增加有积极影响的事件的发生。对顾客所采取的适宜举止或善意手势予以宣传、评论,甚至是书面表扬,能激发类似行为不断出现,并告诉其他顾客企业需要他们那样做。

第六,为改善顾客与顾客间的关系,企业需要诉诸多种方法与手段。建议之一是可借鉴剧场或娱乐场所的做法。譬如,在特色表演开始之前,一般安排暖场演出以将顾客的情绪调动起来。另外,剧场接待员、演出安排表和标语等,随时提醒顾客注意行为得体。同时,管理人员也会提醒顾客,以避免顾客间发生问题。为缓解长时间等待的压力,许多旅游景点播放录像来愉悦排在队中的顾客。对于那些经常长时间延迟其服务的企业,也应考虑采取同样的做法。不幸的是,即使有这样的装置也无法完全根除冲突性行为在等待过程中的出现。因此,服务人员必须做好偶尔扮演一把警官的准备,以对顾客间关系进行管理与控制。

## 四、顾客培训手段

那些善于管理顾客参与和顾客间关系的企业,能从顾客角度提升服务的价值。四种各不相同的培训手段能帮助达成此目标:服务剧本、兼容性控制、顾客包管理和顾客教育。

### (一)服务剧本

当服务需要顾客高度参与时,企业可通过令顾客认识到其在服务剧本中所扮演的角色来改善企业的服务。服务剧本将整个服务提供过程中顾客与员工所可能从事的一系列活动及其顺序予以详细描述。当顾客对服务剧本及其所扮演角色有一个清晰的认识时,企业对控制的可见度就会提高,因为他们能对随后发生的一系列活动做出预测。总之,增加对控制的理解会赢得更满意的顾客。

许多服务企业已经认识到培训顾客的重要性,只有顾客熟悉服务剧本,才能保证顾客按剧本要求正确地从事各项活动。较明显的例子是自助餐厅,在那里,来自服务人员的指令帮助顾客顺利地完成取食、进食所需的各个步骤,来自餐桌和门上的标志保证顾客在用餐后将餐桌收拾干净。对顾客进行服务剧本培训的另一个例子是帮助顾客正确使用自动取款机时所做的努力。当自动取款机刚刚被采用时,为鼓励顾客使用它们,银行不仅要令顾客熟悉该技术装置的操作特点,而且要帮助顾客克服心理障碍,接受这种与传统不同的服务。

假若所有顾客都了解服务剧本并恰当地扮演其角色,那么服务参与人之间的冲突将大为减少。然而,许多服务企业要吸引不同细分市场的顾客,在同一时间内,不同细分市场的顾客或许要执行略有差别的服务剧本。滑雪场、航海旅行和大型旅馆等娱乐或住宿服务,就属于此范畴。以一个旅馆为例,它也许同时要接待一个大型的商展会议、一组职业妇女、若干个度假的家庭和一些度蜜月的新婚夫妇。上述顾客中,不同类型的人因不同的目的住在旅馆里,他们的需求也有所不同,换句话说,他们拥有各自的服务剧本。为使不同类型顾客间发生冲突的可能性最小化,一些旅馆努力把他们在地理上分开或鼓励他们分别在不同的时间来旅馆住宿。告知顾客现正进行的各种服务剧本,或许也会有所帮助。譬如,可令职业妇女知道参加商展会议的人在什么时间退房,并且在提供退房时间时要留有余地,以免因延迟而引发抱怨。

(二)兼容性控制

所谓兼容性控制,是指选择恰当的顾客组合,其目的是鼓励顾客间建立满意的相互关系。当顾客间具有许多相似之处时,尽管他们享受服务的目的或背景可能不同,但他们却极易互相交流与互动。一旦成功,控制顾客兼容性的努力则不仅可吸引新顾客,而且可保留现有顾客。在保留顾客极其重要的今天,兼容性控制已成为实施关系营销企业诸多努力中的关键所在。

(三)管理顾客包

企业应考虑管理它们的顾客包。顾客包是一专业术语,用它来表示由外表、举止或年龄等特征不同的人所形成的顾客组合。一个企业所瞄准的顾客组合,应保证其中所有细分市场的顾客既为企业所需,又能相互兼容。"为保证服务体验的成功,征集恰当的顾客与招募适宜的员工同样重要"。适宜的顾客包令各方感觉都很舒服,故他们愿意参与服务生产。诸如旅馆、银行和大学这样的服务企业,能从管理由几个不同顾客群所组成的顾客包中受益。

(四)顾客教育

顾客教育能最小化顾客问题。如,主题公园为其景点规定大量的安全条例,并保证它们被严格遵守。清晰的信息沟通与传递对顾客及企业的服务表现皆有利。不妨思考一下一个有关医院外科服务的实例。许多医院将要进行的外科手术对顾客进行详细讲解。它们为顾客介绍大量有关手术和术后事件的细节知识,包括程序特点和术后病人的可能感觉等。

# 第四节　顾客参与与顾客体验

## 一、顾客参与

随着社会经济水平和消费水平的提高、科学技术的进步、计算机技术和信息技术的发展，人类进入了知识化和信息化时代，企业所面对的环境发生了巨大的变化。消费者已不再满足于“物美价廉”的大众化商品，对个性化产品的需求越来越大，并且由于信息技术的发展，消费者已能够通过多种渠道获得所需产品的信息，这进一步促进了消费者对个性化产品的需求。

在这种情况下，企业把顾客归纳到产品的生产过程中来，能使企业更加接近消费者，更好地倾听消费者的声音，生产更符合顾客要求的产品。顾客参与生产过程，将企业和顾客间的竞争关系转变为建立在共同利益基础上的合作关系，为企业的发展开拓了广阔的空间。而从企业的角度看，顾客参与生产过程实际上是企业管理顾客需求的一种手段，是提高从接受订货到将产品送到顾客手中全过程效率的一种有效措施，是对顾客的个性化需求做出快速响应的一种方法，是取得竞争优势的一种策略。

### （一）顾客参与的条件

环境的变化已使企业认识到“以顾客为中心”的重要性。为了使企业的运作“以顾客为中心”，使顾客满意度达到最大化，企业必须努力做好以下几方面的工作，为顾客参与生产过程创造良好的条件。

1. 企业文化。为了能让顾客参与生产过程，就必须使企业真正成为一个以顾客为中心的企业，在企业文化中充分体现顾客的重要性。企业经营者有责任为企业确立“一切为了顾客”的经营理念，并通过自身的行动为整个企业树立榜样，使企业中的每个人都把注意力集中到为顾客服务上。

2. 企业再造。传统的企业是金字塔形的，部门与部门之间垂直沟通，各自为政，企业内部信息流通不畅，对外界变化反应迟钝。这种结构不利于顾客意见的反馈，即使能够把顾客意见反馈到相关部门，也会因为反馈速度慢和部门之间的“踢皮球”现象，使顾客意见得不到重视，甚至根本不能解决问题。为此，企业必须进行企业再造，打破垂直分割和企业屏障，使企业结构扁平化，给群体更大的自主权，推进横向网状沟通，建立一个灵活、高效、精练的企业，快速响应顾客的要求，提高顾客满意度。

3. 营销模式。面对需求多样化的市场，企业的营销模式也必须改变。在需求多样化的市场中，企业吸引顾客、留住顾客再也不能依靠产品展示式的营销模式，而应采取新的手段，及时、快速、有效地与顾客对话，了解顾客对产品的要求，并尽快使顾客需求得到满足。企业应建立以计算机网络为基础的营销系统，实时捕捉市场信息，分析顾客需求，并将结果迅速传达给相关部门，使其尽快得到解决。

4. 信息技术。现代信息技术的发展为企业开展以顾客为中心的经营提供了保障。企业应积极利用成熟的信息技术建立企业资源管理系统，包括企业内部运营管理、技术与新产品开发管理、企业外部资源管理等。在该系统中建立顾客参与生产过程的支持功能，把顾客个性化的需求转变成企业提高竞争力的资源，并进行有效的管理。如，通用汽车公司、戴尔计算机公司已经通过信息网络实现了顾客参与产品设计。实际上现代信息技术完全有能力支持顾客参与企业更多的业务活动，使顾客在得到更大满足的同时，也能为企业的发展贡献他们的智慧。

5. 与顾客的关系。传统的企业与顾客的关系是讨价还价的竞争关系，双方都希望在交易中获得最大利益。随着市场环境的变化，企业与顾客的关系也发生了根本性的转变。一方面，顾客要得到其需要的个性化产品，就要积极与企业合作，描述其需求，参与产品的设计和制造，价格方面的竞争则退居次要地位；另一方面，企业要提供顾客满意的个性化产品，也有必要把顾客纳入到其生产系统中来，使生产过程和产品真正做到有针对性。这样，企业和顾客都要求建立相互信任、相互尊重的合作关系，形成利益共同体，同时满足双方的需要。

### （二）顾客参与的方式

按照产品的形成过程，顾客可以下列方式参与企业的生产过程。

1. 顾客参与产品营销。对于顾客个性化的需求，一些企业试图以产品多样化的方法予以满足，希望维持以大量生产方式为代表的传统生产方式。但是产品多样化仍然是企业根据预测生产出产品，等待顾客上门购买，只有定制生产才是根据每一位顾客的特殊要求生产产品。多样化虽然能够给顾客提供更多的选择机会，但同时也使顾客选择产品的过程更加复杂，而且无法根本解决满足顾客个性化需求的问题。顾客参与营销，则是让顾客自己主动发现产品的问题，主动反馈意见，主动要求改进产品的设计，作为企业向市场提供更受欢迎的产品的依据。

2. 顾客参与设计开发。设计开发能力是评价企业竞争力的一个重要方面，在剧烈变化的市场环境中，企业设计开发产品的能力越强，其生存能力也越强。产品的概念设计是最具创新性和挑战性的工作。

企业设计人员的能力是有限的,他们无法彻底了解所有顾客的全部需要。应让顾客参与产品设计开发,设计和开发他们自己需要的和愿意购买的产品,企业设计部门则给他们提供必要的技术支持。这是企业利用社会知识和外部资源非常有效的手段。顾客可以按照他们愿意接受的价格、功能、质量、时间等条件设计他们需要的产品,并在参与过程中得到最大限度的满足。要使顾客能够参与产品的设计开发,企业必须为顾客提供必要的条件,建立顾客参与的产品设计系统,提供技术支持和信息、通信等软件条件。

3. 顾客参与产品生产。顾客参与产品生产,能使企业更加重视对生产能力的监控,提高生产效率。由于对个性化高质量产品的期待,顾客对发现生产系统的问题和产品的缺陷具有更大的热情和耐心。企业应充分重视和利用顾客的这一特点,使他们在产品形成的过程中发挥更大的作用。所以,顾客参与产品生产过程,可以实时监控产品质量、减小浪费、降低成本,提高顾客对产品性能的信心。此外,顾客在产品设计和制造过程中的参与程度越高,明确表达自己需求和与企业沟通的能力就越强。顾客参与生产过程,还可以像纽带一样将企业的各个部门联系起来,提高工作效率。顾客还能够通过参与生产过程将产品设计思想很好地与制造工程师进行沟通,如果出现设计与制造的矛盾,顾客就能够及时了解到这一情况,及时协同设计部门调整产品设计方案,使问题尽快得到解决。

4. 顾客参与系统绩效评价。高功能、高质量的工作和产品的直接受益者是顾客,这也是顾客最关心的问题。顾客对企业工作结果和产品质量的评价往往最有价值。顾客可以参与的评价包括:生产系统硬件的先进程度、生产流程的合理性、系统软硬件是否匹配、产品性能和质量、系统管理水平、员工技术水平和工作绩效等。顾客的评价结果对企业客观地认识自己,获得和保持竞争优势都是非常重要的。顾客通过评价活动,不但参与了生产,还参与了企业的一部分管理活动,也可以获得更大的成就感。

### (三)顾客参与的控制

企业需要让顾客参与产品生产过程,但顾客参与是在一定限度内的参与,其原则是企业和顾客双方都获利。企业可以通过与顾客建立契约关系、制定顾客参与指南、设置机密防护墙等措施保护自己的利益,保证整个系统的正常运作。

1. 企业与顾客建立相互尊重、相互信任的关系是极为重要的。但在实际运作时,"以顾客为中心"的宗旨使顾客倾向于将自己的意志强加给企业。顾客参与生产过程必须建立在顾客对产品和服务标准充分理解的基础上。必须通过严格的规范化、程序化管理,利用现代计算机技术和信息技术,建立一套控制机制,使企业能够有效地保护自己的利益,控制整个系统的运行。

2. 顾客参与生产过程，能够获得企业的很多重要信息。如果顾客把从企业获得的知识和信息泄露给第三方，企业将蒙受巨大的损失。因此，企业必须设定顾客参与生产过程的界限和信息开放的范围，并以有效的技术手段加以保证。企业和顾客之间应建立保密协议，明确规定双方的保密义务。

3. 在顾客参与生产过程的运作过程中，应建立一套监视和控制机制，严格监视系统的运作过程，调节企业和顾客之间的关系，保证系统的正常运行和双方的利益不受损害。

## 二、顾客体验

近年来，"体验""体验经济"等概念频频见诸各种媒体，不但在IT领域，传统产业的企业也纷纷开始关注体验。但到底何谓体验经济，何谓体验，何谓体验式营销，如何执行一个体验式营销战略，体验如何给公司带来忠诚的顾客，这些问题我们将在下面一一回答。

（一）体验经济

体验经济最早可以追溯到美国未来学者阿尔文·托夫勒在1970年写作的《未来的冲击》一书。托夫勒认为，经济发展在经历了农业经济、制造经济、服务经济等浪潮之后，体验经济将是最后的发展方向。在农业经济时代，土地是最重要的资本；在制造经济时代，产品是企业获得利润的主要来源，服务会使产品卖得更好；在服务经济时代，产品是企业提供服务的平台，服务才是企业获得利润的主要来源；而体验经济则是服务经济的更高层次，是以创造个性化生活及商业体验获得利润的。

美国经济学家约瑟夫·派恩二世（B. Joseph Pine II）和詹姆斯·吉尔摩（James H. Gilmore），在他们1999年出版的《体验经济》（The Experience Economy）中指出，人类社会经历了农业经济、工业经济和服务经济三个阶段以后，下一阶段将是体验经济，并且体验经济时代已经到来。其区分经济价值演进的四个阶段为货物（commodities）、商品（goods）、服务（services）与体验（experiences）。传统经济主要注重产品的功能强大、外形美观、价格优势，而体验经济则是从生活与情境出发，塑造感官体验及思维认同，以此抓住顾客的注意力，改变消费行为，并为产品找到新的生存价值与空间，为顾客创造出值得回忆的感受。

1. 体验的定义。所谓体验，就是企业以服务为舞台，以商品为道具，以消费者为中心，创造能够使消费者参与、值得消费者回忆的活动。这其中，商品是有形的，服务是无形的，而所创造出的那种"情感共振"型体验是最令人难忘的。服务只是指由市场需求决定的一般性大批量生产。服务被赋予个性化之后就会变得值得回忆了，而在为顾客定制化之后服务就变成了一种体验。体验所创造的价值来自顾客个人内心的反应。

对于体验，这里有一个简单的思考方式，即体验是公司给予顾客感官刺激、信息和情感等要点的集合。而这一集合可表述为如下三种交流类型。

(1)交易交流。当公司提供产品和服务而顾客付费的时候。

(2)信息交流。当分享理智的观点的时候。

(3)情感的交流和接触。当公司和顾客在情感上相互联系的时候。

举例来说，当一个人从某企业订货的时候，就产生了交易的交流。取得产品的说明书就是信息的交流。收到服务代表发来的电子邮件，目的是核实顾客是否对购买满意，或者收到公司发来的表达谢意的短信，这些是情感的交流和接触。因此，公司应把每一种交流和谐地结合起来，相互之间以同样的音高共振，形成整合优势。通过这一点，公司就能创造出全面激发顾客兴趣的体验。

体验通常不是自发而是诱发的，当然诱发不是说顾客是被动的，而是说营销人员必须采取体验媒介。另外，体验是非常复杂的，没有两种体验是完全相同的，人们只能通过一些标准，来将体验分成不同的体验形式。企业的营销人员与其关心一些特别的个别体验，还不如探讨一下营销战略，考虑你要为顾客提供哪一类体验形式，并考虑如何才能提供永久的新奇。

2. 体验促进忠诚。任何一家公司都要力求提供令人超级满意的产品和服务，仅仅满意并不足以长期留住顾客，公司必须能激起顾客的兴趣，让他们兴奋，把他们从满意的购买者变成狂热的传道者。公司必须表明自己的深切关怀，以便不断地让顾客感到惊喜。要做到这一点，再没有比创造一种让人们和公司相互作用的体验而更好的方式了，这种相互作用让人们参与其中，让他们享受购物过程的乐趣。

一位修理汽车的顾客最近讲了一个故事。在他的车子修理期间，他的修理商给他提供了一辆暂时代用的汽车，这位顾客发现车上的收音机已经事先调到了他喜欢的台上。是幸运的巧合吗？当然不是，而是机灵的修车师傅查看了顾客车上的收音机，然后据此调好了代用车上的收音机频道。

这位汽车服务商就正在运用体验来培育顾客忠诚。他让顾客非常高兴，为他们创造了完全不同的价值。反过来，他们的收获远不只是诸如利润和反复购买之类的有形回报，还包括忠诚以及在顾客中流传的传奇故事。

前沿透视

## 体验营销

体验营销是指企业从感官、情感、思想、行动和关联诸方面设计营销理念，以产品或服务为道具，激发并满足顾客体验需求，从而达到企业目标的营销模式。这一定义将体验营销界定为一种营销模式，而不仅仅是一种理念，目的在于期望通过体验营销的理论与实践进行深入研究，提出一套系统的、具有实际意义的理论体系和实施框架，不仅丰富体验营销的理论成果，更便于将理论应用于企业运作的实际，指导企业进行体验营销的实施，以实现企业的自身目标。另外，这一定义也概况了体验营销的管理过程——设计理念、策划道具、激发需求、实现目标，阐述了体验营销的运行机制——通过感官、情感、思想、行动和关联诸多方面的设计激发并满足顾客需求以实现企业目标，更全面地体现了体验营销的内涵。

资料来源：郭国庆．市场营销学通论[M]．北京：中国人民大学出版社，2011.

（二）战略体验模块

体验是复杂的又是多种多样的，但可以分成不同的形式，并且各自都有自己所固有而独特的结构和过程。这些体验形式是经由特定的体验媒介所创造出来的，能达到有效的营销目的。伯德·施密特将这些不同的体验形式称之为战略体验模块（Strategic Experiential Models，SEMs），以此来形成顾客体验的构架。下面介绍五种不同的战略体验模块。

1. 感官体验。感官体验的诉求目标是创造知觉体验的感觉，它经由视觉、听觉、触觉、味觉与嗅觉来实现。感官营销可以通过赋予产品个性化，来引发顾客购买动机与增加产品的附加价值。

2. 情感体验。情感体验关注顾客内在的感情与情绪，其范围可以是一个温和、柔情的正面心情，或者是欢乐、自豪甚至是强烈的激动情绪。情感体验的运作需要真正了解什么刺激可以引起某种情绪，并能使顾客自然地受到感染，并融入这种情景中。

有关情感体验的运作，国外一些公司和机构已经有了比较系统和规范的做法。例如，新加坡航空公司以带给乘客快乐为主题，营造一个全新的起飞体验。该公司制定了严格的标准，要求空姐如何微笑、并制作快乐手册，要求以什么样的音乐、什么样的情境来制造快乐等。反观国内的企业在体验式营销方面,尚没有成型的做法,但以情感为诉求点的营销却有一些较为成功的案例。比如,"喝杯青酒,交个朋友"陈酿贵州青酒的这句广告语,让你在宴请宾朋的时候多一份"友情"的体验。

3. 思考体验。思考体验诉求的是智力,以创意的方式引起顾客的惊奇、兴趣、对问题集中或分散的思考,为顾客创造认知和解决问题的体验。对于高科技产品而言,思考活动的方案是被普遍使用的。在许多其他产业中,思考体验已经使用于产品的设计、促销以及与顾客的沟通。

4. 行动体验。行动体验的目标是影响身体的有形体验、生活形态与互动。行动体验通过增加顾客的身体体验,指出做事的替代方法、替代的生活形态,并与之互动,丰富他们的生活。而顾客生活形态的改变可以是激发或自发的,也可以是由偶像角色引起的(例如,影、视、歌星或是著名的运动员等)。

耐克每年销售逾1.6亿双鞋,在美国,几乎每销售两双鞋中就有一双是耐克。该公司成功的主要原因,是有出色的"尽管去做"(Just Do It)的广告主题,以及许多出色的运动偶像。

5. 关联体验。关联体验包含感官、情感、思考与行动等层面。关联体验是超越私人感情、人格、个性的"个人体验",而且与个人对理想自我、他人或是文化产生关联。关联活动的诉求是自我改进的个人渴望,要别人对自己产生好感。让人和一个较广泛的社会系统(一种亚文化、一个群体等)产生关联,从而建立个人对某种品牌的偏好,同时让使用该品牌的人们进而形成一个群体。

### (三)顾客体验的应用

1. 产品中的体验。任何体验的核心都是产品和服务本身。有些产品本身就是体验:当你付费观看一场话剧的演出时,并没有谁提供传统意义上的产品和服务。但你已经享受了这种产品,你的感官及思想都得到了真实的体验。

实际上,每种产品和服务的用途都包含着某种体验的成分。让我们看一个再简单不过的例子——瓜子。有一些包装袋密封得刚刚好——足够牢固以保护所装的东西,但是又很容易打开,这就为顾客提供了极大的便利。与此相对照的是,有些包装需要顾客费很大的劲才能打开,结果是,用力猛拽,瓜子撒了一地,造成顾客心情不舒畅,甚至愤怒。

这种产品体验的创意对于价格低廉的日常用品和奢侈品同样重要——只是二者有很大区别。日常用品的体验的目标是增加有价值的附加物;与此相反,奢侈品的体验的目的是保证消费过程既轻松又方便。由于所有交流是紧密结合、相互作用的,好产品还会带来附加效用:成功的产品体验将会积极影响所发生的其他一切事情,为公司和顾客的关系提供一个好的背景。

2. 环境的体验。当公司打算为顾客提供全面体验的时候,它们最常想到的就是,为顾客提供产品和服务的环境——比如零售商店、网站、健身俱乐部和医务室。毕竟,环境通常是全面体验的开始,并且它也是顾客最看得见的、双方相互作用最多的交流。相对来说,环境也是比较容易施加影响的因素。

鲜明的、个性化的购物环境和形象能够带来两大好处:保持激发兴趣的购物体验,以及周期性的更新。可以想想日常生活中更为显而易见的例子:健身俱乐部在健身器材旁边装设电视机;汽车服务中心在等候室提供点心和咖啡;家具店增加配件并且把他们的货品布置成小型起居室,而不是简单地把椅子放在墙边。由于公司管理者越来越意识到环境能够带来乐趣、浪漫,以及竞争优势,像这样的更为友好、有趣和引人注意的环境正在变得随处可见。

3. 忠诚交流的体验。约瑟夫·派恩二世认为:"体验并不仅仅是娱乐方面的,每当公司以一种个性化的、难忘的方式吸引顾客的时候,它们就筹划了一种体验。"不幸的是,对许多公司来说,这种观念还是非常陌生的,它们对体验的追求常常止于销售这一刻。但是,顾客想要的更多,顾客渴望那些"值得忠诚"的公司。人们希望公司一直带给他们惊喜和快乐,并建立情感的纽带。这个要求有点高,但是公司一旦建立了这样的名声,顾客将会努力与之配合,全心全意地保持忠诚。换言之,顾客会为值得他们付出忠诚的公司保留忠诚。

创造美好的、能导致顾客忠诚的体验的最终目标,是要在最好的顾客周围树起一个篱笆。首先与顾客培育情感关系,然后真正关心他们,提供给他们促销信息(这并不涉及情感),所有这些都有助于把顾客与竞争对手隔离开来。这同人与人的关系非常相似,假如一个好朋友和一位关系疏远的熟人都向同一个人请求帮助,谁会得到他的帮助是显而易见的。

但是,建立忠诚的体验也不必很复杂。卖出一辆新车之后,汽车销售商通常很快就开始跟进工作。销售人员可以给车主寄去贺卡,祝贺他拥有了一辆新车;或者打电话给顾客,看看顾客是否有什么问题,提醒他如果需要什么帮助的话,请随时与销售商联系。福特公司的销售员甚至给车主寄去一张汽车生日卡,祝贺他购买汽车一周年。

事实证明,这些方案仅仅是购买顾客的忠诚,而不是去获取顾客的忠诚。在这一层次上,公司获得的忠诚顾客中很大一部分都是伪忠诚的。当有人提供更好的条件的时候,公司就会失去顾客的忠诚,因为公司与顾客的关系纯粹是实用的,并没有真正的情感支持。公司必须让顾客感觉自己受到重视和欣赏,而不是受到诱惑。

4. 顾客服务中的体验。如果说体验是顾客和公司之间交流的集成,那么销售和服务的员工就是公司的代表。他们是与社会交流的面孔和声音,他们是顾客逐步信任一个公司或者决定拒绝它的原因。因此,公司必须仔细地挑选销售和服务人员,并且全面地培训他们。

对公司而言,关乎存亡的究竟是什么?那就是留住顾客。研究表明,留住顾客的积极做法是让顾客认为公司易于接近,并且公司关心他们。而只有公司的员工接近和关心顾客,公司才可能易于接近和关心顾客,也就是说,公司的亲和力和关心是通过员工来完成的。

在一家本地餐馆中,经理认识最好的顾客,对他们直呼其名,并且知道他们最喜欢的是哪张桌子;顾客不愿意失去与餐馆的关系,因此,他们不愿意抛弃这家餐馆。保险代理人真正仔细研究了顾客的需求,拥有顾客所需的丰富的信息;顾客不愿意牺牲这种私人的注意,因此,他们不愿意更换保险代理人。

通常,顾客服务中心完成了顾客服务体验的最后部分。强大的数据库和顾客跟踪软件能够提供关键的个人购买和服务的历史信息。他们能够提出个性化的建议,即时给予忠告,推进与顾客的关系。研究发现,在顾客求助之后,给顾客寄去一封意想不到的、手写的签名短信,能够巩固与顾客的关系。

## 练习题

1. 解释顾客学习和学习顾客。

2. 建立学习型顾客关系有哪些方法?

3. 顾客教育和培训对企业来说非常必要,而这样做同时又有可能帮助竞争对手进行顾客教育和培训,如何看待这个两难问题,能否用博弈论的理论指导你的行动。

4. 顾客参与顾客体验的难点是什么?如何解决该问题?

## 案例分析

### 感受苹果的体验式营销

情感式营销触动了消费者的内心情感,并且创造情感体验,苹果深谙哪些情感元素可以刺激起消费者的某种情绪,使得消费者自然地受到感染,并融入这种情景中来,从而对苹果产品产生一种强烈的渴望感。

**产品感官:人性化操作感受**

从苹果产品的外形设计来看,以简约时尚、符合现代审美观为主要着眼点。以 iPhone4 为例,它有着现代感极强的流线型外观、流畅简约的设计风格。外形线条极其简单,整个操作界面只有一个 home 键作为手动控制,其余皆为触屏操作,整个机身的外形给人一种时尚冷酷的现代感。可是当你操作机器的时候,又能真切地感受到其人性化的操作界面和步骤。据称,苹果研发人员在研究机载程序时,以人眼习惯的视觉方向来设计画面弹出的位置。再以电子触摸屏的触点为例,苹果搜集了上万的样本,用以判断多大的面积是最舒服、最好操作的。

因此,不管是何种年龄层的用户,在使用 iPhone 时,都能感受到其操作体验带来的温暖、亲切和人情味,iPhone 带给消费者视觉、听觉和触觉上焕然一新的全方位体验。

**体验店感官:开放式的购物环境**

新颖的产品当然也需要用新颖的承载方式传递给消费者。苹果并非为了开店而开店,而是把开店理解为是"一项创造体验的事业",因此能做到让顾客为了购物而来,满怀激动而去。

由于把专卖店理念定位于"为生活添彩",苹果抛弃了传统零售业在店铺设计、选址和员工决策权上的条条框框。在店铺设计上,苹果学习的对象是四季酒店(经验:传统的思维方式只能产生传统的想法,要跳出本行业传统的规范去寻求新的灵感),店铺设计简洁大方。只选用不锈钢、玻璃和斯堪的那维亚地板三种材料做装饰。

以苹果上海旗舰店为例,光线通过透明玻璃房子直接照入地下 2 000 平方米的店铺,80 台苹果电脑、100 部 iPod 播放器和 60 部 iPhone 手机已经启动,等候顾客的体验和试用。店铺充分利用了阳光与空间,以一种开放的姿态迎接顾客,顾客也会很自然地对产品进行体验与接触。

当苹果第一家零售店在弗吉尼亚州麦克莱市开业时,美国《商业周刊》极为肯定地列出了关于苹果店无法生存下去的种种理由。零售业专家则断言:"不过两年的时间,苹果就会发现这(零售店)是一个巨大且昂贵的错误。"然而几年后的苹果财报显示,来自 208 家苹果直营店的营业收入增长了 74%,从此以后,苹果公司每年销售额的 1/4 都来自苹果直营店。

**情感体验:忘我的情感碰撞**

iPod 设计师乔纳森·艾维(Jonathan Ive)曾说:"产品必须具备能释放人们

潜在情感的东西,才能备受欢迎。"基于这种理念,苹果的产品设计往往包含了情感的因素,例如"软糖"和"五味"iMacG3、五彩缤纷的iPodnano和shuffle。有工业设计专家们指出,即使是苹果的经典白色,也具有产品语意学的含义,象征着放松、干净、自由、享受、私密、贴近等美妙感受。苹果的广告是其传递情感体验的主要方式,iPod产品曾经发布过一系列剪影广告,广告以鲜绿或魅紫的时尚色彩为背景、黑色剪影人物随着动感音乐忘情舞动,画面视觉中心永远不变的是白色的iPod。广告采用的音乐具有很强的感染力和煽动性,与跃动的剪影一起牵引着人的耳朵与眼球,使人情不自禁地沉浸其中,与广告中的人一同沉迷忘我。

**关联体验:多元化的价值依附**

产品"关联"意味着将产品价值属性与其他文化元素、社会元素形成某种关联。

苹果的关联不仅限于时尚界,它的触角延伸到更为广阔的领域,触及美国的慈善、宗教等领域。2009年3月,一家名为Tonic的网站发起了一项公益事业,从3~8月每周推出1~5个由明星亲笔签名的,包含明星最爱的音乐播放列表的iPod,拍卖善款全部捐献给慈善组织。据统计,至少超过70个一线明星参与了这个活动,包括美国前总统克林顿、摇滚歌星、超级模特,甚至有"股神"巴菲特。2009年3月,苹果推出了以英国著名歌手约翰·埃尔顿命名的特别限量版iPod,为Elton John艾滋病基金会募集资金。2009年4月1日,奥巴马出席了英国女王伊丽莎白二世为参加20国集团金融峰会的各国领导人举行的招待会,并把一个存有女王2007年访美照片和录像的iPod送给了女王。

从这些品牌传播活动来看,苹果有意把产品同更加多元、价值含量更高的元素关联起来,使这些文化价值、时尚价值附着于苹果产品之上,大大增加了该产品品牌内涵和品牌价值,提升其原有的品牌定位和品牌形象,使苹果品牌在消费者心中成为标示身份、触动心灵的高端品牌。

**思考体验:我思故我在**

思考营销诉求的是智力,引起顾客的惊奇、兴趣以及对问题集中或分散的思考,为顾客创造认知和解决问题的体验。在整个消费电子产品的历史上,或许还没有哪一家品牌能够像苹果那样,引起消费者、电子产品界、通讯产业界,乃至整个商业界从产品到营销、产业链建构等多个领域的思考。1998年,苹果的iMac上市仅6个星期,就销售了278 000台,被《商业周刊》评为1998年度最佳产品。其时,乔布斯表示:"苹果已回到它的根源,并再度开始创新。"iMac的创新紧随着一个思考营销的促销活动方案,该方案以"与众不同的思考"为广告标语,以爱因斯坦、甘地、拳王阿里、理查·布兰森、约翰·蓝侬和小野洋子等不同领域的“创意天才”为广告主角,出现在大型路牌、墙体和公交车身上。

苹果的新产品发布会是其思考体验的一种重要手段,每当有重大产品发布时,乔布斯都会亲自上阵,与世界分享苹果的新创造。他为新产品演讲拟定的标题鲜明具体,令人过目不忘,更重要的是往往能够激发听众、读者和消费者的好奇。例如:在 iPhone 发布会上,“今天,苹果重新发明了手机”;在 iPod 推出时,“把 1 000 首歌装进你的口袋里”,简洁、具体、利益点鲜明。

**发布仪式:气场强大,顶礼膜拜**

苹果每次有重大产品,都会举行发布会。苹果的发布会不像其他的电子品牌一样选择在酒店等商业化场所召开,而是在具有浓厚艺术氛围的场所召开,这些场所给人的体验是高尚、圣洁,人们进入到其中都会产生“朝圣”般的心理体验。从时间方面来看,苹果产品在正式发布前几个月,甚至几年前就会出现相关传闻。真正的发布日更会精心设计,就像检阅军队一样隆重。例如,2010 年 1 月 27 日,苹果在旧金山举行 iPad 发布会,买下了会场周边的所有公交车站广告。乔布斯登台演讲时,所有的海报都被换掉。当参加发布会的人赶赴 iPad 发布会现场时,街道两侧还一切如故,当他们离开时却发现到处都是 iPad 海报的身影。正是这样隆重的、仪式化的发布会,才使得社会大众更加认为苹果产品不是“寻常百姓”家的俗物,而是需要隆重迎接、顶礼膜拜的“神器”。

随着生活质量的提高,现代人们消费的观念不再停留于获得更多的物质产品及产品本身,而更多的是出于对商品象征意义、功能的考虑,即人们更加注重通过消费获得个性的满足。企业要想在市场上立于不败之地,必须根据消费者需求新特点,引导和创造满足个性需求的市场。在这样的市场竞争状态下,体验营销应运而生。随着“体验”变成可以销售的经济商品,“体验消费”旋风已开始席卷全球产业。

苹果作为体验营销模式的主导者和示范者,无疑将体验营销这一销售模式演绎到了极致。通过分析其成功的体验营销模式,我们不难学习到其中全新的营销理念以及新鲜的营销创意,但是更重要的是,我们还需要认识并探索其模式背后的机制和规律,并且将体验营销这一全新的概念融合到我们现有的营销体系中,使之与其他营销要素实现整合,发挥出更大更强的商业价值。

资料来源:感受苹果的体验式营销[EB/OL].[2012 - 06 - 26]. http://www.meihua.info/Knowledge/article/4208.

## 思考题

1. 苹果公司是如何实施体验营销的?
2. 苹果公司为什么要实施不同的体验营销策略?
3. 如何看待情感体验对消费者的影响?

# 第十二章

# 顾客权益保护

**本章学习要点**

本章阐述了顾客关系管理的另一重要领域——顾客权益保护,包括顾客权益保护的历史,顾客权益保护的内容和现状,顾客权益保护机制的建立,企业在保护顾客权益方面应担负的责任等。通过本章学习,应当充分认识企业在保护顾客权益方面应承担的责任,理解顾客权益保护在顾客关系管理中的重要地位,了解顾客权益的具体内容和要求,知晓企业应如何建立保护顾客权益的有效机制。

顾客是企业经营活动的直接对象和利润的重要来源,它的权益应该受到高度重视和保护。一个成功的企业,必然是以顾客需求为出发点、高度尊重顾客权利,充分保护其利益的企业。现今,顾客权益保护受到了各界的广泛关注。企业在实施顾客关系管理过程中,应该高度重视顾客的权益保护,把保护顾客权益作为顾客关系管理的重要组成部分,从自身角度切实做好顾客权益保护工作。

## 第一节　顾客权益保护的历史

顾客权益保护通常又称为消费者权益保护,起源于资本主义制度确立之初。当时劳动者为取得血汗工资,在生产中遭受着超过道德标准允许的非人的待遇,在消费领域又要受到盘剥和侵害,双重压迫使得工人奋起反抗,因而早期的消费者权益保护是和工人运动结合在一起的。19世纪末期,消费者运动开始从工人运动中分离出来,出现了专门的消费者组织,社会各阶层人士开始关注和参与消费者运动。特别是第二次世界大战以后,消费者保护运动在国际范围内得到了非常迅猛的发展,形成了一股不可抗拒的潮流,到目前为止,西方发达国家已经建立了相当完善的消费者即顾客权益保护制度。

## 一、顾客权益问题的提出

20世纪中期,尤其是在二次世界大战之后,西方消费者运动得到空前发展。一些经济学家根据对当时市场环境和消费状况的观察与分析,提出了"顾客是上帝""顾客主权论"等观点。随着经济学对"消费主权"理论的建立,法律界也提出了顾客权利的相应观点。

1962年3月15日,美国前总统约翰·肯尼迪向联邦会议提出了《关于保护顾客利益的总统特别国情咨文》,首次从法律角度提出著名的顾客"四项权利"。四项权利分别是:有权获得安全保障;有权获得正确资料;有权自由决定选择;有权提出消费意见。此后,随着各国保护顾客权益的发展,人们进一步提出了顾客有权获得合理赔偿,有权获得顾客教育,有权获得健康环境,有权组织和参加顾客团体等权利。

1983年,国际消费者联盟组织确定每年的3月15日为"国际消费者权益日"。1985年,联合国大会通过了《保护顾客准则》,对顾客的权利做出了明确确认,并敦促各国政府维护顾客的权利。

## 二、顾客权益保护的历史贡献

对顾客权益的保护,是对人类社会经济发展的一个重大贡献。早在1855年,马克思就指出"掺假是常规,质量好倒是例外。为了使不好的食品也具有色香味而掺进的物质,大部分都有毒,对健康起着破坏作用。"[①]恩格斯在《英国工人阶级状况》一书中也这样写道:"商人和厂主昧着良心在所有的食品里掺假,丝毫不顾及顾客的健康。"[②]1955年,日本森永奶粉公司生产的奶粉因含有砒霜致使12 000名婴儿中毒,死亡130人。诸如此类各国侵犯顾客利益的现象屡见不鲜。正由于此,世界各国纷纷通过立法对顾客权益进行保护,明确规定了经营者的义务,扶持和壮大了消费者即顾客的力量。通过这一力量对比的变化,使消费对生产经营的反作用加强,促进了生产和整个社会的进步。

---

① 马克思,恩格斯.马克思恩格斯全集(第11卷)[M].北京:人民出版社,1962:426.
② 马克思,恩格斯.马克思恩格斯全集(第2卷)[M].北京:人民出版社,1962:352.

对顾客权益的保护，促进了企业营销观念的发展。二次世界大战以后，随着第三次科技革命的出现，社会生产力得到迅速发展，产品数量剧增，产品花色品种多样化，形成了名副其实的买方市场。随着生产力的发展，顾客收入水平与生活水准也有了很大的提高，顾客对商品越来越挑剔。这时，经济学家及企业界有识之士提出了"一切以顾客为中心"，"顾客是上帝"，"顾客主权论"等理念。之后，各国通过立法来对顾客进行保护。20 世纪 70 年代，顾客运动得到了进一步的发展，产生了社会市场营销观念，促使企业在营销中考虑自身利益的同时，还要考虑顾客和社会的长远利益。企业营销观念的发展又反过来促进了社会再生产和经济的发展，保护了顾客的利益。

## 三、我国顾客权益保护运动的发展历史

1987 年，我国消费者协会参加了国际消费者联盟组织。同年，福建省人大通过了《福建省保护消费者合法权益条例》，成为我国第一部顾客保护的专门立法。1993 年，我国人大通过了《中华人民共和国消费者权益保护法》《中华人民共和国产品质量法》《中华人民共和国食品卫生法》。至此，我国顾客权益保护问题已不仅仅是顾客自我保护的问题，而成为国家保护和社会保护的重要方面。

我国的顾客保护运动从 20 世纪 80 年代初开始。1984 年 12 月 26 日，中国消费者协会正式成立。此后，省级以下各级消费者协会也很快建立起来。1987 年，我国消费者协会参加了国际消费者联盟组织。同年，福建省人大通过了《福建省保护消费者合法权益条例》，成为我国第一部顾客保护的专门立法。截至 2003 年年底，全国县级以上消费者协会已达 3 254 个。党的十一届三中全会以来，我国制定了一大批包含保护消费者权益内容的法律，其中直接相关的就有 30 多项，如《民法通则》《食品卫生法》《药品管理法》《计量法》《产品质量法》《广告法》《反不正当竞争法》等。1993 年又制定了一部保护消费者权益的基本法——《消费者权益保护法》。至此，我国顾客权益保护问题已不仅仅是顾客自我保护的问题，而成为国家保护和社会保护的重要方面。我国的工商行政管理机关以及质量监督、食品卫生、药品监督、商品检验等政府主管部门都在各自职责范围内做了大量的工作，采取了多种措施来保护消费者的合法权益。据全国 30 个省、自治区、直辖市消费者协会（委员会）的统计汇总，2007 年共受理消费者投诉 656 863 件。其中已解决 590 198 件，为消费者挽回经济损失 8.39 亿元。

# 第二节 顾客权益保护的内容和现状

## 一、顾客权益保护的内容

“顾客权利”被明确提出，是在1962年美国总统肯尼迪的国情咨文中，即安全的权利（the right to be safety）、知情权利（the right to be informed）、选择的权利（the right to choose）、意见被尊重的权利（the right to be heard），以及后来由尼克松总统补充的“方便救济的权利”。它们被公认为是顾客的五项基本权利。

1985年4月9日，联合国大会通过《保护消费者准则》，国际消费者联盟提出了顾客的八项权利：①得到必需的物质和服务借以生存的权利；②享有公平的价格待遇和选择的权利；③安全保障权；④获得足够资料的权利；⑤寻求咨询的权利；⑥获得公平赔偿和法律帮助的权利；⑦获得顾客教育的权利；⑧享有健康环境的权利。

我国自1993年10月31日通过第一部保护顾客权益的基本法律——《中华人民共和国消费者权益保护法》对顾客权益做出了明确的法律规定。

### （一）顾客的安全权

《中华人民共和国消费者权益保护法》（以下简称《消费者权益保护法》）第7条规定，消费者在购买、使用商品和接受服务时享有人身、财产安全不受损害的权利。

### （二）顾客的知情权

《消费者权益保护法》第8条规定，消费者享有知悉真情权，即消费者在消费过程中，享有知其购买、使用的商品或接受服务的真实情况的权利。

顾客有权根据商品或者服务的不同情况，要求经营者提供商品的价格、产地、生产者、用途、性能、规格、等级、主要成分、生产日期、有效期限、检验合格证明、使用方法说明书、售后服务，或者服务的内容、规格、费用等有关情况。

这项权利是民法诚实信用原则在顾客权益保护法律制度上的具体体现，也是保障诚实信用原则在消费者权益保护法中得以具体落实的一项重要内容。顾客在接受产品及其服务时，有权获知消费的真实情况。

### （三）顾客的选择权

《消费者权益保护法》第9条规定，消费者享有自主选择商品或者服务的权利。

顾客有权自主选择提供商品或者服务的经营者，自主选择商品品种或者服务方式，自主决定购买或者不购买任何一种商品、接受或者不接受任何一项服务。顾客在自主选择商品或者服务时，有权进行比较、鉴别和挑选。

选择权是顾客的一项重要权利，即法律赋予顾客自主选择经营者、自主选择消费时间、消费方式等的权利。在缺乏竞争的市场中，垄断经营者极易产生降低服务质量，减少必要支出同时又任意抬高价格以加强垄断利益的倾向。在没有选择余地的条件下，顾客只能接受垄断经营者提出的垄断高价以及差强人意的服务质量。

### （四）顾客的公平交易权

《消费者权益保护法》第4条规定，经营者与消费者进行交易，应当遵循自愿、平等、公平、诚信的原则；第10条规定，消费者享有公平交易的权利。消费者在购买商品或者接受服务时，有权获得质量保障、价格合理、计量正确等公平交易条件，有权拒绝经营者的强制交易行为。

### （五）顾客的索赔权

《消费者权益保护法》第11条规定，消费者因购买、使用商品或者接受服务受到人身、财产损害的，享有依法获得赔偿的权利。赋予消费者被侵权后的救济权，并建立完备的法律机制保障救济的实现，是公民享有的基本人权，也是顾客应享有的权利，其实现程度的高低直接影响顾客权益的最终落实，反映一国法治水平与文明的程度。同时，这种权利从法理上讲，即是基于第一层次权利——受到法律保障而又被侵犯的权利——实现受阻碍时加以纠正、补救，而使社会关系正常流转，使法律秩序正常运作的权利。它的实现对顾客、对社会有着重大意义。

### （六）顾客的结社权

《消费者权益保护法》第12条规定，消费者享有依法成立维护自身合法权益的社会团体的权利。

### （七）顾客享有获得有关消费和顾客权益保护方面的知识的权利

顾客应当努力掌握所需商品或者服务的知识和使用技能，正确使用商品，提高自我保护意识。

### （八）受尊重的权利

顾客在购买、使用商品和接受服务时，享有其人格尊严、民族风俗习惯得到尊重的权利。

### （九）顾客监督的权利

《消费者权益保护法》第15条规定，消费者享有对商品和服务以及保护顾客权益工作进行监督的权利。顾客有权检举、控告侵害顾客权益的行为和国家机关及其工作人员在保护顾客权益工作中的违法失职行为，有权对保护顾客权益工作提出批评、建议。

## 二、顾客权益保护的现状

现代社会方兴未艾的消费者保护运动在全球范围内兴起。要最大限度地解决顾客问题,为顾客权益提供最强有力的保护,归根结底还是要靠法律手段。我国自 1993 年 10 月 31 日通过《消费者权益保护法》以来,顾客权益保护工作取得了显著成效。但我国的顾客权益保护制度仍很不成熟,尚存在多方面的缺陷,有待进一步完善。

### (一)我国顾客权益保护取得的成绩

我国顾客权益保护现状有喜有忧。令人欣喜的是,自制订保护顾客权益的基本法律以来,顾客权益保护工作取得了很大成绩,主要表现在以下三个方面。

1. 顾客权益保护立法取得了很大成效。自《消费者权益保护法》制定以来,最高人民法院出台了相关司法解释,国务院相关部委制定了有关的规章,有关地方性法规也已经或者正在制定,顾客权益保护法律制度已渐成体系。

2. 经过《消费者权益保护法》10 年的实施,顾客的维权意识有了极大的提高,企业尊重和维护顾客权益的意识也有了很大改善。

### (二)我国顾客权益保护存在的问题

虽然我国顾客权益保护工作取得了很大成绩,但与发达国家的顾客权益保护工作水平以及广大顾客的期待相比,仍有很大差距,存在很多不容乐观的问题。主要表现在如下四个方面。

1. 侵害顾客合法权益的现象仍然大量存在。目前,侵害顾客权益的现象主要有:①顾客的知悉真情权得不到有效实现,企业违背诚实信用原则恶意欺诈顾客的事件时有发生。②顾客的安全权得不到保障,假酒案、有毒大米之类的恶性案件时有发生。③顾客的公平交易权、自由选择权和维护尊严权也时常受到各种非法干涉或侵害。

2. 对有关法规的理解与执行缺乏统一性。由于对《消费者权益保护法》关于消费者(即企业的顾客)的定义存在不同解读,因而在"知假买假者"是否受《消费者权益保护法》保护上显得非常混乱。同为"知假买假者",在一地的法院被视为消费者(即企业的顾客)而受到《消费者权益保护法》保护,而在另一地的法院却因不被视为消费者(即企业的顾客)而不受《消费者权益保护法》保护。

3. 顾客权益保护法所应发挥的作用并未得到充分发挥。一些现行的专门法将许多本应适用《消费者权益保护法》处理的法律纠纷排除在《消费者权益保护法》适用范围之外,从根本上剥夺了顾客所应有的权利。

4. 涉外纠纷执法不力。《消费者权益保护法》在面对因涉外产品引起消费纠纷时，显得苍白无力，并且消费纠纷的解决常常是旷日持久，给顾客带来不应有的伤害，严重损害了顾客权益保护法律制度的权威性。

## 三、我国顾客权益保护运动的发展

在我国，一个顾客权益行政保护、司法保护、社会保护服务体系的基本框架已基本形成，为21世纪顾客权益保护事业的发展奠定了基础。

但是也应当看到，我国顾客权益保护的现状不容乐观，顾客在许多情况下还未意识到其合法权益受到侵害。有不少顾客在被侵权时不愿采取措施保护自己的合法权益，许多时候，顾客保护其合法权益的行为无果而终。另外，顾客还缺乏有效保护其合法权益的渠道和手段。由于我国目前尚处于经济体制转轨时期，受某些因素的制约，使执法力度受到影响，制售假冒伪劣产品违法活动屡禁不止，一些地方甚至相当猖獗。

进入21世纪以后，随着经济的发展和科学技术的进步，人类社会的各个方面发展将会大大加速。而经济全球化趋势、信息时代的到来、中国加入WTO、网络经济的兴起等也必然会对消费领域产生重大影响，人们的消费观念、消费方式、消费结构等都必将发生深刻的变化。由此，我国的顾客权益保护活动也必然发生相应变化，主要表现在以下几个方面。

### （一）顾客的消费结构将发生很大的变化

随着经济的发展，生活水平和社会文明程度得以提高，我国顾客的消费结构发生了很大的变化。如，住房、汽车等高档消费品开始进入百姓生活。顾客的消费也不再局限于衣食住行等基本物质需求，金融、保险、娱乐、医疗、旅游、教育等服务消费比重大大增加。但是目前在这些行业都存在着垄断高价的问题。市场经济条件下，价格是供求双方利益的平衡点。价格高一点，供方的利益就多一点；价格低一点，需方的利益就多一点。垄断就是依靠自然因素、行政权力或生产集中度造成的优势，强迫消费者接受不平等价格，强行剥夺消费者的权益。垄断是一种市场暴力，是对消费者权益的公开侵害。

### （二）农村人口的消费将与市场发生越来越多的联系

城乡差别、东西部差异将随着农村经济市场化程度的提高和西部地区的不断开发逐渐缩小，经济落后地区特别是广大农村对商品的需求量也将大幅度增加，这使得越来越多的农村人口的日常生活与市场发生联系。作为农村的消费者不但会更加重视自己作为生产资料使用者的权利，也会重视其自身作为生活资料消费者的权利。

### （三）消费环境将发生很大的变化

伴随着我国加入WTO，市场对外开放程度大大提高，市场主体愈加多元化，市场竞争更加激烈,消费环境也发生了很大的变化。如,消费者购物已不仅仅局限于百货商店,超市、连锁店、仓储式商场、网上交易、电视购物等众多的方式也为消费者提供了各种选择路径。这将使消费者在增加选择机会的同时,也加大了自身权益受到侵害的风险。可以预见,今后消费者将面临更多领域、方面和形式的权益损害与纠纷。

(四)消费知识滞后的矛盾将会更加突出

随着科技的进步,新产品大量出现,作为非专家的消费者,其消费知识滞后的矛盾也会更加突出。如今很多的媒体基于善意,花大量的篇幅教导消费者去识别商品的真假。但我们应当知道"学习"是有成本的,我们不能把维护顾客权益的责任放在顾客自己去掌握无穷无尽的商品知识上,这样做不仅是不现实的,也是极其不经济的。

## 第三节 顾客权益保护机制的建立

### 一、我国顾客权益保护制度存在的缺陷

目前,我国顾客权益保护制度还很不成熟,存在如下四方面缺陷。

(一)《中华人民共和国消费者权益保护法》关于"消费者"的定义不够科学,适用范围过窄

《中华人民共和国消费者权益保护法》第2条规定:"消费者为生活消费需要购买、使用商品或者接受服务,其权益受本法保护;本法未作规定的,受其他有关法律、法规保护。"多数《中华人民共和国消费者权益保护法》教材因此得出结论:消费者是指为了满足个人生活消费的需要而消费的个体社会成员,是否为满足生活消费需要成了判断顾客能否得到《中华人民共和国消费者权益保护法》保护的标准,因此,"知假买假者"不受《中华人民共和国消费者权益保护法》的保护。这种规定或解读既不科学,也不符合《中华人民共和国消费者权益保护法》的立法宗旨。

首先,消费者是与经营者相对应、相对立的概念,消费的动机或目的不会也不应影响到其作为顾客的地位。《现代汉语词典》对"消费"的定义是"为了生产和生活需要而消耗物质财富";美国权威的《布莱克法律词典》对"顾客"的定义是:"顾客是与制造商、批发商和零售商相区别的人,他是指购买、使用、保存、处分商品和接受服务的个人或产品的最终使用者。"由此可见,顾客是与制造商、批发商、零售商(《中华人民共和国消费者权益保护法》称之为经营者)相对的人,只要是购买、使用、保存、处分商品和接受服务的个体社会成员都是顾客,至于其消费的

动机可以是多种多样的，既可以是为生活消费，也可以是为满足其他需要而消费。

其次，把消费者限定为“为生活消费需要”而消费的个体社会成员，势必要求在司法实践中必须判断每个人消费的动机或目的，这种证明的成本太高或者根本无法证明，何况顾客的消费动机或目的，并非属于法律问题，而只是一个道德问题，实在不宜深究，否则，就与现代法治的精神不符。

再次，将消费者界定为生活消费的需要而购买、使用商品和接受服务的个体社会成员，把“知假买假者”排除在《中华人民共和国消费者权益保护法》保护之外，降低了制假售假者的风险成本，不利于打击制假售假等欺诈行为，不利于保护广大顾客的合法权益，必将导致制假售假行为更加猖獗，与《中华人民共和国消费者权益保护法》的立法宗旨背道而驰。

（二）《中华人民共和国消费者权益保护法》与其他法律、行政法规、地方性法规和规章之间存在着较严重的法律冲突

这些法律冲突表现在多个方面。比如，与传统民商法相比较，《中华人民共和国消费者权益保护法》追求主体之间的实质平等，而传统民商法强调主体的形式平等；又如，《中华人民共和国消费者权益保护法》与铁路法、邮政法、医药卫生法、城市房地产管理法之类的行政法规或规章存在着较严重的冲突，使《中华人民共和国消费者权益保护法》无法发挥其应有的作用。

（三）顾客权益保护的相关制度尚不完善

这一缺陷主要表现在如下四个方面。

第一，我国尚未完全建立缺陷产品的“召回”制度，致使我国的顾客得不到这一国际上较普遍的、行之有效的顾客权益保护制度的有力保护，前几年发生的三菱越野车事件和东芝笔记本电脑事件即是明证。虽然在三菱越野车事件发生后，有关部门制订了我国的汽车召回制度，但全面建立缺陷产品召回制度仍需要假以时日。

第二，《中华人民共和国消费者权益保护法》所确立的消费侵权赔偿责任制度尚不完善。首先，《中华人民共和国消费者权益保护法》虽然规定了经营者侵害顾客合法权益应当承担赔偿责任，但只限于赔偿已造成的现实损害，而没有规定对缺陷产品潜在危险可能造成损害时应当承担赔偿责任。其次，赔偿的范围太窄，虽然最近的司法解释补充规定了对消费侵权所致精神损害应予以赔偿，但所规定的精神损害赔偿只是象征性的；再次，《中华人民共和国消费者权益保护法》虽然规定了惩罚性赔偿制度，但与美国等顾客权益保护法律制度发达的国家相比，《中华人民共和国消费者权益保护法》所规定的惩罚性赔偿的力度实在太小。

第三，我国尚未建立“集团诉讼”或者“代表诉讼”模式，一旦发生外国经营者

侵害我国顾客合法权益的案件时，巨额诉讼费用和财力雄厚的外国经营者常令弱小的、势单力薄的顾客望而生畏，在我国已加入 WTO 的今天，建立和完善上述制度显得更为迫切。

第四，关于涉外产品所致侵权案件的管辖，仅靠我国现有的法律和国际私法的规定，争取我国法院对此类案件的管辖权有相当大的难度，不利于保护我国顾客的合法权益。

4. 顾客合法权益受到侵害时，维权难度大。《中华人民共和国消费者权益保护法》对顾客合法权益的保护采用由国家和社会综合保护的体制，国家保护包括立法机关、各级政府、政府职能部门和人民法院的保护，社会保护主要是顾客组织和媒介的监督等。

但在这种保护体系的保护下，顾客维权依然很艰难，其主要原因，一是依法成立的消协和其他顾客组织只有监督权及调解消费纠纷的职责，所谓支持起诉则因自身条件所限，多数情况是君子动口不动手，因此，顾客组织在维护顾客合法权益方面往往是心有余而力不足；二是负有监督产品质量、保护顾客权益法定职责的技术监督、工商行政管理、进出口检验检疫、卫生防疫、药品监督等行政部门，在顾客请求保护时，常以消费纠纷属于民法范畴或自身权力有限等为由将顾客拒之门外；三是消费纠纷诉讼对普通顾客来说是难以承受的重负。消费侵权引发的诉讼，多数具有鉴定及取证难、索赔金额高、诉讼费用巨大的特点，对于本为弱者、又遭侵权的顾客来说，普通的诉讼都难以承受，更何况面对的往往是以相差多个数量级的经营者为对手的诉讼呢？这正是消费纠纷发生众多，消费侵权诉讼稀少的主要原因，《中华人民共和国消费者权益保护法》赋予顾客的权利难免成了镜花水月。

## 二、完善我国顾客权益保护制度

上述顾客权益保护制度缺陷的存在，给顾客权益保护工作带来了很大的困扰，完善顾客权益保护制度已经刻不容缓。目前，至少可以从以下四个方面完善顾客权益保护制度。

### （一）重新界定顾客的概念，并相应修改《中华人民共和国消费者权益保护法》的有关规定

顾客的概念，可以采用国际标准化组织的顾客政策委员会在 1978 年 5 月首届年会上对顾客所做的定义，即顾客是以个人消费为目的而购买或使用商品和服务的个体社会成员。此定义要求顾客是“以个人消费为目的”而消费，与《中华人民共和国消费者权益保护法》要求顾客是“为生活消费需要”而消费是不同的。“以个人消费为目的”是将购买、使用商品或服务者依其组织状态分为个体购买

者和单位(团体)购买者,只有个体购买者才受顾客权益保护法的特别保护,这是国际上的通常做法;而《中华人民共和国消费者权益保护法》是将购买和使用商品和服务者按其消费动机或目的分成两类,即为生活消费需要而消费的购买者和为生产消费或其他消费需要而消费的购买者,且只将为生活消费需要而消费的购买者作为顾客权益保护法的保护对象。

(二)根据《中华人民共和国立法法》确定的原则处理《中华人民共和国消费者权益保护法》与其他法律、行政法规、地方性法规和规章之间的冲突

《中华人民共和国立法法》规定,在同一机关制定的法律、行政法规、规章相冲突时,应当按特别法优于一般性、新法优于旧法的原则处理,当下位法与上位法相冲突时,应当按照上位法优于下位法的原则处理。根据《中华人民共和国立法法》所确定的上述原则,应对顾客权益保护法律体系进行认真的清理,妥善处理各种法律冲突。当《中华人民共和国消费者权益保护法》与传统民商法律相冲突时,如果同为全国人大常委会制定的法律,则应按特别法优于一般法的原则,优先适用《中华人民共和国消费者权益保护法》,如果与《中华人民共和国消费者权益保护法》冲突的传统民商法律是由全国人大制定的,则应当按上位法优于下位法的原则,由全国人大对《中华人民共和国消费者权益保护法》的有关规定予以改变或撤销,当《中华人民共和国消费者权益保护法》与行政法规、地方性法规、规章相冲突时,应当按照上位法优于下位法的原则处理,即由有权机关依照《中华人民共和国立法法》规定的权限对这些行政法规、地方性法规和规章予以改变或撤销。

(三)建立和完善与顾客权益保护密切相关的各项制度

目前,应当尽快建立、完善如下制度。

第一,建立和完善缺陷产品召回制度和缺陷产品潜在危险可能造成损害时的赔偿制度,督促产品生产者在产品生产、设计环节对产品质量予以最大限度的注意,尽量减少和避免缺陷产品可能给顾客带来的损害或危险。

第二,借鉴国外先进立法经验,完善消费侵权纠纷的民事赔偿制度。对消费侵权引起的精神损害赔偿的范围予以适当的扩大,可以考虑借鉴顾客权益保护制度最发达的美国的做法,将消费侵权导致顾客肉体和精神上的痛苦列为赔偿的范围;加大惩罚性赔偿的力度,对那些置公共秩序、公共道德于不顾,行为带有恶意的侵权经营者处以惩罚性赔偿,这对于打击假冒伪劣行为,规范市场秩序有极大的推进作用。如美国《反不正当竞争法》的惩罚性力度相当大,此法施行后,美国出现了许多"知假买假者",争相抢购假冒伪劣商品,再索取巨额赔款,使售假商家心惊胆战,销声匿迹。

第三,借鉴国外先进的立法经验,建立和完善我国的"集团诉讼"模式,以便

更好地应对我国入世后可能较多发生的针对外国经营者的消费诉讼，保护顾客的合法权益。

第四，完善我国涉外侵权诉讼管辖制度。可以借鉴美国“长臂法”的规定，即只要国外的被告与美国某州有某种“最低限度的接触”，也就是被告经常直接地或通过代理人在该州内从事商业活动，或因其作为或不作为在该州境内造成了损害，法院就可取得对被告的管辖权，一旦美国法院对此案做出判决，原告就可以通过适当的程序向被告所在国的法院要求承认和执行这一判决，这种做法对于争取本国法院对涉外消费侵权诉讼的管辖权，保护本国顾客的合法权益是相当有效的。

（四）确保顾客维护自己权利的渠道畅通

《顾客权益保护法》第 34 条规定为顾客列明了五条维权途径：与经营者协商调解；请求顾客协会调解；向有关行政部门申诉；根据与经营者达成的仲裁协议请仲裁机构仲裁；向人民法院提起诉讼。其中，提起诉讼应当是效率最高、权威性最强的方式。

事实上，顾客真的进行民事诉讼是屈指可数的。因为顾客通过民事诉讼程序来实现权利满足可谓困难重重：第一，耗费时间、金钱、精力。顾客个人受到损害往往金额不大，有时甚至是精神上的损害，而一旦提出诉讼，就面临着诸多费用：诉讼费、调查费、文书资料费、律师费，这些加起来可能会数倍于实际所受的损失，更不要提耗费的时间和精力。针对于此，可以借鉴英国的做法，即在其基层法院设立专门的小额法庭，处理争议标的金额不大的案件，由于法庭采用简单的表格，简单的审理程序，诉讼费用低廉，深受顾客的欢迎。第二，诉讼中的举证也令顾客心有余而力不足。顾客要求侵权行为人承担法律责任就必须举出足够的证据，但顾客的劣势地位决定了他不可能持有有关产品的技术、性能等方面的证据，而这些证据又是案件的关键，所以，顾客即使提起诉讼也未必能够胜诉。我国在顾客诉讼程序中可以实行举证责任倒置及有关产品技术、性能等方面的专业性极强的证据应当由生产者、销售者提供。故畅通的维权渠道是顾客权益得以切实保护的必备条件。

（五）强化国家和社会对顾客合法权益的保护，特别是各行政职能部门和人民法院对顾客合法权益的保护

保护顾客，打击制假售假是各行政职能部门和司法机关应有的义务，顾客无需是质量专家。在产品面世之前，政府职能部门要把好注册、审批关，从源头做好顾客权益保护工作；在产品进入市场之后，工商行政管理、质检监督、卫生防疫、药品监督等职能部门应当各司其职，通力协作，加强监督检查，尽量降低消费侵权发生的可能性；在消费纠纷发生后，各政府职能部门要及时接受顾客申诉，认真查处，而不可互相推诿扯皮，要进一步明确行政职能部门不履行保护顾客权益职责

的行政不作为的可诉性；人民法院要制定便利顾客起诉的措施，对符合简易程序适用条件的案件，尽量采用简易程序审理，提高办案效率，尽量缩短案件审理时间，尽量降低顾客进行诉讼的成本。

顾客权益保护法律制度的完备与否，可以作为检验一个国家社会经济发达程度和法制建设完善程度的一个重要标准。相信随着我国社会主义市场经济的发展，法制环境的改善，顾客权益保护的立法制度将更有利于顾客依法维权，更充分地尊重和保障顾客的权利。

### 中国发布消费者权益保护工作状况白皮书

国家工商总局近日发布的《中国消费者权益保护年度报告(2015 工商行政管理卷)》，这是首部专门反映中国工商和市场监管部门消费者权益保护工作状况的白皮书，汇集了中国全国人大常委会消费者权益保护法执法检查报告、2015 年国家工商总局和中国消费者协会消费维权工作的专题报告。据了解，为系统总结中国工商和市场监管部门在保护消费者合法权益方面的工作举措，更全面地向社会汇报保护消费者合法权益方面的工作情况，更公开透明地接受社会各界的监督，国家工商总局决定自 2016 年开始，按年度发布《中国消费者权益保护年度报告》。

资料来源：中国发布消费者权益保护 作状况白皮书[EB/OL]. [2016 - 04 - 29]. http://www.chinanews.com/cj/2016/04 - 28/7852343.shtml.

## 第四节　保护顾客权益的企业责任

我国自 1993 年 10 月 31 日通过第一部保护顾客权益的基本法律《中华人民共和国消费者权益保护法》，同样规定了企业应当承担的义务。作为向顾客提供满足其需要的产品及服务的卖方，企业在保护顾客权益方面负有重要责任。

## 一、企业应尊重顾客

《消费者权益保护法》第25条规定，经营者不得对顾客进行侮辱、诽谤，不得搜查顾客的身体及其携带的物品，不得侵犯顾客的人身自由。顾客作为社会人，赢得他人的尊重是其实现自身价值的必然要求。满足顾客尊重的要求是企业与顾客建立良好关系的基本前提。企业与顾客之间的尊重是双向的。企业只有尊重自己的顾客，顾客才会尊重企业的产品或服务。对顾客的尊重也体现了一个企业良好的企业文化。

## 二、企业应提供安全可靠的产品或服务

《消费者权益保护法》第16条规定，经营者向顾客提供商品或者服务，应当依照《中华人民共和国产品质量法》和其他有关法律、法规的规定履行义务。经营者和顾客有约定的，应当按照约定履行义务，但双方的约定不得违背法律、法规的规定。

第18条规定，经营者应当保证其提供的商品或者服务符合保障人身、财产安全的要求。对可能危及人身、财产安全的商品和服务，应当向顾客做出真实的说明和明确的警示，并说明和标明正确使用商品或者接受服务的方法以及防止危害发生的方法。

经营者发现其提供的商品或者服务存在严重缺陷，即使正确使用商品或者接受服务仍然可能对人身、财产安全造成危害的，应当立即向有关行政部门报告和告知顾客，并采取防止危害发生的措施。

第22条规定，经营者应当保证在正常使用商品或者接受服务的情况下，其提供的商品或者服务应当具有的质量、性能、用途和有效期限；但顾客在购买该商品或者接受该服务前已经知道其存在瑕疵的除外。经营者以广告、产品说明、实物样品或者其他方式表明商品或者服务的质量状况的，应当保证其提供的商品或者服务的实际质量与表明的质量状况相符。

法律明确规定了企业在向消费者提供产品或服务的过程中应该履行的义务。企业向顾客提供的产品或服务是企业生存的基础，是企业获取经济利益的基本源泉，是保护企业品牌、树立企业形象的重要因素。只有安全可靠的产品或服务，才会赢得顾客的信任，才有可能获得较高的顾客满意度和忠诚度。从企业的长远发展来看，向顾客提供安全可靠的产品或服务是企业的生命之基，是良好顾客关系的重要依托。

## 三、企业应向顾客提供有关商品或服务的真实信息

《消费者权益保护法》第 19 条规定，经营者应当向顾客提供有关商品或者服务的真实信息，不得作引人误解的虚假宣传。经营者对顾客就其提供的商品或者服务的质量和使用方法等问题提出的询问，应当做出真实、明确的答复。商店提供商品应当明码标价。第 20 条规定，经营者应当标明其真实名称和标记。租赁他人柜台或者场地的经营者，应当标明其真实名称和标记。

产品信息的透明度和可靠度涉及企业的诚信问题，而且企业的诚信也是树立其在顾客心中良好形象的一个要素。企业与顾客信息的不对称，是如今困扰顾客消费的一个难题。为赢得顾客，企业在提供有关产品或服务的信息时，应保证信息的真实可靠性，为顾客营造一个健康可靠的消费环境。而且，真实可靠的产品或服务的信息也是减少顾客投诉的一个有效途径。较少的顾客投诉可以为企业减少经营成本，一举多得。

## 四、企业应向顾客提供产品或服务的质量保证

《消费者权益保护》第 21 条规定，经营者提供商品或者服务，应当按照国家有关规定或者商业惯例向顾客出具购货凭证或者服务单据；顾客索要购货凭证或者服务单据的，经营者必须出具。

第 23 条规定，经营者提供商品或者服务，按照国家规定或者与顾客的约定，承担包修、包换、包退或者其他责任的，应当按照国家规定或者约定履行，不得故意拖延或者无理拒绝。

## 五、企业应向顾客提供公平交易

《消费者权益保护法》第 24 条规定，经营者不得以格式合同、通知、声明、店堂告示等方式做出对顾客不公平、不合理的规定，或者减轻、免除其损害顾客合法权益应当承担的民事责任。格式合同、通知、声明、店堂告示等含有前款所列内容的，其内容无效。

顾客和企业应该是平等的交易主体，在交易的过程中，应该具有平等的交易权益。在交易的过程中，企业不应该凭借信息的不对称欺诈顾客。

## 六、企业应接受顾客的监督

《消费者权益保护法》第 17 条规定，经营者应当听取顾客对其提供的商品或

者服务的意见,接受顾客的监督。作为一个社会组织,企业在经营的过程中应该接受顾客的监督,这是社会发展的必然要求。而且对于企业来讲,有了顾客的监督,有利于其不断改进企业经营中的缺陷和不足,不断完善其经营管理的体制。

总之,从长远角度看,保护顾客权益和企业的自身利益密切相关。只有关心顾客权益的企业才会得到顾客的长久支持,使顾客保持较高的顾客忠诚度。

## 练习题

1. 顾客权益保护的内容是什么?
2. 企业在保护顾客权益方面负有哪些责任?

## 案例分析

### 如此"灯泡"该不该赔偿

某顾客因为房屋装修,在商场灯具柜台购买了一款价值千元的灯具,介绍该产品的营业员承诺该款灯具的灯泡损坏后终身包换,并在购买后的购物凭证上写上了"灯泡终身包换"的字样。但在该顾客使用不到一个月时,该款灯具所使用的40只灯先后坏了20只。顾客拿着当时所承诺的购物凭证到商场找到当时推荐产品的营业员,要求兑现承诺,营业员检查该款灯具后告诉这位顾客:"您所购买的灯上安装的有灯泡和灯珠,我们只对灯泡终身包换,灯珠坏了要购买"。原来该款灯具上分别安装了灯泡与灯珠,而宋先生此时才了解到灯珠这一名词,并了解到灯珠的使用寿命较短,大约持续发热2~2.5小时就会损坏。灯珠每只人民币3元,如果是灯珠坏了就买的话,每月需要支付约人民币60元,而这些情况营业员在顾客购买的时候并没有告诉他。事已至此,该位顾客非常生气,指出如果在其当初购买的时候,营业员告诉他有关该灯具中灯珠的情况,考虑到灯珠的寿命和使用,顾客就不会购买这款灯具了,于是顾客与营业员发生了争执,并将此事投诉到商场管理部门要求退货。

由于商场对灯泡承诺终身包换,为了弄清灯珠是不是灯泡,管理人员向有关厂家和权威检测部门查询。生产该灯珠的广东某照明有限公司的书面解释是:光源分为白炽灯和荧光灯两类，其中白炽灯又分为传统白炽灯（即灯泡）和卤素光源，卤素光源包括灯珠和灯杯，即灯珠和灯泡都是白炽灯一种，但是它们各自采用的技术不同，所以灯珠并不等于灯泡。另据产品质量监督检测部门称，目前国家还没有明确界定灯珠是否属于灯泡一类。同时专家指出灯珠是一种新产品，目前还没有国家标准，因此带来了概念的模糊和维权的难题。据此商场管理人员认为，既然没有国家标准的权威定义，顾客通常理解的灯泡就是灯的发光体，不管是灯珠还是其他的什么发光体，都应按通常解释为是灯泡。营业员在销售过程中没有充分告知顾客二者的区别，就应该承担责任，因商品已安装使用，拆卸会影响商品外观，可以终身免费为顾客更换所有损坏的灯珠。如此“灯泡”该不该赔偿

某顾客因为房屋装修，在商场灯具柜台购买了一款价值千元的灯具，介绍该产品的营业员承诺该款灯具的灯泡损坏后终身包换，并在购买后的购物凭证上写上了“灯泡终身包换”的字样。但在该顾客使用不到一个月时，该款灯具所使用的40只灯先后坏了20只。顾客拿着当时所承诺的购物凭证到商场找到当时推荐产品的营业员，要求兑现承诺，营业员检查该款灯具后告诉这位顾客：“您所购买的灯上安装的有灯泡和灯珠，我们只对灯泡终身包换，灯珠坏了要购买”。原来该款灯具上分别安装了灯泡与灯珠，而宋先生此时才了解到灯珠这一名词，并了解到灯珠的使用寿命较短，大约持续发热2～2.5小时就会损坏。灯珠每只人民币3元，如果是灯珠坏了就买的话，每月需要支付约人民币60元，而这些情况营业员在顾客购买的时候并没有告诉他。事已至此，该位顾客非常生气，指出如果在其当初购买的时候，营业员告诉他有关该灯具中灯珠的情况，考虑到灯珠的寿命和使用，顾客就不会购买这款灯具了，于是顾客与营业员发生了争执，并将此事投诉到商场管理部门要求退货。

由于商场对灯泡承诺终身包换，为了弄清灯珠是不是灯泡，管理人员向有关厂家和权威检测部门查询。生产该灯珠的广东某照明有限公司的书面解释是：光源分为白炽灯和荧光灯两类，其中白炽灯又分为传统白炽灯（即灯泡）和卤素光源，卤素光源包括灯珠和灯杯，即灯珠和灯泡都是白炽灯一种，但是它们各自采用的技术不同，所以灯珠并不等于灯泡。另据产品质量监督检测部门称，目前国家还没有明确界定灯珠是否属于灯泡一类。同时专家指出灯珠是一种新产品，目前还没有国家标准，因此带来了概念的模糊和维权的难题。据此商场管理人员认为，既然没有国家标准的权威定义，顾客通常理解的灯泡就是灯的发光体，不管是灯珠还是其他的什么发光体，都应按通常解释为是灯泡。营业员在销售过程中没有充分告知顾客二者的区别，就应该承担责任，因商品已安装使用，拆卸会影响商品外观，可以终身免费为顾客更换所有损坏的灯珠。

## 思考题

1. 你认为商场最终给出的处理结果是否合理？为什么？
2. 在今后的管理中，商场应如何加强管理，实施有效的顾客权益保护措施？

# 参考文献

[1]齐佳音,舒华英. 客户价值——评价、及决策[M]. 北京:北京邮电大学出版社,2005.

[2](美)邓·皮泊斯,马沙·容格斯. 客户关系管理[M]. 北京:中国金融出版社,2001.

[3](英)查维顿. 大客户:识别、选择和管理[M]. 北京:中国劳动社会保障出版社,2003.

[4](英)彼得·切维顿. 关键客户管理要点[M]. 北京:北京大学出版社,2005.

[5]邓敏慧. 基于RFM的电子邮件营销目标客户优化研究[J]. 中国水运,2007(10):156-158.

[6]林盛,肖旭. 基于RFM的电信客户市场细分方法[J]. 哈尔滨工业大学学报,2006(5):758-760.

[7]赵晓煜,黄小原,孙福权. 基于RFM分析的促销组合策略优化模型[J]. 中国管理科学,2005(1):60-64.

[8]蔡淑琴,喻友平,周雨华,梁凯春,汤云飞. 客户关系管理中的大客户描述与识别[J]. 企业管理,2004(2):49-54.

[9]陈昆玉,覃正. 大规模定制:企业竞争的新范式[J]. 现代企业管理,2002(2):49-51.

[10]石羽. 基于CLV和顾客忠诚的酒店顾客细分和保持研究[J]. 桂林旅游高等专科学校学报,2007(5):724-727.

[11]邬金涛,赵汴. 顾客关系价值量化模型研究述评[J]. 管理学报,2006(2):247-252.

[12]孙明贵. "深度经济"与顾客终身价值管理[J]. 中国工业经济,2003(9):81-87.

[13](美)保罗·格林伯格. 实时的客户关系管理[M]. 王梅, 刘祥亚,译. 北京:机械工业出版社,2002.

[14](美)邓·皮泊斯,马沙·容格斯. 一对一工作指引[M]. 纽约:

Doubleday 出版社,1999.

[15](美)飞利浦·科特勒. 营销管理[M]. 梅汝和,梅清豪,周安柱,译. 北京:中国人民大学出版社,2001.

[16](美)威廉 G 齐克蒙德,小雷蒙德·迈克利奥德,法耶 W 吉尔伯特. 客户关系管理——营销战略与信息技术的整合[M]. 胡左浩,贾崧,译. 北京:中国人民大学出版社,2005.

[17]郭国庆. 市场营销学通论[M]. 北京:中国人民大学出版社,2003.

[18]戴稳胜,袁卫,谢邦昌. 顾客喜欢的下一个产品是什么——以数据挖掘发现交叉销售机会[J]. 中国统计,2005.

[19]李继军,姚凯. 直复营销在我国的发展[J]. 商业经济与管理,2000(1):25-27.

[20]荆林波,刘波. 我国电子支付工具与传统支付方式的竞争分析[J]. 经济管理,2008(11):28-32.

[21]孙洪娟. 商业银行信用风险分析的主要技术[J]. 统计研究,2002(10):57-59.

[22]汪涛,崔楠. 国外交叉销售研究综述[J]. 外国经济与管理,2005(4):43-50.

[23]王泽华,高琳琦. 建立快速反应营销信息系统的几点思考[J]. 中国软科学,1999(9):107-110.

[24]王强. CRM,高潮未到,却将谢幕? [J]. 企业管理,2005(11):98-100.

[25]张彤. 数据挖掘在客户关系管理中的应用[J]. 管理现代化,2003(4):25-28.

[26]周健,邢明. 金融业实施交叉销售的有效途径分析[J]. 企业活力,2007(7):38-39.

[27]中国互联网络信息中心. 中国互联网络发展状况统计报告[R]. 2008 年1月.